Knaur.

Über den Autor:
David Cohen ist Psychologe, Buchautor und Dokumentarfilmer für die britischen Fernsehsender ITV und Channel 5. Sein Dokumentarfilm »Diana: The Night She Died«, der sich den Widersprüchen und Ungereimtheiten zum Tode Dianas widmet, sorgte letztes Jahr für großes Aufsehen in England. Cohen ist hauptberuflich Redakteur der Zeitschrift *Psychology Today* und hat zahlreiche Bücher über psychologische Themen verfasst.

David Cohen

DIANA

Tod einer Göttin

Die Wahrheit über ihre letzten Stunden

Aus dem Englischen von
Reinhard Kreissl, Bernhard Kleinschmidt,
Thorsten Schmidt, Harald Stadler und
Michael Schmidt

Knaur Taschenbuch Verlag

Die englische Originalausgabe erschien 2004
unter dem Titel *Diana – Death of a Goddess*
beim Verlag Century, London.

Besuchen Sie uns im Internet:
www.droemer-knaur.de

Deutsche Erstausgabe 2004

Redaktion: Ralf Lay, Mönchengladbach
Umschlaggestaltung: ZERO Werbeagentur, München
Umschlagabbildung: © Reg Wilson/Rex Features Ltd.
Umschlagrückseite: Foto © by David Cohen
Satz: Ventura Publisher im Verlag
Druck und Bindung: Clausen & Bosse, Leck
Printed in Germany
ISBN 3-426-77789-4

2 4 5 3 1

Inhalt

Dank

Dieses Buch wäre nicht entstanden, hätten David Carr Brown und ich nicht zwei Filme zusammen gemacht, »Autopsie d'un Massacre« und »Death of the Solar Temple«. Besonders dankbar bin ich auch Francis Gillery, der bei dem Film »Lady Died« für den französischen Sender La Cinquième Regie führte.

David Lloyd von Channel 4 war sehr hilfsbereit, als ich erstmals von einer Verschwörung hörte. Später ließ Chris Shaw von Channel 5 einen Film über die französischen Ermittlungen produzieren. Ich danke ihnen beiden. Danken möchte ich auch einigen Personen, die das Manuskript in verschiedenen Entwicklungsstadien lasen und mir wertvolle Kommentare und interessante Auskünfte lieferten, insbesondere Aileen La Tourette und Samantha Boyce. Dank schulde ich auch Paul Chinnery, dem Leiter der Rechtsabteilung von Channel 5, Jonathon Carr Brown, Ludi Boeken, Eric Dussart, Bobby Buechler, Paul Chauvel, Pierre François Olivier, Renaud Marhic, Julia Ross und Murielle La Coche. Danielle Hall, Michelle Ross Stanton und Joe Holden arbeiteten mit großem Enthusiasmus an den Filmen von Channel 5. Sophie Clausen zeichnete binnen kürzester Zeit Karten, und Marc Collins von Scotland Yard organisierte in Windeseile Videomaterial.

Meine Agentin Sonia Land unterstützte mich auf wunderbare Weise. Mark Booth und Kate Watkins von Random House bewiesen größte Sorgfalt und Gründlichkeit im Umgang mit einem so komplizierten Manuskript. Mein Dank gilt ihnen und auch dem äußerst peniblen Redakteur, der mich dazu anhielt, zahllose Fakten immer wieder neu zu prüfen.

Einleitung

Die meisten Menschen erinnern sich, wo sie am 31. August 1997 waren. Ich wachte in Camden Town auf, völlig ausgelaugt. Ich war mit den Dreharbeiten zu einem Film beschäftigt. Wir schufteten sechs Tage die Woche, doch es lief nicht besonders gut. Das Team war angespannt und erschöpft, und das Geld ging langsam aus.
Ich schaltete kurz vor sechs Uhr das Radio an und erwartete besänftigende Klänge von Classic FM. Stattdessen hörte ich gedämpfte Stimmen. So erfuhr ich, dass Ärzte im Salpêtrière-Hospital in Paris um fünf Uhr früh eine Pressekonferenz abgehalten hatten. Professor Bruce Riou teilte etwa zwanzig Journalisten die tragische Neuigkeit mit. Prinzessin Diana war bei einem Autounfall ums Leben gekommen.
Ich hatte Prinzessin Diana nur einmal persönlich gesehen. Als Psychologe sollte ich bei der Einweihung der Ballet-Rambert-Ballettschule ihre Körpersprache studieren und im Frühstücksfernsehen tief schürfende Erkenntnisse darüber vermitteln. Es war der Tag ihrer Scheidung. Verriet die Art, wie sich Diana bewegte, ihre wahren Gefühle über Camilla? Dianas Körpersprache verriet nicht viel, außer dass sie so schnell wie möglich in das Gebäude gelangen wollte. Niemals hätte ich mir vorstellen können, dass ich ein Jahr später Ermittlungen über ihren Tod anstellen würde.
Am 18. September 1997, neunzehn Tage nachdem Diana gestorben war, setzte sich Guy mit mir in Verbindung. »Sie sollten unbedingt kommen, Cohen«, sagte er. »So schnell

wie möglich.« Es war eigentlich nicht seine Art, dass er so besorgt klang.
Guy war früher einmal Rausschmeißer gewesen, und er sieht immer noch so aus. Er ist klein und stämmig und trägt gewöhnlich das typische Kostüm des »Film noir« – schwarzen Rollkragenpullover und schwarze Lederjacke. Seine Finger sind braun von Nikotin. Seine Körpersprache ist intensiv. Meist steht er dicht neben einem und starrt seinem Gesprächspartner unbeirrt in die Augen.
Guy war 1997 fünfzig Jahre alt. Er stammt aus Südfrankreich und spricht unverkennbar den Dialekt von Marseille. Ich bin kreuz und quer mit ihm durch Frankreich gefahren. Oft bestand er darauf, dass wir Umwege machten, damit er mir kriminalistisch interessante Orte zeigen konnte – Orte, an denen er eine Gaunerei oder auch eine Gewalttat begangen hatte. »Toller Schlitten«, prahlte er oft stolz und tätschelte das Lenkrad seines großen roten Mercedes.
Die Begeisterung für Autos hatte Guy auf die schiefe Bahn geführt. Nach dem Schulabschluss wollte er Zollbeamter werden; er absolvierte die entsprechende Ausbildung und bestand die Prüfung – als Drittbester seines Jahrgangs, worauf er heute noch stolz ist. Nach ein paar Jahren war er es jedoch leid, sich mit seinem Gehalt nur eine ramponierte alte Karre leisten zu können. Er wollte einen Schlitten mit funkelndem Chrom, Lederausstattung und allen Kinkerlitzchen, um bei den Mädchen Eindruck zu schinden.
Schließlich wurde Guy Chauffeur, persönlicher Assistent und rechte Hand des Oberhaupts einer französischen Kultvereinigung, des Sonnentempler-Ordens. Der Orden pflegte eine exotische Mischung katholischer und altägyptischer Rituale und sicherlich auch kriminelle Machenschaften.

Der Boss, Jo di Mambro, gab sich als Meister der Rosenkreuzertradition aus und versprach seinen Anhängern tiefe Erkenntnis und Erlösung. Wie ein klassischer Guru inszenierte er auch Sexspiele. Er entschied, mit wem seine Anhänger schliefen, wen sie heirateten, und manchmal sogar, für wen sie arbeiteten. Er war ein wahrer Hygienefetischist; Obst und Gemüse mussten mit Desinfektionsmittel gewaschen werden, damit er vor Keimen sicher war. Wer sich dem Auserwählten anschloss, musste ihm natürlich den größten Teil seines Vermögens übergeben. Di Mambro konnte mühelos zehntausend Pfund am Tag durchbringen. Di Mambro gelang es, viele reiche und mächtige Persönlichkeiten in den Sonnentempler-Orden einzubinden. Zu seinen ergebenen Anhängern zählten Camille Pilet, die Geschäftsführerin von Piaget in Genf, Guy Berenger, einer der leitenden Physiker in der Atomforschungsanlage CERN, Robert Falardeau, ein ranghoher kanadischer Beamter, und Michael Tabachnik, der zeitweilige Assistent des Dirigenten Pierre Boulez. Di Mambro schmeichelte ihrer Eitelkeit. Wenn sie ihm folgten, wurden sie Teil einer Gruppe Auserwählter, die verstanden, wie die materielle und die spirituelle Welt funktionierten. Er predigte auch die Wunder der alternativen Medizin.

Bis zum 5. Dezember 1994 wussten wenige Außenstehende etwas über den Orden. Doch dann fand man 48 Mitglieder, die in Chalets in Salvan und Chiery in der Schweiz, und weitere fünf, die in einem Haus bei Montreal in Kanada durch Brände zu Tode gekommen waren. Für die Sender Channel 4 und France 2 drehte ich damals einen Dokumentarfilm, »The Death of the Solar Temple«. Es gelang mir, einen der wenigen Überlebenden aufzuspüren, Thierry Huguenin, der eine Stunde vor Ausbruch des Feuers von Salvan geflüchtet war.

Guy kannte ich noch nicht, als ich den Dokumentarfilm drehte. Erst zwei Tage nachdem der Film von France 2 gesendet worden war, nahm er Kontakt mit mir auf. Er sagte mir, dass der Film die meisten Fakten über den Orden offenbart habe, aber nicht alle. Er wollte sich mit mir treffen. Er versprach mir interessante neue Informationen. Er wollte in einem roten Mercedes vor dem berühmten Pariser Restaurant Maxim vorfahren und eine Spritztour mit mir machen. Mir war unwohl bei dem Gedanken, allein in sein Auto zu steigen, doch ich wartete vor dem Maxim auf ihn. Als sein roter Mercedes aufkreuzte, schlug ich vor, in ein Café zu gehen. Zu meiner großen Erleichterung ging er auf meinen Wunsch ein.

Guy lieferte mir neue Informationen über Verbindungen zwischen dem Sonnentempler-Orden und einer Schwesterorganisation, dem so genannten Höchsten Orden des Sonnentempels. Der Orden besaß einen Tempel in Monaco. Guy erklärte mir, einer von Fürst Rainiers engsten Beratern, Jean Louis Marsan, habe den Tempel zwanzig Jahre lang geleitet, bis er 1998 starb. Der Orden war aus einem anderen esoterischen Zirkel hervorgegangen, dem ein Nazi-Kollaborateur namens Julien Origas vorstand. Origas saß vier Jahre lang in Haft, nachdem er 1947 gefasst und verurteilt worden war, und fing dann ein neues Leben an – als Mystiker. Mit Unterstützung rechtsgerichteter Extremisten führte er eine Gruppe von Tempelorden zusammen. In Frankreich bestehen weit über zweihundert solcher Tempelorden; viele davon geben vor, tiefe spirituelle Erkenntnisse zu vermitteln. 1984 wusste Origas, dass er nicht mehr lange zu leben hatte, und übergab seine Organisation an Guys Chef, di Mambro. Die Übergabezeremonie fand in einem kleinen Dorf namens Le Barroux in Südfrankreich statt.

Nachdem wir etwa eine Stunde in jenem Pariser Café zusammengesessen hatten, erwähnte Guy fast beiläufig, dass Grace Kelly 1982 in den Sonnentempler-Orden eingetreten war. Ich war erstaunt, doch zu jener Zeit wusste ich nur sehr wenig über sie. Ich erfuhr, dass sie sich in den achtziger Jahren nicht mehr glücklich in ihrer Ehe fühlte und ziemlich dick geworden war. Laut Pierre Galante von *Paris Match* pflegte sich die Fürstin von Monaco nach Menton zu stehlen und dort Riesenportionen Pasta zu verschlingen.

Den größten Teil von Guys Auskünften konnte ich verifizieren; diese Informationen bildeten die Grundlage für einen Film, »Secret Lives: Grace Kelly«, den ich mit David Carr Brown für Channel 4 drehte. Wir wiesen nach, dass Grace dem Orden beigetreten war und einen ersten Mitgliedsbeitrag von acht Millionen Dollar gezahlt hatte. Guy war Zeuge ihrer Aufnahmezeremonie in einem Landhaus bei Morgon gewesen. Er hatte einige der dramatischen Ton- und Lichteffekte kreiert. Die Fürstin lag auf einem improvisierten Altar im Keller des Gebäudes. Andächtige Musik erklang. Das gespenstische, sexuell gefärbte Ritual nahm seinen Lauf. Luc Jouret, begabtes Medium und zweiter Kommandeur des Ordens, legte sich auf sie. Es war eine spirituelle Vereinigung zwischen der Fürstin und dem Heiler. Guy ließ Goldstaub auf das Paar niederrieseln. Engelsharfen klimperten. Dann erklärte di Mambro die Fürstin zur Oberpriesterin des Ordens.

Einige Wochen später verlangte di Mambro von Grace, sie solle weitere zwölf Millionen Dollar zahlen. Guy behauptete, sie sei getötet worden, weil sie drohte, aus dem Orden auszutreten und möglicherweise dessen Methoden aufzudecken. Man sorgte dafür, dass ihr Tod wie ein Autounfall aussah, erklärte er. Das sei nicht ungewöhnlich gewesen; zwei weitere Ordensmitglieder seien durch Verkehrsunfälle ums Leben gekommen, darunter ein amerikanischer Millionär namens Severino.

Guy arbeitete nicht nur für die Sonnentempler, sondern auch für die Rothschilds und die Weltgesundheitsorganisation. Diese Erfahrungen machten ihn, so meint er, zu einem Kenner menschlichen Verhaltens. Laut Guru Guy beherrschen drei Leidenschaften das Leben: Geld, Alkohol und Sex. »Ein Typ im Hormonrausch ist scharf auf eine Tussi, die null Bock auf ihn hat. Doch ganz egal, was ihr Herz sagt, sie macht die Augen zu und die Beine breit für Diamanten und Pelze.«

Guy neigte normalerweise nicht zur Panik. Daher nahm ich es ernst, als er mich ein paar Tage nach Dianas Tod anrief und sagte, er müsse mich unbedingt sprechen. Ich erklärte ihm, ich arbeite gerade an einem Film und könne erst in die Schweiz kommen, wenn die Dreharbeiten abgeschlossen waren.

Am 20. September 1997 holte mich Guy schließlich mit einem seiner Bewacher, Bobo, am Genfer Flughafen ab. Bobo, ein Hüne mit einer Visage voller Mitesser, trug ein unheimlich grelles rotes Hemd. Guy versicherte mir, Bobo sei ein absolut friedfertiger Typ, außer wenn man ihn dafür bezahle, nicht friedfertig zu sein.

Ich überreichte Guy eine Flasche Scotch. Er foppte mich, indem er meinte, eine Zigarre sei ihm lieber gewesen. Dann fuhr uns Bobo zu einem von Guys Lieblingsorten, Divonne les Bains. Die Stadt ist berühmt für ihr Spielkasino, das mehr einbringt als das von Monte Carlo. Guy hatte dort einst einen Nachtclub besessen. In dem Lokal erlebte er den menschlichen Geist auf der Suche nach Sex und Alkohol. »Eines Abends kam di Mambro herein und bestellte eine Limonade. Das war der Beginn unserer Beziehung«, erzählte Guy.

Guy zeigte mir alle wichtigen Orte in der Stadt. Ich kam mir vor wie auf einem vergnüglichen Sonntagsspaziergang. Doch dann spielte er noch einmal den Moment durch, in dem ihm am Brunnen vor dem Casino 500 000 Dollar übergeben wurden. Damals wusste er nicht, dass die Zahlung mit einem Mordkomplott gegen Diana in Zusammenhang stand. Danach lud mich Guy zu sich nach Hause zum Essen ein. Er lebte damals mit Nicole zusammen, einer pummeligen Frau, die phantastisch kochen konnte. Nicole und Bobo halfen ihm, sein offizielles Geschäft, einen kleinen Blumengroßhandel, zu betreiben.

Im Laufe jenes Tages erzählte mir Guy eine sensationelle Geschichte. Wenn seine Aussagen der Wahrheit entsprachen, gab es Parallelen zwischen dem Tod Dianas und dem Grace Kellys. Es gibt ein Foto, auf dem Prinzessin Diana und Fürstin Grazia zusammen zu sehen sind – zwei der eindrucksvollen Schönheiten des 20. Jahrhunderts. Diana strahlt, ist aber noch ein wenig unsicher; Grazia wirkt mütterlich, jedoch bedrückt. Die Aufnahme entstand Anfang 1982 und erscheint mir ziemlich beklemmend.

Nach Dianas Tod wurden alle möglichen Verschwörungstheorien laut. Saddam Hussein und Oberst Gaddafi zeigten sich empört über die Machenschaften des britischen Geheimdienstes. In der arabischen Presse hieß es, das Haus

Windsor habe nicht dulden wollen, dass Diana einen Moslem heirate – und schon gar nicht den Sohn von Mohamed Al Fayed, dem Inhaber von Harrods. (Der künftige König Englands könne schließlich keinen Kanaken wie Dodi zum Stiefvater haben!) Mohamed Al Fayed warf später den britischen Geheimdiensten vor, den Tod der beiden verursacht zu haben. Paradoxerweise trugen seine bitteren Vorwürfe dazu bei, dass legitime Fragen über die wahren Vorgänge im Alma-Tunnel leichter zu übergehen waren.

Als geschulter Psychologe begegne ich jeder Verschwörungstheorie mit Skepsis. Während des Studiums befasste ich mich mit der Theorie der kognitiven Dissonanz, die ich kurz erläutern möchte. Professor Leon Festinger, der die Theorie der kognitiven Dissonanz entwickelte, war der Meinung, Menschen, die beunruhigt sind oder sich fürchten, versuchten, diese unangenehmen Gefühle zu rechtfertigen. Wenn wir vor Angst schlottern, geben wir nicht gern zu, dass wir wegen etwas ganz Trivialem zittern. Verspüren wir starke Ängste, wollen wir unseren Schrecken begründen und neigen laut Festinger dazu, beunruhigende Gerüchte zu verbreiten. Verschwörungstheorien sind eine Art von Gerücht. Sie sprechen den Dämon in uns an, der immer gleich das Schlimmste vermutet. Doch sie bieten auch die Möglichkeit, jene Ängste zu bewältigen, die durch tiefe Schocks und Erschütterungen entstehen. Und Dianas Tod löste in Großbritannien einen tiefen Schock aus.

Dieses Buch schildert meinen Versuch, das zu verifizieren oder zu dementieren – wobei ich bewusst beide Möglichkeiten zulasse –, was ich dreieinhalb Wochen nach Prinzessin Dianas Tod erfuhr, nämlich dass es einen Mordkomplott gegen Diana gegeben habe. Mit meinem Freund David Carr

Brown folgte ich den Spuren bis nach Paris, Genf, Los Angeles, Quebec, Tunesien und sogar bis Preston.

Dabei verfiel ich keineswegs dem Verschwörungswahn. Im Grunde ließ ich die Sache erst einmal auf sich beruhen, als im Juni 1998 zwei britische Fernsehsendungen ausgestrahlt wurden. In der Sendung »Dispatches« auf Channel 4 wurde behauptet, es sei ein Unfall gewesen. Und in einer Gegensendung auf ITV, die der Hofkorrespondent Nicholas Owen moderierte, hieß es, hinter dem Vorfall stecke eine finstere Verschwörung des Sicherheitsdienstes. Es gab einen Zeugen, François Levistre, der behauptete, grelle Lichter, wie Militärkommandos sie verwenden, seien in dem Pariser Tunnel aufgeflammt und hätten zu dem Unfall geführt. Es war Pech für ITV, dass der Hauptzeuge strafrechtlich vorbelastet war und als Mythomane galt.

Eine Reihe von Büchern tischten Verschwörungsgeschichten auf. Mein Favorit ist *Secrets of Diana*; darin wird behauptet, die Familie Spencer sei des Heiligen Grals habhaft geworden und Diana sei natürlich auf der Suche nach dem Gral getötet worden. (Seltsam ist nur, dass erst vor wenigen Jahren zu hören war, der Gral ruhe anscheinend in der Filiale der Barclays Bank in Aberystwyth, wo ihn Mönche von Caldey Island im Depot hinterlegten!)

Im Jahr 2000 fing ich erneut an, mich für die Sache zu interessieren, und zwar aus drei Gründen. Erstens schienen die Ermittlungen zur Todesursache von Dodi und Diana ungerechtfertigt lange verschleppt zu werden. Zweitens erhielt ich weitere Informationen von Guy, mit dem ich immer noch in Verbindung stand. Drittens betraute man mich seitens des französischen Fernsehsenders La Cinquième mit der Koproduktion des Films »Lady Died«, in dem untersucht werden sollte, wie die französische Presse über Dianas Tod berichtet hatte. Der Produktionsauftrag durch La Cinquième war an sich schon höchst interessant. Der Sender steht unter staatlicher Aufsicht und lässt nichts produzieren, was die französische Regierung nicht senden will. Nun hatte es fast den Anschein, als wolle der französische Staat gewisse Fragen neu aufrollen.

Mit wenigen Ausnahmen hatte die französische Presse unkritisch wiedergegeben, was ihr die Polizei über den 31. August mitteilte. Ich lebte als Kind in Paris und Genf und sprach Französisch, bevor ich Englisch sprach, denn ich war bereits zehn, als meine Familie nach London zog. Mit entsprechenden Sprachkenntnissen ist es viel leichter, gewissen Dingen auf den Grund zu gehen.

Nachdem »Lady Died« am 1. September 2002 gesendet worden war, sammelten wir genügend weitere Indizien, um Channel 5 zu überzeugen, noch einen Film zu produzieren, in dem die französischen Ermittlungen untersucht werden sollten. Francis Gillery, der Regisseur des französischen Films, wurde einer meiner hartnäckigen Koproduzenten. In »Diana – The Night She Died« (»Diana – Die Nacht, in der sie starb«) analysierten wir die allzu fehlbaren französischen Ermittlungen. Der französische Anwalt Christian Curtil, der den Leibwächter Trevor Rees-Jones vertrat, erklärte mir: »Es herrschte viel zu viel Druck und das Gefühl, die Wahrheit werde nie ans Licht kommen, deswegen müsse die Ermittlung eingestellt werden, und sie wurde eingestellt. Es gab also viele Details, die nicht untersucht wurden.« Curtil konnte durchaus beurteilen, welcher Druck auf dem Untersuchungsgericht lastete, wie ich später noch ausführen werde.

Der *Observer* bezeichnete die Sendung »Diana – The Night She Died« (die am 4. Juni 2003 ausgestrahlt und am 2. November 2003 auf den neuesten Stand gebracht wurde) als »wichtigen Dokumentarfilm«. Im *Independent* hieß es, er »wirft systematisch wichtige Fragen auf«. Der *Guardian* fasste die wichtigsten Argumente des Films zusammen und meinte, »Woodward und Bernstein wären stolz gewesen«. Da ich mich an verschiedenen Stellen kritisch über die Eitelkeit von Ermittlungsbeamten äußere, sollte ich hinzufügen, dass der Film nicht nur Lob erntete. *Daily Mail* und *Evening Standard* monierten, der Film hänge zu sehr dem Verschwörungsgedanken an.
Eine Fernsehdokumentation hat klare Grenzen. In einen fünfzigminütigen Film kann man nur einen Text von ungefähr fünftausend Wörtern hineinpacken. Das vorliegende Buch führt diese Recherchen in verschiedener Hinsicht viel weiter aus und beantwortet einige der Fragen, die in dem Film gestellt werden. Unter anderem prüfe ich all jene Details, die – laut Curtil – »nicht untersucht wurden«.
Ein zentrales Problem bei der Wahrheitsfindung besteht darin, dass es in Frankreich keine äquivalenten gerichtlichen Untersuchungen gibt. In Großbritannien führt ein so genannter Coroner (ein richterlicher Beamter zur Untersuchung der Todesursache in Fällen unnatürlichen Todes) in der Regel öffentlich Vernehmungen durch und prüft sämtliche Indizien. Dann stellt er fest, manchmal unter Einbeziehung einer Jury, ob es sich um Mord, Selbstmord, einen Unfall oder einen natürlichen Tod handelt. Solch eine Untersuchung kann auch offen enden, das heißt, es lässt sich nichts mit Sicherheit erkennen, außer dass Verdachtsmomente vorliegen. Ein Coroner kann Zeugen laden, die ins Kreuz-

verhör genommen werden können. Hinterbliebene hoffen oft auf gerichtliche Untersuchungen, um eine gewisse Gerechtigkeit zu erfahren.

In Frankreich hingegen werden verdächtige Todesfälle von einem *juge d'instruction* unter Ausschluss der Öffentlichkeit untersucht. Der Begriff *juge d'instruction* wird gewöhnlich als »Untersuchungsrichter« übersetzt; die wörtliche Übersetzung lautet jedoch »Anweisungsrichter«. Das entscheidende Wort ist *instruction*, Anweisung. Der Richter weist die Polizei an, was sie untersuchen bzw. ignorieren soll. Nichts davon geschieht öffentlich. Es werden keine Zeugen vernommen. Keine Jury befindet darüber, ob es ein Unfall, Selbstmord oder Mord war. Nur der so genannte Untersuchungsrichter und die Anwälte der beteiligten Parteien haben Einsicht in die einschlägigen Akten, und französische Anwälte sind sehr diskret. Obwohl alle Welt wissen wollte, ob Diana schwanger war, verlangte beispielsweise kein Anwalt Einsicht in das ärztliche Dossier über Diana. Virginie Bardet, die einen der Fotografen vertrat, die als Unfallverursacher beschuldigt wurden, teilte uns mit, sie habe nicht verlangt, das Siegel des ärztlichen Dossiers zu brechen, weil dies »für die Verteidigung des Mandanten ohne jede Bedeutung« gewesen sei.

Ich habe mit den meisten beteiligten Anwälten gesprochen. Sie gehören zur Creme der Pariser Anwaltskammer. Einer von ihnen ist Christian Curtil, der Rees-Jones in Frankreich vertrat und sich besonders hilfsbereit zeigte. Ebenso entgegenkommend war David Crawford, ein verschrobener Anwalt aus Oswestry, der Rees-Jones in Großbritannien vertrat. Crawford ist inzwischen fast schon ein Experte, wenn es um die lange Geschichte französischer Skandale geht, in denen die Behörden die Wahrheit vertuschten. Ich habe viel für Frankreich übrig, doch die Devise der Franzosen lautet *Liberté, Égalité, Fraternité* – Freiheit, Gleichheit, Brüderlichkeit. *Vérité*, die Wahrheit, ist dabei nicht berücksichtigt. Drei verschiedene französische Anwälte waren so enttäuscht über die Weigerung des französischen Untersuchungsgerichts, gewissen Fragen nachzugehen, dass sie uns erlaubten, die 27 Bände der Beweisaufnahme zu filmen. Keine anderen Journalisten haben dieses Material zu sehen bekommen.

Am 3. September 1997 versprach der damalige Royal Coroner, Dr. John Burton, die Todesursache von Dodi und Diana zu untersuchen. Ende August 2003 kündigte Dr. Burtons Nachfolger, Michael Burgess, erneut Ermittlungen an. Am 6. Januar 2004 wurde die Untersuchung endlich in die Wege geleitet. Zur allgemeinen Überraschung teilte der Coroner indes mit, er müsse erst den sechstausend Seiten langen französischen Untersuchungsbericht lesen, jenes Dossier, in das ich Einsicht genommen hatte. Es ist merkwürdig, dass er es nicht schon früher anforderte. Dieses Dokument ist natürlich auf Französisch verfasst, und so konnte der Coroner mit der Lektüre erst beginnen, als es übersetzt war. Er schätzte, er werde die Untersuchung binnen zwölf bis fünfzehn Monaten wieder aufnehmen.

Am Tag vor Einleitung der Untersuchung enthüllte der *Daily Mirror*, dass die Worte, die der *Mirror* Ende Oktober 2003 bei der Veröffentlichung eines Briefes von Diana aus den Unterlagen ihres Butlers Paul Burrell geschwärzt hatte, tatsächlich »mein Ehemann« lauteten.

Dr. Burgess prangerte auch die vielen Verschwörungstheorien an, die inzwischen in der Presse und im Internet diskutiert wurden. Er forderte Scotland Yard auf, zur Aufklärung der Vorgänge um Dianas Tod beizutragen, damit er Fakten und Fiktion trennen könne. Einen Tag später verkündete eine Schlagzeile der *Times*, Beamte von MI 5 und MI 6 – den Abteilungen 5 und 6 der Military Intelligence – müssten mit einer Vernehmung durch Scotland Yard rechnen. Im *Evening Standard* stellte Tim Lott Folgendes klar: Wenn eine in Chelsea Towers wohnende Mrs. Windsor bei einem Verkehrsunfall ums Leben gekommen sei und Mr. Windsor eine Geliebte habe, die er heiraten wolle, würde die Polizei Mr. Windsor auf jeden Fall vernehmen, denn in solchen Fällen stehen Ehemänner und Exmänner stets unter Verdacht. Für Prinzen galten jedoch andere Regeln. Am 9. Januar 2004 meldete die *Times*, sehr wahrscheinlich werde Scotland Yard Prinz Charles befragen.

1
Das Märchen, das nicht gut enden konnte

Im Sommer 1997 konnte sich Prinzessin Diana zum ersten Mal in ihrem Leben frei fühlen. Vor ihrer Verlobung mit Prinz Charles hatte sie ein behütetes Leben geführt und war vielleicht überraschend naiv für einen Menschen, der in den siebziger Jahren aufwuchs. Als Teenager war sie charmant, wenn auch etwas linkisch gewesen; man beschrieb sie oft als vollkommene englische Rose, doch Rosen strahlen etwas aus, was ihr fehlte – Selbstbewusstsein.

Als die Presse erstmals etwas über die Romanze zwischen Charles und Diana durchsickern ließ, verlautete aus dem Buckinghampalast: »Sie hat sich nicht danebenbenommen.« Sigmund Freud hätte sicher einiges herausgelesen, wenn er diesen Satz unter die Lupe genommen hätte.

Diana trat jungfräulich vor den Traualtar. Während der Trauungszeremonie gab es einen Augenblick, in dem alle den Atem anhielten. Prinz Charles versprach sich, als er die Worte äußern sollte: »Mit all meinen irdischen Gütern statte ich dich aus.« Stattdessen sagte er: »Mit all *deinen* irdischen Gütern statte ich dich aus.« Auch hier muss man nicht erst Freud bemühen, um sich über einiges bewusst zu werden.

Seit der Zeit Königin Victorias präsentierte sich die Royal Family als Musterfamilie aller Briten. Die verstorbene Queen Mother und George VI. galten als gefestigtes und glückliches Paar, dem alle Durchschnittseheleute nachzueifern trachteten. Königin Elizabeth II. und Prinz Philip versuchten, dieser Tradition zu folgen, und so hatte Diana allen Grund, zu glauben, sie werde in eine normale, gesunde Familie einheiraten. Deren Mängel flogen erst auf, seit die Royal Family zum Freiwild der Medien – und natürlich auch der Psychologen – geworden war. Die Windsors entpuppten sich als Musterbeispiel einer modernen Lebensgemeinschaft mit ebenso vielen Scheidungen, Seitensprüngen und Skandalen, wie sie in jeder durchschnittlichen Kleinstadtfamilie vorkommen.

Diana hatte vielleicht gehofft, ein ideales Umfeld zu finden, doch sie landete schließlich in einer weiteren Problemfamilie. Seit dem frühen Teenageralter träumte sie davon, Charles zu heiraten. Solch eine Phantasie war durchaus verständlich angesichts ihrer schwierigen Kindheit. Sie liebte ihren Vater zwar, doch er war gewalttätig. Ihre Mutter, Frances Shand Kydd, verließ Johnnie Spencer und ihre Kinder; die Scheidung wurde in den Medien weidlich ausgeschlachtet.

Diana erkannte sehr schnell, dass sie in eine Familie einheiratete, in der es nicht an Geheimnissen und Lügen mangelte. Ihre erste Ernüchterung war die bitterste. Noch vor ihrer Hochzeit kam sie dahinter, dass ihr Verlobter nach wie vor ein Verhältnis mit seiner langjährigen »Liebschaft« Camilla Parker Bowles hatte.

Einiges mehr wissen wir über die Gespräche, die Prinz Charles mit seinem Lieblingsonkel Louis Mountbatten führte. Lord Mountbatten kam auf tragische Weise ums Leben, als sein Schiff, die »Shadow V«, von der IRA in die Luft gesprengt wurde. Der Mord macht es uns einigermaßen schwer, das Opfer kritisch zu sehen. Seine Ratschläge an den Neffen deuten indes darauf hin, dass er ein sehr altmodischer Mensch war. Mountbatten riet Charles, sich ordentlich die Hörner abzustoßen und sich dann eine Braut zu suchen, die ganz den Erwartungen entsprach – eine Braut, die nett aussah, Erben gebar, ein bisschen auf Wohltätigkeit und sonst keinerlei Schwierigkeiten machte. Mountbatten war allerdings kaum ein Experte, wenn es um Eheglück ging. Er pflegte höchstwahrscheinlich homosexuelle Beziehungen; und seine Frau Edwina hatte anscheinend eine langjährige Beziehung mit Nehru, dem Ministerpräsidenten Indiens.

Diana hatte mittlerweile so ihre Zweifel über ihre Eheschließung, doch es hätte ein heroisches Selbstbewusstsein erfordert, die Trauung des Jahrhunderts abzublasen. Die Geschirrtücher waren bedruckt, die Souvenirs auf dem Markt. So jung sie auch war, verhielt sich Prinzessin Diana sehr vernünftig in dieser kritischen Situation. Sie forderte Charles auf, jeden Kontakt zu seiner früheren Geliebten abzubrechen. Er lehnte dies jedoch ab. Besonders aufgebracht war Diana, als sie erfuhr, Charles habe Camilla ein Armband geschenkt, in dem ihre Kosenamen eingraviert waren – von Fred für Gladys. Das sei inzwischen vollkommen harmlos, beteuerte er. Camilla sei lediglich eine Freundin, mit der er ausritt. Man müsse paranoid sein, um irgendetwas anderes zu denken.

Ich habe bereits erwähnt, dass einige merkwürdige Parallelen zwischen Diana und Grace Kelly bestanden. Einer von Dianas ersten Soloauftritten bestand darin, die königliche Familie beim Begräbnis der Fürstin von Monaco im September 1982 zu vertreten. Diana fühlte sich eng mit Grace verbunden. Grace hatte ihr Ratschläge darüber erteilt, wie man mit dem Druck fertig wird, den man zwangsläufig verspürt, wenn man als Normalsterblicher in den Hochadel aufgenommen wird. Diana schlug sich tapfer und hoffte, Charles werde sie nach ihrer Rückkehr willkommen heißen. Er glänzte jedoch durch Abwesenheit. Das war typisch.

In den folgenden Jahren wurde nur allzu deutlich, dass Diana keineswegs paranoid reagierte. Camilla war die Frau, die Charles eigentlich liebte. Diana hatte einst davon geträumt, Prinz Charles zu heiraten, den Märchenprinzen, wie er in jeder Fabel vorkommt – von »Dornröschen« bis »Pretty Woman«. Nun fühlte sie sich bis ins Innerste ihres zerbrechlichen Wesens verraten.

Einer der erfolgreichsten Filme der achtziger Jahre war »The War of the Roses« (wörtlich übersetzt: »Der Krieg im Hause Rose«; deutscher Verleihtitel: »Der Rosenkrieg – bis dass der Tod uns scheidet«). Darin spielten Michael Douglas und Kathleen Turner ein Paar, dessen Ehe sich zur reinsten Hölle entwickelte. Während einer Party, die sie organisiert hatte, pinkelte er über den Tisch. Charles und Diana waren viel zu gesittet, um je so ausfällig zu werden, doch »the war of the Waleses« – der Krieg im Hause Wales – hatte Ende der achtziger Jahre nicht minder bösartige Züge angenommen. Er gipfelte in einer besonders unerfreulichen Flüsterkampagne. Keine Höllenfurie wüte so wie eine verschmähte Frau, zischelte man am Hof. Man müsse nur in den Lehrbüchern der Psychologen nachschlagen.

Der Kampf gegen die Machokultur in Prinz Charles' Hofstaat im St. James's Palace war aussichtslos. Es war auch nicht sonderlich hilfreich, dass einige feministische Autorinnen für Diana Partei ergriffen. In ihrem Buch *Diana, Princess of Wales: How Sexual Politics Shook the Monarchy (Diana, Prinzessin von Wales: Wie Sexualpolitik die Mo-*

narchie erschütterte) gab Beatrix Campbell zu verstehen, Diana habe gleichsam als Jungfrau auf dem Opfertisch herhalten müssen. In ihrem Hochzeitskleid wurde sie als herausgeputztes Sexsymbol zur Schau gestellt. Und der Glückspilz Charles sollte die Ehre haben. Ein grober Cockney-Reim spöttelt: »She offered her honour, he honoured her offer, and he spent the night on her and off her.« (»Sie bot ihre Ehre an, er ehrte ihr Angebot und verbrachte die Nacht auf ihr und sonst wo.«)

Einer der größten Menschenrechtsskandale war die Behandlung von Dissidenten durch den Kreml in der Zeit von 1960 bis 1985. Viele Kritiker des kommunistischen Regimes wurden als verrückt diagnostiziert und in Anstalten wie das berühmt-berüchtigte Serbsky-Institut in Moskau gesperrt. Dort erfand man eine wunderbare neue Diagnose. Man behauptete, die Dissidenten litten unter »schleichender Schizophrenie«. Menschen mit Schizophrenie hören in der Regel Stimmen und zeigen ein paranoides oder anderweitig gestörtes Verhalten. Die sowjetischen Dissidenten litten angeblich unter »schleichender Schizophrenie«, weil sie keine dieser Symptome zeigten. Es mag ein wenig übertrieben klingen, den St. James's Palace mit dem Kreml unter Breschnew zu vergleichen, doch die Parallele geht erstaunlich weit. Diana wurde von der königlichen Familie bald als Dissidentin angesehen und in vielerlei Hinsicht genauso behandelt wie die Regimekritiker in der Sowjetunion.

In ihrem Buch *Diana: Story of a Princess (Diana: Geschichte einer Prinzessin)* weisen Phil Craig und Tim Clayton überzeugend nach, dass vom englischen Königshof eine Kampagne inszeniert wurde, die den Volkskommissaren keinerlei Schande bereitet hätte. Als Jonathan Dimbleby an einer offiziellen Biographie über Prinz Charles arbeitete, teilte man ihm mit, Dianas Geisteszustand sei … nun ja … gestört. Penny Junor, die Autorin des Buchs *Charles: Victim or Villain? (Charles: Opfer oder Täter?)*, äußerte gegenüber Craig und Clayton: »Dimbleby half mir, auf das Syndrom zu stoßen – mehrere Seiten hatten von einer Borderline-Persönlichkeit gesprochen.« Mit dem Borderline-Syndrom bezeichnet man im Allgemeinen nicht genau einzuordnende Krankheitsbilder (Grenzfälle) zwischen Neurosen und Psychosen. Psychiater legten gelehrte Gutachten vor, wonach die Prinzessin – ach, wie bedauerlich – unter Persönlichkeits- und Essstörungen litt. Persönlichkeitsstörungen äußern sich in Angstzuständen und Stimmungsschwankungen. Einige Borderline-Patienten entwickeln sogar so genannte Alter Egos. Sie berichten, sie hätten zwei, drei, acht oder in manchen Fällen Hunderte unterschiedlicher Persönlichkeiten – mehrere Innenwelten in einem einzigen Körper. Es besteht eine Verbindung zwischen Missbrauch im Kindesalter und der Entwicklung einer gespaltenen bzw. Borderline-Persönlichkeit. So lässt sich beobachten, dass missbrauchte Kinder das erlebte Trauma verdrängen können, indem sie andere Persönlichkeiten erfinden, sodass der Missbrauch einem Teil des Ichs widerfährt, der abgespalten ist. Die These ist umstritten, doch viele Psychologen, wie etwa der Kanadier Charles Ross, sind davon überzeugt, dass sich eine derartige Dynamik abspielt. Wie tragisch, seufzten die Flüsterer. Dianas Vater – der günstigerweise tot war und keine Verleumdungsklage anstrengen konnte – war ein Unhold gewesen. Kein Wunder, dass das junge Ding durchgeknallt war …

Aufschlussreich ist es auch, sich die Position anzusehen, die

Diana nach der Terminologie des Psychologen R. D. Laing innehatte. Laing argumentierte, Menschen würden oft als verrückt abgestempelt, weil sie in einem unmöglichen »familiären Nexus« bzw. »Familienverband« verstrickt sind. Man muss kein genialer Psychologe sein, um Prinzessin Dianas »Nexus« zu verstehen. Sie musste so tun, als liebe sie ihren Mann und werde von ihm geliebt. Doch sie wusste von der ersten Nacht an, dass die große Liebe ein Riesenschwindel war.

Auch ein Hollywoodfilm hätte nicht drastischer sein können als das, was die frisch Verlobten in einem Interview darboten. Auf die Frage, ob sie einander liebten, antwortete Diana: »Ich liebe ihn.« Worauf Charles erwiderte: »Was immer das heißt.« Die Körpersprache war nicht minder aufschlussreich. Charles wirkte scheu und grinste verlegen. Dianas strahlendes Lächeln schien zu vermitteln: »Mein Wunsch ist in Erfüllung gegangen.« In den Pressekommentaren, die folgten, schien sich niemand gefragt zu haben, was da überhaupt vor sich ging, geschweige denn, wie sich Charles' Weigerung oder Unfähigkeit, das Wort »Liebe« auszusprechen, wohl auf seine Braut auswirkte.

In einer intakten Familie hätten die Erwachsenen – in diesem Fall die Queen und Prinz Philip – gemerkt, dass etwas nicht stimmte. Die beiden Genannten gehören jedoch der Generation an, die den Krieg durchgemacht hat, und waren es nicht gewohnt, groß über Gefühle oder Probleme zu reden. Diana, vermute ich, kam ihnen vor wie von einem anderen Stern, und sie hatten bestimmt keine Lust, sich einzumischen. Als die Presse erfuhr, die Queen sei zutiefst besorgt über die Ehe von Charles und Diana, war es bereits zu spät, um noch etwas zu retten.

Als 1992 in Andrew Mortons Buch *Diana, Her True Story (Diana, ihre wahre Geschichte)* Dianas Sicht der Dinge dargestellt wurde, war alle Welt verblüfft, ja entsetzt über das, was sie ertragen musste. Viele Frauen – und Männer – wären unter einem Druck, wie Diana ihn tagtäglich erlebte, völlig zusammengebrochen. Angeblich unternahm sie einmal einen Selbstmordversuch, doch insgesamt zeigte sie sich erstaunlich belastbar. Die Mutterrolle gab ihr Halt, und im Gegensatz zu vielen sorgenbeladenen Menschen wurde sie eine ausgezeichnete Mutter.

Diana hatte keine Universität besucht, ja nicht einmal so etwas wie ein Abitur gemacht. Bevor sie 1991 bei Susie Orbach vom Frauentherapiezentrum in Behandlung ging, hatte sie bestimmt nichts von Germaine Greer oder anderen feministischen Autorinnen gelesen. Sie gehörte jedoch einer Generation von Frauen an, die durch den Feminismus verändert worden waren. Im Laufe ihrer Therapie erkannte sie, dass sie nicht schuld an all ihren Problemen war. Anders als Frauen in den fünfziger oder sogar noch in den sechziger Jahren, die sich vielleicht mit einer Ehe ohne Liebe abgefunden haben mochten, war Diana der Meinung, sie habe ein Recht auf Glück. Als klar wurde, dass sie bei Charles dieses Glück nie finden würde, wandte sie sich anderen Männern zu.

Zunächst bewies sie keine gute Hand bei der Wahl ihrer Liebhaber. Ihre erste Affäre hatte sie mit James Hewitt, einem Armeeoffizier und Polospieler. Er war in vielerlei Hinsicht Prinz Charles sehr ähnlich. Die Liebschaft endete jedoch, als Hewitt ins Ausland abkommandiert wurde.

Dianas Beziehung mit dem Kunsthändler Oliver Hoare war wohl tiefer, aber auch nebulöser. Sie war besessen von ihm und rief ihn ständig an, bis Hoares Frau Wind davon bekam und der Sache nachging. Es war äußerst peinlich, als bekannt wurde, dass sich einige dieser Anrufe in den Kensington Palace zurückverfolgen ließen. Nichts bereitete »Freunden von Charles« größere Genugtuung, als der Presse den Knüller servieren zu können, Diana stelle fremden Männern per Telefon nach.

Das Verhältnis mit Oliver Hoare hatte jedoch noch andere Aspekte. Seine Schwiegermutter, die Freifrau de Waldner, war eine gute Freundin von Prinz Charles, der häufig in ihrem Château in dem kleinen französischen Dorf Le Barroux in der Nähe von Orange weilte. Le Barroux zählt ungefähr 350 Einwohner und weist auch Verbindungen zum Orden der Hospitaliter auf, einem Zweig des Ordens der Tempelritter. Hier übergab der Nazi-Kollaborateur Julien Origas 1984 das Zepter über seinen Tempelorden an Jo di Mambro. Kurz darauf kaufte di Mambro dort ein Anwesen und befahl einigen Ordensmitgliedern, dieses instand zu setzen. Niedere Dienste läuterten den Geist, propagierte er. Einer dieser »Arbeiter«, Thierry Huguenin, klagte mir, die Renovierung dieses und eines weiteren Anwesens in der Nähe habe ihn Jahre seines Lebens und seine Gesundheit gekostet. Auf Prinz Charles' Besuche in Le Barroux werde ich später noch eingehen.

Angesichts ihres schlechten Händchens und ihres Pechs ist es vielleicht nicht verwunderlich, dass Diana ihre Hoffnungen auf Charles nicht ganz aufgab. Schließlich war er ihre erste Liebe. Obwohl er sie so schmählich hintergangen hatte, schien sie zu glauben, sie könne ihren Prinzen wieder zurückgewinnen und das Märchen schließlich wahr werden lassen. Die Presse machte ihr Hoffnung. Nicht Camilla, sondern Diana wurde als schönste Frau der Welt bezeichnet. Mohamed Al Fayed fragte mich einmal völlig verwundert, welcher Mann mit Blut in den Adern eine Camilla einer Diana vorziehen könne. Die eine sehe aus wie ein Stern, eine Prinzessin, ein Juwel, und die andere ... Der Harrods-Magnat verglich Mrs. Parker Bowles mit einem Esel, einem Krokodil und anderen wenig verführerischen Tieren.

Spätestens 1992 war jedoch klar, dass Charles und Diana keine gemeinsame Zukunft haben konnten, und sie trennten sich. Es liegt eine gewisse Ironie darin, dass der damalige Premierminister John Major die Trennung mit solchem Ernst bekannt gab, zumal ihn eine längjährige Beziehung mit Edwina Currie verband. Die Verhandlungen über die Scheidungsbedingungen, die schließlich aufgenommen wurden, waren unerbittlich.

Die Biographie über Prinz Charles, die Anthony Holden 1979 schrieb, war Holdens zweites Buch. Sein erstes war die Lebensgeschichte von Graham Young, einem jungen Häftling, der nach seiner Entlassung aus dem Hochsicherheitsgefängnis für Geisteskranke in Broadmoor gleich einen weiteren Mord beging. Ich kannte Holden von unserer gemeinsamen Zeit in Oxford und nahm 2002 wieder Kontakt mit ihm auf, als ich einen Film über Broadmoor drehte. Auf fesselnde Weise schilderte er, wie Graham Young den Psychiatern vorspielte, er sei geheilt. Inzwischen verfasste Holden drei Bücher über Prinz Charles, die den Thronfolger im Alter von dreißig, vierzig und fünfzig Jahren porträtieren; vom Ton der Darstellung her wandelte sich der Autor vom Anhänger zum Kritiker.

»Diana hatte furchtbare Angst, ihre Kinder zu verlieren. Sie glaubte, allen Grund dazu zu haben«, berichtete mir

Holden. »Sie hatte Angst vor der Macht der Familie und vor dem, was diese ihr antun konnte.« Holden wies darauf hin, dass Diana selbst nach der Scheidung die Erlaubnis der Queen brauchte, um ins Ausland zu reisen.

Eine normale Frau hätte erwarten können, einen großen Anteil des Vermögens ihres Mannes und das Sorgerecht für die Kinder zu bekommen, zumal sich Charles bekanntlich nicht als vorbildlicher Vater ausgezeichnet hatte. Er ließ sich beispielsweise nicht blicken, als sein Sohn eine ernste Kopfverletzung erlitt und operiert werden musste. Diana hingegen hatte bewiesen, dass sie eine aufopfernde Mutter war. Sie liebte ihre Jungen, nahm sie in den Arm und redete mit ihnen. Selbst ihr etwas exzentrischer Wunsch an ihren Butler Paul Burrell, für Prinz William gewisse »Magazine« zu kaufen, war einigermaßen verständlich. Sie wollte nicht, dass ihre Söhne nichts über Mädchen wussten, wo doch schon so viel über schwulen Sex im St. James's Palace getuschelt wurde. Trotzdem musste Diana das Sorgerecht mit Prinz Charles teilen. Der künftige König musste seine Söhne schließlich auf deren Zukunft vorbereiten.

Auch die finanzielle Regelung war für Diana keineswegs vortrefflich. Die Abfindung in Höhe von siebzehn Millionen Pfund (etwa 25 Millionen Euro) war erklecklich, aber nicht sonderlich großzügig, bedenkt man, dass sich Prinz Charles' Privatvermögen nach einer neueren Schätzung des Hofes auf 352 Millionen Pfund (zirka 522,88 Millionen Euro) beläuft. Mit siebzehn Millionen Pfund in der Kasse hatte es Diana zumindest nicht mehr nötig, Paul Burrell loszuschicken, um ihre Kleider zu verkaufen, damit sie etwas Bargeld für sich und Taschengeld für William und Harry hatte; nach der Trennung sei ihr jedenfalls nichts anderes übrig geblieben, behauptet Burrell in seinem kürzlich erschienenen Buch.

Die königliche Familie verlangte jedoch einen Preis für die siebzehn Millionen Pfund. Der vielleicht unangenehmste Aspekt der Scheidung bestand darin, dass Diana auf ausdrückliche Anordnung der Queen der Titel »königliche Hoheit« aberkannt wurde. Holden berichtete mir, Diana habe das Gefühl gehabt, man hätte sie im Verlauf der Scheidung regelrecht fertig gemacht. »Man spielte ihr übel mit«, erklärte er, wohl auch deswegen, weil man ihr den Erfolg in der Presse missgönnte.

Es wurde stets darüber gerätselt, weshalb Diana nach der Scheidung keinen offiziellen Personenschutz mehr genoss. Lehnte sie Schutzmaßnahmen ab, um sich endlich frei zu fühlen? Oder stellte der Hof den Schutz ein? Immerhin verbreitete man Klatsch, wonach die »verrückte« Prinzessin ihren Bewachern oft zu nahe gekommen sei.

Der Buckinghampalast hatte die Beziehungen zwischen Diana und einigen Polizeikräften, die sie beschützten, lange Zeit argwöhnisch beäugt. In ihrer Biographie über Prinz Charles behauptet Penny Junor, Diana habe ihre erste Affäre 1985 gehabt – nicht mit Hewitt, sondern mit einem ihrer Leibwächter, Sergeant Barry Mannakee von der königlichen Schutztruppe. »Einer gemeinsamen Freundin gestand sie, Mannakee sei die Liebe ihres Lebens«, teilte mir Holden mit. Dianas Freundin Rosa Monckton wies darauf hin, für Junor (und andere, die diese Behauptung aufstellten) sei es äußerst praktisch, dass beide tot seien. Diana und Mannakee standen sich nahe, räumte Monckton ein, und Diana schenkte ihm tatsächlich einen Teddybären zum Andenken. Die Beziehung sei jedoch rein platonisch gewesen, beteuerte

die Freundin. Der Buckinghampalast missbilligte die Freundschaft indes, und Mannakee wurde 1985 aus dem Dienst am Hof abgezogen.
Ein Jahr später kam Mannakee bei einem Verkehrsunfall in East London ums Leben. Er war der erste unter erstaunlich vielen Akteuren in dieser Geschichte, die ganz plötzlich und auf der Straße umkamen. Holden fügte hinzu, Barry Mannakees Tod »bleibt für viele ein Rätsel. Diana selbst hegte so ihre Zweifel. Sie neigte manchmal selber zu Verschwörungstheorien.«
Es war jedoch nicht allein das Scheitern ihrer Ehe, das Diana veränderte. Anfang der achtziger Jahre hatte sie sich vorgenommen, sich zu ändern. Sie und ihre Freundinnen – die so genannten »Sloane Rangers« – galten in der Öffentlichkeit als hübsch und etwas schwer von Begriff. Diana wollte dieses Bild korrigieren.

Im Dienste der Wohltätigkeit

Vor ihrer Verlobung hatte Diana als Kindergärtnerin gearbeitet. Ihr Vorgesetzter staunte, welch guten Draht sie von Anfang an zu ihren Schützlingen hatte. Sie bewies großes Geschick, wenn sie mit ihnen spielte, und pflegte viel Körperkontakt. Diana erzählte manchmal Freunden, dies lasse sich wohl auch darauf zurückführen, dass sie früher unter der Scheidung ihrer Eltern zu leiden hatte. Ein Kind, das bei solchen Fehden zwischen den Fronten steht, lernt einiges. Diana besaß die Gabe, zu den unterschiedlichsten Menschen Kontakt herzustellen. Mitte der achtziger Jahre fing sie an, diese Gabe zu nutzen.

Prinz Charles hatte seine Frau anfangs dazu ermuntert, sich für wohltätige Zwecke zu engagieren, doch die ersten Eheprobleme tauchten auf, als die liebe Gemahlin zu viele begeisterte Schlagzeilen erntete. Der Prinz reagierte menschlich – er wurde eifersüchtig. Die Presse betete Diana an, während er als Polo spielender Aristokrat belächelt wurde, der mit seinem Gemüse sprach. (Damals wusste niemand, dass Lakaien auch seine Zahnpasta ausdrücken und ihm das Nachtgeschirr hinhalten mussten.) Er wirkte auch irgendwie abgekapselt, was angesichts seiner Erziehung nicht unbedingt überraschte.
Diana war vielleicht launisch, aber nicht abgehoben. Aufgrund ihres eigenen Seelenleids war sie imstande, auf andere zuzugehen. Von dem Augenblick an, als sie Aidspatienten berührte, wurde sie zum Star in der Welt der Wohltätigkeit. Sie konnte sich äußerst einfühlsam mit Menschen in Not austauschen. Leid und Kummer kannte auch sie; das hatte sie selbst durchgemacht und machte es immer noch durch. Aber im Gegensatz zu den meisten Briten der Oberschicht fühlte sie sich davon keineswegs peinlich berührt.
»Mit ihrem angeborenen Sinn für Öffentlichkeitswirkung engagierte sich Diana für dringliche Themen der Zeit – wie Krebs und Gewalt gegen Frauen«, erklärte Holden. Sie war sich durchaus bewusst, meinte Holden, dass Charles durch sein Eintreten für organische Karotten und Denkmalschutz das Image des abgehobenen Spinners abbekam.
Jene, die mit Diana zusammenarbeiteten, schätzten nicht nur ihre menschlichen Qualitäten, sondern auch ihr politisches Geschick. David Edwards leitete jahrelang das Wohlfahrtsprojekt Turning Point bei den Sozialbehörden im Norden Großbritanniens. Ich lernte ihn beim Smithfield

Project in Manchester kennen. Dessen Operationsbasis ist ein rotes Backsteingebäude in einem düsteren Industrievorort. In den Räumlichkeiten herrscht eine freundliche, aber etwas gezwungene Atmosphäre. Keiner ist im Grunde freiwillig dort, doch jeder versucht, seine Probleme hinzubiegen. Es gibt ein gut besuchtes Café, Beratungsräume und sieben Tage in der Woche Therapie. Die bemerkenswerteste Einrichtung ist eine Station, in der sich Suchtkranke vierzehn Tage lang einer Entgiftung unterziehen können.

David Edwards gestand mir, es habe ihn zutiefst beeindruckt, wie Diana ihre Wohltätigkeitsarbeit anpackte. Sie war stets bestrebt, die Prozeduren und Usancen zu verstehen, und erwies sich dadurch bei Sitzungen als unglaublich effektiv. Er erinnerte sich an etliche Gelegenheiten, bei denen sie auf Konferenzen oder bei Empfängen sondierte, auf welches Ziel sie sich einschießen sollte. »Vor den Sitzungen fragte sie mich: ›An wen muss ich mich wenden?‹, und ging dann direkt auf die Leute zu und sagte: Wir brauchen das und das und soundso viel Geld. Dann lächelte sie und sagte: ›Nächstes Jahr komme ich wieder und erwarte, dass das Projekt läuft.‹«

Edwards ist nur einer von vielen Fans, die Diana im Benefizbusiness hatte. Ann Moriarty gestand mir einmal: »Ich gehöre nicht zu jenen, die sich leicht durch königliche Hoheiten beeindrucken lassen, aber ich war durchaus überrascht, wie kompetent sie ihre Sache anpackte.«

Auch Lord Deedes, der in den dreißiger Jahren beim *Daily Telegraph* anfing und später Minister der Torys und schließlich Herausgeber des *Daily Telegraph* wurde, staunte über die Art und Weise, wie Prinzessin Diana vorging, als sie gemeinsam nach Angola reisten, um sich für eine

Ächtung von Landminen einzusetzen: »Sie ging allein zwischen den Gräbern hindurch und begegnete einer Frau, die um ihren verstorbenen Sohn trauerte. Sie waren einander vollkommen fremd und umarmten sich spontan. Tat sie dies, um mich zu beeindrucken? Nein, sie war außerhalb meiner Sichtweite, aber im Blickfeld eines Fotografen. Das Mitgefühl, das sie leidenden Menschen vermittelte, schien sich wie elektrischer Strom zu übertragen, doch insgesamt entstand diese Wirkung hauptsächlich durch absolute und unablässige Konzentration. Über drei ziemlich anstrengende Tage hinweg zeigte Diana keine Spur von Müdigkeit.«

Die Prinzessin von Broadmoor

In Broadmoor, mitten in der idyllischen Landschaft von Berkshire, wurde 1863 eine Anstalt für geisteskranke Kriminelle gegründet. Nach 1841 durften Verbrecher, die nicht zurechnungsfähig waren, nicht mehr hingerichtet werden, also musste man sie irgendwo unterbringen. In viktorianischer Zeit war die Psychiatrie eine seltsame Mischung – in gleichem Maße inhuman und visionär. Man meinte, die ruhige Umgebung werde dazu beitragen, die kranken Gemüter zu besänftigen. Einer der bekanntesten ersten Insassen war der Maler Richard Dadd, der seinen Vater auf einen Spaziergang in Kent einlud und dem alten Herrn dann die Kehle durchschnitt. Dadd wurde für unzurechnungsfähig erklärt und lebte bis zu seinem Tod in Broadmoor. Die Anstalt stellte ihm ein Atelier zur Verfügung, in dem er einige seiner besten Werke schuf. Etliche seiner Gemälde sind in der Tate Gallery zu sehen.

In den fünfziger Jahren war der Idealismus in Broadmoor längst verpufft. Oft wurden Insassen verprügelt; einige strangulierte man mit nassen Handtüchern. Man experimentierte auch mit chemischer Kastration (Cohen 1981, Murphy 1995). Broadmoor war bekannt als Anstalt für die verderbtesten und gefährlichsten Männer und Frauen in ganz Großbritannien. Die Boulevardpresse brachte viele Geschichten über die Irren und Schlächter hinter den Mauern der Anstalt. Als der Yorkshire Ripper Anfang der achtziger Jahre dorthin verlegt wurde, galt Broadmoor als Inbegriff des Gräuels. Broadmoor war sogar noch weniger ansprechend als Aids. Trotzdem setzte sich Diana sowohl offiziell als auch inoffiziell für die Anstalt ein.

Im Jahr 1994 weihte Diana das Richard Dadd Centre ein, das sich auf die Untersuchung und Behandlung hochgradig gefährlicher Geisteskranker spezialisiert hat. Diana wurde Schirmherrin des Centre und nahm ihre Pflichten sehr ernst. Alan Franey, der von 1988 bis 1996 Broadmoor leitete, berichtete mir, Diana habe das Krankenhaus oft privat besucht. Sie unterhielt sich gern mit Insassen und bestand häufig darauf, ohne Anwesenheit von Pflegern mit ihnen zusammen zu sein. In Broadmoor sind die Mitarbeiter zugleich Pfleger und Wärter, und die Insassen fühlen sich von ihnen oft eingeschüchtert.

Diana gegenüber hatten die Einsitzenden nicht derartige Gefühle, und auch die Prinzessin zeigte keine Angst vor ihnen. Franey staunte nur so, wie locker sie ihnen begegnete. Manchmal nahm sie sogar an Gruppentherapiesitzungen teil.

Dianas Ungezwungenheit hing sicherlich auch damit zusammen, dass sie für sich selbst Psychiater und Psychologen gewählt hatte, die keine typischen Vertreter des Establishments waren. In den achtziger Jahren suchte Diana den Psychiater Dr. Maurice Lipsedge auf, der dadurch bekannt geworden war, dass er die psychische Konstitution von Einwanderern aus Westindien und anderen Regionen studierte. Später ging sie bei Susie Orbach in Behandlung, die das bahnbrechende Buch *Fat Is a Feminist Issue* (deutscher Titel: *Das Anti-Diätbuch)* geschrieben und das radikale Women's Therapy Centre mitbegründet hatte.

Diana bewies großen Scharfsinn in ihrem Engagement für Broadmoor. In der kurzen Rede, die sie bei der Einweihung des Dadd Centre hielt, sang sie ein Loblied auf die Angestellten, die keinen leichten Job hatten. Zugleich betonte sie, die Gesellschaft zeige kein Verständnis für ernste und mit Gewalt einhergehende Geisteskrankheiten.

Franey berichtete mir, Diana habe einen Film über die Klinik machen wollen. Er hielt dies für eine ausgezeichnete Idee.

Die Liebe ihres Lebens – Die Königin der Herzen und der Herzchirurg

Anthony Holden schilderte mir, wie lustig und charmant Diana sein konnte. »Anfang 1993 schrieb ich eine Titelgeschichte für das Magazin *Vanity Fair*. Ich hatte versucht, Diana für ein Interview zu gewinnen«, erzählte er mir. Diana lehnte ab, doch er schrieb trotzdem einen Artikel, in dem er weitgehend für sie Partei ergriff. (Prinz Charles hatte sich Holdens Sympathie allein schon dadurch verscherzt, dass er seine Position ausnutzte, um die moderne Architektur anzuprangern.) »Daraufhin erhielt ich einen etwas mysteriösen Anruf mit dem Vorschlag zu einem Treffen – um 12.40 Uhr in San Lorenzo's am Beauchamp Place, ihrem Lieblingsrestaurant«, berichtete Holden.

Holden ging hin. Um 13.00 Uhr traf Diana mit dem Kindermädchen, den Prinzen und der Frau des brasilianischen Botschafters ein. »Es war ganz reizend. Die Jungen flitzten durch das Restaurant. Sie sagte: ›Jungs, was macht ihr da?‹«

Holden wurde an ihren Tisch gebeten. »Sie konnte Leute, die die Monarchie kritisierten, nicht in den Kensington Palace einladen. Zum Schluss sagte sie, sie habe sich nur für den Artikel in *Vanity Fair* bedanken wollen.« Holden war gerührt. Von 1979 bis 1988 war er gleichsam ein inoffizieller Public-Relations-Agent für Prinz Charles gewesen; in seinem Buch von 1979 hatte er den Prinzen als potenziellen Erneuerer der Monarchie gewürdigt. »Und hörte ich je ein Wort des Dankes von ihm? Nein.«

Von da an speiste Holden alle paar Monate mal mit Diana. »Sie war sehr schwatzhaft, sehr lustig. Bei diesen Lunchterminen gab es nie eine besondere Tagesordnung. Einmal sprachen wir über den Papst und die Königinmutter, die sie als Oberaussätzige in einer Leprakolonie bezeichnete. Das amüsierte mich. Und dann redeten wir über Hillary Clinton. Ich schlug vor, Diana möge eine Stiftung gründen, und sie sagte: ›Wenn ich einen Namen fallen lassen darf …‹, und ich überlegte, welcher Name das wohl sein würde. Du lieber Gott, wir erwähnten jeden Namen auf der Welt. Dann sagte sie: ›Ich habe mit Colin Powell gesprochen, und er hat mir davon abgeraten.‹«

Nach 1995 konnte sich Diana besser auf ihre Arbeit konzentrieren, denn sie hatte endlich einen Mann kennen gelernt, der ganz anders war als Prinz Charles. Hasnat Khan hat sich entschieden geweigert, über seine Beziehung mit Diana zu sprechen. Faris Kermani, ein mit mir befreundeter pakistanischer Filmemacher, der sich mit Freunden und Bekannten Hasnats unterhielt, sieht dafür einen einfachen Grund: den islamischen Begriff *issat*, »Ehre«. Ein Ehrenmann spricht nicht über eine Frau. Diese Auffassung ist auch der britischen Kultur nicht fremd. P. G. Wodehouse vertritt in seinem Buch *The Code of the Woosters* beispielsweise ganz ähnliche Werte: Ein Gentleman bringt den Namen einer Frau nicht ins Gerede. Alles, was wir über die Beziehung zwischen Hasnat und Diana wissen, stammt folglich aus zweiter Hand.

Es ist nicht ganz klar, weshalb Hasnat Khan »die Liebe ihres Lebens nach dem Tod von Barry Mannakee« wurde, wie Holden es formulierte. Hasnat Khan und Prinzessin Diana wurden am 1. September 1995 im Royal Brompton Hospital in London miteinander bekannt gemacht. Diana besuchte Joseph Toffolo, den Mann ihrer Akupunkteurin.

Hasnat Khan lebte erst seit drei Jahren in Großbritannien. Er wurde in Lahore im nordöstlichen Pakistan geboren; seine Familie hat Verbindungen zur Volksgruppe der Paschtunen. Nachdem Hasnat eine der besten Schulen Lahores besucht hatte, studierte er in Australien Medizin. Er hatte dort Verwandte; sein Onkel, Javed Khan, war als Herzchirurg in Sydney tätig. Hasnat bewies schnell, dass er etwas draufhatte, denn schon nach zwei Jahren arbeitete er für den Mann, der als der größte Herzchirurg aller Zeiten bezeichnet wurde – Victor Chang.

Chang hatte einige revolutionäre Techniken in der Herzchirurgie entwickelt und war in Australien ein fester Begriff.

Als der australische Premierminister John Howard eine Umfrage leitete, bei der der größte Australier des 20. Jahrhunderts ermittelt werden sollte, schlug Chang die drei engsten Rivalen, darunter auch den berühmten Kricketspieler Donald Bradman.

Als Dr. Chang am 4. Juli 1991 zur Arbeit fuhr, wurde sein Mercedes-Benz von zwei malaysischen Ganoven von der Straße abgedrängt. Sie versuchten, drei Millionen Dollar von ihm zu erpressen. Chang fing an, sich mit ihnen anzulegen, woraufhin sie ihn erschossen. Die erste Kugel ging durch die Wange, die zweite durch sein Gehirn.

Hasnat Khan war zutiefst erschüttert über den Mord an seinem Mentor und verließ Australien. Er ging nach London. Aufgrund seines guten Leumunds fand er Anstellung bei einem weiteren großen Pionier der Herztransplantation, Magdi Yacoub.

Die Beziehung zwischen Diana und Hasnat entwickelte sich rasch. Anfangs besuchte sie ihn spätnachts im Royal Brompton Hospital. Als ein Fotograf der *News of the World* sie beobachtete, wie sie das Krankenhaus verließ, rief sie den Hofreporter der Zeitung an und beteuerte, sie habe einige sehr kranke Patienten besucht. »Ich versuche, für sie da zu sein. Das scheint mir Kraft zu geben.« Das Blatt glaubte ihr und brachte nichts, was auf eine Beziehung mit Hasnat hingedeutet hätte.

Hasnat Khan wollte die Affäre geheim halten, doch das Paar traf sich nicht nur privat. Hasnat ist Jazzfan, und Ronnie Scott's Jazzclub in Soho war eines seiner Lieblingslokale. Diana ging mit ihm dorthin. In vielerlei Hinsicht war es eine ganz normale Liebesaffäre. Diana lud Hasnat Khan auch in den Kensington Palace ein. Sie besorgte sich einen

Mikrowellenherd und kochte Pastagerichte für ihn. Sie besuchte Khan auch in dessen Wohnung in Chelsea. Sie klagte, er hause wie ein typischer Mann – in totaler Unordnung. Sie verbrachte ganze Wochenenden mit ihm bei seinen Verwandten in Stratford-upon-Avon.

Diana kaufte sich ein Exemplar von *Gray's Anatomy*, damit sie besser verstand, womit sich ihr Liebhaber befasste. Sie sah bei einigen Herzoperationen zu, die Hasnat durchführte; dies ging sogar durch die Presse, doch niemand kam dahinter, dass ihre Anwesenheit etwas mit dem Chirurgen zu tun haben könnte. Auch in der Liebe bewies Diana einen deftigen Sinn für Humor. Als Hasnat Herzoperationen an Schafen erprobte und elf Tiere starben, schickte sie ihm ein aufblasbares Schaf, damit er sicher sein konnte, dass zumindest ein Schaf nicht den Geist aufgab.

Die Beziehung der beiden hatte aber auch ungewöhnliche Aspekte. Manchmal verkleidete sich Diana, wenn sie mit Hasnat Ronnie Scott's Jazzclub besuchte. Wenn man Freiwild für die Presse ist, macht es natürlich umso mehr Spaß, die Schreiberlinge an der Nase herumzuführen. Um den Journalisten und Wachen des Kensington Palace aus dem Weg zu gehen, musste Butler Paul Burrell den Liebhaber oft im Kofferraum seines Wagens hineinschmuggeln. Zu den Aufgaben des Butlers gehörte es anscheinend auch, den Lover auf dem Silbertablett zu servieren.

Im Jahr 1996 weihte Diana in Pakistan ein Krebskrankenhaus ein; das Kapital dafür hatten Imran und Jemima Khan, die Tochter von Sir James Goldsmith, durch Spendensammlungen beschafft. Diana und Jemima waren befreundet, und etliche Autoren meinten, Diana habe deren Ehe als »Vorbild für sich selbst« gesehen – »elegante westliche

Frau verbindet sich mit kultiviertem muslimischem Mann. Ergebnis: Glück«. Diana schätzte die Großfamilie, die Herzlichkeit und Lockerheit, die ihr in Pakistan begegneten.

Aufgrund der Abende bei Ronnie Scott und der Besuche in Stratford-upon-Avon hält es Holden für gesichert, dass die Wachleute, die Diana beschützten, von der Affäre mit Hasnat wussten. Ebenso überzeugt war Holden jedoch, dass der Buckinghampalast nichts von einer Affäre witterte. Diana war sicherlich bestrebt, das Geheimnis zu wahren, wohl auch deswegen, weil Hasnat Khan nicht wollte, dass etwas davon durchsickerte.

Niemand ging je der Frage nach, ob sich Prinz Charles mehr und mehr für den Islam interessierte, weil er spürte, dass sich Diana zunehmend zu muslimischen Männern hingezogen fühlte. Diese hatten etwas, was ihm fehlte und was er anstrebte – eine Art spiritueller Ganzheit. Als junger Mann war Prinz Charles ganz gefesselt gewesen von Sir Laurens van der Post und dessen Vorstellungen vom edlen und spirituellen Wilden. Van der Post machte Charles mit der Dichterin Kathleen Raine bekannt. Raine sagte, sie habe Charles als ziemlich orientierungslosen jungen Mann erlebt, selbst als er schon vierzig war. Die Dichterin gründete 1980 eine Zeitschriftenreihe mit der Absicht, die esoterische Tradition zu erforschen. Sie galt als Kennerin Blakes und Yeats', in dessen Gedichte es nur so von Anspielungen auf die Kabbala und andere Geheimlehren wimmelte. Sie interessierte sich auch für Tarot, die Rosenkreuzer und das Werk Henri Corbins, der in Frankreich Seminare leitete, die er als »Universität des heiligen Johannes von Jerusalem« bezeichnete. Im Jahr 1991 schrieb Prinz Charles einen Artikel für Raines

Zeitschrift. Dies war der Beginn einer langen Verbindung, die bis zu Raines Tod im Jahr 2003 währte.
Ronni L. Gordon und David Stillman vom Middle East Forum zeigten auf, dass Charles bereits 1993 ein gewisses Interesse am Islam erkennen ließ. Ab 1996 hielt er einige Reden, in denen er die westliche Haltung gegenüber dem Islam kritisierte.
Er meinte: »Der Islam kann uns heute eine Lebensweise und ein Weltverständnis lehren, wie sie dem Christentum längst verloren gegangen sind. Im Zentrum des Islams steht die Erhaltung einer integralen Sicht des Universums. Der Islam – wie auch Buddhismus und Hinduismus – trennt nicht Mensch und Natur, Religion und Wissenschaft, Geist und Materie; er bewahrte eine metaphysische und ganzheitliche Sicht von uns selbst und der Welt um uns herum ... Der Westen aber hat dieses geschlossene Bild der Welt mit Kopernikus und Descartes und dem Aufkommen der wissenschaftlichen Revolution allmählich verloren. Eine umfassende Naturphilosophie ist längst nicht mehr Teil unserer alltäglichen Glaubenssätze.«
Charles fügte hinzu: »Wir können von diesem Glaubenssystem einiges lernen; es zu ignorieren, schadet nur uns selbst.« Junge Briten, erklärte er, »müssen von islamischen Lehrern unterwiesen werden, mit dem Kopf und mit dem Herzen zu lernen«. Das Lernen mit dem Herzen war natürlich ein Kredo, dem sich auch Diana verschrieben hatte.
Wenn Risikobereitschaft ein Maß für Liebe ist, dann war Diana verliebt. Es bedeutete durchaus ein Risiko, Hasnat Khans Familie in Pakistan zu besuchen, mit ihm in Ronnie Scott's Jazzclub zu gehen und ihn im Kofferraum in den Kensington Palace zu schmuggeln. Der Eindruck liegt nahe,

dass sich das scheue Mädchen der achtziger Jahre zu einer Frau entwickelt hatte, die gern hart am Wind segelte und vielleicht gar nicht anders konnte. Man könnte sagen: Hochglanzimage, High Society und hochgradiges Risiko gingen Hand in Hand.

Diana reiste zweimal nach Pakistan, erstmals 1996 und dann noch einmal 1997. Sie achtete darauf, einen offiziellen Grund zu haben. Gegenüber der Presse hieß es, sie besuche Imram Khans Krankenhaus, was sie auch tat. Sie verfolgte jedoch eher private Absichten. Am ersten Samstag besuchte Diana Model Town, die Stadt, in der Hasnat Khans Familie lebte. Sie verbrachte den Nachmittag mit elf Mitgliedern seiner Familie, einschließlich seiner Mutter. Man unterhielt sich und sah sich – was recht absonderlich klingt – Zeichentrickfilme an. Beim Abschied sah die Prinzessin nachdenklich aus. Es wurde viel darüber spekuliert, was wohl an jenem Nachmittag geschah. War Diana gekommen, um die Mutter um Hasnats Hand anzuhalten? Wollte sie herausfinden, ob sie als Gattin annehmbar und willkommen war?

Im November 1996 deckte der *Sunday Mirror* endlich auf, dass die Queen of Hearts und der Herzchirurg eine ernste Liaison hatten. Reporter des *Mirror* hatten Dianas zahlreiche Besuche im Royal Brompton Hospital registriert und waren einigen Klatschgeschichten über Hasnat Khan nachgegangen. Zu jenem Zeitpunkt besuchte Diana das Victor-Chang-Herzforschungsinstitut in Australien, und ein Journalist kam dahinter, wer früher dort gearbeitet hatte. So wurde die Verbindung zu Hasnat Khan aufgedeckt. Doch inzwischen gab es fast niemanden auf der Welt, der die Presse so zu manipulieren verstand wie Diana. Auch diesmal dementierte sie geschickt die Gerüchte über eine Romanze und verwies darauf, dass ihr Interesse an Herzchirurgie allgemein bekannt sei. Es gehe ihr um Wohltätigkeitseinrichtungen auf dem medizinischen Sektor. Einer ihrer Freunde war schließlich Magdi Yacoub, der berühmte Herztransplantator.

Anfang 1997 schien Dianas Beziehung zu Hasnat Khan noch immer intensiv zu sein, und im Mai flog sie erneut nach Lahore, wo sie drei Tage verbrachte. Auch diesmal besuchte sie Hasnats Familie, doch diese Begegnung schien einen Wendepunkt zu markieren. Nach Dianas Rückkehr aus Lahore scheinen Hasnats Zweifel an einer gemeinsamen Zukunft wieder aufgeflammt zu sein. Manchmal wich er ihren Anrufen aus. Diana bat sogar den Reporter Martin Bashir, der am 20. November 1995 das berühmte BBC-»Panorama«-Interview mit ihr geführt hatte, Hasnat in ihrem Namen anzurufen. Als Cupido scheint Bashir versagt zu haben. Holden meinte, Hasnat scheute sich vor der drohenden Öffentlichkeit. »Er wollte nicht in all das hineingezogen werden, und wer will ihm das verübeln?«, erklärte Holden.

Falls Diana Hasnat zurückgewinnen wollte, zeigte sie ein sonderbares Verhalten. Kurz nach ihrer Rückkehr nach London im Mai wurde Diana fotografiert, wie sie um 2.00 Uhr früh im Nachtclub Annabel mit dem prominenten Unternehmer Gulu Lalvani tanzte. Hasnat tobte angeblich.

Und auf einmal war Hasnat Khan ein Verflossener. Am 6. Juli 1997 flog Diana mit ihren Söhnen nach Südfrankreich, wo sie mit der Familie Al Fayed Urlaub machen wollte. Diana wollte ihren Jungen unbedingt unbeschwerte Ferien bieten. Mohamed Al Fayed versicherte ihr, er könne die größte Sicherheit gewährleisten und die Presse werde sie nicht belästigen. Diana gefiel die Vorstellung, dass ihre Söhne mit den vier Kindern Al Fayeds spielen konnten.

Freud prägte den Begriff des »Wiederholungszwangs«, und grob gesagt stand Diana im Begriff, erneut eine Beziehung mit einem muslimischen Mann einzugehen. Psychologen behaupten, Beziehungen zwischen Menschen aus unterschiedlichen Kulturen seien von Natur aus schwierig, weil die Partner oft nicht von denselben Annahmen ausgingen. Man hätte jedoch kaum zwei unterschiedlichere Männer finden können als Hasnat Khan, der aus relativ armen Verhältnissen stammte und es als engagierter Arzt zu großem Ansehen gebracht hatte, und Dodi Al Fayed. Dodis Lebenslauf zeichnete sich keineswegs durch Ehrbarkeit und ernstes Engagement aus. Selbst sein Vater hatte jede Hoffnung aufgegeben, dass er sich je auf Dauer einer seriösen Sache verschreiben werde.

Es war sicherlich keine Liebe auf den ersten Blick. Diana hatte Dodi in den achtziger Jahren bei einem Polomatch kennen gelernt. 1992 begegnete sie ihm erneut, bei der Premiere des Films »Hook«, die sie mit ihren Kindern besuchte. Sie wusste, dass er als Playboy verschrien war; er hatte versucht, unter vielen anderen auch bei Julia Roberts und Sharon Stone zu landen.

Küsse an der Riviera

St. Tropez war ein verschlafenes kleines Fischerdorf an der Côte d'Azur, bis Brigitte Bardot und der Filmregisseur Roger Vadim den Ort 1953 berühmt machten. Selbst heute geht es dort im Vergleich zu eleganten Ferienorten wie Cannes und Monte Carlo relativ ruhig zu. Hoch oben auf den Hügeln liegt eine Villa, die Mohamed Al Fayed erworben hatte.

Diana und ihre Kinder waren dort zwei Wochen lang bei der Familie Al Fayed zu Gast, die für zwanzig Millionen Dollar extra eine neue Yacht, die »Jonikal«, gekauft hatte. Wie sich Trevor Rees-Jones, der Exsoldat aus Oswestry, der als Bodyguard für Mohamed Al Fayed arbeitete, später erinnerte, genossen alle die gemeinsamen Ferien. Al Fayeds Frau und Kinder kamen sehr gut mit den Prinzen aus. »Die Jungen waren begeistert von der Familie«, erzählte mir Mohamed Al Fayed.

Als Journalist begegne ich Al Fayed mit Skepsis; zugleich habe ich aber auch ein gutes Gespür für die Vorurteile, über die er sich oft beklagte. Mein Vater kam ebenfalls aus dem Nahen Osten nach England. Er hielt die Briten für Gentlemen. Als Arbeitsmediziner sollte er einmal für Lloyd's einen Versicherungsskandal aufklären. Ich erlebte es mehrere Male mit, dass mein Vater in London handfesten Vorurteilen begegnete. Er war nicht »einer von uns«. Sein Englisch galt als zu blumig, und seine Manieren wurden als zu unkonventionell betrachtet.

Dieses typisch britische Vorurteil zeigte sich unter anderem darin, wie sehr die Presse über Mohamed Al Fayed herzog, obwohl er ihr einen der größten Knüller der neunziger Jahre geliefert hatte – den so genannten Cash-for-Questions-Skandal. Al Fayed entlarvte nämlich Politiker wie Neil Hamilton, der sich dafür schmieren ließ, dass er im Unterhaus gewisse Fragen stellte. Diese Enthüllungen schadeten dem Image der gesamten Regierung John Majors. Es entstand das Bild, Major führe eine Partei, in der sich zu viele Spitzenleute nur allzu leicht kaufen ließen.

Man hätte vielleicht erwartet, dass Tony Blairs neue Regierung Al Fayed mit größerem Wohlwollen begegnete, weil er den Konservativen so viel Schaden zugefügt hatte. Der neue Innenminister Jack Straw führte die alte Tradition jedoch fort und verweigerte Mohamed Al Fayed weiterhin einen britischen Pass.

Ein besonders scharfes Bild der Knüller des Sommers 1997 hat wohl Elisabeth Andanson, die elegante Frau des Paparazzo James Andanson. Ihr Mann war Diana fast den ganzen Juli und August über auf den Fersen. Andanson erzählte seiner Frau, die Presse sei ganz wild auf Diana. Sie war auf den Titelseiten sämtlicher Hochglanzmagazine. Doch man verfolgte sie nicht nur aus professionellem Interesse. Jeder fragte sich, was sie wohl tat – jetzt, wo sie frei war. Alle wunderten sich darüber, dass Diana mit der Familie Al Fayed verkehrte, die vom britischen Establishment geschnitten wurde. Man könnte argumentieren, dass sich Diana davon nicht beirren ließ, zumal sie auch bei Aidsopfern und Broadmoor-Insassen keine Berührungsängste zeigte.

Elisabeth Andanson zufolge kursierte im Juli 1997, während Diana in Südfrankreich weilte, allerlei Klatsch und Tratsch. Konnte es sein, dass Diana einen auf Jackie Kennedy machte und dass sich Mohamed Al Fayed als ihr Onassis entpuppte? Auf einem Foto sah man Diana und Mohamed Al Fayed zusammen – sein Arm lag um ihre Taille. *Paris Match* formulierte die Frage sogar aus. Doch Diana bewies Köpfchen: Sie betonte, sie weile als Gast von Mrs. Al Fayed an der Riviera.

Der französische Mathematiker und Philosoph Pascal bemerkte bereits im 17. Jahrhundert: *Le cœur a ses raisons que la raison ne connaît pas.* – »Das Herz hat seine Gründe, die der Verstand nicht kennt.« Niemand weiß, warum sich jemand verliebt. Dodi hatte sich vorwiegend als Filmproduzent betätigt. Er investierte in »Breaking Glass« und 1981 in »Chariots of Fire« (»Die Stunde des Siegers«), der mit einem Oscar ausgezeichnet wurde. Ein Jahr später koproduzierte er »The World According to Garp« (»Garp und wie er die Welt sah«). Von 1983 bis 1997 hatte Dodi indes kaum noch etwas mit Filmen zu tun; er agierte nur noch an der Peripherie der Filmwelt. Angeblich gab er einmal eine Party, bei der dem amerikanischen Schauspieler Jack Nicholson eine Geburtstagstorte voller Kokain überreicht wurde.

Die Frauen mochten Dodi jedoch, weil er charmant war und zuhören konnte; dies bestätigten viele seiner früheren Flammen gegenüber der Presse, als er plötzlich zum Geliebten der schönsten Frau der Welt wurde. Als er Mitte zwanzig war, hatte er seine Mutter verloren, und das verlieh ihm anscheinend einen Touch von Verletzlichkeit.

Dodi war einmal verheiratet gewesen. Zu seinen zahlreichen Gespielinnen zählten Brooke Shields und Winona Ryder. Im Juli 1996 lernte Dodi das amerikanische Model Kelly Fisher kennen. Im März 1997 hielt Dodi um ihre Hand an und versprach, ihr vor der Heirat eine halbe Million Dollar zu zahlen. Dodi zeigte sich aufmerksam und schenkte Kelly zwei Verlobungsringe und anderen teuren Schmuck. Laut Fishers Anwältin hatte Dodi jedoch einen sonderbaren Zug: Beinahe zwanghaft rief er Fishers Mutter an.

Kelly Fisher traf am 16. Juli in St. Tropez ein. Kelly und Dodi hatten bereits einen Termin für die Hochzeit festgelegt – den 9. August. Es gab nur einen Haken. Dodi zeigte sich äußerst interessiert an Diana. Es folgte eine Farce im Stil Feydeaus. Diana war entweder in St. Tropez oder an Bord der »Jonikal«, während Kelly Fisher auf einem zweiten Boot der Familie weilte. Die Leibwächter sind sich sicher, dass Dodi vom Bett der einen ins Bett der anderen sprang. Von Gloria Allred, Kelly Fishers Anwältin in Los Angeles, wissen wir, dass ihre Mandantin glaubte, Dodi habe bereits eine Affäre mit Diana gehabt, als er noch mit seiner Verlobten schlief. Dodi redete sich gegenüber Kelly oft damit heraus, er müsse seinen Vater aufsuchen. Sie akzeptierte seine häufige Abwesenheit, weil sie wusste, dass Dodi seinem Vater gehorchen musste, denn jener hielt den Daumen auf dem Geldbeutel.

Es wird sich nie eindeutig klären lassen, inwieweit Diana anfangs über Kelly Fisher Bescheid wusste. Vielleicht merkte sie irgendwann, dass es wieder das alte Lied war. Wieder steckte sie in einer Ménage à trois. Der Mann, in den sie sich verliebte, war anscheinend an eine andere gebunden.

Am 20. Juli flog Diana mit ihren Söhnen nach London zurück. Dodi blieb mit Kelly Fisher in St. Tropez. Am 22. Juli reiste Diana zur Beerdigung ihres Freundes, des Designers Gianni Versace, nach Mailand. Am nächsten Tag flogen Kelly Fisher und Dodi nach Paris. Von dort kehrte Kelly Fisher nach Los Angeles zurück, immer noch in dem Glauben, sie werde Dodi heiraten. Von der Romanze zwischen Diana und Dodi war noch nichts an die Presse durchgesickert.

Am 25. Juli entführte Dodi die Prinzessin zum ersten Mal für eine Nacht ins Pariser Ritz. Der Aufenthalt war ein großer Erfolg. Niemand bekam mit, dass sie in Paris weilten. Sie fühlten sich wie ein anonymes junges Liebespaar. Dodi schien Diana nicht in die Wohnung der Fayeds in der Rue Arsène Houssaye mitgenommen zu haben, weil sich dort noch einige von Kelly Fishers Sachen befanden.

Im Laufe der folgenden zehn Tage wurde die Beziehung

zwischen Dodi und Diana immer ernster. Am 4. August machte der Fotograf Mario Brenna schließlich einige Schnappschüsse von Diana und Dodi, die sich küssten und liebkosten.

Am 7. August hielt sich Diana mit Dodi in dessen Londoner Wohnung an der Park Lane auf. Die Presse bekam Wind davon. Trotzdem machte Diana keine Anstalten, wegen ihrer neuen Liebe alles andere aufzugeben. Am 8. August flog sie im Rahmen ihrer Kampagne gegen Landminen nach Bosnien. In einigen Interviews machte Diana nicht nur auf die Not der Opfer aufmerksam, sondern prangerte auch an, dass das Töten mit so viel Erfindungsgabe betrieben und so wenig dafür getan werde, das Los der Lebenden zu verbessern.

Ab dem 9. August wollte die Presse (die sofort zur Stelle war, als Brenna sein Foto geschossen hatte) von Kelly Fisher wissen, was ihrer Meinung nach zwischen Dodi und Diana los war. Fisher hatte die Nase voll. Mit ihrer Anwältin berief sie eine Pressekonferenz ein, bei der sie unter Tränen Dodi der Treulosigkeit bezichtigte. Sie verklagte ihn wegen einer Reihe von Vergehen, unter anderem wegen Vertragsbruchs, arglistiger Täuschung und ungedeckter Schecks. Der erste Scheck, den er ihr gegeben hatte, wurde von seiner Bank nicht eingelöst. Sie fiel ihm voll in den Rücken, indem sie den Journalisten berichtete, ihre körperliche Beziehung habe bis zum 7. August gedauert.

Wenige Tage später, am 10. August, veröffentlichte der *Sunday Mirror* unter der Schlagzeile »Der Kuss« Brennas Foto. Andere Bilder zeigten Dodi und Diana Händchen haltend in einem Motorboot. Das Kussfoto mochte noch so unscharf gewesen sein, es war von elektrisierender Wir-

kung. Jedes Boulevardblatt fieberte danach, einen eigenen Aufhänger dafür zu kriegen, dass an der Geschichte von Dodi und Diana etwas dran war.
Am 12. August flogen Diana und Dodi mit dem Harrods-Hubschrauber zu Dianas Hellseherin nach Derbyshire. Die *Sun* malte sich in spöttischem Ton und mit anzüglichen Witzen die Séance aus. Leserbefragungen ergaben weit unterschiedlichere Reaktionen, als man erwartet hätte. Einige rieten Diana, Dodi den Laufpass zu geben. Andere meinten abfällig, sie gebe sich nur wegen des Geldes mit ihm ab. Wenn er nicht aus dem Hause Harrods käme, würde sie sich nicht weiter für ihn interessieren. Die *Sun* befragte auch die besten Astrologen der Fleet Street; die meisten sagten voraus, die Beziehung werde nicht von Dauer sein.
Trotz der Schlagzeilen in aller Welt ließ sich Diana durch ihre neue Liebe nicht von bereits bestehenden Plänen abbringen. Dodi war verärgert darüber, dass Diana unbedingt den Urlaub antreten wollte, den sie mit ihrer Freundin Rosa Monckton geplant hatte. Immerhin ließ sich Diana von den Fayeds das Transportmittel bereitstellen; am 15. August flog sie mit Rosa Monckton in Al Fayeds Gulfstream-Jet nach Griechenland. Von Piräus aus segelten die beiden Frauen auf einer privaten Yacht durch die Ägäis. Mit dem größten Spaß heckte Diana Pläne aus, wie sie die Fotografen überlisten konnten. Auf der Insel Hydra wurden sie schließlich doch fotografiert, aber sie amüsierten sich bestens.
Es ist schon erstaunlich, wie sehr sich Diana verändert hatte – und wie widersprüchlich sie war. Innerhalb von fünfzehn Jahren war aus der naiven, ungewandten Braut eine Frau geworden, die eine alles andere als geheime Beziehung

mit einem muslimischen Playboy pflegte und gleichzeitig den Waffenhandel anprangerte. Der Waffenhandel ist ein skrupelloses Geschäft, mit dem sich Unsummen verdienen lassen. (Ausgerechnet der Onkel ihres neuen Lovers, Adnan Khashoggi, war einer der großen Akteure im Waffengeschäft.) Frankreich zählt seit langem zu den wichtigsten Waffenexporteuren. Auf dieses Thema werden wir später zurückkommen müssen, wenn wir die Ereignisse um Dianas Tod verstehen wollen. Diana stellte jedoch klar, dass sie sich umgehend von Dodi trennen würde, falls die Jungen ihn nicht akzeptierten.

Während des Urlaubs mit Rosa Monckton offenbarte sich etwas, über das sich die Freundin erst viel später äußerte. Diana hatte in Griechenland ihre Tage, und das bewies, dass sie zu diesem Zeitpunkt nicht schwanger gewesen sein konnte. Nach ihrer Rückkehr nach London traf sie sich wieder mit Dodi. Bei einem Anruf per Handy gestand sie Rosa Monckton, es sei eine »Wonne«, mit Dodi zusammen zu sein. Die Presse stürzte sich wie wild auf die Formulierung »verrückt nach Dodi«.

Reagierte die Presse etwas kühl auf die Romanze, so war die Reaktion des Buckinghampalasts eisig. Wenig förderlich waren dabei scharfe Artikel wie der in der *Sun*, der darüber spekulierte, wie sich das Haus Windsor wohl verändern würde, sollten Diana und Dodi heiraten. »Er war dem Buckinghampalast ein absoluter Gräuel ... Die Vorstellung, die Queen könne muslimische Stiefenkel haben, war abscheulich«, erklärte Holden.

Wie wir sehen werden, ließ der Hof durch den MI 6 bereits ein Dossier über die Al Fayeds erstellen. Nach der Schlacht um die Eigentumsverhältnisse bei Harrods hatte das Han-

delsministerium bezweifelt, ob Mohamed Al Fayed sich als Vorstand einer Publikumsgesellschaft eigne. Wie der tschechische Jude Robert Maxwell war der Muslim Mohamed Al Fayed jenseits der Grenzen des Tragbaren.
Als Diana noch Prinz Charles' Frau war, wurde sie regelmäßig durch Politiker, Polizei und Geheimdienste unterrichtet. Seit sie nicht mehr zu den Royals gehörte, verfügte sie über weit weniger Informationen. Niemand konnte genau ermitteln, wie weit Diana über Dodi im Bilde war. Und da gab es einiges, was wenig schmeichelhaft war.
Trotz seiner tollen Verbindungen und seiner Kontakte zum Filmgeschäft war Dodi ein reicher Junge, der alles verpatzte, was er je angepackt hatte. Er flog aus der Militärakademie Sandhurst. Das Einzige, das ihm beim Militär gefallen hatte, war das Polospiel. Er hatte sich nie selbst seinen Lebensunterhalt verdient und sich stets auf die Zuwendungen seines Vaters verlassen. Mohamed hielt ihn immer wieder dazu an, sich nützlich zu machen und etwas Ordentliches zu arbeiten, aber ohne Erfolg. David Puttnam hatte Dodi sogar vom Set des Films »Chariots of Fire« wegschaffen lassen müssen, weil Dodi versuchte, den Darstellern Kokain anzudrehen. Mohamed hatte sich auch bemüht, Dodi für eine Tätigkeit bei Harrods zu gewinnen. Dodi sollte dort zwei Tage in der Woche arbeiten, oft tauchte er jedoch gar nicht auf. Eine Zeit lang sprachen Vater und Sohn überhaupt nicht mehr miteinander, und Mohamed weigerte sich, die riesigen Kreditkartenrechnungen seines Sohnes zu begleichen. 1997 war dieser Zwist jedoch beigelegt.
Die Boulevardpresse berichtete natürlich ausführlich darüber, wer seine Exfreundinnen waren und welche Damen in Jet-Set-Orten wie St. Moritz und Monte Carlo an seiner

Seite zu sehen waren. Im Jahre 1998 wurde der mit Preisen ausgezeichnete Reporter Bobby Buechler vom amerikanischen Fernsehsender CBS beauftragt, für einen möglichen Beitrag zum Magazin »Sixty Minutes« ein Dossier über Dodi vorzubereiten. Ich traf Buechler in Tunis. Er ist in Kalifornien auch als Privatdetektiv zugelassen und hat sich in Los Angeles monatelang mit Leuten unterhalten, die Dodi kannten. Dodi genoss keinen guten Ruf. Er war bekannt dafür, Rechnungen nicht zu bezahlen. In Los Angeles waren dreizehn Zivilklagen gegen ihn anhängig. Buechler erzählte mir: »Alle Fälle klingen ähnlich. Vertragsbruch, Betrug, Mietrückstand, nicht zurückgezahlte Darlehen, Bruch von Bürgschaften, ungedeckte Schecks.« In zweien dieser Fälle war Dodi Al Fayed Mitbeklagter neben seiner Filmfirma Allied Stars. Noch im Frühjahr 2003 waren zwei der Fälle anhängig; in den anderen schien man sich außergerichtlich geeinigt zu haben.

Prinz Charles hatte als Ehemann viele Fehler, aber man kann getrost davon ausgehen, dass er nie einen Scheck platzen ließ oder wegen Mietrückstands angezeigt wurde. Dodis Welt war Diana völlig fremd.

Auch als Arbeitgeber war Dodi nicht ganz leicht. Trevor Rees-Jones beklagte sich oft darüber, dass Dodi immer seinen Kopf durchsetzen musste und nicht mit sich reden ließ.

Das Verlangen, als seriös zu gelten

Mitten in dieser emotional aufwühlenden Zeit gewährte Diana der gewichtigen französischen Zeitung *Le Monde* ein Interview, das am 27. August veröffentlicht werden sollte.

Ihr Privatleben blieb dabei ausgeklammert. Das Gespräch drehte sich fast ausschließlich um politische Themen und ihren Einsatz für wohltätige Zwecke.
Diana nahm Stellung zu verschiedenen Fragen. Sie sprach tief bewegt über die Macht der Fotografie – und die Bedeutung, die Fotos für sie hatten. Als Beispiel nannte sie ein Foto von sich und einem blinden Jungen, der im Sterben lag. Etwas an ihm hatte sie angesprochen; sie fragte seine Mutter, ob sie ihn auf den Arm nehmen dürfe. Der Junge begriff nicht, was um ihn herum vorging, und sagte, er wolle nicht, dass man sich über ihn lustig mache. Diana beruhigte ihn. Der Zeitung *Le Monde* gestand sie, dass ihr dieses Foto sehr viel bedeute.
In dem Interview äußerte sich Diana nicht über ihre Gefechte mit den Paparazzi und auch nicht über Dodi. Eloquent bezog sie Stellung zur Frage der Landminen und dem Leid, das diese anrichten. Sie sprach über ihre zukünftige Rolle – nicht als Königin der Herzen, sondern als Botschafterin für humanitäre Anliegen.
In *Le Monde* kritisierte Diana auch die Torys, die konservative Partei Großbritanniens. Sie warf ihnen Untätigkeit vor. Die neue Labour-Regierung sei viel besser. Robin Cook, damals Tony Blairs neuer Außenminister, äußerte sich positiv über das Interview. In der englischen Übersetzung des Interviewtextes hieß es, Diana habe die Torys als »hoffnungslos unfähig« bezeichnet. Die konservativen Abgeordneten waren empört. Diana hatte sich in die Parteipolitik eingemischt. Sie bestritt, eine entsprechende Formulierung verwendet zu haben, doch Annick Cojean von *Le Monde* stand zu jedem der Zitate.
Bevor das Interview am 27. August erschien, kehrte Diana

mit Dodi nach Südfrankreich zurück. Am 23. August fanden sich die beiden an Bord der »Jonikal« ein und kreuzten dann eine Woche lang durch das Mittelmeer. Die Romanze war inzwischen die Sensation, und die Presse jagte hinter den beiden her. Am 24. ging das Paar in Monte Carlo an Land. Bei dem Prominentenjuwelier Repossi ließ Dodi seine Prinzessin den Ring aussuchen, der deutlich offenbaren sollte, dass dies nicht bloß irgendein Flirt, sondern wahre Liebe sei.

Die Presse war begeistert, als man die beiden aufspürte. Der französische Promifotograf James Andanson kritzelte in sein Tagebuch: *Elle est revenue.* – »Sie ist wieder da.«

Am nächsten Tag ging die »Jonikal« in Korsika vor Anker. Von dort ging es zur Insel Elba, auf die Napoleon verbannt worden war. Laut Trevor Rees-Jones schlug Dodi vor, am Strand zu grillen. Das Paar schmuste in der Dämmerung angeblich hinter Felsen. Als Trevor Wache stand, während die Wellen das Paar am Strand umspülten, wurde er sich bewusst, dass sein Job gar nicht so schlecht war, auch wenn er sich manchmal mit Dodis Launen, Marotten und Rüpeleien abfinden musste. Die Presse bekam von der Grillpartie am Strand nichts mit.

Dann nahm die »Jonikal« Kurs auf Sardinien und ankerte vor der Costa Smeralda im Nordosten der Insel. Die Natur dort ist herrlich, die Ferienorte sind exklusiv, und der Jet-Set jagt per Jet-Ski an den unberührten Stränden entlang. Trotz der prächtigen Umgebung herrschte das übliche Unbehagen. David Crawford, Trevor Rees-Jones' Anwalt, berichtete mir, sein Mandant sei oft erstaunt darüber gewesen, dass die Paparazzi gewusst zu haben schienen, wo die Al Fayeds und Diana als Nächstes hinfuhren, sobald der weitere Kurs bestimmt worden war. Einige Stimmen behaupteten, Mohamed Al Fayed habe die Romanze zwischen Dodi und Diana benutzt, um sein eigenes Image aufzupolieren. Der PR-Agent Max Clifford enthüllte, er sei von Fayeds Leuten unterrichtet worden, wo sich das Paar jeweils aufhielt und … na ja, er sei bereit gewesen, gewissen Journalisten weiterzuhelfen. Für so etwas seien Leute wie er schließlich da.

Als die »Jonikal« Sardinien erreichte, warteten die Paparazzi bereits. Einige taten sich zusammen und mieteten ein Boot, die »Iliad«; damit folgten sie der »Jonikal«, egal, wohin diese fuhr. Filmaufnahmen zeigen, wie die Paparazzi auf dem Boot aufgereiht waren – ihre Objektive im Anschlag wie die langen schwarzen Schnäbel von Raubvögeln. Mit langen Linsen auf einem schaukelnden Boot lassen sich nicht unbedingt superscharfe Bilder schießen, doch die Schnappschüsse belegten hinreichend, dass die Affäre zwischen Dodi und Diana leidenschaftlich war. Ein Foto zeigt Diana, wie sie in Dodis Arm lehnt und ihm etwas zuzuflüstern scheint.

Die Zeitungen in aller Welt wollten von dem großen Fressen so viel, wie sie nur kriegen konnten. Am 27. August mietete James Andanson einen Helikopter. Als der Hubschrauber tief über der »Jonikal« schwebte, erklärte Dodi seinem Leibwächter Rees-Jones, er habe die Nase gestrichen voll; nun seien sie nicht einmal auf ihrer eigenen Jacht vor neugierigen Blicken sicher.

Ursprünglich sollte der Urlaub so frühzeitig enden, dass Diana rechtzeitig vor Beginn des Schuljahres nach England zurückreisen und ihre Söhne ins Internat verabschieden konnte. Am Samstag, dem 30. August, änderten Dodi und

Diana indes ihre Pläne und beschlossen, noch einen Tag in Paris zu verbringen. Diana sollte also nicht am Sonntag, sondern erst am Montag nach England zurückkehren.
Mohamed Al Fayed hegte keinen Zweifel daran, was passieren würde, wenn Diana ihre Söhne einweihte und sich versicherte, dass diese Dodi für gut befanden. Dodi würde Diana den elegantesten Verlobungsring von Repossi anstecken, und das Paar würde Händchen haltend dem Sonnenuntergang entgegengehen. Und im Buckinghampalast würde das Stichwort »Hochzeitsmarsch« wie ein Donner einschlagen.
In seinem erstaunlich bescheidenen Harrods-Büro, in dem er immer noch ein Bild der Queen hängen hat, erklärte mir Mohamed Al Fayed, weshalb Dodi und Diana wie füreinander geschaffen waren. Al Fayed, der selten bedächtig spricht, gestikulierte ein wenig dramatisch, doch ich glaube, er war absolut aufrichtig. Diana habe eine leidvolle Kindheit erlebt und sehnte sich nach Liebe, deswegen entwickelte sie auch ihre Essstörungen. Doch die Al Fayeds, erklärte mir Mohamed, seien nicht so gefühlskalt wie die Windsors. Sie verfügten über Herzenswärme, Gefühl und Leidenschaft. Es überrasche nicht, dass Diana sich in Dodi verliebt habe, zumal der Junge Teil eines ganzen Pakets orientalischer Magie war.
Holden ist kein besonderer Fan von Al Fayed und glaubt nicht, dass Dianas Beziehung mit Dodi von Dauer gewesen wäre. »Ich denke, es war nur eine Sommerromanze, die wieder im Sande verlaufen wäre«, erklärte er. »Aber egal, was man von den Fayeds hält, sie entstammen einer Kultur, in der die Familie alles ist und zusammenhält.« Ich weiß nicht, ob Mohamed Al Fayed den Vergleich, den Holden zog,

schmeichelhaft oder abschreckend finden würde: »Es ist fast wie bei ›Der Pate‹ ... bei der Mafia dreht sich alles um die Familie ... Sie war in eine große, herzliche Familie aufgenommen worden, sicherlich auch wegen ihrer menschlichen Züge.« Al Fayed hat sich nie etwas zuschulden kommen lassen, außer dass er das britische Establishment mit »all seinem Mumpitz«, wie er es nennt, vor den Kopf stieß.

Als die Affäre zwischen Diana und Dodi begann, hatte Al Fayed einen erfahrenen Pressesprecher, Michael Cole, der als Hofberichterstatter für die BBC gearbeitet hatte. Cole schien jedoch nicht viel Einfluss bei Dodi gehabt zu haben, denn Dodi wurde stets nervös, wenn die Presse auftauchte. Das lag wohl teils an seiner Persönlichkeit, teils an einer Angst, die Zeitungen würden noch weitere üble Geschichten über seine Vergangenheit und seine Geschäfte ausgraben. Dodis Nervosität sollte die Ereignisse der nächsten 24 Stunden entscheidend beeinflussen.

Am Samstag, dem 30. August, flogen Dodi und Diana gegen 14.00 Uhr in einer Privatmaschine von Sardinien nach Paris. Verwackelte Aufnahmen zeigen, wie das Paar, ihre Leibwächter und ihr Gefolge auf dem Flughafen von Olbia in die Maschine stiegen. Diana trug Beige. Sie und Dodi hatten noch weniger als zwölf Stunden zu leben.

Auf dem Pariser Flughafen Le Bourget warteten ein paar Fotografen auf das Paar. Einer der Fotoreporter war der 28-jährige Fabrice Chassery, der den Auftrag hatte, Diana und Dodi auf Schritt und Tritt zu folgen. »Ich war scharf auf einen romantischen Schnappschuss der beiden, Händchen haltend«, erklärte er.

Am Flughafen fotografierte Chassery auch zwei französische Polizisten, die auf den Privatjet warteten. Die Tatsache, dass sie überhaupt vor Ort waren, ist die erste kleine Absonderlichkeit im Kontext der Ereignisse. Nach einigen Morden Anfang der neunziger Jahre ordnete die französische Regierung an, dass die Polizei über jede Landung von Prominenten in Paris informiert werden müsse. Die Flughafenverwaltung wusste zweifellos, dass Dodi und Diana eintrafen. Später behaupteten die französischen Behörden jedoch, sie hätten keine Ahnung von Dianas Ankunft gehabt. Dabei geleiteten Motorradeskorten ihren Wagen bis zum Boulevard Périphérique, der großen Umgehungsstraße am Rand der Stadt.

Zum Begrüßungskomitee am Flughafen Le Bourget gehörte auch der 41-jährige Henri Paul, ein kleiner, fast glatzköpfiger Mann mit Brille. Er war stellvertretender Leiter des Sicherheitsdienstes im Pariser Hotel Ritz. Sein Chef war kurz zuvor in den Ruhestand getreten, und Henri Paul hoffte, seine Stelle zu übernehmen. Er war zum Flughafen gefahren, nachdem er mit seinem besten Freund, Claude Garrec, Tennis gespielt hatte. Garrec erzählte mir: »Er sagte, er sei ganz aufgeregt bei der Aussicht, die Prinzessin von Wales kennen zu lernen.«

Vom Flughafen fuhr man Dodi und Diana zunächst zur Villa Windsor, dem herrschaftlichen Haus in der Nähe des Bois de Boulogne, in dem der Herzog und die Herzogin von Windsor einst residierten. Henri Paul saß am Steuer des Range Rover, der als Begleitfahrzeug diente und das gesamte Gepäck beförderte.

Eigentümer der Villa Windsor war inzwischen Mohamed Al Fayed. Jacques Chirac, damals Bürgermeister von Paris, zeigte sich erfreut darüber, wie Al Fayed das Hotel Ritz wieder auf Vordermann gebracht hatte, und bot ihm die Villa

Windsor zur Pacht über fünfzig Jahre an, unter der Bedingung, dass er das Gebäude wieder in seinem alten Glanz erstrahlen ließ. Al Fayed restaurierte die Villa. Und als er noch bestrebt war, das Establishment für sich einzunehmen, bot er Prinz Charles an, sich aus der Villa Windsor auszusuchen, was er wolle. Charles entschied sich für ein Kissen, in das der Wahlspruch des Prinzen von Wales, »Ich diene«, eingestickt war.

Dodi und Diana hielten sich ungefähr eine halbe Stunde in der Villa auf. Später wurde angedeutet, der Besuch habe darauf schließen lassen, dass sie gemeinsam dort einzuziehen gedachten. Von der Villa fuhren Diana und Dodi zum Hotel Ritz. Aus der Kaisersuite rief Diana einen der Journalisten an, mit denen sie am vertrautesten war, Richard Kay von der *Daily Mail.* Sie teilte ihm mit, sie werde in Bälde eine Aufsehen erregende Ankündigung machen.

Dann fuhr das Paar zu Dodis Wohnung in der Rue Arsène Houssaye Nr. 1 im Zentrum von Paris. Die Wohnung verfügt über ein feudales Wohnzimmer mit einem riesigen Sofa und ein ultramodernes Marmorbad. Es gab Unannehmlichkeiten mit den Fotografen vor dem Haus. Ein Wachmann rempelte einen von ihnen an. Diana war so klug, sofort darauf zu reagieren, und schickte jemanden hinunter, um sich zu entschuldigen. Einer der anwesenden Paparazzi, Fabrice Chassery, fand dies bemerkenswert. Der Vorfall zeigte, dass zwischen den Fotografen und Diana keine tieferen Animositäten bestanden.

Gegen 8.00 Uhr ging das Paar einkaufen. Mohamed Al Fayed legte Nachdruck darauf, dass sie sich bei Repossi den Ring ansahen, den Dodi für die Prinzessin fertigen ließ. Dann fuhren sie zu den Champs-Élysées. Als sie aussteigen wollten, wurden sie von Touristen umringt. Sie hatten keinen richtigen Personenschutz, und so blieben sie im Wagen. Dann fuhren sie zu Dodis Wohnung zurück.

Dodi hatte in dem eleganten Pariser Restaurant Chez Benoit für 21.30 Uhr einen Tisch reserviert. Wie wir noch sehen werden, deutete einiges darauf hin, dass drei weitere Gäste an dem Abendessen teilnehmen sollten. Dodi schien jedoch entnervt gewesen zu sein bei dem Gedanken, sich an einer Menschenmenge vorbeidrängeln zu müssen. Also ließ er den stellvertretenden Direktor des Ritz, Claude Roulet, nachsehen, ob das Restaurant belagert war. Als Roulet berichtete, vor Chez Benoit lauerten zahlreiche Fotografen, sagte Dodi die Reservierung ab.

Also fuhren Diana und Dodi wieder zum Grandhotel Ritz, das Dodis Vater gehörte. Die französischen Behörden behaupteten später, es habe *une bousculade*, ein Gerangel, gegeben, als das Paar das Hotel betrat. Auf den Videos ist jedoch nichts dergleichen zu sehen. Als die beiden das Hotel durch die Pendeltür betraten, wirkten sie recht gelassen. Sie speisten im hoteleigenen Restaurant Espadon. Sie wählte Seezunge, er Steinbutt. Nach dem Abendessen begaben sie sich in die Kaisersuite, die normalerweise 6000 Pfund (etwa 8900 Euro) pro Nacht kostet. Ein Videoband gibt zu erkennen, dass Trevor Rees-Jones verfolgte, wie sie die Treppe hinaufgingen. Es war schon spät, aber noch nicht Zeit, zu Bett zu gehen.

Gegen 23.00 Uhr nahm Dodi auf seinem Mobiltelefon einen Anruf entgegen. Hotelangestellten zufolge wirkte er nach dem Anruf beunruhigt.

Das Ritz ist überall mit Überwachungskameras ausgestattet. Ich habe das gesamte Videomaterial gesichtet, das in jener

Nacht nach 22.00 Uhr aufgezeichnet wurde, einschließlich der Aufzeichnungen von Kamera C 46 vor der Kaisersuite. Auf den Bändern sieht man die Bodyguards, die vor der Tür warteten. Um 23.00 Uhr wurde Champagner aufgefahren. Eine Stunde zuvor war Henri Paul ins Hotel zurückgekehrt. Ein Videoband belegt, dass er seinen Wagen um 21.53 Uhr parkte und um 22.09 Uhr das Hotel durch den Vordereingang betrat. Umstritten ist die Frage, ob Henri Paul zurückkam, weil Dodi ihn dazu aufgefordert hatte, oder ob er aus freien Stücken kam, weil er nichts verpassen wollte. Unstrittig ist jedoch, dass Dodi Henri Paul vertraute. Eindeutig klar ist auch, was dann geschah. Dodi forderte Henri Paul auf, sie zur Wohnung zurückzufahren und dabei den Paparazzi aus dem Weg zu gehen. Die beiden regulären Fahrer, Jean François Musa und Philippe Dourneau, wurden dafür nicht gebraucht.
Henri Paul war durchaus qualifiziert als Chauffeur. Er hatte eigens einen Chauffeur-Lehrgang der Firma Mercedes absolviert. Und er verfügte über Verbindungen zu Sicherheitsdiensten, wahrscheinlich aus der Zeit vor 1985, als er beim Ritz anfing.

Mitternacht im Ritz

Kurz vor Mitternacht rief Dodi seinen Vater in Großbritannien an. Mohamed Al Fayed schilderte mir das Gespräch mit seinem Sohn. »Er sagte: ›Ich gehe jetzt in die Wohnung. Ich habe dort eine Flasche Champagner, ich habe den Ring. Die Place Vendôme [vor dem Hotel] ist voller Leute.‹« Mohamed Al Fayed betonte, dass er seinem Sohn davon abriet, das Hotel zu verlassen. »Das ist gefährlich. Bitte bleibe dort«, beschwor er ihn. Sie hätten die beste Suite. Das Ritz habe alles, was ein Liebespaar begehrte, auch den allerbesten Champagner. »›Ich werde es mir überlegen‹, sagte Dodi. ›Ich werde es mit Diana besprechen.‹« Das waren die letzten Worte, die er mit seinem Sohn wechselte, berichtete mir Al Fayed.

In einer der Befragungen für unseren französischen Film sprach Francis Gillery mit dem Rechtsanwalt Jean Marc Coblence, der einen der Paparazzi, Serge Arnal, vertrat. Coblence machte sich über Dodi lustig: Der berühmte Playboy rief seinen Vater an, um seinen Rat einzuholen. Solle er mit Diana in die Wohnung der Fayeds gehen oder im Ritz bleiben? Du bist dabei, mit einer der schönsten Frauen der Welt ins Bett zu gehen, grinste Coblence, und rennst zu Papa!

Dodi folgte jedoch nicht dem Rat seines Vaters. Al Fayed hat dafür eine einfache Erklärung. Mir gegenüber behauptete er, Henri Paul sei wenige Stunden zuvor von den Sicherheitskräften instruiert worden, für die er freiberuflich tätig war. Seine Sekundanten hätten ihm erklärt, es sei am sichersten, durch den Alma-Tunnel zu fahren, um Dodi und Diana zur Wohnung zu bringen und den Fotografen zu entgehen. Al Fayed ging nicht davon aus, dass Henri Paul seinen eigenen Tod plante. Der Fahrer sei vielmehr ein armer Trottel gewesen, der von den Geheimdiensten dazu gebracht worden war, jene Route zu wählen, die ihren Plänen entsprach – die Route, an der sie eine tödliche Falle vorbereitet hatten. Al Fayed behauptet aus tiefer Überzeugung, britische und französische Geheimdienste hätten »die Hinrichtung«, wie er es nennt, gemeinsam eingefädelt, doch es muss darauf hingewiesen werden, dass er wenige Beweise vorlegen kann, die solch einen schwer wiegenden Vorwurf stützen.

Vor dem Telefonat zwischen Dodi und seinem Vater wurde im Ritz darüber diskutiert, wie sich die Paparazzi am besten abschütteln ließen. Trevor Rees-Jones äußerte sich in seinem Buch nicht sehr klar darüber. Mithilfe Henri Pauls ersann Dodi eine Strategie, die simpel und clever schien.

Das Ritz ist Mehrheitsteilhaber einer Autoverleihfirma, Étoile Limousine, die den Hotelgästen Autos zur Verfügung stellt. Gegen 23.30 Uhr beauftragte das Ritz die Firma Étoile Limousine, einen zweiten Mercedes bereitzustellen, der als Köder fungieren sollte. Dieser zweite Mercedes wurde von Frederic Lucard zum Hotel gebracht. Lucard behauptete später, Henri Paul habe ziemlich exaltiert gewirkt. Diese Aussage wertete man als Beleg dafür, dass der Chauffeur betrunken gewesen sei.

Nach 23.30 Uhr trat Henri Paul mehrere Male vor das Hotel und teilte den Presseleuten auf der Place Vendôme mit, sie sollten schon einmal ihre Kameras bereithalten, denn in Kürze werde das Glamourpaar herauskommen und in den Mercedes vorn auf dem Platz steigen. Er band ihnen einen Bären auf. Die Masche funktionierte. Während alle Blicke auf den Mercedes vorn auf dem Platz gerichtet waren, stahlen sich Diana und Dodi durch den Hintereingang des Ritz in den zweiten Mercedes.

Der Plan verstieß jedoch gegen eine Grundregel des Personenschutzes. Man schickt eine gefährdete Person nie ohne Begleitfahrzeug los. John MacNamara, der Sicherheitschef von Harrods, hatte stets darauf insistiert, dass ein zweites Fahrzeug als Puffer zwischen dem Paar und möglichen Verfolgern mitfahren solle. Als Diana und Dodi von Le Bourget abgeholt wurden, hatte Henri Paul das Begleitfahrzeug gesteuert, das ihnen folgte. Um die Fotoreporter an der Nase herumzuführen, beschloss man nun im Ritz, das Zweitfahrzeug zur Beförderung zu benutzen und die Leerpackung auf eine ganz andere Route zu schicken. Der Mercedes mit Dodi und Diana sollte allein fahren.

In seinem Buch *Diana: Closely Guarded Secret (Diana: Streng gesichertes Geheimnis)* greift Inspektor Ken Wharfe die Leibwächter Kez Wingfield und Trevor Rees-Jones scharf an, weil sie nicht darauf bestanden, dass ein Begleitfahrzeug den Mercedes schützte. Solange er für Dianas Sicherheit zuständig war, argumentiert Wharfe, hatte er sich nicht vor Diana, sondern vor seinen Vorgesetzten bei Scotland Yard zu verantworten. Dies führte mitunter zu Spannungen, doch seine Aufgabe sei es gewesen, für die Sicherheit der Prinzessin zu sorgen. Sie war vielleicht nicht immer begeistert über die Beschränkungen, die er ihr auferlegte, doch – Königliche Hoheit hin oder her – sein Gehalt kam nicht von Diana.

In Paris waren die Leibwächter indes Angestellte des Ritz. Trevor Rees-Jones sagte aus, sowohl er als auch Kez Wingfield hätten vor den Risiken des Plans gewarnt. Sie konnten jedoch nichts tun, denn es hieß, der Plan sei mit London abgesprochen. Das hieß, Mohamed Al Fayed habe grünes Licht gegeben. Weder Rees-Jones noch Wingfield wagten es, sich Dodi zu widersetzen. Und keiner der beiden wagte es, in London anzurufen und bei Harrods nachzufragen, ob Mohamed Al Fayed den Täuschungsplan wirklich abgesegnet hatte. Mohamed Al Fayed hat stets bestritten, etwas Derartiges gebilligt zu haben.

Dodi bestand nicht nur darauf, dass Henri Paul den Wagen

steuerte, sondern auch darauf, dass nur Rees-Jones als Begleitung mitfuhr. Der Mercedes, in dem das Paar ursprünglich fahren sollte, hatte getönte Scheiben, damit die Paparazzi keine Fotos der Insassen schießen konnten. Der zweite Mercedes hatte jedoch klare Scheiben.

Viele von denen, die die Vorgänge in jener Nacht analysierten, finden es merkwürdig, dass Dodi ausdrücklich Henri Paul als Fahrer einsetzte. Sein regulärer Chauffeur war verfügbar. Bei unseren Recherchen stießen wir jedoch auf eine Spur, die dies erklären könnte. Dodi wollte anscheinend einen zwielichtigen Ort aufsuchen und zog es vielleicht vor, dass sein Vater nichts davor erfuhr. Wie wir gesehen haben, bestanden zwischen Vater und Sohn gewisse Differenzen. Dodi konnte darauf bauen, dass Henri Paul nichts ausplauderte. Der Plan stellte außerdem sicher, dass von den Bodyguards nur Rees-Jones wusste, wohin sie fuhren. Der ältere Leibwächter, Kez Wingfield, sollte zur Wohnung in der Nähe der Place de l'Étoile zurückfahren. Trevor war jünger und neigte vielleicht weniger dazu, Fragen zu stellen. Diesem Sachverhalt werden wir später gründlicher nachgehen.

Dodis Nervosität wäre verständlicher gewesen, wenn die Menge vor dem Ritz groß oder aufgebracht gewesen wäre. Dies war jedoch nicht der Fall, wie Videoaufnahmen zweier australischer Touristen, Chloe Papazahariakis und Vlad Borovac, belegen. Sie filmten eine kleine Gruppe von vielleicht zwanzig Fotografen und etwa dreißig Promijägern. Auf dem Band sieht man eine artige Menge, keine bedrohliche Masse aggressiver Fans.

Wie die Überwachungskameras des Ritz belegen, verließen Dodi und Diana zehn Minuten nach Mitternacht die Kaisersuite und gingen einen Korridor entlang. Die Leibwächter folgten. Die nächsten Aufnahmen entstanden um 0.18 Uhr in einem kleinen Foyer am Hintereingang. Auf diesen Bildern sieht man, wie sich das Paar mit Henri Paul unterhält. Dodi berührt mit seinem Arm Dianas Rücken. Henri Paul verschwindet für etwa eine Minute aus dem Foyer, kehrt zurück und bespricht sich mit den beiden.

Um 0.19 Uhr verlassen die vier das Hotel durch den Hintereingang. Die Aufnahmen der Videokameras zeigen, dass Henri Paul nun das Paar und Rees-Jones auf der Rue Cambon hinter dem Hotel zu der Stelle führte, wo der zweite Mercedes bereitstand.

Diana und Dodi stiegen hinten ein. Sie legten keine Sicherheitsgurte an. Auch Henri Paul, der sich ans Steuer setzte, schnallte sich nicht an. Rees-Jones muss seinen Sicherheitsgurt angelegt haben, nachdem sie losgefahren waren.

Kurz nach 0.20 Uhr fuhr der Mercedes zunächst die Rue Cambon hinunter. An der schmalen Straße befindet sich ungefähr hundert Meter vom Hintereingang des Ritz, am Ende des Blocks, eine Ampel. Eine weitere Ampel steht am Ende der Straße. Dort bog der Wagen nach rechts in die Rue de Rivoli. Von dort sind es ungefähr 200 Meter bis zur großen Place de la Concorde.

Ein Zeuge sah den Mercedes über die Place de la Concorde fahren. Mohammed Rehabouille sagte aus, der Mercedes schien nicht besonders schnell gefahren zu sein. Er sagte auch nichts darüber, dass der Wagen von Motorrädern umringt gewesen sei.

Der kürzeste Weg zu Dodis Wohnung hätte die Champs-Élysées hinaufgeführt, doch auf der Place de la Concorde bog der Wagen nicht nach rechts ab, sondern fuhr weiter bis zur Seine hinunter und raste dann am Flussufer entlang nach Westen – in eine ganz andere Richtung als Dodis Wohnung.

Wenige Augenblicke nachdem der Mercedes hinter dem Ritz losgefahren war, registrierten die an der Rue Cambon installierten Kameras noch etwas. Auf einigen wenigen Bildern sieht man, wie ein weißer Fiat Uno verschwand – in dieselbe Richtung wie der Mercedes.

Um 0.23 Uhr erreichte Henri Paul die Rampe, die zum Alma-Tunnel führt. Wäre der Mercedes vor der Rampe, auf Höhe der Avenue Montaigne, rechts abgebogen, wäre er später in die Avenue Marceau, eine der großen Pariser Hauptverkehrsadern, gelangt. Versuchte man, die Champs-Élysées zu umgehen, die am Samstagabend oft verstopft sind, so wäre die Avenue Marceau ein vernünftiger Umweg, um zur Étoile und zu Dodis Wohnung zu gelangen.

Der Mercedes bog jedoch nicht in die Avenue Marceau ab. Stattdessen fuhr er auf Höhe der Avenue Montaigne geradeaus weiter, in den Tunnel. Niemand konnte bisher erklären, wieso sie diese Route wählten. Die französischen Behörden versuchten nicht einmal, eine Erklärung dafür zu finden. David Crawford, der Anwalt von Rees-Jones, gestand mir: »Es ist ein Rätsel, wieso sie dort waren, selbst wenn man auf vielen verschiedenen Wegen zu der Wohnung am oberen Ende der Champs-Élysées gelangt, ohne über die Champs-Élysées fahren zu müssen. Ihre Route ist unerklärlich.«

Für das Unerklärliche gibt es nur drei mögliche Erklärungen. Die erste Erklärung lieferten gewisse Anhänger der Verschwörungstheorie; danach blockierten Motorradfahrer die Abzweigung auf Höhe der Avenue Montaigne. Im Internet wird auf eine Frau namens Brenda Wells verwiesen, die genau dies behauptet haben soll. Niemandem ist es jedoch gelungen, seit dem Tag nach dem Unfall diese Brenda Wells aufzuspüren. Steht man auf der Place de l'Alma, auf der sich viele Zeugen befanden, kann man diese Abzweigung sehen. Doch keiner der Zeugen, außer der verschollenen Brenda sprach von einem Hindernis, das den Mercedes gezwungen hätte, in den Tunnel zu fahren.

Die zweite Erklärung ist die, dass Henri Paul diese Route wählte, um die Paparazzi zu verwirren. Doch die Fotografen sahen, wohin der Mercedes fuhr – zunächst hinter dem Ritz und dann auf der Place de la Concorde, wo Henri Paul zur Seine und dann den Fluss entlangfuhr. Hätten sie zu Dodis Wohnung gewollt, wäre es sinnvoller gewesen, auf Höhe der Avenue Montaigne rechts abzubiegen. Und wenn man bloß die Paparazzi täuschen wollte, finde ich es sonderbar, dass Henri Paul nicht Rees-Jones aufforderte, die Leibwächter im zweiten Wagen anzurufen und über ihre Taktik zu unterrichten.

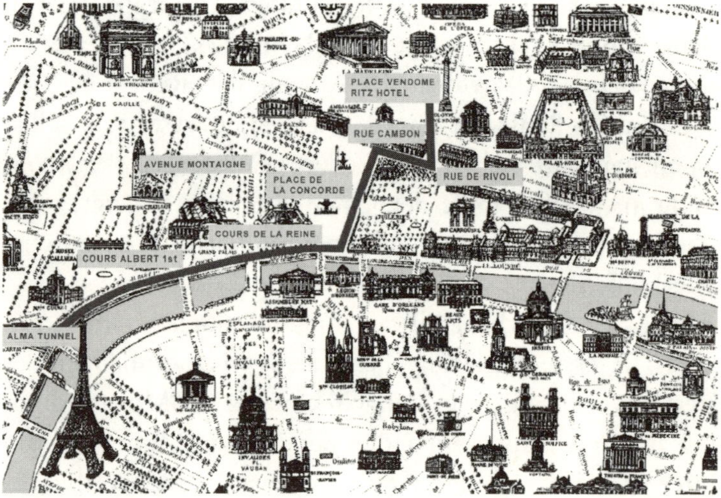

Die dritte Erklärung geht davon aus, dass der Mercedes irgendwo anders hinfuhr, bevor Dodi und Diana sich in die Rue Arsène Houssaye zurückzogen.
Als wir den französischen Film drehten, erhielten wir Informationen, die eine plausible Erklärung dafür liefern, weshalb Dodi das Ritz an jenem Abend unbedingt verlassen wollte. Er hatte noch einen Termin im Passy-Kennedy-Gebäude, einem Büroblock ungefähr eine Meile vom Alma-Tunnel entfernt. Die Route durch den Tunnel war absolut nahe liegend, falls Dodi dort noch jemanden treffen musste.

Die Meldung, die in der zweiten Ausgabe fehlte

Als Henri Paul in den Tunnel fuhr, konnte man in Großbritannien bereits die ersten Ausgaben der Sonntagszeitungen kaufen. An der King's Cross Station sind sie ab etwa 23.00 Uhr, Mitternacht nach Pariser Zeit, zu haben. In jener Nacht brachte die Erstausgabe des *Sunday Mirror* eine Meldung mit der Schlagzeile: »Queen soll Harrods Königswappen entziehen.«
Andrew Golden berichtete, ranghohe Hofbeamte wollten der Königin raten, die königlichen Privilegien für Harrods nicht mehr zu erneuern. Golden zufolge zeigte sich die königliche Familie »aufgebracht über die Streiche von Di und Dodi, die ihrer Meinung nach die Monarchie weiter untergraben«. Golden schrieb, Prinz Philip habe sich besonders kritisch geäußert und Dodi als »schmierigen Schürzenjäger« bezeichnet. Golden zitierte einen Freund der Royals mit den Worten, Prinz Philip sei »in letzter Zeit mehrfach über die Fayeds hergezogen – bei einem Diner, auf der Jagd

und während eines Besuchs bei engen Freunden in Deutschland«. Weiter hieß es, Prinz Philip habe »keinerlei Hehl aus seiner Verachtung für Dodi gemacht« und gewettert, jener sei »intolerabel« als zukünftiger Stiefvater der Prinzen William und Harry.

Golden zitierte auch eine Quelle »aus dem engsten Umfeld des Buckinghampalasts«, der zufolge Diana »in unmissverständlichen Begriffen vor den Konsequenzen gewarnt worden war, sollte sie ihre Beziehung mit dem Fayed-Knaben weiterführen«. Golden hatte erfahren, Diana solle möglicherweise ins Exil abgeschoben oder »gesellschaftlich geächtet« werden. Der MI 6 hatte ein Dossier über die Fayeds angelegt, das in der folgenden Woche bei einer Sitzung der Way Ahead Group der Königin vorgelegt werden sollte. In dieser Group wurden Taktiken zur Zukunftssicherung der Monarchie diskutiert. Diana sollte unter Druck gesetzt werden, Dodi den Laufpass zu geben. Sobald die Welt von dem Autounfall erfuhr, ließ der *Sunday Mirror* diese Meldung fallen.

Gegen 0.23 Uhr fuhr der Mercedes in den Alma-Tunnel. Ungefähr eine Sekunde später, nach 64 Metern, krachte er gegen den dreizehnten Mittelpfeiler. Dodi Al Fayed und Henri Paul starben kurz nach dem Aufprall. Paul hatte besonderes Pech. Nach einer Studie, die kürzlich im *American Journal of Emergency Medicine* veröffentlicht wurde, kommen bei Unfällen in Autos, in denen Airbags aufgehen, nur 2,7 Prozent der Fahrer ums Leben, unabhängig davon, ob sie angeschnallt waren oder nicht.

Eine halbe Stunde nach seinem Telefongespräch mit Dodi, so erzählte mir Mohamed Al Fayed, riefen ihn seine Sicherheitsleute an und teilten ihm mit, »es habe einen Unfall gegeben«. Er musste einen Augenblick innehalten, denn er war den Tränen nahe. Dann fasste er sich und zähmte seine Wut. Der Artikel im *Sunday Mirror* sei sehr bezeichnend gewesen, betonte er. Die »Halunken«, wie er sie nannte, hätten ihre Absichten klar zu erkennen gegeben. »Diana hatte mir während des Urlaubs einiges erzählt – dass sie spuren müsse, dass Dodi nicht der Richtige für sie sei und dass sie die Familientradition achten müsse.« Für ihn war es zu viel des Zufalls, dass »dieser Artikel genau an dem Tag erschien, an dem davon die Rede war, sie loszuwerden«. Für Al Fayed bewies dies, dass eine Hinrichtung – und er verwendete häufig dieses Wort – geplant gewesen sei.

Jean Durieux, einer der erfahrensten Enthüllungsjournalisten des Magazins *Paris Match*, erklärte, er wisse nicht genau, worum es bei Dodis Termin im Passy-Kennedy-Gebäude gegangen sein mochte, doch es sei ein Geschäftstermin gewesen. Ein Deal sollte geschlossen werden. Als Dodi nicht zu dem Treffen erschien, waren jene, die ihn erwarteten, sehr beunruhigt.

2
Polizei und Paparazzi

Auf dem Weg zum Tunnel, 31. August 1997, 0.23 Uhr

Dodis Ablenkungsplan mit dem Auto hatte nicht perfekt funktioniert. Es gehört zum Handwerkszeug des Prominentenjägers, immer den Vorder- und Hintereingang im Auge zu behalten; sechs bis sieben Fotografen, unter ihnen Fabrice Chassery, warteten in der Rue Cambon hinter dem Ritz.

Chassery sah Dodi und Diana in ihren Mercedes steigen. Jacques Langevin fotografierte Dodi, wie er sich auf den Rücksitz setzte. Als der Mercedes losfuhr, beschloss Chassery, dass es für heute genug war. »Das Foto, das wir wollten und das etwas wert gewesen wäre, hätte die beiden Hand in Hand zeigen müssen«, sagte er. Dieses Foto würden sie jetzt nicht mehr bekommen.

Aber die anderen Paparazzi hofften immer noch auf den ultimativen »Paris-bei-Nacht-Kuss«. Also machten sich zwei von ihnen, Serge Arnal und Christian Martinez, in ihrem Auto auf den Weg und fuhren dem Mercedes hinterher. Romuald Rat, ein 24-jähriger Fotograf, der für die Agentur Gamma arbeitete, schwang sich mit seinem Fahrer Stephan Darmon auf sein zweisitziges Motorrad. Es war eine ziemlich gelassene Prozession, die Paparazzi folgten dem Mercedes im Abstand von 300 Metern – bis zur roten Ampel an der Place de la Concorde. Als die Ampel auf Grün schaltete, gab Henri Paul Gas und raste in Richtung des Alma-Tunnels. Die Fotografen mit ihren langsameren Autos blieben zurück, und bald war der Mercedes aus ihrem Blickfeld. Zwischen der Place de la Concorde und dem Alma-Tunnel gibt es einen weiteren Tunnel.

Als der Mercedes in den Alma-Tunnel einfuhr, waren die Paparazzi 800 bis 1200 Meter – oder eineinhalb bis zwei Minuten – zurückgefallen, aber später hieß es, dass sie den Wagen in dieser Nacht »verfolgten« und ihn »wie die Fliegen umkreisten«. Letzteres stimmt mit Sicherheit nicht. Einige Fotografen, wie Chassery, behaupteten sogar, sie seien Dodi und Diana überhaupt nicht gefolgt. Sie gingen nach Hause, und das hieß in diesem Fall, sie fuhren durch den Alma-Tunnel. Erst als der Mercedes verunglückte, holten sie ihre Kameras wieder heraus. Jetzt hatten sie etwas zu tun. Unter diesen Fotografen waren auch Lazlo Veres und Nikola Arsov.

Fabrice Chassery befand sich gerade auf den Champs-Élysées, als ihn ein anderer Fotograf, David Oderkerken, der gelegentlich unter dem Namen David Ker auftaucht, anrief. »Er sagte, im Alma-Tunnel habe es einen Unfall gegeben, und ich machte mich direkt auf den Weg dorthin.« Auch Serge Benhamou, ebenfalls ein Fotograf, kann dem Mercedes nicht gefolgt sein, weil er vom anderen Ende am Trocadero in den Tunnel fuhr.

Wir können zumindest den Zeitpunkt des Aufpralls mit Sicherheit auf zwanzig Sekunden genau bestimmen. Paul Carrill, der an der Place de l'Alma oberhalb des Eingangs des Tunnels stand, rief um 0.23.43 Uhr den Notruf an. Zur gleichen Zeit wählte Serge Arnal, einer der Fotografen, die Nummer 12 – in Frankreich gibt es nicht nur wie bei uns die einheitliche 112. Nach Carrill und Arnal riefen noch viele andere an. Die unter der Notrufnummer 12 zu erreichende Zentrale informierte jedoch nicht die Verkehrspolizei, sondern schickte sofort die Sapeurs-Pompiers, die Feuerwehr, deren Mitglieder auch eine Ausbildung in erster Hilfe haben.

31. August 1997: »Paparazzi – der Abschaum« – Was Zeugen sahen und was sie nicht sofort bemerkten

Fabrice Chassery war nicht der Einzige, der sofort nach dem Unfall auftauchte. Es konnte nie genau festgestellt werden, wie viele Menschen in den Tunnel liefen, als sie merkten, dass dort etwas passiert war. So lief auch James Huth, ein Zahnarzt, aus seiner nahe gelegenen Wohnung herbei. Andere kamen aus den Cafés an der Place de l'Alma. Wieder andere, die durch den Tunnel fuhren, wie Abidjan A. – in dem französischen Untersuchungsbericht tauchen nur Vornamen mit abgekürzten Familiennamen auf –, hielten an und stiegen aus ihrem Auto. Polizei und Notarzt kamen an einen Unfallort, an dem es von Menschen wimmelte. Auf der Gegenfahrbahn fuhren immer noch einige Autos in Richtung Place de la Concorde.

Der Wagen war vom dreizehnten Pfeiler abgeprallt und in die Mitte der Fahrbahn zurückgeschleudert. Trotz seiner sehr stabilen Bauweise sah die Front des Mercedes S 280 wie eine Ziehharmonika aus. Die Zeichnungen der französischen Ermittler zeigen sechs verschiedene beschädigte Stellen an der Vorderseite des Autos. Das Dach war jedoch nicht sonderlich betroffen. Auf einigen der am meisten gezeigten Fotos sieht man das Fahrzeug ohne das Dach, das

abgefräst wurde, sodass die Notärzte an Trevor Rees-Jones herankamen. Auf diesen Bildern sieht das Wrack schlimmer aus, als es in Wirklichkeit war.
Beim Aufprall war die Hupe des Mercedes losgegangen. Alle Anwesenden erinnern sich an diesen lauten, durchdringenden und unangenehmen Ton. Dieser Krach hat das Erinnerungsvermögen der Zeugen sicher nicht verbessert, und es war für sie sicherlich schwierig, sich auf das zu konzentrieren, was sie sahen.
Gegen 0.26 Uhr stieg Romuald Rat im Tunnel vom Motorrad, das sein Fahrer dann abstellte. Während er auf den Mercedes zurannte, machte er drei Aufnahmen. Der Wagen qualmte, aber das machte ihm nichts aus. Er schaute in das Innere des Autos. Er sah hinein, und »ich erkannte Herrn Al Fayed. Ich war schockiert, denn es war kein schöner Anblick. Ich musste mich ein paar Sekunden abwenden.«
Durch einen bemerkenswerten Zufall tauchte als einer der Ersten ein Spezialist für Notfallmedizin am Ort des Geschehens auf, Dr. Frederic Mailliez, der für SOS Médecins arbeitete. Er kam gerade von einem Abendessen mit einem amerikanischen Freund, Mark Budt, zurück, als er sah, dass der Verkehr stockte und Qualm aufstieg. »Als wir herankamen, sah ich, dass sich der Unfall gerade ereignet haben musste. Ich hielt sofort an.« Mailliez war mit seinem Notarztfahrzeug unterwegs, das über ein Blaulicht verfügt. Er klemmte es auf das Dach seines Autos. »Es waren bereits eine Menge Menschen da, und es herrschten Aufregung und Panik.«
Eine Fußgängerin, Belkacem B., empfand diese Panik ebenfalls. »Ich sah sofort, dass der Fahrer zu Brei zermatscht war, seine Hand ragte durch die Windschutzscheibe heraus. Ich sah, dass der Beifahrer den Kiefer aufgeschnitten hatte. Sein

Körper wurde durch den Sicherheitsgurt gehalten, und er lehnte gegen den aufgeblasenen Airbag. Er war in dem Fahrzeug gefangen, und es gab keine Möglichkeit, die Tür des Autos zu öffnen. Ich hielt es für besser, ihn nicht anzufassen. Auf dem Rücksitz saß ein Mann, etwa vierzig Jahre alt, dessen Füße in einer eigenartigen Position waren, seine Augen waren verdreht. Ich sah sofort, dass er tot war. Neben ihm zwischen dem rechten Vordersitz und dem Rücksitz saß eine zusammengekrümmte blonde Frau, mit einer Schramme auf der Stirn, das Armband ihrer Uhr war aufgegangen. Sie jammerte und sagte ein paar Worte auf Englisch. Ich glaube, sie sagte: ›My God, my God.‹ Sie hatte noch ihre Schuhe an.«
Belkacem fragte einen der Fotografen, was man jetzt machen sollte. Sie glaubte, es sei Romuald Rat gewesen, der ihr antwortete: »Rühren Sie nichts an. Das ist Prinzessin Diana. Sie ist mit Dodi unterwegs!«
Romuald Rat war sicherlich schockiert, nahm sich aber, wie es aussieht, zusammen und begann, genau zu beobachten. Dodis Augen waren halb geöffnet. »Ich sah, dass man für ihn nichts mehr tun konnte. Die Prinzessin war am Boden zwischen den beiden Sitzen, den Rücken zu mir gewandt. Ich sprach sie auf Englisch an: ›Bleiben Sie ruhig, der Arzt kommt.‹« Rat wusste natürlich nicht, ob das stimmte. In diesem Moment begann Trevor Rees-Jones, sich heftig in seinem Sitz zu bewegen. Rat wandte sich ihm zu und berührte ihn, »damit er merkte, dass ich da bin«. Auch ihm versprach er, wie er sagte, dass der Arzt unterwegs sei. Er ging dann nach vorn. Henri Paul war vollkommen eingeklemmt. Die Hupe tönte immer noch. »Ich wollte sehen, ob ich die Batterie abklemmen könnte, aber in dem Zustand, in dem sich der Wagen befand, war nicht daran zu denken.«

Und dann, so erinnert sich Rat, »tauchte jemand auf, der eine kleine Sauerstoffmaske trug«.

Diese Person war Dr. Mailliez. Er leitete die Erste-Hilfe-Maßnahmen gegen 0.28 Uhr ein und hat später immer darauf bestanden, dass er von den Fotografen nicht gestört worden sei. »Die Leute beschimpften mich. Sie sagten: ›Hier ist jemand verletzt, wir dürfen sie nicht berühren.‹ Ich sagte laut und deutlich, dass ich Arzt sei und wisse, was zu tun sei.« Mailliez erkannte, dass für Dodi und Henri Paul jede Hilfe zu spät kam. »Ich sah, dass der dringendste Notfall die Person auf dem rechten Rücksitz war. Sie schien noch zu leben. Sie war zwischen den Vorder- und Rücksitzen eingeklemmt.« Die Paparazzi wussten natürlich, dass Diana in dem Wagen war, aber Mailliez hatte davon keine Ahnung. Er war mit ihren Verletzungen, nicht mit ihrer Identität beschäftigt. »Ich erkannte sie nicht. Ich erfuhr es erst am nächsten Morgen«, sagte er.

Den Fotografen war klar, dass der Unfall für sie zur Goldmine werden konnte. Die Geschichte des Unfalls von Dodi und Diana würde die Schlagzeile von Tokio bis Texas sein. Bilder des Autowracks – und besonders Aufnahmen von Diana und Dodi Al Fayed – wären ein Vermögen wert.

Christian Martinez, der in seinem Auto gefolgt war, machte sechzehn Bilder in dem Tunnel. Acht davon waren Bilder vom Auto. Eines davon war vermutlich die erste Aufnahme, die von dem Mercedes nach dem Unfall gemacht wurde. Man sieht, dass der Airbag vor Henri Paul noch aufgeblasen ist; die Lichter des Autos sind an, und das Fahrzeug ist in Rauch gehüllt. Martinez ging dann um das Auto herum und machte sieben weitere Fotos, wobei er von der Frontpartie zum Heck ging.

Rat behauptet, er habe weitere Aufnahmen erst nach dem Eintreffen der Polizei gemacht. Wenn das zutrifft, hat er sechs Minuten lang, von 0.26 bis 0.32 Uhr, kein einziges Foto geschossen. Insgesamt machte Rat neunzehn Aufnahmen, alle aus einem Abstand von weniger als fünf Metern. Auf einem dieser Bilder sieht man einen Mann neben dem Fahrzeug, den die Polizei nicht identifizieren konnte.

Sieben Minuten nach dem Aufprall schien die Polizei immer noch nicht gewusst zu haben, dass es einen Unfall gegeben hatte. Erst gegen 0.30 Uhr merkten es die Ordnungshüter – und zwar auf merkwürdige Weise. Fußgänger hielten auf dem nahe gelegenen Cours Albert 1er zwei Polizeibeamte an, Lino Gagliardone und Sebastien Dorzee, und sagten ihnen, es habe im Tunnel einen schrecklichen Unfall gegeben. Die beiden Beamten eilten daraufhin zum Tunnel.

Kurz nach 0.30 Uhr fanden Gagliardone und Dorzee eine chaotische und beunruhigende Szene vor. Es waren noch keine Ambulanzwagen eingetroffen. Dodi Al Fayed lag im Sterben, und Henri Paul war bereits tot. Diana war verwirrt und schwer verletzt. Trevor Rees-Jones blutete stark. Diana und Trevor jammerten vor Schmerz.

Menschen verhalten sich an Unfallorten nie logisch. Rat, ein junger Mann, war schwer erschüttert. Er hatte eine Auseinandersetzung mit Christian Martinez. Rat sagte, er wollte Martinez davon abhalten, weitere Bilder vom Inneren des Fahrzeugs zu machen, aber Martinez machte das trotzdem. Sie beschimpften und beleidigten sich gegenseitig. Rat sagte Martinez, er solle wegbleiben und keine Aufnahmen vom Wageninneren machen. Martinez antwortete, Rat solle *»de se baiser«* – »sich verpissen«.

»Wir waren alle ziemlich durcheinander«, sagte Martinez.

»Wir gingen, wir kamen wieder; unser einziges Anliegen war, nah am Ort des Geschehens zu bleiben. Der Einzige, der sich ans Auto heranmachte, war Rat.« Stephan Darmon, der Fahrer von Rat, behauptet, er habe sich darüber aufgeregt, dass man Fotos machte, und hätte sich in einiger Entfernung hingesetzt.

Natürlich würde man den Fotografen Zynismus vorwerfen, es ginge ihnen nur darum, ihre Bilder zu kriegen.

Serge Arnal, der als Zweiter die Notrufnummer anrief, war bereits 90 Sekunden nach dem Aufprall an der Unfallstelle. Er ging nicht sofort auf das Auto los, denn er kann kein Blut sehen. Letztlich aber hat ihn auch das nicht abgehalten. Arnal machte den französischen Unterlagen zufolge 31 Aufnahmen, von denen auf 27 Diana zu sehen ist, der Dr. Mailliez Sauerstoff verabreicht. Theoretisch sollten Arnals Aufnahmen von Mailliez' medizinischer Hilfestellung einen guten Beleg für Dianas akuten Zustand darstellen. Die meisten dieser Bilder sind aus großer Nähe, etwa eineinhalb Meter vom Fahrzeug entfernt, aufgenommen. Aber diese Aufnahmen hat man nie gesehen.

Der erste Feuerwehrzug aus der Station in der Rue Malar kam um 0.32 Uhr im Alma-Tunnel an. Es handelte sich um Spezialisten für eingekeilte Unfallopfer. Inzwischen wurden die beiden Überlebenden von zwei gut qualifizierten Experten betreut, von Mailliez und Dominique Dalby, einer privat anwesenden Angehörigen der Feuerwehr, die über Erste-Hilfe-Kenntnisse verfügte. Vielleicht ist es ein Ausdruck der damals hochkochenden Emotionen, dass der Bericht von Dorzee von Feindlichkeit gegen die Fotografen strotzt. Nach seiner Schätzung waren weit mehr als sieben Fotografen am Unfallort. Er ging von zehn bis fünfzehn aus. »Die

Blitzlichter gingen los wie Maschinengewehre, jeder von denen muss einen ganzen Film verschossen haben.«

Dorzee wandte sich der leicht geöffneten rechten hinteren Tür zu. »Ich musste die Tür ein wenig weiter öffnen, um heranzukommen, und sofort erkannte ich Prinzessin Diana. Ich versuchte, die Fotografen zurückzuhalten, sie waren wütend. In dem Handgemenge wurde ich mehrmals gestoßen. Kein Fotograf ging mir zur Hand. Sie haben einfach immer weiterfotografiert. Klar, dass ich ihnen im Weg war. Als ich die hintere Tür ein bisschen weiter geöffnet hatte, sah ich, dass die Person auf dem linken Rücksitz tot war.«

Komisch ist, dass, nach den Aussagen von Mailliez, er die Prinzessin genau in diesem Moment behandelte. Doch Dorzee erwähnt ihn an keiner Stelle. Dorzee fand Diana so vor wie Rat. »Ihr Kopf war zwischen den beiden Vordersitzen, das Gesicht war zur Seite gedreht. Sie konnte den Mitfahrer auf dem Vordersitz sehen. Sie bewegte sich, ihre Augen waren offen, und sie sprach mich auf Englisch an. Ich glaube, sie sagte: ›My God‹, als sie sah, dass ihr Freund tot war. Zur gleichen Zeit schlug sie sich auf den Bauch. Sie muss ziemliche Schmerzen gehabt haben. Ich versuchte, mich in den Wagen zu beugen, meine Füße waren noch außerhalb des Autos auf dem Boden, ich wollte so die Fotografen daran hindern, weitere Aufnahmen zu machen. Sie drehte ihren Kopf nach vorne und sah den Fahrer, und da wurde ihr, glaube ich, zusehends klar, was geschehen war. Sie fing an, sich aufzuregen. Ein paar Sekunden später schaute sie mich an. Dann legte sie ihren Kopf nieder und schloss die Augen.«

Dorzee war auch sehr darauf bedacht, jeden Diebstahl zu vermeiden. »Ich merkte, dass auf dem ganzen Boden Juwelen herumlagen.« Er sorgte dafür, dass niemand sie aufhob.

In der Zeit zwischen 0.32 Uhr und etwa 0.45 Uhr versuchten die beiden Streifenpolizisten Dorzee und Gagliardone, eine schwierige Situation in den Griff zu bekommen. Die beiden waren für die Situation, in der sie sich da befanden, nicht vorbereitet, und es gibt einige Hinweise dafür, dass sie die Ruhe verloren. Am nächsten Tag beschwerten sie sich in der Presse und saßen auf dem hohen moralischen Ross. Sie behaupteten, Martinez habe zu ihnen gesagt: »Ihr nervt mich. Ich gehe zurück nach Sarajevo. Dort mischen sich die Polizisten nicht ein und lassen uns unsere Arbeit machen. Geht doch nach Bosnien, dann werdet ihr es sehen.«

»Aber wir sind hier in Paris«, soll Gagliardone ihm geantwortet haben.

»Ich tue hier nur meine Arbeit«, so war laut Aussagen der Polizei die Antwort Martinez'.

Der Polizist antwortete, auch er tue seine Arbeit hier.

Gegen 0.45 Uhr waren über hundert Aufnahmen vom Fahrzeug und seinen Insassen gemacht worden.

Der Bilderhandel

Die Fotografen informierten ihre Agenturen über das Material, das sie hatten. Bei Bildagenturen wie Gamma oder Laurent Sola Diffusion ging es plötzlich zu wie im Tollhaus. Eine Stunde nach dem Unfall wurden E-Mails und Faxe hin und her gesendet, Angebote und Gegenangebote ausgetauscht. »Es war eine verrückte Nacht«, erzählt Chassery, die Angebote der Agenturen für ein Bild überstiegen die Schwelle von 100 000 Pfund.

Das Ganze entbehrte nicht einer gewissen Ironie. In den

Redaktionen pokerte man um die besten Bilder, während zur gleichen Zeit fromme Leitartikel über die bösartigen Paparazzi geschrieben wurden. Der Buckinghampalast, die französische Regierung und Mohamed Al Fayed verurteilten vereint die Fotografen. Michael Cole, der Sprecher von Mohamed Al Fayed, lief zu poetischer Höchstform auf. Er verglich die Paparazzi mit einer Horde Indianern, die eine Postkutsche überfallen. In einem drastischen Bild sprach er von modernen »Banditen«, die »nicht mit Pfeilen, sondern mit Blitzlichtern auf die Insassen des Fahrzeugs schießen«. Die Fotografen konnten ihrer Arbeit nachgehen, weil die beiden Polizisten, die als Erste am Unfallort eintrafen, die Situation nicht unter Kontrolle bekamen. In keinem der 27 Bände voll Beweismitteln, die im Rahmen der französischen Untersuchung des Vorfalls zusammengetragen wurden, habe ich eine genaue Zeitangabe gefunden, aus der hervorgeht, wann die Pariser Verkehrspolizei oder sonstige Polizeibeamte am Unfallort auftauchten.
Um 0.45 Uhr waren vier Krankenwagen des SAMU-Rettungsdienstes eingetroffen – und viele Polizisten tauchten jetzt auf (SAMU = *Service d'Aide Médicale Urgente).*
Die Versorgung der Opfer ist die wichtigste und erste Aufgabe an jedem Unfallort: Gibt es Verletzte, in welchem Zustand sind sie? Wenn es sich um einen schweren Unfall handelt, sind die Beamten angehalten, den Unfallort abzusichern, damit die Spurensicherung Beweise sicherstellen kann, um den Hergang zu rekonstruieren und gegebenenfalls gerichtsverwertbares Material zu sichern.
Im Gegensatz zur Polizei beschwerte sich kein Mitarbeiter der anderen Notdienste über das Verhalten der Fotografen. Selbst als sie die Situation unter Kontrolle hatte, war die

Aufgabe der Polizei mühevoll. Im Umkreis von 600 Metern gab es an vier verschiedenen Stellen potenzielle Zeugen. Einige hatten gesehen, wie der Mercedes in den Tunnel einfuhr, andere hatten am anderen Ende des Tunnels Fahrzeuge herauskommen sehen. Es gab Zeugen, die mit ihren Autos auf der Gegenfahrbahn unterwegs waren, und schließlich gab es die Zeugen in den Fahrzeugen, die hinter dem Mercedes gefahren waren.

Ein weiteres Problem ist die Vielzahl der damals und auch heute noch in Paris lebenden illegalen Immigranten, der so genannten *sans papiers*. Mindestens vier potenzielle Zeugen verschwanden, weil eine Befragung durch die Polizei wohl das Letzte war, was sie wollten.

Schließlich nahm die Polizei die Aussagen von siebzehn Zeugen auf, die sich im Tunnel befanden, und befragte zehn Fotografen, aber keiner von ihnen hatte den eigentlichen Aufprall mit eigenen Augen gesehen. Die meisten der Zeugen befanden sich zur Zeit des Unfalls an den Tunnelenden; und was sie scheinbar am meisten beeindruckte, war die Geräuschkulisse. Acht der zehn Zeugen, die am nächsten an der Unfallstelle waren, sagten, sie hätten zwei Zusammenstöße gehört.

Gegen 0.40 Uhr wurde der Polizeichef von Paris, Philippe Massoni, geweckt und von dem Unfall in Kenntnis gesetzt. Eigenartigerweise informierte er daraufhin nicht unmittelbar den Innenminister Jean-Pierre Chevenement, seinen Vorgesetzten. Nach meinen Informationen dauerte es weitere 32 Minuten, bis der Innenminister von dem Unfall erfuhr. Beide Männer standen politisch im Rampenlicht. Chevenement hatte Ambitionen auf eine Präsidentschaftskandidatur, und Massoni war vom Präsidenten der Republik ernannt worden. Sobald bekannt war, dass Diana verletzt war, setzte eine Lawine politischer Aktivitäten ein. Um 0.40 Uhr rief die Pariser Polizei die britische Botschaft an, um zu berichten, dass Prinzessin Diana verletzt sei. Es dauerte einige Zeit, bis man Sir Michael Jay, den britischen Botschafter, erreichte. Nur er konnte die königliche Familie informieren.

Kurz nach 1.00 Uhr informierte ein Militärattaché Präsident Clinton und seine Frau, die in Ferien auf Martha's Vineyard waren. Der Polizeichef von Paris machte sich auf den Weg in den Tunnel und traf dort gegen 1.15 Uhr ein, wo er auf Patrick Riou, den Leiter der Pariser Police Judiciaire, traf. Rious Bruder arbeitet als Chirurg in der Klinik Salpêtrière und sollte im weiteren Verlauf der Ereignisse noch eine zentrale Rolle spielen. Rund um die Uhr hat ein Staatsanwalt Bereitschaftsdienst, und in dieser Nacht traf es Maud Coujard. Sie hatte viel Erfahrung mit Straßenverkehrsunfällen.

Die Verhaftung der Paparazzi

Um 0.50 Uhr weckte man Mohamed Al Fayed in seinem Haus in Oxford. Er ließ seinen Hubschrauber kommen, um sofort aufzubrechen.

Kurz nach 1.00 Uhr konnte man den Tunnel nicht mehr durchqueren. Die Leiterin des französischen kriminalpolizeilichen Ermittlungsdiensts, Madame Martine Monteil, war wie Massoni auch am Ort eingetroffen. Sie beriet sich mit Coujard. Ihre erste Reaktion war, von einem Anfangsverdacht auszugehen und somit eine Ermittlung wegen Mordverdachts einzuleiten.

Die Anwesenheit der höchsten französischen Polizeibeamten löste dramatische Aktivität aus. Das französische Recht kennt die so genannte Gute-Samariter-Regel, gemäß der jeder, der einen Verletzten sieht, verpflichtet ist, ihm oder ihr zu helfen. Wer in so einem Fall vorbeigeht, macht sich möglicherweise strafbar. Aber die Fotografen waren nicht auf das vorbereitet, was jetzt passierte. Als sie den Alma-Tunnel verließen, wurden sieben von ihnen verhaftet. Es handelte sich um Jacques Langevin, Christian Martinez, Romuald Rat, Stephane Darmon – den Fahrer eines Fotografen –, Serge Arnal, Lazlo Veres und Nikola Arsov. Am Ende der Nacht waren sie wegen Totschlags und Verstoßes gegen das französische Gute-Samariter-Gesetz angeklagt. In diesem zweiten Punkt blieben sie über zwei Jahre angeklagt.

Die Anklage wegen unterlassener Hilfeleistung gegen die Fotografen aufrechtzuerhalten, wäre schwierig gewesen. Arnal hatte den Notdienst angerufen, unmittelbar nachdem er die Unfallstelle erreicht hatte. Rat behauptete, er hätte versucht, den Opfern des Unfalls, so gut es geht, Erleichterung zu verschaffen. Dr. Frederic Mailliez, der die Unfallopfer bereits vier Minuten nach dem Aufprall medizinisch versorgte, sagte mehrfach, dass die Fotografen weder ihn noch die Notärzte in irgendeiner Weise behindert hätten.

In Anbetracht des zu erwartenden Ärgers entfernten sich drei Fotografen vom Ort des Geschehens, bevor man sie verhaften konnte – Fabrice Chassery, Serge Benhamou und David Oderkerken genannt Ker. Aber damit war die Sache für diese drei keineswegs ausgestanden.

Das Schicksal der Paparazzi

Gegen 1.30 Uhr wurden die verhafteten Paparazzi in einem Polizeiwagen in das Hauptquartier der Pariser Polizei gebracht. Die Kameras der Nachrichtensender filmten ihre Abfahrt. »Diese Bilder der Fotografen, die in einem Polizeiwagen abgeführt wurden«, so Jean-Marc Coblence, der kämpferische Anwalt von Serge Arnal, »diese Bilder gingen um die Welt, und sie erweckten bei jedermann den Eindruck, man habe die Schuldigen gefunden.«
Man brachte die Paparazzi in die Polizeistation in der Rue des Courcelles. Bei allen wurde ein Alkoholtest vorgenommen, und alle waren unterhalb des gesetzlichen Limits. Dann brachte man sie in das Polizeihauptquartier am Quai des Orfèvres. Als Journalisten kannten viele der Fotografen das Gebäude von innen. Jetzt aber behandelte man sie anders. Ihre Kameras wurden beschlagnahmt, alle ihre Negative eingezogen.
Jeder der sieben wurden einzeln verhört. Alle erzählten die gleiche Geschichte. Die Paparazzi waren nicht in der Nähe des Mercedes, als dieser in den Tunnel einfuhr. Aber die Polizei glaubte ihnen nicht. Die Fotografen gingen davon aus, dass sie noch in derselben Nacht nach Hause gehen könnten, aber man behielt sie in *garde à vue*, das heißt in Polizeigewahrsam. Langevin sagte, er fühlte sich wie in einem Netz verstrickt.
Der Vorgesetzte von Coujard, der Generalstaatsanwalt, war besonders hartnäckig. Er wollte die Paparazzi wegen Totschlags anklagen. Sie überredete ihn, zu warten, bevor er derart drastische Schritte unternahm. Schließlich saßen die Paparazzi bereits hinter Schloss und Riegel.

William Bourdon, der Langevin als Anwalt vertrat, vermutete, dass die Entscheidung über die Inhaftierung der Fotografen auf höchster politischer Ebene getroffen wurde. Bourdon meinte, die Überlegungen der Behörden seien einfach nachzuvollziehen: »Es gab Diskussionen dieser Art: ›Die britische Presse wird sehr emotional reagieren. Sie werden verrückt spielen. Wir müssen zeigen, dass wir wissen, wer die Schuldigen sind.‹« Und so schob man alles auf die Paparazzi.

David Ker ging geradewegs in das Büro der Agentur Sygma und beteiligte sich dann am Verkauf der Bilder. Um 3.00 Uhr morgens rief der Chef der im weltweiten Bilderhandel tätigen Agentur LSDiffusion, Laurent Sola, Dominique Petit an, die sich mit dem Einscannen von Fotos in den Computer auskannte. Im Jahr 1997 war die Technologie noch nicht so weit entwickelt wie heute, und das Einscannen war eine Arbeit für Spezialisten. Petit arbeitete schnell, und im Prinzip wurden einige Bilder bereits in dieser Nacht verkauft. Der *National Enquirer* in New York bot für Arnals Bilder 250 000 Dollar. Britische Zeitungen machten Angebote in der Größenordung von einer Million Pfund. Ker behauptet jedoch, dass alle diese Verträge um 5.45 Uhr morgens, als bekannt wurde, dass Diana tot war, storniert wurden. Sola sagte, er habe daraufhin die Bilder aus dem Internet genommen, sodass niemand sie unerlaubterweise herunterladen konnte.

Den französischen Behörden war daran gelegen, dass niemand diese Bilder zu Gesicht bekam. Als man herausfand, dass einige der Paparazzi den Tunnel verlassen hatten und dass es anderen möglicherweise gelungen sein konnte, ihre Filmrollen per Boten an ihre Agenturen zu schicken, ergriff die Polizei drastische Maßnahmen. Alle Fotoagenturen, für die die Fotografen arbeiteten, wurden durchsucht, und jedes greifbare Negativ wurde beschlagnahmt. Als Sola die Bilder mitten in der Nacht aus dem Netz nahm, ging er davon aus, dass er immer noch die Negative haben würde. Beim Morgengrauen aber war alles weg. Er hatte nichts mehr in Händen.

Noch in der Nacht versprach der französische Innenminister Jean-Pierre Chevenement, dass die französische Regierung den Unfall vollständig und umfassend untersuchen werde.

Ungereimtheiten in den offiziellen Darstellungen finden sich von Anfang an. Die erste Ungereimtheit betrifft eine Kleinigkeit. Alle bei den Notrufnummern in Paris eingehenden Anrufe werden registriert und aufgezeichnet. Es wäre daher zu vermuten, dass in der endgültigen Zusammenfassung der Ereignisse, die von den französischen Behörden vorgelegt wurde, diesbezüglich genaue Angaben zu finden sind. Auf Seite 18 des Berichts heißt es, Serge Arnal habe die Notrufnummer 12 gewählt, auf Seite 20 hingegen steht, er habe die 112 angerufen. Niemandem scheint diese Differenz aufgefallen zu sein, keiner hat sich darum gekümmert, diesen Druckfehler, wenn es denn einer ist, zu korrigieren.

Z steht für »Zeuge«, und Z steht für »Zweifel«

Seit über dreißig Jahren untersucht die Psychologie die Fehler in der Wahrnehmung von Augenzeugen. Dr. Elizabeth Loftus von der Northwestern University hat nachgewiesen, wie fragil das Gedächtnis von Augenzeugen ist. Dr. Stephen Ceci von der Cornell-Universität arbeitete mit Kindern und konnte zeigen, wie leicht der Kontext und die Art der Fragen nicht nur die Antworten beeinflussen, sondern auch die Überzeugungen der Befragten. Eines der ersten Experimente, an denen ich als Student beteiligt war, demonstrierte genau diese Zusammenhänge. Ich gehörte zu einer Gruppe arroganter Oxford-Studenten, die glaubten, in einer Vorlesung über Tierverhalten zu sitzen. Gerade hatten wir ein paar Minuten gehört, wie großartig sich Menschenaffen gegenseitig entlausen, als eine Frau mittleren Alters in die Vorlesung platzte. Nachdem sie gegangen war, bat man uns, aufzuschreiben, wie sie gekleidet war, was sie gesagt und wie sie sich benommen hatte. Wir waren intelligent, die vermeintliche Crème de la Crème der intellektuellen Elite, und wir waren bestürzt, an wie wenig wir uns von dem erinnerten, was wir gesehen hatten. Es war erniedrigend, so viele Einzelheiten falsch wiederzugeben.

Das Sieb des Gedächtnisses wird von vielen Reizen beeinflusst – Stress, Aufmerksamkeit und die persönliche Situation in der Hundertstelsekunde vor der zu erinnernden Wahrnehmung. Die Unfallszene war schrecklich. Großer Stress verschlechtert das Erinnerungsvermögen. Es ist daher keineswegs verwunderlich, dass die Darstellungen der Zeugen so uneinheitlich waren.

Das erste Beispiel für diese Verwirrung ist einfach. Vier Zeugen berichteten von einem großen Motorrad, das hinter dem Mercedes herfuhr, zwei Zeugen erwähnten ein Motorrad mit zwei Personen. Einer der Paparazzi, Romuald Rat, fuhr auf einem Motorrad, das von Stephane Darmon gelenkt wurde. Zwei Personen auf einem Motorrad sind ein relativ seltener Anblick, dennoch haben es nur zwei von siebzehn befragten Augenzeugen wahrgenommen.

Viele der Aussagen waren widersprüchlich, und ich halte es

daher für nützlich, sich auf das zu konzentrieren, was sich aus den Darstellungen der Augenzeugen konsistent ergibt. Als sich der Mercedes an der Place de la Concorde befand, scheint er nicht übermäßig schnell gefahren zu sein. Rehabouille und ein anderer Zeuge vom Concorde berichten, das Auto sei nicht sonderlich schnell gefahren. Es beschleunigte auf dem Weg zum Alma-Tunnel. Von den Zeugen, die sahen, wie der Wagen in den Tunnel einfuhr, sagten die meisten aus, er sei sehr schnell gefahren, aber nur einer, ein Chauffeur, der als Oliver P. bezeichnet wird, wollte sich mit einiger Sicherheit auf eine Schätzung der Geschwindigkeit einlassen. Zwei Wochen nach dem Vorfall sagte er aus, der Wagen sei etwa 150 Stundenkilometer schnell gefahren.

Mehr Durcheinander gab es bei den Zeugenaussagen in Bezug auf die Motorräder und Autos, die dem Mercedes folgten. Einige Zeugen sprachen von vielen Motorrädern, die in der Nähe des Mercedes gewesen seien. Aber einer der ersten Zeugen, der auch am nächsten beim Geschehen war, war Dr. Mailliez. Er und sein Freund Mark Budt sprachen von nur einem Motorrad. Mailliez sagte aus, dass ein Motorrad anhielt, wendete und dann aus dem Tunnel hinausfuhr. Der Fahrer schien keineswegs ein Fotograf gewesen zu sein. Auf jeden Fall sah Dr. Mailliez nicht, dass er fotografierte. Dieser Motorradfahrer war in der besten Position, um die Frage zu klären, was unmittelbar vor dem Aufprall geschah. Ich vermute auch, dass diese Person auf einer der 31 Fotografien von Romuald Rat zu sehen ist. Im nächsten Kapitel werden wir versuchen, diese Person zu identifizieren.

Was die Anwesenheit anderer Autos anbelangt, waren die Aussagen der Augenzeugen noch weit verwirrender. Das behördliche Dossier zitiert mindestens fünf Personen –

Oliver P., Georges und Sabine D., Souad und Mohammed M. –, die ein weiteres Fahrzeug beschreiben, das langsam vor dem Mercedes herfuhr, als dieser den Tunnel erreichte. Dieses Fahrzeug war in der linken Spur für den Schnellverkehr. Laut Aussage von Oliver P. »fuhr das kleinere Auto, als wolle es den Mercedes ausbremsen. Es war dunkel lackiert und so etwas wie ein Ford Mondeo«. Später sagte er jedoch, dass dieses Fahrzeug nichts Gefährliches tat, um den Mercedes beim Überholen zu behindern.

Ein Fahrer eines Ford Mondeo tauchte nirgendwo auf. Auch musste Oliver P. später einräumen, dass seine Aufmerksamkeit von seinen Fahrgästen abgelenkt wurde. Er habe dann einen »kleinen Unfall« gehört.

Mit hoher Wahrscheinlichkeit war auch ein grauer Citroën BX im Tunnel und fuhr in die gleiche Richtung wie der Mercedes, aber die Aussagen der Insassen dieses Fahrzeugs, Souad und Mohammed M., sind seltsam. Beide sagten aus, sie seien auf der Rückfahrt von einem Restaurantbesuch nach Hause gewesen, in einen Vorort namens St. Denis. Sie behaupteten, etwa 80 Stundenkilometer gefahren zu sein – die erlaubte Geschwindigkeit im Tunnel beträgt 50 Stundenkilometer. Im Rückspiegel sah Mohammed den Mercedes auf sein Auto zukommen, und er beschleunigte, um ihm aus dem Weg zu kommen. Die bemerkenswerteste Behauptung von Mohammed aber betrifft ein Motorrad, das vor dem Mercedes hergefahren sein soll. Dieses Motorrad, so seine Aussage, fuhr im Zickzack, um den Mercedes abzubremsen.

Das Paar behauptete, sie hätten den Aufprall des Mercedes gesehen. Sie sahen beide, wie Henri Paul in das Lenkrad geschleudert wurde. Aber sie unternahmen nichts, um die Rettung zu benachrichtigen. Sie fuhren einfach weiter nach

Hause. Erst am nächsten Tag, nachdem die Neuigkeit in den Schlagzeilen war, meldeten sie sich im Polizeipräsidium am Quai des Orfèvres. Die Polizei nahm die Aussage auf und untersuchte den Citroën. »Sie haben sogar das Auto durchsucht«, sagte Souad, die erklärte, sie habe geweint, als sie den Aufprall sah.

Am 12. September wurden Mohammed und Souad von Juge Stephan, dem zuständigen Untersuchungsrichter, gehört. In *Le Monde* wurden ihre Aussagen als ungenügender Beleg abgetan, und man ging davon aus, dass beide von den Presseberichten, die den Paparazzi die Schuld gaben, beeinflusst waren. Interessanterweise wurde vonseiten der Polizei gegen das Paar nicht wegen eines Verstoßes gegen das französische Samaritergesetz ermittelt, obwohl sie einen Unfall beobachtet hatten und sahen, dass Menschen verletzt waren.

Andere Zeugen, die sich am Ausgang des Tunnels am Trocadero befanden, berichteten von einem Auto, das, kurz nachdem man den Aufprall gehört hatte, »mit großer Eile« aus dem Tunnel herausfuhr. Die Zeugen konnten sich allerdings nicht darauf einigen, um was für ein Auto es sich dabei handelte. Einige meinten, es sei ein Citroën gewesen, andere, wie Oliver P., behaupteten, ein kleines schwarzes Auto habe schnell den Tunnel verlassen, wieder andere, wie das Ehepaar Souad und Mohammed M., sahen einen Fiat Uno, später sagten sie aus, er sei weiß gewesen. Georges und Sabine D. hingegen behaupteten, sie hätten einen Fiat Uno, dessen Fahrer sich eigenartig benahm, im Zickzack aus dem Tunnel fahren sehen. Gary Hunter, ein Rechtsanwalt, sagte aus, er habe zwei Autos aus dem Tunnel kommen sehen und bei einem davon habe es sich um einen weißen Fiat Uno gehandelt. Aber er wurde nie von der französischen Polizei verhört, obwohl er sich bereit erklärt hatte, eine Aussage zu machen. Der Fiat Uno sollte, wie Michael Cole es formulierte, zum »verdeckten Zentrum« der Affäre werden.

Die französische Polizei sah sich mit widersprüchlichen Aussagen konfrontiert – einige wurden direkt nach dem Unfall unmittelbar vor Ort gemacht. Daher war es wichtig, alle anderen Spuren zu sichern, um konkrete Anhaltspunkte zur Überprüfung der Zeugenaussagen zu haben.

Mehr Übereinstimmung herrschte bezüglich der Geräusche vor und während des Aufpralls. Viele Zeugen sagten, sie hätten ein lautes Geräusch gehört, als der Wagen in den Tunnel einfuhr, und danach sei der Krach von zwei Zusammenstößen zu hören gewesen – der erste offenbar ein kleinerer Blechschaden und der zweite von dem tödlichen Aufprall. Vor dem eigentlichen Aufprall habe er das Quietschen von Reifen gehört und dann den Krach des kleineren Zusammenstoßes, so der Zeuge Benoit. Damit bleiben zwei Fragen offen: Hat der Wagen gebremst und worum handelte es sich bei dem ersten, kleineren Zusammenstoß?

Eine Stunde nachdem der Mercedes verunglückt war, herrschte am Unfallort im Alma-Tunnel eine gespenstische Stimmung. Die Blinklichter der Notdienstfahrzeuge rotierten überall. Rote und gelbe Lichter blinkten an allen Ecken. Die Sauerstoffversorgung eines Notarztwagens produzierte eigenartige Geräusche. Ein Mann sprach aufgeregt in sein Handy. Teile des Mercedes waren überall verstreut. Dodi lag auf der Straße, sein Tod wurde um 1.20 Uhr festgestellt. Feuerwehrmänner entfernten das Dach des Wagens, damit man Trevor Rees-Jones aus dem Inneren herausholen konnte. Seine Verletzungen waren schrecklich.

Dreißig Minuten nach den Ereignissen wurde die Nachricht

von dem Unfall verbreitet. Wir sprachen mit einem der ersten Journalisten – einer Journalistin –, die zum Unfallort beordert worden waren. Radio France International hält immer einen Journalisten im Bereitschaftsdienst. In dieser Nacht hatte eine kleine, gut aussehende Frau namens Anne Corpet Dienst. »Ich war ein bisschen beschwipst, da ich gerade mit meinem Mann von einer Dinnerparty kam. Ich war nicht sehr erfreut, als mich mein Redaktionsleiter anrief und mir sagte, im Alma-Tunnel habe es einen Unfall gegeben.« Es war nicht die Art von Geschichten, für die sie sich interessierte. »Ich wollte nach Hause und schlafen.« Es dauerte dann noch zwölf Stunden, bis sie ins Bett kam.

Anne kam um 1.45 Uhr zum Alma-Tunnel. »Der Tunnel war bereits von der Polizei abgesperrt worden, und die Toten waren schon abtransportiert. Wir durften nicht hinein. Aber wir warteten, weil wir das Auto sehen wollten.«

Es waren weniger Journalisten vor Ort, als man erwartet hätte. Sie zählte etwa zehn französische Reporter. »Ich sah einen Kollegen von France Inter mit einem weiten grünen Hemd. Ich glaube, er war auch von einem Abendessen weggeholt worden. Auch ein paar ausländische Journalisten waren anwesend.« Sie war nicht die einzige Pressevertreterin, die unvorbereitet ankam. »Viele hatten ihre Notizblöcke vergessen.« Einige waren ebenfalls nicht mehr ganz nüchtern.

Die Presse vor Ort hatte nicht die Absicht, den Paparazzi die Schuld zuzuschieben. »Wir glaubten nicht, dass sie zu dicht aufgefahren waren und damit den Unfall verursacht hatten. Und später waren wir gern bereit, Henri Paul für schuldig zu halten, aus« – wie sie zugab – »Gründen beruflicher Solidarität.« Das ganze Ereignis wirkte »durch und durch irrational«, fügte sie hinzu. Ein Star wie Diana konnte nicht einfach bei einem Verkehrsunfall ums Leben kommen. »Wir wussten, es musste ein Schuldiger gefunden werden.«

Die Pressevertreter mussten hinter den von der Polizei um 1.15 Uhr aufgestellten Absperrungen warten. »Wir konnten niemanden vor Ort interviewen, und keiner hat den Unfall unmittelbar gesehen. Wir konnten sehen, wie die Polizei arbeitete. Irgendein hohes Tier war in dem Tunnel, aber die Polizei wollte nicht mit uns sprechen. Sie gaben uns keine Information. Sie waren sehr angespannt, verärgert, der Tod einer so berühmten Person im Tunnel passte ihnen nicht. Es war klar, dass hier etwas vorgefallen war, was nur Schwierigkeiten bereiten würde.«

Anne suchte nach Augenzeugen und fand schließlich »den Besitzer eines Restaurants, der etwas gehört hatte, und so haben wir ihn ein bisschen interviewt«.

Da es niemandem von der Presse gelang, mit der Polizei zu sprechen, übersah man eine bemerkenswerte Tatsache. Es gehört zur Routine polizeilicher Ermittlung, vor Ort die Spurensicherung einzusetzen und eine erste Untersuchung des betroffenen Fahrzeugs durchzuführen. Aber die drei Experten der Pariser Polizei, die auf solche Autounfälle spezialisiert sind, waren in dieser Nacht nicht verfügbar. Irgendjemand beschloss dann, den Mercedes schnellstens vom Unfallort abtransportieren zu lassen.

Ohne Zweifel standen die Streifenpolizisten und auch die höheren Polizeibeamten unter starker Spannung. Während ihrer Inhaftierung sagte man den Fotografen, dass man gegen sie ein Ermittlungsverfahren einleiten würde, sollten sie irgendetwas über die Ereignisse dieser Nacht erzählen. Zwei der Anwälte der Fotografen – William Bourdon und

Virginie Bardet – bestätigten später ihre Entrüstung über die Art und Weise, wie ihre Klienten als gewöhnliche Kriminelle behandelt wurden. Jean Ker, ein investigativer Reporter von *Paris Match*, dessen Sohn David sich vom Unfallort entfernt hatte und später verhaftet wurde, erzählte mir, wie schmerzlich diese Erfahrung war. Patrick Chauvel, ein anerkannter französischer Kriegsfotograf, der viele der Paparazzi gut kennt, berichtete, ohne Namen zu nennen, von einem Betroffenen, der nach diesen Ereignissen nie wieder seine Gemütsruhe fand. Die Rundfunkreporterin Anne Corbet meinte, dass viele der Fotografen durch die Ereignisse dieser Nacht »traumatisiert« waren.

Aussagen von Augenzeugen und die Aufzeichnungen

Es gehört zu den Routineprozeduren bei der Untersuchung von Unfällen im Straßenverkehr, die beteiligten Fahrzeuge zu untersuchen und eine Liste der bei den Verwundeten und Toten gefundenen Gegenstände zu erstellen. Während der Dreharbeiten zu unseren beiden Filmen hatten wir Zugang zu den 27 Bänden an Beweismaterial, die von der französischen Untersuchungskommission unter Herve Stephan verfasst wurden. Diese Berichte enthalten detaillierte Auflistungen darüber, was am Unfallort und am Körper der beteiligten Personen gefunden wurde.

Der bemerkenswerteste Fund bei Henri Paul war eine relativ große Summe Geldes – 12 560 französische Franc, das entspricht etwa 1900 Euro. Es empfiehlt sich, diese relativ große Menge an Bargeld im Kontext von Henri Pauls

Verbindungen zum Geheimdienst zu beleuchten. Richard Tomlinson, ehemaliger Mitarbeiter des britischen Geheimdiensts M 16, vermutet, dass Henri Paul gerade von einem Treffen mit einem Geheimdienstoffizier gekommen war, von dem er das Geld erhalten hatte. »Die Summe entspricht dem, was man typischerweise einem Informanten zahlt«, erzählte mir Tomlinson. Al Fayed stellte mir die rhetorische Frage, woher jemand wie Henri Paul wohl dieses Geld bekommen könnte.

Bei Prinzessin Diana fand man eine Halskette mit sechs Reihen weißer Perlen, eine goldene Uhr, besetzt mit weißen Steinen, und einen goldenen Ring. Als man sie aus dem Wagen hob, trug sie nur einen ihrer goldenen Ohrringe. Wie oberflächlich bei der Untersuchung des Fahrzeugs vor Ort vorgegangen wurde, zeigt die Tatsache, dass der zweite Ohrring erst Wochen später gefunden wurde. Er lag keineswegs an einem unzugänglichen Platz, sondern war unter das Armaturenbrett des Wagens gerutscht.

Überraschender sind die Aussagen, die sich in dem Bericht über Dodi finden, besonders wenn man berücksichtigt, dass man ihn noch neunzig Minuten vor seinem Tod mit seinem Handy telefonieren sah. Dodi wurde gelegentlich als jemand beschrieben, der »dauernd an seinem Handy klebte«. Er hatte 1000 Franc (etwa 152 Euro) bei sich, aber sonst absolut nichts. Keine Papiere, keine Brieftasche, nicht einmal ein Feuerzeug; und es wurde sicherlich kein Handy bei ihm gefunden.

Als ich Mohamed Al Fayed auf das fehlende Handy ansprach, wischte er diese Frage als vollkommen nebensächlich vom Tisch. Er wedelte dramatisch mit seinen Armen. Er bestand darauf, dass einer der Fotografen es gestohlen habe. Romuald Rat war in seinen Augen ein wahrscheinlicher Kandidat für den Diebstahl. Das ist ein sehr ernster Vorwurf. Rat hätte das Handy einem Sterbenden in der Zeit zwischen 0.26 Uhr und spätestens 0.28 Uhr stehlen müssen. Ab diesem Zeitpunkt kümmerten sich Dr. Mailliez und Dominique Dalby um die Verletzten in dem Auto. Bizzarerweise sagte der Sprecher von Al Fayed, Chester Stern, als ich die Geschichte mit dem verschwundenen Handy in der überarbeiteten Version meines Films erwähnte, das Gerät sei wieder aufgetaucht. Er sagte mir, irgendwann im Jahr 2002 oder 2003 habe man es wieder bekommen. Aber er wollte sich nicht dazu äußern, wo es herkam oder welche Nachrichten auf dem Handy waren.

Der Abtransport des Autos

Die Leichen von Henri Paul und Dodi Al Fayed wurden gegen 1.20 Uhr abtransportiert. Prinzessin Diana war vor 1.15 Uhr im Notarztwagen, aber es ist schwer, den exakten Zeitpunkt zu bestimmen, zu dem sie aus dem Mercedes befreit wurde. Trevor Rees-Jones wurde schließlich um 2.10 Uhr aus den Trümmern des Wagens geholt und ins Krankenhaus gebracht.

Bald danach kamen Automechaniker und bereiteten den Mercedes für den Abtransport vor. Das Fahrzeug wurde auf einen Abschleppwagen gehievt, wie er für das Abschleppen von Parksündern verwendet wird. Anne Corpet von Radio France International sagte: »Das Auto wurde gegen 3.00 Uhr morgens abtransportiert. Wir waren sehr erstaunt, als wir sahen, wie es schließlich weggebracht wurde. Die Front

des Mercedes war eingedrückt. Das Wrack war in einem Zustand, so sagten wir uns, der darauf schließen ließ, dass es wahrscheinlich Tote gegeben hatte.« Als sie das Auto sah, hatte es natürlich kein Dach mehr.
Hunderte von Touristen strömten zu dem Platz oberhalb des Alma-Tunnels. Die Cafés blieben länger offen als sonst. Der Abschleppwagen entfernte sich aus dem Licht der Suchscheinwerfer, aber die Menge blieb weiter da.

Viele Untersuchungen

Man kann die Ereignisse der kommenden Monate nicht verstehen, ohne die Komplexitäten des französischen Polizei- und Justizsystems zu kennen. Es gibt zwei unterschiedliche Polizeiorganisationen, die zwei verschiedenen Ministerien unterstehen. In Großbritannien beispielsweise ist es einfacher. Hier unterstehen alle Polizeikräfte dem Innenministerium, ebenso wie der Geheimdienst MI 5, der für die innere Sicherheit zuständig ist. Gendarmen sind die am deutlichsten sichtbaren Polizeikräfte in Frankreich. Aber bei diesen uniformierten Männern und Frauen handelt es sich nicht um das Pendant zu unseren »Schutzmännern«. Im Wesentlichen sind sie militärisch organisierte Polizeioffiziere, die dem Verteidigungsministerium unterstehen.
Die Pariser Verkehrspolizei ist ein Teil der Gendarmerie, begreift sich aber als eine eigenständige Gruppe, mit eigener Identität und eigenen Problemen. Patrick Chauvel, der Kriegsberichterstatter, der im Jahr 2000 einen Film über diese Truppe drehte, meint, sie fühlten sich oft isoliert. Viele beschweren sich über den Stress, den es mit sich bringt,

wenn man tagein, tagaus Leichen fotografieren und wegschaffen muss. Chauvel erzählte mir, er sei erstaunt gewesen, wie grausam die Bilder waren, die diese Polizisten von den Leichen angefertigt hatten. Für ihn waren die Aufnahmen ein Beleg dafür, dass diese Tätigkeit zu inneren Verhärtungen führt.

Die Eliteeinheiten der französischen Polizei aber unterstehen nicht dem Verteidigungs-, sondern dem Innenministerium. Eine Truppe ist die so genannte Police Judiciaire, die unter anderem über das charmante »zentrale Büro zur Bekämpfung des Banditenwesens« verfügt. Georges Simenons Detektivfigur Maigret war einer der Chefinspektoren dieser Police Judiciaire. Der Zusatz »Judiciaire« verweist darauf, dass die Beamten in das juristische Verfahren eingebunden sind.

Es gibt außerhalb von Paris etwa 7400 Beamte der Police Judiciaire, in Paris etwa 3400. Die Police Judiciaire betreibt ferner einige der zentralen Dienste, die eine moderne Polizei benötigt, darunter die fünf kriminaltechnischen Labore in Paris, Lille, Lyon, Marseille und Toulouse. Die gesamte forensische Untersuchung nach dem Unfall fand durch die Police Judiciaire statt.

Innerhalb der Police Judiciaire wiederum ist die Brigade Criminelle für die Untersuchung schwerer Verbrechen zuständig. Martine Monteil war die Leiterin der Brigade, sie war die erste Frau, die in eine derart hochkarätige Position innerhalb der Polizei gelangte.

Die für die innere Sicherheit in Frankreich zuständigen Behörden sind das Directoire de la Securité du Territoire und die Direction Centrale de la Police Judiciaire. In der französischen Geschichte nannte man Directoire jene, die für die Kontrolle von Paris verantwortlich waren und sich dabei häufig der Dienste von Spitzeln bedienten. Wie die MI 5, die von der Metropolitan Police zur Bekämpfung des irischen Terrorismus im 19. Jahrhundert gegründet wurde, ist die DST für die innere Sicherheit zuständig.

Aber es gibt noch eine weitere Truppe, die weder dem Innen- noch dem Verteidigungsministerium untersteht. Die Renseignements-Généraux ist möglicherweise der kurioseste Teil der französischen Sicherheitskräfte. Sie wurden nach dem Krieg von de Gaulle gegründet, der wissen wollte, was das Volk in Frankreich denkt; und diese Behörde ist besetzt mit einer Mischung aus Angehörigen des französischen Pendants der britischen Oxbridge-Elite und Figuren, wie sie in England beim MI 5 arbeiten. Etwa 1500 Beamte sind hier tätig. Die meisten von ihnen verfügen über eine erstklassige akademische Ausbildung. Sie führen Untersuchungen durch und schreiben Berichte, die im Wesentlichen so etwas wie Positionspapiere sind – diese werden *papiers blancs* genannt, sie berichten nicht über die Ergebnisse der Untersuchung, sondern sind eher spekulativer Natur. Diese Papiere gehen an den Premierminister. Niemand hat je zugegeben, dass die Renseignements über den Unfall ihre eigene Untersuchung durchgeführt haben. Wie sich später zeigen wird, führte man eine solche Untersuchung durch und hatte einen eigenen Verdacht. Das fand ich heraus, als ich einen Beamten dieser Behörde interviewte.

Bei der Beteiligung von derart vielen Behörden in einem der hochkarätigsten Ermittlungsverfahren, die je in Frankreich durchgeführt wurden, konnten Kompetenzstreitigkeiten nicht ausbleiben. Es gab eine Person, deren Aufgabe darin bestand, solche Zwistigkeiten zu vermeiden, indem sie alle Aspekte der Ermittlungen kontrollierte.

Der Untersuchungsrichter

Der Innenminister Jean-Pierre Chevenement ernannte den Untersuchungsrichter Herve Stephan zum Leiter des Ermittlungsverfahrens. Sein offizieller Titel ist der eines *juge d'instruction.* Herve Stephan wurde an dem besagten Abend nicht zum Tunnel bestellt, allerdings war er an diesem Abend auch nicht für den »Notdienst« der Untersuchungsrichter eingeteilt. Marie-Christine Devidal war die zuständige Richterin zur Zeit des Unfalls. Doch war die französische Regierung der Meinung, dass ein solcher Fall von einer Person bearbeitet werden sollte, die nicht nur über einschlägige juristische Kenntnisse verfügte. Herve Stephan hatte bereits früher während seiner Laufbahn einen sensiblen hochkarätigen Fall bearbeitet. Er wurde 1997 von Jacques Chirac, der damals unter Staatspräsident François Mitterrand Premierminister war, nach Syrien geschickt. Stephans Aufgabe war es gewesen, herauszufinden, ob es sich bei einer Leiche um den bekannten Terroristenführer Georges Haddad handelte. Stephan folgte Chiracs Vorstellungen, kam mit dem syrischen Präsidenten Assad überein, dass dieser ihm Zugang zu den Unterlagen der Polizei gewährte und er eine bestimmte Wohnung in Damaskus durchsuchen lassen durfte. Stephan war mit anderen Worten nicht der typische Richter, sondern ein Mann, dem man hoch vertrauliche Staatsgeschäfte im Auftrag des französischen Premierministers anvertrauen konnte. Im August 1997 war der damalige Premierminister französischer Staatspräsident geworden.

Obwohl Marie-Christine Devidal weiterhin mit den Ermittlungen befasst war, wurde Herve Stephan zum eigentlich verantwortlichen Untersuchungsrichter. In dieser Rolle legte er fest, welche Spuren die Police Judiciaire verfolgen sollte und welche nicht. Es wurde nie geklärt, in welchem Ausmaß Herve Stephan und Marie-Christine Devidal sowohl die offiziellen als auch die halboffiziellen Untersuchungen kontrollierten. In dieser Nacht wurden vier verschiedene Ermittlungsverfahren eingeleitet. Erstens gab es die klassische Routineermittlung der Verkehrspolizei, die sich mit dem tödlichen Autounfall beschäftigte. Das war eine Aufgabe für die Gendarmerie. Zweitens begann Madame Monteil, die Leiterin der Brigade Criminelle, ihre Ermittlungen. Damit wurden die Vorfälle als ein möglicher Attentatsversuch behandelt. Theoretisch leitete der Untersuchungsrichter diese beiden Ermittlungsverfahren. Zum dritten gab es eine Untersuchung durch das Directoire de la Securité du Territoire, dem französischen Geheimdienst für innere Sicherheit. Normalerweise wäre hierfür ein Untersuchungsrichter nicht zuständig, auch wüsste er nicht allzu viel darüber. Aber bei dem Hintergrund von Stephan kann man vermuten, dass hier mehr als die üblichen Kontakte zu den französischen Sicherheitsdiensten vorhanden waren. Schließlich gab es noch eine gesonderte Untersuchung durch die Renseignements-Généraux.

Üblicherweise berichtet ein *juge d'instruction* an den *procureur*, den öffentlichen Ankläger in seinem Zuständigkeitsbereich. Zweifelsohne berichtete Stephan an den französischen Generalstaatsanwalt. Allerdings erfuhr ich von einer meiner Kontaktpersonen bei der Polizei, dass dies nicht die einzige Art der Überwachung von Stephan war. Man erzählte mir, der Innenminister habe eine weitere Person für die fortlaufende Beobachtung dieser Untersuchung abgeordnet.

Aber nicht nur in Frankreich wurden Ermittlungen durchgeführt. Die Telefonate von Dianas Handy wurden spätestens seit der so genannten Squidgygate-Affäre überwacht, als sie sich bei ihrem Freund James Gilbey über die königliche Firma beschwerte und er anbot, sich um Squidgy zu kümmern. Dieses Gespräch war versehentlich mitgehört worden, was nie ganz glaubwürdig klang und mehr als ein glücklicher Zufall gewesen sein muss. Anthony Holden sagte, er sei sich sicher, dass der britische Geheimdienst sie abhörte.

Nach dem Unfall scheinen die britischen und amerikanischen Geheimdienste eigene Untersuchungen eingeleitet zu haben. Ein Hinweis darauf ist die Behauptung eines französischen Experten für Kriminaltechnik, der sagte, er sei bei seiner Arbeit durch, wie er es nannte »parallel laufende Untersuchungen« behindert worden. Weder die britische noch die amerikanische Regierung haben derartige Aktivitäten jemals eingestanden.

Die Trauernden

Um 1.10 Uhr nahm Mohamed Al Fayed einen zweiten Anruf von einem Angehörigen der britischen Botschaft entgegen. Man sagte ihm, sein Sohn sei schwer verletzt und es bestehe die Gefahr, dass er an seinen Verletzungen sterben könne. Al Fayed wartete immer noch auf seinen Hubschrauber.

Einer der wichtigen Mitarbeiter von Harrods, der benachrichtigt wurde, war John MacNamara. Er war nach 26 Jahren in den Diensten von Scotland Yard, wo er es bis zum

Chief Superintendent gebracht hatte, als Leiter des firmeneigenen Sicherheitsdienstes zu Harrods gegangen. Er hatte an vielen Mord- und Betrugsfällen gearbeitet. McNamara kuscht nicht vor Mohamed, der bei Harrods oft als »The Chairman« bezeichnet wird. Mehr als einmal sah ich die beiden zusammen, und McNamara unterbrach Al Fayed, um ihn zu korrigieren oder zusätzliche Informationen beizusteuern. Es war nicht zu vermeiden, dass McNamara immer Vergleiche zog zwischen der Art und Weise, wie die Franzosen vorgingen, und der Methode, mit der Scotland Yard in solch einem Fall die Ermittlungen geführt hätte.

»Zum ersten Mal hörte ich kurz nach Mitternacht davon, als ich erfuhr, dass Dodi tot war«, erzählte mir MacNamara im Konferenzzimmer von Harrods. »Über Nacht nahmen die Ereignisse ein Eigenleben an. Am nächsten Morgen kam ich zu Harrods, um die Vorbereitungen für die Überführung von Dodis Leichnam zu treffen; und wir gingen davon aus, dass es sich um einen tragischen Verkehrsunfall handelte.«

Es gab einen Punkt, den MacNamara kritisierte. Der Mercedes hätte vom Ritz nicht ohne Begleitfahrzeug losfahren dürfen. Das verstieß gegen die Regeln, die er aufgestellt hatte und die sich an den Methoden der königlichen Schutztruppe orientierten.

Um 2.00 Uhr rief der britische Botschafter Sir Robert Janvrin den damaligen Privatsekretär der Königin an. Sir Robert informierte Prinz Charles in Balmoral. Charles erzählte es sofort der Königin, aber beschloss, seine Kinder nicht zu wecken. Zu diesem Zeitpunkt hieß es lediglich, Diana sei verletzt.

Um 3.45 Uhr landete Mohamed Al Fayed auf dem Flughafen Le Bourget. Jetzt wusste er, dass sein Sohn tot und ins

Leichenhaus gebracht worden war. Diana lebte noch, und so machte er sich auf den Weg zum Krankenhaus Salpêtrière. Jeder, der Al Fayed im Krankenhaus sah, war erstaunt über die Würde, mit der er auftrat. »Er hatte die Würde eines großen Herrn«, sagte ein Zeuge. Al Fayed sprach mit dem britischen Botschafter. Es ist nach wie vor heftig umstritten, ob ihm eine Krankenschwester Dianas letzte Worte übermittelte, die angeblich lauteten: »Sag meiner Schwester, sie soll sich um die Kinder kümmern.« Aber Al Fayed hat Diana mit Sicherheit nicht gesehen. Er war kein Familienmitglied, und er war selbst von einer großen Katastrophe betroffen; er musste den Tod des eigenen Kindes verarbeiten.

Aufräumen im Tunnel

Es wäre vernünftig gewesen und hätte dem normalen Vorgehen in solch einem Fall entsprochen, wenn der Tunnel bis zur Sicherung aller möglichen Beweise geschlossen geblieben wäre.

Aber etwa eine Stunde nachdem der Mercedes aus dem Alma-Tunnel abtransportiert worden war, gestattete die Polizei der Propreté de Paris, die mit ihren grünen Fahrzeugen die Fahrbahnen mit Industriereiniger absprühen, den Tunnel zu reinigen. Daher wurde der Mercedes am Unfallort selbst kaum untersucht. Zwei Stunden reichen für eine genaue Untersuchung des Tunnels nicht aus, um sicherzugehen, dass alle Teile, Spuren, Lackreste oder sonstigen Spuren dokumentiert sind. Wie sich zeigen wird, kann man aufgrund dieser Eile nicht sicher sein, dass die Polizei alle

Hinweise, die den Unfall erklären könnten, gesammelt hat, insbesondere Spuren, aus denen hervorgehen könnte, wann der Mercedes bremste. Hier liegt einer der Gründe für die lange Zeit, die verging, bis man zu einer einigermaßen zusammenhängenden Darstellung der Ereignisse im Tunnel kam.

Man kam schließlich zu dem Ergebnis, dass der Mercedes zuerst gegen die rechte Tunnelwand prallte und dann gegen den Pfosten geschleudert wurde. Von dort wurde er zurück in die Mitte der Fahrbahn geschleudert. Die Polizei brauchte allerdings ganze siebzehn Tage, bis sie auf die Idee kam, zu fragen, warum der Wagen gegen die rechte Tunnelwand geprallt war.

Gegen 4.30 Uhr wurde der Tunnel wieder für den Verkehr geöffnet. Für John MacNamara war das erschreckend. »Das Erste, worauf man bei einem größeren Unfall achten muss, ist, dass die Spuren nicht zerstört werden.« Er verglich diesen Fall mit einem größeren Zugunglück. »Bei einem solchen Unglück untersucht man die Wrackteile und die ganze Umgebung und sperrt die Stelle eine Woche ab. Vier Stunden – das ist lächerlich. Überall liefen zudem Touristen herum.« Ich fragte ihn, wie lange man üblicherweise bei einem Großunglück den Unfallort absperrt. MacNamaras Antwort war einfach: »Es gibt kein Zeitlimit in solch einem Fall.«

Ich versuchte, ihn auf einen Zeitraum festzulegen, und fragte ihn, wie lange man in London den Piccadilly-Tunnel in einem derartigen Fall sperren würde? Er meinte: so lange, bis die Beamten sicher wären, alle Spuren untersucht und nichts übersehen zu haben.

Ich fragte ihn auch, ob die Tatsache, dass der Tunnel so schnell wieder geöffnet wurde, als Hinweis darauf zu deuten sei, dass die Polizei etwas zu verbergen habe. »Ich glaube, man kann es niemandem übel nehmen, wenn er mutmaßt, hier sollten Beweismittel zerstört werden. Vielleicht war es auch Unfähigkeit oder eine Mischung aus beidem. Jedenfalls herrschte großes Durcheinander und Verwirrung.«

MacNamara war nicht der Einzige, der sich über die schnelle Freigabe des Tunnels wunderte. Morgens um 7.00 Uhr ging der Leiter des Pariser Büros von *Newsweek*, Christopher Dickey, in den Tunnel hinunter. »Ich dachte, er wäre noch abgesperrt«, sagte er. Aber er wollte zumindest etwas von der Atmosphäre mitbekommen. »Ich war erstaunt, dass der Tunnel wieder für den Verkehr freigegeben worden war. Hier ging es um Diana. Sie war tot. Das war eine große Sache.«

Wenn man die Zeit kalkuliert, die für die Untersuchung des Tunnels zur Verfügung stand, kommt man zu bemerkenswerten Schlussfolgerungen. Bis morgens um 2.10 Uhr war man damit beschäftigt, Trevor Rees-Jones aus dem Wrack herauszuschneiden und ihn vor Ort notärztlich zu versorgen. Während dieser Zeit wäre eine genaue Untersuchung des Unfallorts sehr schwierig gewesen. Nachrichtenbilder zeigen, dass es problematisch war, die Abschleppkrallen an dem Mercedes anzubringen, gegen 3.00 Uhr morgens war der Wagen dann bereit zum Abtransport. Sechzig bis neunzig Minuten später wurde der Tunnel wieder eröffnet. Mit anderen Worten, die französische Polizei nahm sich weniger als neunzig Minuten Zeit für die Spurensuche. Seit 2.30 Uhr waren die Kamerateams der Fernsehstationen am Unfallort, die alles filmten. So gibt es professionelle Aufnahmen von den Automechanikern bei ihrer Arbeit, aber ich habe bei einer detaillierten Auswertung dieses Filmmaterials kein einziges Bild eines Polizeibeamten gesehen, der den Unfallort zentimeterweise absucht, wie man es bei einem solchen Ereignis erwarten würde.

Erst später kam ein weiterer bizarrer Punkt zutage. Ein Polizist, der gar nicht im Dienst war, beteiligte sich an der Suche, weil er helfen wollte. Er fand Bruchstücke eines roten Rücklichts. Diese Splitter wurden am Ende des Tunnels auf einen Haufen gelegt. Siebzehn Tage lang hörte man nichts von dieser möglicherweise viel versprechenden Spur.

Als MacNamara Mohamed Al Fayed von seinen Bedenken berichtete, trafen sie eine Entscheidung, die unvorhersehbare Konsequenzen haben würde. Sie beschlossen, auf eigene Faust zu ermitteln, und heuerten dafür Privatdetektive an. Pierre Ottavioli, ein ehemaliger Leiter der Brigade Criminelle, koordinierte diese Privatermittlungen. Mit 76 Jahren war Ottavioli nicht mehr so fit wie früher. Aber er hatte Michel Kerbois in seinem Team. Kerbois war ein kräftiger Mann in den Fünfzigern und stellte sich als sehr effektiver Ermittler heraus. Beide Männer verstanden sehr gut den politischen Druck, unter dem die Polizei und der Untersuchungsrichter standen. Sie rieten Al Fayed, den Eindruck zu vermeiden, er starte hier eine Art Parallelermittlung; das würde die französischen Behörden sehr verärgern. Die Franzosen hatten allen Grund, sich abwehrend zu verhalten. Heute werden Teile des Mercedes, auf denen die Originalseriennummer zu sehen ist, als Souvenir gehandelt. Man kann wirklich nicht sagen, dass sie den »Tatort ordnungsgemäß abgesperrt« hatten.

3
Die Geschichte der übergangenen Zeugen

Am 31. August um 6.00 Uhr früh war von den vier Insassen des Mercedes nur noch einer am Leben: Trevor Rees-Jones. Er lag bewusstlos im Salpêtrière-Hospital. Rees-Jones erlangte zwar wieder das Bewusstsein, doch er sagte aus, er könne sich an nichts mehr erinnern, was nach der Abfahrt vom Ritz geschehen war. Es ist nicht ungewöhnlich, dass Opfer traumatischer Ereignisse eine so genannte posttraumatische Amnesie erleiden. Studien belegen aber, dass 70 Prozent der Amnesieopfer ihr Gedächtnis wiedererlangen, zumindest teilweise. Trevor Rees-Jones hat indes stets beteuert, sich an nichts mehr erinnern zu können. Sein Gedächtnisverlust wäre umso mehr Grund für die Polizei gewesen, lückenlos sämtliche Zeugenaussagen zu Protokoll zu nehmen.

Die Polizei versäumte es jedoch nicht nur, grundlegende forensische Ermittlungen durchzuführen, sondern unterließ es auch, jeden potenziellen Augenzeugen am Ort des Geschehens zu befragen. Einige Zeugen verließen den Unfallort sogar, ohne ihre Personalien anzugeben. Darunter war auch eine Putzhilfe einer Fotoagentur, die keine Aufenthaltsgenehmigung besaß. Innerhalb von 24 Stunden stellten einige Menschen fest, dass die Pariser Polizei keineswegs so diensteifrig war, wie man erwartet hätte.

Die Erfahrung der Harrods-Leute

John MacNamara kümmerte sich um die Überführung von Dodis Leichnam, der am Montag, dem 1. September, auf dem Brookwood Cemetery in Surrey beigesetzt wurde. Schon am nächsten Tag war MacNamara in Paris. »Zunächst einmal dachte ich, die Polizei würde ins Hotel Ritz kommen und sämtliche Ereignisse rekonstruieren.« Er ging auch davon aus, dass die Polizei so viele Spuren wie möglich würde sichern wollen, doch sie ließ sich über eine Woche lang nicht im Ritz blicken. »Wir hatten damit gerechnet, dass die französische Polizei kommen würde, und hatten alles vorbereitet. Wir hatten sogar die Quittungen von der Bar sichergestellt«, erklärte er mir. Diese Rechnungen sollten möglicherweise belegen, dass Henri Paul getrunken haben musste. Laut MacNamara wurde das Personal angewiesen, mit niemandem, außer der Polizei, über den Unfall zu reden. »Mehr als eine Woche verging, und nichts geschah. Ich setzte mich mit Madame Monteil in Verbindung. Der Chef der Bodyguards, Paul Handley Greaves, Kez Wingfield und ich wurden dann ins Polizeipräsidium gebeten. Man war sehr freundlich«, räumte MacNamara ein, aber »ich musste zweieinhalb Stunden lang auf einem Gang warten. Paul Handley Greaves ließ man zwischen angeketteten Häftlingen sitzen. Das war seine Erfahrung mit der Pariser Polizei.« Den anderen ging es nicht viel besser. »Kez Wingfield, einer der Letzten, mit denen Henri Paul zusammen gewesen war, verbrachte fünf Stunden auf der Polizeiwache und gab dort auch eine Aussage zu Protokoll. Aber in dem Gesamtbericht, den der Richter vorlegte, machte diese Aussage weniger als eine halbe Seite aus. Bis zum heutigen Tag bin ich nicht von der französischen Polizei befragt worden«, fügte MacNamara hinzu.

MacNamara urteilte über die Pariser Polizei: »Meinem Eindruck nach hatte sie nicht die sorgfältigen Ermittlungen angestellt, die man erwartet hätte.« Er zählte mir eine ganze Liste erstaunlicher Versäumnisse auf. »Vor dem Ritz hielten sich unbekannte Personen auf. Wir legten der Polizei Bilder dieser Personen vor, doch sie unternahm nichts, um die Identität dieser Leute festzustellen.«

Im vorigen Kapitel skizzierte ich viele der Unstimmigkeiten und Widersprüche in den Zeugenaussagen, die vor Ort aufgenommen worden waren. Dabei ist klar geworden, dass zahlreiche Zeugen gar nicht richtig befragt wurden. Einige, wie Ker und Chassery, verdrückten sich, ohne mit der Polizei zu reden. Die Polizei befragte auch nicht Gary Hunter, einen Sozius der Londoner Anwaltskanzlei Hepburns. Hunter hörte den Unfall um 0.25 Uhr und eilte an sein Hotelfenster. Er sagte, er habe gesehen, wie ein Wagen aus dem Tunnelausgang zurückfuhr und die Rue Jean Goujon hinaufpreschte. Er behauptete, es hätte ein Fiat Uno oder ein Renault sein können, doch es war dunkel. Zwei weitere Personen wurden von der Polizei nicht ausfindig gemacht – Brenda Wells, die gesehen haben will, dass die Ausfahrt vor dem Alma-Tunnel versperrt war, und eine Frau, die als Putzhilfe bei der Fotoagentur CAPA arbeitete. Sie wollte nichts aussagen, weil sie fürchtete, das würde ihr nur Ärger einbringen.

Außer dieser Putzfrau gab es noch weitere Augenzeugen, die sich jedoch ohne Papiere, das heißt illegal, in Paris aufhielten. Viele von ihnen konnte die Polizei gar nicht aufspüren.

Der Albtraum des Erik Petel

Als ich anfing, mit Francis Gillery zusammenzuarbeiten, bemerkte ich zunächst gar nicht, dass er einen gewissen Hang zum Zwanghaften hatte. Er sichtete stundenlang Material französischer Fernsehsender über Brände im Großraum Paris und verfolgte dabei nur ein einziges Ziel. In einer dieser Reportagen, die zwischen September und Oktober 1997 ausgestrahlt worden waren, hoffte Francis einen ranghohen Polizeibeamten zu entdecken, der zusammen mit dem französischen Innenminister, Jean-Pierre Chevenement, interviewt wurde. Einer der übergangenen Hauptzeugen behauptete nämlich, von einem ranghohen Polizeibeamten eingeschüchtert worden zu sein.

Der mundtot gemachte Hauptzeuge hieß Erik Petel. Er war zum Zeitpunkt des Unfalls 26 Jahre alt. Petel hatte gerade seine Schicht in einem Restaurant nahe der Bastille beendet. Auf einem Motorrad, das er sich erst drei Wochen zuvor gekauft hatte, war er auf dem Weg nach Hause.

Als er die Place de la Concorde passierte, fiel ihm nichts auf. Obwohl es Samstagnacht war, herrschte wenig Verkehr. Petel fuhr zum Alma-Tunnel. Dabei wurde er von dem Mercedes überholt. Der Wagen fuhr schnell. Von Paparazzi wurde er nicht verfolgt. Petel beteuerte, von keinem anderen Wagen oder von Motorrädern überholt worden zu sein. Allerdings bemerkte er, dass aus dem Tunnel Zeichen per Lichthupe gegeben wurden. Mit solchen Zeichen warnen französische Autofahrer normalerweise entgegenkommende Fahrzeuge. Am Tunneleingang befand sich bekanntlich eine Radarkamera, und der Mercedes fuhr eindeutig schneller als die erlaubten 50 Stundenkilometer.

Vor dem Tunnel, in den der Mercedes gefahren war, fällt die Straße leicht ab und macht eine Linkskurve. »Ich war schon in der Kurve«, berichtete Petel, »da hörte ich plötzlich eine Implosion. Ich dachte, mein Auspuff ist verreckt«, erklärte er.

Petel war beunruhigt und abgelenkt durch das Geräusch, das er bis zum heutigen Tag als »Implosion« bezeichnet. Weil er sofort dachte, mit seinem neuen Motorrad sei etwas nicht in Ordnung, blickte er auf seine Armaturen, um zu sehen, woran es liegen könne. Ich halte diese Schilderung für äußerst interessant, denn sie deutet auf ein mechanisches Geräusch in einem Fahrzeug hin. Auf diesen Umstand werde ich im letzten Kapitel noch einmal zurückkommen. Ein paar Sekunden später – Petel konnte nicht genau sagen, wie viele Sekunden es waren – hörte er einen ohrenbetäubenden Lärm. Der Mercedes war gegen den Pfeiler geknallt.

Auch viele der Zeugen, die sich außerhalb des Tunnels befanden, äußerten sich erstaunt darüber, wie laut der Aufprall gewesen sei. Petel war fast starr vor Schreck. »Der Lärm kam von vorn und von hinten und war so laut, dass man gar nicht genau sagen konnte, woher er kam.« Als der Mercedes gegen den Pfeiler krachte, ging die Hupe los.

Petel bremste. Als er sich dem dreizehnten Pfeiler näherte, sah er den Mercedes, der noch schlitterte. Das Wrack rutschte langsam weiter und blieb schließlich – mit den Scheinwerfern nach hinten – in seiner Endposition stehen. Petel hielt an, stellte sein Motorrad an der Tunnelwand ab und stieg ab. Er konnte nicht mit Sicherheit sagen, ob sich andere Fahrzeuge an dem Wrack vorbeiquetschten und den Tunnel passierten.

Aus dem Mercedes kam Rauch. Petel beteuerte, er sei als

Erster an der Unfallstelle gewesen und habe versucht, die vordere Tür zu öffnen. Sie war jedoch verklemmt. Er sah, wie sich im Inneren etwas rührte. Also versuchte er es an der hinteren Tür. Er schilderte ganz genau, was dann geschah. »Ich bekam die Person auf dem Rücksitz zu fassen. Sie war gegen den Vordersitz geprallt und war vornübergebeugt. Ich rückte sie langsam zurück. In dem Augenblick plumpste ihr Kopf nach hinten.« Petel warf seinen Kopf zurück, um zu demonstrieren, wie der Kopf der Insassin nach hinten gesunken war. »Ich sah Blut aus ihrem Ohr und ihrer Nase fließen. Und dann ...« Er hielt inne und fuhr mit einer seltsamen Formulierung fort. *»C'est marrant ...«*, sagte er. *Marrant* bedeutet »komisch«, »ulkig«. Dieses Wort würde man im Zusammenhang mit einer Tragödie normalerweise nicht verwenden. »Mir wurde klar, dass ich diese Person kannte«, erklärte er.

In der Beschreibung von Dianas Haltung in dem Mercedes gehen die Aussagen der Augenzeugen etwas auseinander, doch ein Indiz erhärtet Petels Darstellung. Romuald Rat sagte aus, er sei an die hintere Tür des Wagens gegangen, nachdem er ein paar Fotos gemacht hatte. Er berichtete, Dianas »Kopf war leicht zurückgelehnt«. Das ist genau die Haltung, die auch Petel demonstrierte. Die Polizei hätte in der Lage sein müssen, diese beiden Aussagen zu vergleichen – Aussagen, die dafür sprechen, dass Petel ein äußerst glaubwürdiger Zeuge war.

Petels erste Reaktion war ganz verständlich. Eigentlich hätte er Hilfe rufen müssen. Er konnte nicht genau sagen, wie lange er sich in dem Wagen umsah. Der Knall des Aufpralls hatte ihn völlig desorientiert, und die Hupe schallte immer noch. Wäre Petel übermenschlich gefasst gewesen, hätte er sich vielleicht klar gemacht, dass es logischer wäre, jemanden mit einem Mobiltelefon zu suchen und die Polizei zu rufen. Petel beteuerte, dass er nicht auf diesen Gedanken gekommen sei. Das Bild des Unfalls habe ihn vollkommen aus der Fassung gebracht. Er bemerkte niemanden in der Nähe.

Unter den Aufnahmen, die am Unfallort gemacht wurden, befindet sich das Foto eines Mannes, der neben dem Autowrack steht. Ich habe dieses Foto nicht zu sehen bekommen, doch es scheint sich wohl um Petel zu handeln. Dies ist wichtig, denn einige Anhänger der Verschwörungstheorie messen dem Bild große Bedeutung bei und spekulieren, dass es sich bei dem Mann um einen finsteren Geheimagenten handelte.

Noch im Schock, setzte sich Petel auf sein Motorrad und fuhr, entgegen der Fahrtrichtung, aus dem Tunnel, zurück zur Place de l'Alma. Er steuerte auf eine Telefonzelle zu, stieg ab und rief den Notdienst an. Er wollte einfach die Polizei verständigen und dann nach Hause fahren, sobald er sicher sein konnte, dass ein Rettungswagen unterwegs war. Wie wir sehen werden, löste dieser Anruf eine regelrechte Farce aus. »Ich war ganz außer mir«, gestand Petel, doch mit der Reaktion der Notrufzentrale hatte er nicht gerechnet. Der Telefonist nahm ihn gar nicht ernst, besonders als Petel erwähnte, Prinzessin Diana sei in den Unfall verwickelt.

Also beschloss Petel, persönlich zur nächsten Polizeiwache zu fahren. Er kannte sich in der Gegend aus, weil er einmal dort gewohnt hatte, und suchte die Polizeidienststelle an der Avenue Mozart auf.

Auch auf dem Revier reagierte man nicht so, wie es Petel

erwartet hatte. »Ich erklärte dem Dienst habenden Beamten, was geschehen war, doch er reagierte gar nicht. Ich sagte: ›Sie müssen den Notdienst verständigen, da sind Verletzte, tun Sie etwas!‹« Stattdessen wurde er wie ein Idiot behandelt. Der Grund dafür ist vielleicht ganz einfach. Die Polizei ist es gewohnt, dass in der Seinemetropole, wie in jeder anderen Großstadt auch, Samstagnacht Betrunkene und Verrückte Ärger machen. Die Behauptung, die Prinzessin von Wales liege verletzt in einem Pariser Straßentunnel, klang wie ein übler Scherz. Als der Diensthabende dem Zeugen keine Aufmerksamkeit schenkte, rastete dieser aus.
Petel verlor die Beherrschung und tat etwas Unvernünftiges. »Ich warf einen Stapel Akten um, damit sie mir überhaupt Aufmerksamkeit schenkten. Daraufhin holte der Beamte Leute, die mich beruhigen sollten. Doch je mehr sie mich beruhigen wollten, desto aufgebrachter wurde ich.«
Die Polizisten verloren schließlich die Geduld und legten Petel Handschellen an. »Dann steckten sie mich in ein Büro und ließen mich warten.« Er räumte ein, dass er nicht genau sagen kann, wie lange er wartete. Vielleicht eine halbe, vielleicht eine Dreiviertelstunde. Dann geschah etwas höchst Sonderbares.
Polizisten kamen und teilten Petel mit, er müsse auf dem Pariser Polizeipräsidium vernommen werden. Petel bekam Angst. Als ganz junger Mann hatte er es wegen eines Betrugsdelikts einmal mit der Polizei zu tun bekommen. Er sagte, wenn er zum Polizeipräsidium müsse, werde er selbst fahren, denn er wolle auf keinen Fall sein Motorrad zurücklassen. Seltsamerweise kam man seinem Wunsch nach. Dies war gewiss sonderbar, wenn er tatsächlich so hysterisch war, dass man ihm Handschellen anlegen musste. Anderer-

seits wurde die ganze Angelegenheit nicht sonderlich logisch gehandhabt.

Gegen 2.00 Uhr stieg Erik Petel also wieder auf sein Motorrad und fuhr mit Eskorte zum Präsidium. »Ich hatte einen Streifenwagen vor mir, einen hinter mir und zwei Motorradfahrer neben mir. Inzwischen war mir ganz bange, weil ich dachte, die werden mir den Unfall anhängen wollen« – bloß weil er sich einmal etwas hatte zuschulden kommen lassen. Während er mit Begleitschutz durch die nächtlichen Straßen fuhr, wäre er am liebsten getürmt. »Ich hätte mich aus dem Staub gemacht, wenn ich gekonnt hätte.«

»Als wir ankamen, wurden wir bereits erwartet«, berichtete Petel. Man hatte ihn zum Präsidium am Quai de L'Horloge gebracht, einem Gebäude, zu dem die Öffentlichkeit selten Zutritt hat. Die Tatsache, dass Petel das Innere genau beschreiben konnte, ist nicht unerheblich. »Sie fassten mich an den Armen, und wir gingen in den ersten Stock ... vielleicht war es auch der zweite«, fügte er hinzu. Er betonte, dass man ihm nicht mit Brutalität begegnete.

Petel ist starker Raucher und ärgerte sich mächtig, weil er nicht rauchen durfte, während er wartete. Auch diesmal konnte er nicht genau sagen, wie lange er warten musste – eine viertel oder eine halbe Stunde. Endlich kam ein Inspektor, der seine Aussage zu Protokoll nahm und dann wieder ging. Dann kam ein zweiter Inspektor, der Petel befragte. Die Polizei wirkte beunruhigt über seine Schilderung einer Implosion.

»Sie kamen immer wieder auf das erste Geräusch zurück. Sie behaupteten, so könne es nicht gewesen sein.« Die Polizei wollte nicht unbedingt eine eigene Theorie vorbringen, doch sie verwarf Petels Schilderung des ersten Geräuschs –

so etwas wie eine Implosion sei unmöglich. »Sie redeten mit mir, als wäre ich gar nicht dort gewesen«, klagte Petel. Obwohl er ziemlich mitgenommen war, hielt er an seiner Schilderung der Implosion fest und betonte, dass keine Paparazzi hinter dem Wagen her waren. Die weitere Entwicklung deutet stark darauf hin, dass die Polizei von dieser Version nichts wissen wollte.

Es kamen weitere Inspektoren, und Petel wiederholte seine Aussage. Dann geschah etwas, was ihn bis zum heutigen Tag beunruhigt.

»Die Tür hinter mir stand offen«, erklärte er. »Ein ranghoher Beamter trat ein und sagte, es wäre am besten, wenn ich mich bedeckt hielte. Es klang wie eine Drohung. Mehr sagte er nicht. Damals wusste ich nicht, wer er war.«

Petel hatte den Eindruck, man habe ihn einschüchtern wollen. Trotzdem hatte er das Gefühl, dem ranghohen Beamten dankbar sein zu müssen, denn »er gab umgehend Anweisung, mich freizulassen. Ich zögerte nicht lange und machte mich aus dem Staub.« Inzwischen war es fast 6.00 Uhr.

Petel fuhr nach Hause. Er war völlig erledigt. Trotzdem rief er seinen Vater an, der als Geschäftsmann im Ausland lebte und sich große Sorgen um seinen Sohn machte. Petel senior nahm sofort Kontakt mit seinem Anwalt, Antoine Desguines auf. Desguines, ein großer, etwas hämischer Mann, war in Urlaub und wollte nicht unbedingt nach Paris zurückkehren, doch er erkannte, dass es sich um eine wichtige Angelegenheit handelte, und brach seinen Urlaub ab.

»Ich tat, was der Offizier mir befohlen hatte«, sagte Petel. Damit wäre die Sache erledigt gewesen, doch ein paar Wochen später sah er in den Fernsehnachrichten eine Meldung über einen Polizisten, der bei einem Brand ums Leben gekommen war. Ranghohe Beamte erläuterten den Vorfall und würdigten den Mut der Polizei. Unter den Würdenträgern war der französische Innenminister und ein weiterer Mann. »Ich erkannte ihn«, erklärte Petel. Es war der ranghohe Polizeibeamte, der ihm geraten hatte, sich bedeckt zu halten. Petel erkannte in dem Augenblick, dass der Beamte einen Posten innehatte, auf den ihn der Präsident der Republik berufen haben musste. Das Geheimnis um die Identität ebendieses Mannes hatte Francis lüften wollen, und zu diesem Zweck hatte er sämtliche Fernsehberichte über Brände Ende 1997 gesichtet. Er stieß auf einen interessanten Report.

Im November 1997 war ein Pariser Polizist bei einem Feuer ums Leben gekommen. In einem Interview äußerte sich der Innenminister anerkennend über den Mut der Polizei. Neben ihm stand der Polizeipräsident von Paris, Pierre Massoni. Daraus schlossen wir, dass Massoni den Zeugen Petel eingeschüchtert haben muss. In unserem französischen Dokumentarfilm durften wir diese Vermutung nicht äußern. Eine nordfranzösische Zeitung, *La Voix du Nord*, kam in einer Ankündigung des Films jedoch auf diese Behauptung zu sprechen.

In die Endfassung unseres Films »Diana – The Night She Died« fügten wir die Behauptung ein. Paul Chinnery, der Justitiar von Channel 5, bestand darauf, dass ich Massoni schriftlich um eine Stellungnahme bat. Da ich seine Faxnummer im Élyséepalast, dem Amtssitz des französischen Präsidenten, hatte, schickte ich ihm ein entsprechendes Fax, auf das er jedoch nicht antwortete. Wir hatten bereits einen Kommentar auf Band gesprochen, wonach Massoni »sich weigerte«, zu reagieren. Paul Chinnery wollte den Wortlaut ändern; es sollte heißen, Massoni »lehnte es ab«, zu reagieren – damit wären wir weniger angreifbar. Leider war der Sprechtext zu dem Film bereits von Charlie Stayt aufgenommen worden, und Charlie war in Urlaub. Wir konnten ihn nicht erreichen, um dieses eine Wort zu ändern. Also schnitten wir die zehn Sekunden lange Sequenz aus dem Film heraus. Nach einer Überarbeitung, bei der wir den Kommentar änderten, strahlten wir ihn jedoch im November 2003 erneut aus.

Der 31. August

In jener Nacht wurden die französischen Journalisten von der Polizei angewiesen, Erik Petel und alles, was er möglicherweise von sich gab, zu ignorieren. Er sei ein Junkie und habe ein langes Vorstrafenregister. Wir filmten Journalisten in der Nachrichtenagentur Credo, die auch das Magazin *Paris Match* mit Material beliefert. Die Journalisten sagten aus, das Polizeipräsidium habe wiederholt darauf hingewiesen, Petel dürfe kein Glaube geschenkt werden.
Als unser französischer Dokumentarfilm herauskam, beklagten sich die Journalisten von Credo. Sie hätten keine Ahnung gehabt, dass sie gefilmt wurden. Anscheinend wollten sie nicht bekannt werden lassen, dass sie dermaßen von Polizeiquellen abhängig waren. Allerdings hatten wir nicht heimlich gefilmt; wir konnten Filmmaterial mit Einstellungen vorlegen, in denen sie sich auf die Kamera bezogen. Als der französische Fernsehsender La Cinquième den Film 2003 wiederholte, wurde diese Sequenz beibehalten.
Auf den Anwalt Antoine Desguines machte Erik Petel einen

guten Eindruck. Von Anfang an glaubte er ihm und »sah keinen Grund, weshalb seine Aussage nicht berücksichtigt werden sollte«.

Indem die französischen Behörden Petels Aussage unterschlugen, konnten sie unmittelbar nach dem Unfall den Fotografen die Schuld zuschieben. Sie konnten sie mundtot machen und ihre Negative beschlagnahmen. Alle Welt nahm an, die Negative seien allein aus Gründen der Pietät einbehalten worden – sonst hätten die Paparazzi versucht, blutrünstige Bilder von den letzten Minuten Dianas zu verscherbeln. Einige versuchten dies tatsächlich, doch inzwischen ist ganz klar, dass die Behörden an jenem Sonntag und Montag nicht bereit waren, die Fotografen laufen zu lassen.

Desguines wollte darauf hinwirken, dass Petel vor dem Untersuchungsgericht angehört wurde, doch das Gericht zeigte sich nicht interessiert. Desguines war höchst besorgt um seinen Mandanten, weil ihm einige Unregelmäßigkeiten aufgefallen waren. Normalerweise wird jede Aussage auf einem Revier zu Protokoll genommen. Und derjenige, der die Aussage macht, erhält eine Kopie des Protokolls. Petel hatte nichts bekommen.

Drei Tage nach dem Unfall hatte Desguines das Gefühl, auf Granit zu beißen und um seinen Mandanten fürchten zu müssen, und so entschloss er sich zu einem ungewöhnlichen Schritt. Er beschloss, an die Öffentlichkeit zu gehen, und wandte sich an Jean Durieux von *Paris Match*. Durieux ist Anfang sechzig und gilt als Kenner der französischen Justiz. Obwohl Durieux einen äußerst schlüssigen Bericht vorgelegt bekam, wollte er sich nicht mit Petel treffen, weil er misstrauisch war, wie er uns gestand. »Ich weiß nicht«, meinte er, »es stört mich, wenn etwas zu glatt klingt.« Und so stieg Durieux nicht auf die Geschichte ein.

Petel gelangte durch seine Erfahrungen zu der Überzeugung, dass der Aufprall kein Unfall war. Anders kann er sich die Art und Weise, wie er behandelt wurde, nicht erklären. Wie etliche andere, die eng in den Fall verstrickt waren, hat auch Petel eine Theorie. Er glaubt, dass mit dem Wagen etwas passiert sein muss. Er ist von der Idee besessen, dass es ein Geräusch zu hören gab, bevor der Aufprall zu hören war.

»Chevenement erklärte, man werde Licht in die Sache bringen, aber bisher ist nichts ans Licht gekommen«, stellte Petel fest.

Drei Monate nach dem Unfall war Desguines empört darüber, dass es ihm nicht gelungen war, die Untersuchungsrichter und die französische Presse für eine Sache zu interessieren, die er für höchst bedeutsam hielt. Desguines verfügte über gute Kontakte im nordfranzösischen Lille und sprach mit dem führenden Blatt der Region, *La Voix du Nord*. Endlich fand er einen Journalisten, Charles Duzwaski, der bereit war, ihm Gehör zu schenken. Duzwaski bemerkte: »Die Geschichte klang irgendwie bizarr. Anfangs war ich misstrauisch, doch nachdem ich einiges verifiziert hatte, hegte ich keine Zweifel an Petels Wahrhaftigkeit. Aber ich schrieb für eine Zeitung im Norden. Es war nicht meine Aufgabe, weiter zu ermitteln.« Duzwaski meinte, er sei im Nachteil gewesen, weil er für eine Regionalzeitung arbeitete, die von der Pariser Presse abfällig behandelt wurde. Im französischen Rundfunk attackierte man ihn dafür, dass er die Story aufgegriffen hatte. »Hätte eine große landesweite Zeitung das herausgebracht, wären sicherlich ganz andere

Reaktionen gekommen.« Er hatte das Gefühl, man tue ihn ab wie einen Vetter vom Land, der sich zu weit aufs Eis gewagt hatte.

Duzwaski traf sich mit Petel sowie dessen Vater und Anwalt in Paris. Nach dem Gespräch meinte er: »Ich stieß auf keinerlei Widersprüche.« Er erlebte selbst hautnah, welchen Einfluss die Geschichte auf die Presse hatte. »Drei Tage nach dem Unfall war ich in Calais, weil wir eine Story über Immigration bringen wollten, und wir machten Fotos. Es hatte nichts mit Diana zu tun, und trotzdem wurden wir als Paparazzi an den Pranger gestellt.«

Duzwaski begriff, »weshalb Petel so besorgt war, dass der Apparat ihn in die Mangel nehmen könnte«.

Im Februar 1998 hatte Desguines seinen Mandanten dazu gebracht, mit dem auflagenstarken Magazin *Voici* zu reden. Inzwischen bereute es auch Jean Durieux von *Paris Match*, dass er einer wichtigen Spur nicht gefolgt war. »Ich und meine Kollegen hatten unseren Job nicht gründlich genug getan, besonders ich«, erklärte Durieux. Er verfügt über ausgezeichnete Kontakte zur französischen Polizei. Er fing an herumzuschnüffeln. Es war gar nicht so viel Arbeit nötig, um zumindest einen Teil der Geschichte zu verifizieren.

Während unseres Gesprächs rutschte Durieux auf seinem Sessel hin und her. Er hat die Angewohnheit, die Frage laut auszusprechen, die er dann beantwortet. »Was ich über Petel weiß? Inzwischen weiß ich, dass er tatsächlich zum Polizeirevier ging. Ich weiß, dass er von der Brigade Criminelle, der Kriminalabteilung, vernommen wurde. Und ich weiß, wer ihn verhörte. Ich weiß genau, wer es war.«

Durieux wollte uns jedoch nicht sagen, um wen es sich handelte.

Inzwischen forderte Petels Anwalt, Antoine Desguines, Juge Stephan wiederholt schriftlich auf, seinen Mandanten offiziell anzuhören. Anfangs erreichte er nichts. Der Richter teilte ihm höflich mit, dass Petel in der Angelegenheit keinen Status innehabe. Er sei keines Vergehens angeklagt. Er sei mit keinem der Unfallopfer verwandt. Desguines konnte es nicht fassen. »Ich weiß nicht, ob da zwischen Großbritannien und Frankreich irgendwelche diplomatischen Spielchen im Gange waren«, erklärte er. Er prüfte nach, ob Petel vorbestraft war, entdeckte aber nur das leichte Betrugsvergehen in seiner Jugendzeit. Trotzdem verwehrte man Petel das Recht, seine Version darzulegen.
Die Artikel in *Voici* und *La Voix du Nord* zeigten jedoch erste Auswirkungen auf die Untersuchung. Sieben Monate nach dem Unfall gewährte man Petel endlich einen Termin bei Juge Stephan. Petel wiederholte seine Aussage, die auch gar nicht infrage gestellt wurde, wie Petel erklärte. Doch in dem Abschlussbericht über die Untersuchung ist Petel und seine Zeugenaussage mit keinem Wort erwähnt. Wenn seine Zeugenaussage bereits in der Unfallnacht richtig behandelt worden wäre, hätte kein Zweifel daran bestehen können, dass die Fotografen keine Schuld traf.
Möglicherweise wollte das französische Untersuchungsgericht die Anklage gegen die Paparazzi nicht fallen lassen, denn dann hätte es keine Rechtsgrundlage gegeben, um die Fotos einzubehalten. In Frankreich herrschen strenge Gesetze über geistiges Eigentum, die dem Fotografen das ausschließliche Verfügungsrecht über die Verwertung seines Materials zusichern. Indem die Behörden die Fotografen weiterhin als Verdächtige behandelten, konnten sie die Fotos als »Beweismaterial« einbehalten.

Letztendlich räumte das Untersuchungsgericht ein, dass die Paparazzi nicht Ursache des Unfalls gewesen sein konnten, weil sie viel zu weit hinter dem Mercedes waren. Das Untersuchungsgericht erklärte jedoch in keiner Weise, aufgrund welcher Aussagen und Indizien es zu dieser Schlussfolgerung gekommen war. Seit 1998 war Petel immer weniger bereit zu reden. »Irgendwann hatte ich die Nase voll. Ich leite inzwischen eine Brasserie.« Für »Lady Died« und »Diana – The Night She Died« stellte er sich nur deswegen zur Verfügung, weil sein Anwalt ihn davon überzeugen konnte, dass es sich um eine seriöse Recherche handelte.

Oswestry

David Crawford hatte sein Leben lang als Provinzanwalt in Oswestry gearbeitet. Er war einige Male für die Familie Rees-Jones tätig gewesen und inzwischen mit ihr befreundet. Als Trevor in dem Pariser Krankenhaus lag, suchte Crawford dessen Eltern auf, die ihn baten, ihren Sohn zu vertreten.

Als ich mit den Arbeiten an dem englischen Film anfing, schrieb ich an Crawford. Er zeigte sich bereit, mit mir zu reden, weil er nicht mehr an Trevors Weisungen gebunden war. Abgesehen von einem einzigen Interview, das Trevor Rees-Jones nach Erscheinen seines Buches gab, hat er sich nie öffentlich über die Ereignisse jener Nacht geäußert.

Sobald Crawford von Trevors Eltern beauftragt worden war, reiste er nach Paris. Er stellte fest, dass Al Fayed ziemlichen Druck auf Trevor ausübte, sich einen französischen Anwalt zu nehmen, der sich mit Al Fayeds Anwälten abstimmen sollte. Und Al Fayed bot an, sämtliche Honorare für Trevor zu übernehmen. Crawford befürchtete jedoch einen Interessenkonflikt, falls dieselben Anwälte Rees-Jones und die Al Fayeds vertraten. Schließlich war Rees-Jones in einem Wagen zu Schaden gekommen, der von einer Firma gemietet worden war, an der die Fayeds maßgeblich beteiligt waren. Möglicherweise musste Trevor diese Firma, Étoile Limousine, wegen Fahrlässigkeit verklagen; in dem Fall wäre es nicht unproblematisch, wenn sein Anwalt von Fayed bezahlt wurde.

Oswestry ist eine kleine Bahnstation an einer Nebenstrecke. Crawford holte mich und meinen Kameramann vom Zug ab. Wir fuhren zu seinem Haus, wo wir uns den ganzen Vormittag über den Fall unterhielten. Er sei inzwischen richtig fasziniert vom französischen Rechtssystem, erklärte Crawford. Er spricht ausgezeichnet Französisch und hat sich, seit er im Ruhestand ist, darauf spezialisiert, Engländer beim Immobilienkauf in Frankreich zu beraten.

Crawford stellte drei Kriterien auf, die der französische Rechtsvertreter für Rees-Jones erfüllen sollte. Er musste Englisch sprechen, als Kämpfer bekannt sein und keinerlei Verbindungen zu Al Fayed aufweisen. Crawford entschied sich schließlich für Christian Curtil. Curtil ist elegant und amüsant und spricht neben seiner Muttersprache fließend Englisch und Deutsch. Curtil berichtete, dass den Anwälten ungeheuer zugesetzt wurde. »Als der Fall aufgerollt wurde, stiegen Journalisten auf den Balkon meines Hauses. Und im Flugzeug saßen äußerst attraktive Damen neben mir, die sich ganz zufällig für meine Arbeit zu interessieren schienen«, lachte Curtil. Man versuchte alles, um an Exklusivmaterial heranzukommen.

Lange bevor Crawford einen französischen Kollegen beauftragte, besuchte er seinen Mandanten im Krankenhaus. Trevor sollte eigentlich von einem Gendarmen bewacht werden, doch Crawford gelangte problemlos in das Krankenzimmer. »Dort saß ein richtiger alter Drachen und fragte mich, was ich hier zu suchen habe«, berichtete er. Crawford wurde unsanft hinausbefördert. Bald erfuhr er, weshalb Trevor solchen Schutz genoss.

Crawford erhielt Einsicht in das Protokoll einer Befragung, die Juge Stephan mit einem Angestellten der Autoverleihfirma Étoile Limousine durchgeführt hatte. Dieser Mann behauptete, an einem Gespräch teilgenommen zu haben, das drei oder vier Tage nach dem Unfall stattgefunden hatte. Er erklärte, Anwesende hätten gesagt, es sei sehr wichtig, dass sie »Trevor kriegen«. Crawford erklärte mir, er sei sehr überrascht gewesen, in dem Dossier Hinweise auf eine ernste Gefährdung seines Mandanten zu finden. Crawford war so besorgt, dass er den Untersuchungsrichter bat, den Zeugen selbst befragen zu dürfen. Das war »absolut regelwidrig«, erklärte Crawford. Nach dem französischen Gesetz dürfen Anwälte der Parteien nicht mit Zeugen zusammentreffen, erläuterte mir Crawford. Doch er konnte Juge Stephan überzeugen, eine Ausnahme zu machen. Der Mann, ein gewisser Olivier, bestätigte Crawford, was er vor dem Richter ausgesagt hatte. Gegenüber Trevor Rees-Jones seien Drohungen geäußert worden. »Es ist durchaus möglich, dass der Mann ein verärgerter Angestellter war«, erklärte mir Crawford, doch er habe keinen Grund, dies anzunehmen.

Ungewöhnlich ist in diesem Zusammenhang auch, dass eine italienische Zeitung in einer kurzen Meldung von einem

Mordanschlag gegen Trevor Rees-Jones berichtete. Zwei Tage nach einer erfolgreichen Operation fing er an zu genesen. Der Meldung zufolge hatte das Krankenhaus bestätigt, dass Rees-Jones auch seine Hand wieder benutzen und schreiben konnte. Am 10. September um 3.15 Uhr war er nahe daran zu ersticken und fiel ins Koma. Die Nachtschwester Jacqueline Beaufort rief einen Arzt. Es gelang ihnen, Trevor Rees-Jones wieder zu beleben. Man hatte ihm die dreifache Dosis seines üblichen Schmerzmittels verabreicht.

Das Salpêtrière-Hospital hat solch einen Vorfall stets dementiert, doch zusammen mit Crawfords anderen Hinweisen ist dies sehr beunruhigend und führt zu einer zentralen Frage: Was hatte Trevor Rees-Jones gesehen oder gehört – bzw. was glaubte man, was er gesehen oder gehört haben könnte –, was möglicherweise so gefährlich war? Sobald er wieder zu Bewusstsein gekommen war, beteuerte Rees-Jones jedoch, sich an nichts erinnern zu können. Er hat sich nie über diese Drohung gegen ihn geäußert, auch nicht in seinem Buch. Nach sechsmonatigen Ermittlungen behauptete die Enthüllungsjournalistin Patricia Cornwell am 30. Oktober 2003 im Fernsehsender ABC, Trevor Rees-Jones müsse um sein Leben fürchten, falls er sich an irgendetwas erinnere.

Offen bleibt die Frage, weshalb so wenige Zeugen richtig befragt wurden und weshalb so viele Seiten darauf hinwirkten, den ersten Augenzeugen am Unfallort zu diskreditieren. Fast jeder, der etwas über den Tod von Diana, Dodi und Henri Paul geschrieben hat – und zu einem bestimmten Zeitpunkt befassten sich 36 000 Websites mit Diana –, ist entweder ein leidenschaftlicher Anhänger oder ein Gegner der Verschwörungstheorie. Die Gegner behaupten, nur Paranoide meinten, es sei etwas anderes gewesen als ein Unfall. Es gibt kaum einen Standpunkt in der Mitte. Überhaupt nicht beachtet wurde beispielsweise die simple und nüchterne Tatsache, dass die französischen Behörden nur unzulängliche Untersuchungen durchführten und dass es dadurch viel schwieriger wurde, der Wahrheit auf die Spur zu kommen. Die Frage ist, wieso die französischen Ermittler so wenig von der List und Beharrlichkeit eines Maigret an den Tag legten.

Wie wir sehen werden, gab es zahlreiche Parteien, die aus vielerlei Gründen daran interessiert waren, nicht zu viel von der Wahrheit ans Licht kommen zu lassen.

4
Der Krankenwagen, der zu lange brauchte

Gegen 1.00 Uhr erschien Allan Durveillieux, der Direktor der Pariser Krankenhäuser, im Alma-Tunnel. Er wollte sicherstellen, dass die Verletzten die beste medizinische Versorgung erhalten. Prinzessin Diana befand sich noch in dem Mercedes, aber man hatte sie bereits an eine Infusion angeschlossen; die Leiche von Henri Paul lag unter einer blauen Plastikplane auf der Fahrbahn. Die Besatzung eines Notarztwagens versuchte verzweifelt, Dodis Herz wieder zum Schlagen zu bringen.
Trevor Rees-Jones war immer noch auf dem Vordersitz des Wagens eingeklemmt. Er schien in weit schlechterem Zustand als Diana zu sein. Der Schlag in sein Gesicht war so stark gewesen, dass seine Nase vollkommen eingedrückt war. Er verlor viel Blut, und da die Sanitäter fürchteten, er könne sich an der Wirbelsäule verletzt haben, hatten sie ihm eine Halskrause angelegt. Der Tunnel bot einen schrecklichen Anblick, eine blutige Szene, das typische grausige Szenario eines Verkehrsunfalls. Es war endlich gelungen, die Neugierigen und Paparazzi vom Unfallort wegzubringen, und die medizinischen Teams konnten ungestört arbeiten und versuchen, das Leben der Verletzten zu retten.
Dodi wurde kurz vor 1.20 Uhr für tot erklärt. Alle anwesenden Mediziner waren sich einig, dass Diana die geringsten Verletzungen zu haben schien. Dr. Derossi, der die Teams

im Tunnel überwachte, bezeichnete ihren Zustand als »ernst, aber nicht kritisch«.
Aus dem Tunnel rief Polizeipräfekt Philippe Massoni Innenminister Chevenement an, um ihm mitzuteilen, dass keine Notwendigkeit bestünde, hier aufzutauchen. Es wäre wohl sinnvoller, gleich in das Krankenhaus zu fahren, in das man Diana bringen würde, nachdem sie aus dem Wrack befreit war. Der Minister folgte diesem Ratschlag.
Drei Stunden später waren Philippe Massoni und Jean-Pierre Chevenement in der Klinik Salpêtrière und warteten auf Informationen über den Zustand von Diana. Plötzlich rief man die beiden zu den Chirurgen. Chevenement musste sich beim britischen Botschafter Sir Michael Jay entschuldigen, da er ganz offensichtlich nicht mit hinzugezogen werden sollte. Krankenschwestern brachten die beiden Franzosen in einen Nebenraum des Operationssaals. Die Chirurgen kamen aus dem OP. Professor Bruce Riou und Professor Alan Pavie trugen noch ihre blutverschmierte Kluft. Sie sahen niedergeschlagen drein. Sie sagten, sie hätten alles Menschenmögliche getan, um Dianas Leben zu retten, aber es sei ihnen nicht gelungen.
Viele Beobachter haben versucht, die Einzelheiten der medizinischen Behandlung Dianas vom ersten Eintreffen Dr. Mailliez' am Mercedes, der sie dort zunächst mit Sauerstoff versorgte, zusammenzutragen. Dies erwies sich als ein extrem schwieriges Unterfangen. Die Franzosen weigerten sich durchgängig, irgendwelche Informationen herauszugeben. Das führte natürlich zu einem Aufblühen von Verschwörungstheorien. Eine war besonders wild. Angeblich wären in der Ambulanz Geheimagenten statt Sanitätern gewesen, und sobald diese Dunkelmänner Diana nahe kamen, hatte

sie keine Chance mehr. Man spritzte ihr ein Gift, das keine Spuren im Körper hinterlässt. Der Haken an der Geschichte war nur, dass niemand erklären konnte, was mit der echten Besatzung des Ambulanzfahrzeugs geschehen war. Offensichtlich war es wichtig, dass Diana das Krankenhaus nicht lebend erreichte. Sie war von Dodi schwanger, und die herrschenden Mächte wollten ein Al-Fayed-Spencer-Kind nicht überleben lassen.

Je weniger richtige Informationen es gibt, desto eher entstehen Verschwörungstheorien. Die 27 Bände des Ermittlungsberichts mit der Dokumentation von Spuren und Beweisen sagen sehr wenig über die medizinische Versorgung der Unfallopfer aus. Der Anwalt von Trevor Rees-Jones erhielt Einblick in einen Bericht über Dianas Verletzungen, aber dieser Bericht umfasste nur eine Seite. Virginie Bardet, die einen der Paparazzi vertrat, erzählte uns, es gäbe noch mehr Details in einem geheim gehaltenen Teil des Untersuchungsberichts. Die Anwälte der Beteiligten könnten Einsicht in diesen Teil beantragen. »Ich habe es nicht getan«, sagte Bardet, aus Anstand. Sie war der Meinung, das unter Verschluss gehaltene Material beschäftige sich mit der Frage, ob Diana schwanger war oder nicht. Selbst der einzige Überlebende des Unfalls scheint nicht sehr ausführlich über die medizinische Versorgung am Unfallort und kurz danach informiert worden zu sein. In seinem Buch *Die Geschichte des Leibwächters* widmet Trevor Rees-Jones dem Thema lediglich drei Seiten.

Formal konnten die Franzosen die mangelnde Information über die medizinische Seite mit dem »Ermittlungsauftrag«, den Stephan ausführte, erklären. Das Ziel dieser Ermittlung war lediglich, die Ursache des Unfalls zu klären und zu entscheiden, wen man dafür verantwortlich machen und anklagen konnte. Aber Stephan selbst ging weiter. In der Zusammenfassung des Abschlussberichts spricht er das gesamte medizinische Personal kategorisch von jeder Schuld frei. Diese Zusammenfassung, die am 4. September 1999 an die betroffenen Personen verteilt wurde, enthält eine etwas bemüht klingende Formulierung. Die medizinische Versorgung, so Stephan, sei *»exclusif de toute faute par rapport aux règles de la réanimation prehospitalière«*. Wörtlich übersetzt heißt das »frei von Fehlern in Bezug auf die Regeln der Reanimation im Bereich außerhalb des Krankenhauses«.

Stephan erklärte, wie er zu dieser Schlussfolgerung gekommen war. Die Verletzungen von Dodi und Henri Paul waren »besonders bei schweren Traumata sehr häufig«. Aber da die Zeit bis zu ihrem Tod so kurz war, konnte nichts unternommen werden, um sie zu retten. Doch bei Diana lagen die Dinge anders. Schwierig bis zum Ende, entsprach sie nicht den Erwartungen der französischen Ärzte. »Lady Spencer«, wie Stephan sie in seinem Teil des Berichts nannte, hatte sich »höchst ungewöhnliche Verletzungen« zugezogen. Und, so fügte der Ermittlungsrichter hinzu, man könne »diese Verletzungen möglicherweise durch die Sitzposition des Opfers beim Aufprall erklären«. Wenn Diana sich hingelegt hätte, als der Mercedes gegen den dreizehnten Pfeiler des Tunnels prallte, dann wäre das zu viel für die französischen Mediziner, leider.

Je mehr ich darüber nachgedacht habe, desto eigenartiger erschien mir das Ganze. Zeugen am Unfallort fanden Diana liegend, zum Teil am Boden des Wagens. Das beweist natürlich nicht, dass sie sich hinlegte, als der Mercedes in den

Tunnel einfuhr oder als es zum Aufprall kam. Zudem habe ich wichtige Hinweise dafür gefunden, dass sie sich keineswegs hinlegte, als der Mercedes in den Tunnel fuhr.
Ich bin nicht der Erste, der danach fragt, wie die französischen medizinischen Dienste sich hier verhielten. Als wir den Film »Lady Died« drehten, baten wir zwei amerikanische Journalisten, Scott MacLeod und Thomas Sancton, um ein Interview. Sie hatten über den Unfall für die Zeitschrift *Time* berichtet und äußerten sich kritisch über die medizinische Versorgung. Sie konnten drei anerkannte amerikanische Notfallchirurgen ausfindig machen – Dr. Ochsner von der Alto New Clinic in New Orleans, Dr. David Wasserman von der Columbia-Universität und Dr. Philip Brewer von der Yale-Universität –, die bereit waren, den Vorfall zu kommentieren, und in ihrem Buch *Death of a Princess: The Investigation* (Sancton und MacLeod) fällen sie ein harsches Urteil; jeder der drei Chirurgen kam zu dem Schluss, dass Diana wohl noch lebte, hätte sie sich die gleichen Verletzungen in den USA zugezogen. Die Franzosen hingen nach wie vor antiquierten medizinischen Vorstellungen an. Ich hatte erwartet, dass MacLeod und Sancton uns mit Freuden ein Interview für unseren Film gäben, aber sie weigerten sich. Sie erklärten uns, dass sie bereits zu viel Ärger wegen ihrer Kritik an der französischen Medizin gehabt hätten.
Der damalige französische Gesundheitsminister Bernard Kouchner war der Gründer der internationalen Stiftung Ärzte ohne Grenzen. Er war alles andere als ein Bürokrat, aber er attackierte Sancton und MacLeod aufs heftigste. Er sah ihr Buch als einen wütenden Angriff auf das Können der französischen Medizin. Man warf Sancton und MacLeod

sogar vor, sie verträten die Interessen der amerikanischen Gesundheitsindustrie. Es sei ihre Aufgabe, den guten Ruf der Pariser Notärzte und ihrer Sanitäter zu schädigen, damit keiner von ihnen es je wieder wagen würde, ein Skalpell in die Hand zu nehmen. Daraufhin würden amerikanische Geschäftsleute das Land überfluten und mit dem Argument, die einzige Rettung für die französische Medizin sei die neueste amerikanische Technologie, tonnenweise ihre Waren verkaufen.

In dieser aufgeheizten Atmosphäre konnte man leicht übersehen, dass es hier nicht um Fähigkeiten, sondern auch um die Art des Herangehens an die Dinge ging. Die amerikanische Notfallmedizin durchlief in den achtziger und neunziger Jahren einen dramatischen Wandel. In Städten wie Baltimore folgte man der Maxime »Auf die Bahre und weg«: Man entfernt das Opfer sofort vom Unfallort und bringt es so schnell als möglich in die nächste Klinik. Eine Reihe amerikanischer Untersuchungen haben gezeigt, dass die Überlebenschancen von Unfallopfern signifikant steigen, wenn es gelingt, sie innerhalb einer Viertelstunde in eine Klinik zu bringen (Berriff 1997).

In Frankreich hatte ein solcher Wechsel nicht stattgefunden. Hier verfuhr man nach wie vor nach der Maxime, den Opfern so viel als möglich am Unfallort zu helfen, um den Organismus zu stabilisieren und sie erst dann in ein Krankenhaus zu transportieren. Man behauptete, dies sei besonders sinnvoll bei bestimmten Verletzungen, wie etwa Knochenbrüchen. Die neuesten Ambulanzwagen des SAMU sind besser ausgestattet als die meisten britischen oder amerikanischen Krankenwagen. Auch beschäftigt der französische Ambulanzdienst eigene Ärzte, die regelmäßig zu

Unfällen mitfahren. Sie werden als Reanimationsexperten bezeichnet. Aber auch ein Ambulanzwagen des französischen Rettungsdienstes SAMU verfügt nicht über ein Röntgengerät oder eine Herz-Lungen-Maschine. Vielleicht hätte man gemerkt, dass Diana dringend in ein Krankenhaus muss, wenn man sie rechtzeitig geröntgt hätte.

Dr. Frederic Mailliez

Dr. Mailliez war der erste Arzt, der am Unfallort erschien, und er schilderte die ersten Minuten nach dem Unfall ausführlich in einem Artikel für den *Quotidien du Médecin*, einer Tageszeitung für französische Ärzte. Auch sagte er am darauf folgenden Tag gegenüber CNN, dass Diana »relativ gut aussah. Ich dachte, diese Frau hat eine Chance und sie sei in der Lage, von selbst zu atmen.«

Die erste Aufgabe war es, Diana aus dem Wagen zu bekommen. Petel, Rat und Dorzee hatten sie alle anfassen können. Durch das Herausnehmen des Fahrersitzes, nachdem man Henri Paul aus dem Auto gezogen hatte, hätte es möglich sein sollen, sie aus dem Fahrzeug herauszuheben. Man kann nie mit Sicherheit angeben, wie lange es dauert, bis man einen Menschen aus einem Autowrack befreit hat. Hier herrschte Panik und Verwirrung am Unfallort. Wenn man ein Opfer aus der Position befreit, in der sich Diana befindet, dann nennt man das eine »partielle Befreiung«. Dr. Vic Calland, einer der führenden britischen Experten für Verkehrsunfallmedizin, schätzt, dass bei ordnungsgemäßer Arbeit der Sanitäter die Aktion etwa 25 Minuten gedauert hätte. Man kann davon ausgehen, dass die Befreiung des

Opfers aus seiner Position nicht länger als 40 Minuten dauern durfte.
Um 0.45 Uhr waren vier Ambulanzwagen des SAMU-Rettungsdienstes am Unfallort. »Ich vermute, dass der Koordinator (der die zentrale Kontrolle ausübt) mindestens einen Toten entdeckte und eine zweite Person, die im Sterben lag; und daher schickte man den vierten Ambulanzwagen wieder weg«, sagte Dr. Calland.
Der für die zentrale Kontrolle in Paris zuständige Koordinator hatte einen Ambulanzwagen mit einem Experten für Notfallmedizin in den Alma-Tunnel geschickt. Dr. Jean-Marc Martino war mit solchen kritischen Situationen vertraut. Er kam gegen 0.45 Uhr im Tunnel an und erkannte Diana. Dr. Martino merkte sofort, dass nur Trevor und Diana eine Überlebenschance hatten: »Sie war erregt und schrie und schien nicht zu verstehen, was ich ihr sagte, um sie zu beruhigen. Ich bat meine Crew, sich um den Passagier auf dem Vordersitz zu kümmern, der von den beiden Überlebenden die schwereren Verletzungen zu haben schien, während ich selbst vom SAMU Verstärkung anforderte, sodass ich mich um das zweite Opfer kümmern konnte.«
Auch in einem der Feuerwehrwagen, die zum Unfallort geschickt worden waren, fuhr ein Arzt mit, der sich um Trevor Rees-Jones kümmerte, sodass sich Dr. Martino ganz auf die Behandlung der Prinzessin konzentrieren konnte. »Sie war immer noch sehr erregt, bewegte ihren linken Arm und ihr rechtes Bein und sprach unzusammenhängend wirres Zeug. Ihr rechter Arm war hinter ihrem Rücken eingeklemmt – das Armgelenk war ausgekugelt. Ich untersuchte sie mit meinem Team und hängte sie an eine Infusion, und wir wollten sie aus dem Wrack befreien. Sie war in einer

aus medizinischer Sicht abnormalen Position zwischen der Rückseite des Vordersitzes und dem Rücksitz eingeklemmt. Nur unter Schwierigkeiten konnten wir sie mit der Hilfe von Feuerwehrmännern unter allen erdenklichen Vorsichtsmaßnahmen herausziehen.«

Dr. Martino hat die Verletzungen von Diana nie genau bestätigt, aber Dr. Mailliez beschrieb sie etwas detaillierter. Er entdeckte einen 3 Zentimeter langen Schnitt auf ihrer Stirn und dass ihr rechter Arm gebrochen war. Er berichtete auch von einer Wunde am Gesäß. Aber natürlich konnten weder Dr. Mailliez noch Dr. Martino feststellen, ob sie irgendwelche inneren Verletzungen hatte.

Unfallopfer stehen häufig unter Schock. Der Fotograf Romuald Rat berichtete, Diana habe um Hilfe gerufen. Die Polizei behauptete später, die Prinzessin habe sich dermaßen über einen der Fotografen aufgeregt, dass sie »O Gott, o Gott« und »Lasst mich in Frieden« gerufen habe. Ein weiterer Zeuge namens Arnal will Ähnliches gehört haben. Dr. Martino aber sagte, sie stammelte unzusammenhängendes Zeug. Dr. Derossi, der für den SAMU am Unfallort war, bestätigte das; sie sprach, aber was sie sagte, machte keinen Sinn.

Diana scheint das Bewusstsein verloren zu haben, während sie noch im Wagen war. Die französischen Behörden erklärten schließlich, dass Diana, nachdem man sie aus dem Wagen gezogen hatte, in ein Koma vom Typ 1, also ein relativ flaches Koma, verfallen war. In diesem eigenartigen Zustand funktioniert der Schlaf-wach-Rhythmus des Patienten normal, und es besteht berechtigte Hoffnung, dass der oder die Betreffende bald das Bewusstsein wiedererlangt.

Dr. Martino beharrt darauf, dass alles nach den üblichen

Verfahren vonstatten ging. »Dennoch hatte sie währenddessen einen Herzstillstand, sodass ich intubieren und sie beatmen musste. Ich ließ sie in den Ambulanzwagen bringen, um eine genauere Untersuchung durchführen zu können und die Wiederbelebungsversuche fortzusetzen. Sie war in einem sehr kritischen Zustand.« Doch der Ambulanzwagen verfügte nicht über die notwendige Ausrüstung, um festzustellen, ob innere Verletzungen vorlagen und wie schwer wiegend diese gegebenenfalls wären – es gab kein Röntgengerät.

Im letzten Kapitel haben wir gesehen, wie fragwürdig Augenzeugenberichte sein können. Das bestätigt sich wieder, wenn man die Darstellung von Dr. Martino mit den Aussagen des Ambulanzassistenten Michel Massebeuf vergleicht, die dieser gegenüber den Behörden machte: »Als wir ankamen, begann der Arzt des SAMU sofort mit der Behandlung der Prinzessin, noch während sie im Auto war. Zu diesem Zeitpunkt wurde sie an eine Infusion gehängt. Die Feuerwehrleute befreiten die Prinzessin aus dem Unfallfahrzeug. Ich brachte die Bahre, und man legte sie darauf. Ich hatte den Eindruck, dass sie intubiert war, um ihre Atmung zu unterstützen. Möglicherweise geschah das aber auch erst in unserem Fahrzeug. Ich kann mich nicht sehr genau daran erinnern. Wir brachten die Prinzessin in unseren Wagen, wie wir es gewöhnlich tun, damit der Arzt des SAMU sich unter optimalen Bedingungen um sie kümmern konnte.«

Intubation ist ein Routineverfahren. Man schiebt einen Schlauch in die Luftröhre an den Stimmbändern vorbei, damit der Patient atmen kann. Normalerweise überprüft man das Atemgeräusch. Das einzige Problem, das Sanitäter häufig haben, ist, dass der Schlauch in die Speiseröhre eingeführt wird, was das Trauma eher verstärkt. Aber es ist sehr unwahrscheinlich, dass bei einer schlecht durchgeführten Intubation die Lungen verletzt werden.

Sechs Fotos zeigen die Ambulanzteams bei der Arbeit im Tunnel. Auf zweien sieht man Diana auf der Krankenliege mit blutverschmiertem Gesicht. Allerdings ist die Authentizität dieser Bilder von *Paris Match* in Zweifel gezogen worden. Aber zwei der vier anderen Fotos zeigen offensichtlich eine Person, bei der es sich um Diana handeln könnte, die im Wagen des Notarztes behandelt wird. Dodi und Henri Paul waren zu keinem Zeitpunkt in einem Ambulanzwagen; Trevor Rees-Jones wurde später aus dem Wrack befreit und sofort in ein Krankenhaus gebracht. Entweder während man sie aus dem Wrack herauszog oder kurz danach hatte Diana eine erste Herzattacke. In Großbritannien oder Amerika hätte der Ambulanzwagen sie daraufhin sofort zum Krankenhaus gefahren. Im Angesicht der Tatsache, dass es sich bei dem Opfer um Diana handelte, hätte man dafür gesorgt, dass ein Herzchirurg zur Verfügung steht. Aber das passierte in diesem Fall nicht.

Eine der zentralen Fragen, die eine britische gerichtliche Untersuchung wird stellen müssen, ist die Frage nach der Art der Behandlung, die man Diana angedeihen ließ, und ob diese Behandlung angemessen war. Sie lag über zwanzig Minuten im Ambulanzwagen, bevor er sich in Bewegung setzte.

Welches Krankenhaus?

Das nächstgelegene Krankenhaus mit einer Notfallstation war das Val de Grace. Auf dem Stadtplan kann man das an den relativen Entfernungen erkennen. Das Val de Grace ist ein Militärhospital und hat daher ausreichend Erfahrung mit Notfällen. Aber man beschloss, dieses Krankenhaus nicht zu nutzen. Stattdessen ließ Massoni alle Straßen entlang der Seine sperren, damit das Ambulanzfahrzeug so schnell als möglich zur Salpêtrière fahren konnte. Die Ambulanz bekam eine eigene Eskorte. Erstaunlicherweise gelang es einem der Fotografen, Pierre Suu, der Ambulanz zu folgen. Seiner Gegenwart verdankt die Welt das Wissen darüber, wie oft das Fahrzeug der Ambulanz auf dem Weg stehen blieb.

Jede große Stadt hat ihre großen Krankenhäuser. Das berühmteste Krankenhaus von Paris ist das Pitié-Salpêtrière. Es liegt am linken Ufer des Flusses neben dem Austerlitzbahnhof. Die Anlage ist ein Gemisch aus alten und neuen Gebäuden. Seine Ursprünge gehen auf das Mittelalter zurück. Die schönsten Gebäude stammen aus dem 18. Jahrhundert, als die Salpêtrière das Irrenhaus von Paris war.

Berühmt wurde die Salpêtrière für revolutionäre Neuerungen bei der Behandlung von Geisteskranken. Im Jahr 1789 während der Französischen Revolution befreite Philippe Pinel die »Irren« von ihren Ketten und leitete damit das Zeitalter der modernen Psychiatrie ein. Hundert Jahre später war es der berühmte Neurologe Jean Marie Charcot, der jeden Donnerstagnachmittag eine Reihe hysterischer Patienten vorführte – ein eigenartiger Ausdruck, den die Psychiater aber routinemäßig verwenden. Charcot war ein

großer Selbstdarsteller, und seine »Vorführungen« beeinflussten Sigmund Freud, der ein Jahr lang bei ihm studierte. Freud verließ die Salpêtrière mit der Überzeugung, dass das Unterbewusste den Körper kontrollieren könne. Die Bibliothek des Krankenhauses ist nach Charcot benannt, und im Jahr 2000 schenkte ich dieser Bibliothek eines meiner Bücher, was sich später als ein nützlicher Akt erweisen sollte.
Der Wagen der Ambulanz hielt zweimal an, nachdem er den Alma-Tunnel verlassen hatte. Der Fahrer, Michel Massebeuf, sagte: »Beim Jardin des Plantes bat mich der Arzt, anzuhalten. Wir stoppten für etwa fünf Minuten, damit er seine Patientin im Zustand absoluter Unbeweglichkeit behandeln konnte.«
Wir wissen nicht, was diesen Stillstand erforderte, aber es kann gut sein, dass es darum ging, einen Katheter an einer Hauptschlagader zu setzen. Es kann schwierig sein, den Blutkreislauf über periphere Venen zu erreichen, und daher versucht man manchmal, einen Katheter unterhalb des Schlüsselbeins anzusetzen. Durch einen solchen Katheter können alle möglichen Flüssigkeiten wie Blut oder Adrenalin zugeführt werden. Dabei handelt es sich im Vergleich zu einer Intubation um eine relativ schwierige Aktion, und man würde erwarten, dass zu einer ordnungsgemäßen Durchführung der Patient vollkommen ruhig gestellt wird.
Doch das war nur der erste von zwei Stopps der Ambulanz. Der Jardin des Plantes ist ziemlich lang und endet in der Nähe der Austerlitzbrücke. Hier hielt die Ambulanz ein weiteres Mal an. Man war jetzt nur 300 Meter vom Krankenhaus entfernt, aber etwas sehr Schwerwiegendes musste passiert sein, dass Dr. Martino beschloss, in einer Entfernung von einer Minute zum Krankenhaus die Ambulanz zehn

Minuten anhalten zu lassen. Dr. Martino erklärte diese Aktion mit »einem Abfall des Blutdrucks bei der Patientin«. Kurz vor zwei Uhr morgens traf Chevenement beim Polizeichef Philippe Massoni im Pitié-Salpêtrière ein. Beide waren erstaunt darüber, dass die Ambulanz mit Diana noch nicht angekommen war. Massoni befürchtete einen Verkehrsunfall. Waren möglicherweise die Journalisten dazwischen gekommen? Er rief Marcel Vinzerich an, den Dienst habenden Kommissar für öffentliche Sicherheit, der den Konvoi aus einem der beiden Begleitfahrzeuge heraus dirigierte. Massoni war alarmiert, als er hörte, dass die Ambulanz an der Austerlitzbrücke stehen geblieben war.
Um 2.06 Uhr erreichte das Ambulanzfahrzeug endlich die Salpêtrière. Massoni sah Diana, als man sie auf der Bahre hereinschob, aber »ich erkannte die Frau, die ich im Alma-Tunnel gesehen hatte, nicht mehr«. Dieses Zitat stammt von Sancton und MacLeod. Dianas Zustand hatte sich dramatisch verschlechtert.
Als Diana im Krankenhaus ankam, war sie eine Stunde und vierzig Minuten intensiv medizinisch behandelt worden. Aber man kann davon ausgehen, dass niemand das Ausmaß ihrer inneren Verletzungen erkannte oder darauf vorbereitet war, diese Verletzungen zu behandeln. Es gibt zudem einen Hinweis, der stark in diese Richtung weist.
In der Salpêtrière hatte Riou ein Team von sehr erfahrenen Ärzten zusammengetrommelt. Allerdings hatte man nicht daran gedacht, einen Herzchirurgen hinzuzuziehen, obwohl Diana bereits einen Herzinfarkt erlitten hatte. Das legt den Schluss nahe, dass man über ihre inneren Verletzungen nicht informiert war.
Aus den offiziellen französischen Unterlagen lassen sich

einige Rückschlüsse auf die Behandlung ziehen, die man Diana angedeihen ließ. In Rious Team war Daniel Eyraud, ein Gefäßchirurg. Er sagte, Diana sei ohnmächtig gewesen, als sie ankam, aber »sie atmete, und ihr Herz schlug. Das bedeutet, ihr arterieller Blutdruck war sehr niedrig, aber ihr Herz schlug nach wie vor.«

Diana wurde sofort geröntgt, und die Aufnahmen zeigten einen schweren Hämothorax – also Blutungen im Brustkorb. Ich denke, man kann davon ausgehen, dass das Ausmaß ihrer inneren Verletzungen bis zu diesem Zeitpunkt nicht bekannt war. Das Blut hatte sich in ihrem Brustkorb angesammelt und floss jetzt über. Hätte man die Wunde früher erkannt und entsprechend gestillt, wären ihre Chancen besser gewesen. »Ihr Herz und ihre rechte Lunge waren in Mitleidenschaft gezogen. Der Brustkorb musste drainiert werden, und sie benötigte massive Bluttransfusionen«, sagte Eyraud. Man sorgte schnell für die entsprechenden Maßnahmen.

Bei der Analyse der Röntgenbilder wurde klar, dass Diana einen 2,5 Zentimeter langen Riss in ihrer linken Pulmonalvene hatte. Diese Vene führt das Blut in die Lunge und zum Herzen. Die Wunde musste dringend abgebunden werden. Es handelt sich hier genau um jene Art von Verletzung, die am besten in einer Klinik zu behandeln ist, weil man dort den Patienten mithilfe einer Herz-Lungen-Maschine während des Eingriffs am Leben halten kann.

Als man Diana in den Operationssaal schob, erlitt sie eine zweite Herzattacke. Das muss zwischen 2.10 und 2.15 Uhr passiert sein. Riou und seine Kollegen versuchten es mit der klassischen Methode interner und externer Herzmassage. Sie wollten nicht einfach aufgeben.

Auch spritzte man Diana eine hohe Dosis Adrenalin, um ihr Herz wieder zum Schlagen zu bringen. Eine Darstellung der Ereignisse zitiert die OP-Schwester Dominique Hagnère, die sagte, man habe ihr 150 Ampullen zu 5 Milliliter gespritzt.

Professor Riou merkte, dass er einen spezialisierten Herzchirurgen benötigte, und ließ Professor Alain Pavie rufen. Aber jetzt, nachdem man Diana geröntgt hatte, zählte jede Sekunde. Ohne auf Pavie zu warten, öffneten Riou und Moncel Dahman, ein normaler Chirurg, Dianas Brustkorb auf der rechten Seite. Auf diese Weise konnten sie die Wunde abbinden und die Blutung stoppen.

Als Professor Pavie erschien, übernahm er die Operation. Ein Arzt sagte, die Situation sei »so ernst gewesen, dass man noch diskutierte, was man tun solle, während man den Brustkorb öffnete«. Glücklicherweise bestätigte Pavie die Einschätzung von Riou und Dahman und führte die Operation weiter. Während der restlichen Zeit der Operation konzentrierte sich Dahman auf die Herzmassage bei Diana. »Die vitalen Funktionen der Prinzessin wurden von Dr. Dahman aufrechterhalten.« Pavie stellte auch fest, dass der Ursprung der Blutung im Perikard auf der linken Seite und im rückwärtigen Bereich lag. Das Perikard ist im Wesentlichen der Herzbeutel.

Professor Pavie stellte bald fest, dass »die Behandlung eine Erweiterung des chirurgischen Zugriffs notwendig machte«. Aus irgendeinem Grund hatte man Diana in einen Operationssaal gebracht, der nicht über all das verfügte, was man in diesem Fall benötigte. In ihrer kritischen Situation musste man sie in einen anderen Operationssaal bringen. Es ist mir nicht gelungen, die Gründe dafür herauszufinden.

Die Szene war erschreckend. Diana benötigte kontinuierliche Herzmassage, und gleichzeitig musste sie in einen anderen OP gebracht werden. Während die Krankenschwestern sie auf dem Operationstisch durch das Krankenhaus schoben, versuchte Dahman verzweifelt, ihr Herz durch interne Herzmassage am Laufen zu halten.
Als man den zweiten Operationssaal erreichte, war Diana dem Tod nahe. Professor Pavie stellte fest, dass die »Blutung durch einen teilweisen Riss der linken Pulmonalvene am Eingang zum Herzvorhof bedingt war. Diese Wunde wurde gestillt. Die Blutung war unter Kontrolle, und wir fuhren mit den Reanimationsmaßnahmen fort.«
Aber für Diana war es zu spät. Sie konnte ohne fortlaufende Herzmassage nicht überleben. Ihr Herz fing nicht mehr an zu schlagen. Schwester Hagnère beobachtete: »Selbst nach einer halben Stunde dieser Wiederbelebungsversuche blieb der Druck des ausgeatmeten Kohlenstoffgases niedrig. Wir haben sogar während der Reanimation diverse Elektroschocks gesetzt, um das Herz wieder zum Schlagen zu bringen.« Doch nichts half.

Der kritische Doktor

Als wir mit den Dreharbeiten zu unserem Film »Lady Died« begannen, glaubte ich nicht, dass wir einen französischen Arzt vor die Kamera bekommen würden. Doch wir fanden einen: Professor Philippe Dartevelle, den Bruder von Al Fayeds Anwalt Bertrand Dartevelle. Er ist einer der bekanntesten Thoraxchirurgen Frankreichs.
Wir fragten Dartevelle, welche Möglichkeiten der Behand-

lung es in einem Ambulanzwagen des SAMU gäbe. Seine Antwort war sehr präzise. »Keine, denn in einem solchen Fahrzeug kann man chirurgisch nichts machen ... eine Verletzung am Herzen kann nur von einem Chirurgen behandelt werden ... es gibt keine andere Möglichkeit. Die Möglichkeiten in einem Ambulanzfahrzeug des SAMU sind sehr begrenzt.« Er wiederholte, dass es die einzige Möglichkeit einer Rettung gewesen wäre, sie zu einem kompetenten Chirurgen zu bringen, und fügte hinzu, dass sie dann zwar möglicherweise auch gestorben wäre, doch hätte sie in jedem Fall eine höhere Überlebenschance gehabt.

Gegen 3.30 Uhr teilten die Ärzte Chevenement und Massoni mit, dass Diana tot war. Chevenement war entsetzt. Aber er musste sich zusammennehmen, um die Nachricht dem britischen Botschafter zu überbringen. Sir Michael Jay rief sofort Sir Robin Janvrin an, den stellvertretenden Privatsekretär der Königin. Der wiederum informierte Prinz Charles in Balmoral.

Philippe Massoni verließ das Krankenhaus, so schnell er konnte. Er wollte die weitere Aktion vom Polizeipräsidium aus koordinieren. Er wusste, dass die Untersuchung politisch delikat werden würde. Chevenement und Sir Michael Jay begannen die Einzelheiten der offiziellen Mitteilung des Todes der Prinzessin zu besprechen. Journalisten versammelten sich vor dem Krankenhaus, und Jay und Chevenement beschlossen, dass es Sache der Chirurgen wäre, eine öffentliche Erklärung abzugeben.

Zwischen 4.00 und 5.00 Uhr wurden die Vorbereitungen für eine Pressekonferenz getroffen. »Wir durften in das Krankenhaus hinein und saßen in einem kleinen Raum«, erinnert sich Anne Corbet von Radio France Internationale.

Ein Mobiltelefon klingelte. Bevor sie ihre Erklärung abgaben, zogen sich Riou und Pavie um. Die Polizei stellte Absperrungen auf, um die Öffentlichkeit vom Krankenhaus fern zu halten.

Es ist erstaunlich, wie wenige Journalisten bei der improvisierten Pressekonferenz erschienen. Anne Corbet schätzte ihre Zahl auf etwa zwanzig. Chevenement stellte die Ärzte vor. Riou wirkte selbstsicher, aber kurz angebunden. »Wir wollten den genauen Todeszeitpunkt und die Todesursache wissen«, sagte Patricia. »Wir konnten Fragen stellen, aber die Ärzte wollten keine detaillierten Angaben machen. Sie bestätigten lediglich ihren Tod. Das Krankenhaus ist nicht der passende Ort, um ausführlich über Todesursachen zu diskutieren.« Riou beschränkte sich auf das folgende Statement: »Heute Nacht wurde die Prinzessin von Wales in Paris zum Opfer eines Straßenverkehrsunfalls aufgrund überhöhter Geschwindigkeit. Der Ambulanzdienst SAMU übernahm die erste Versorgung. Als sie hier ankam, hatte sie eine Herzattacke, und die linke Pulmonalvene war gerissen. Obwohl wir die Wunde schlossen und den Brustkorb öffneten und obwohl wir zwei Stunden lang interne und externe Herzmassagen durchführten, konnten wir ihren Kreislauf nicht wieder in Gang bringen und mussten um 4.00 Uhr ihren Tod feststellen.«

Während Riou diese Erklärung verlas, gelang es CNN, Christopher Dickey von *Newsweek*, der sich im Raum befand, vor die Kamera zu bringen. Mit einem Flüstern bestätigte Dickey der Welt, dass Diana tot sei. Daraufhin begab er sich zum Alma-Tunnel zurück, um sich dort umzusehen; und er stellte fest, dass der Tunnel wieder für den Verkehr geöffnet worden war.

Riou bestand darauf, dass Diana bei ihrer Ankunft im Krankenhaus am Leben war, aber an dieser Darstellung wurden mehrfach Zweifel geäußert. Radio France Internationale bezog sich auf eine Quelle innerhalb des Krankenhauses, die bestätigte, dass Diana kurz nach 2.10 Uhr gestorben sei. Annes Quelle war, wie sie erklärte, der Schwiegersohn einer Kollegin, der dort arbeitete. »Ich war noch im Tunnel. Meine Kollegin hatte einen Schwiegersohn, der in der Salpêtrière arbeitete. Sie sagte mir, er habe sie gerade angerufen und ihr gesagt, Diana sei tot. Es war 3.00 Uhr morgens, aber der Nachrichtenchef des Senders weigerte sich, diese Nachricht, die nur auf einem Telefonanruf basierte, zu verbreiten. Also formulierte ich vorsichtig, dass aus Kreisen des Krankenhauses zu hören war, sie sei tot. Ich hätte nicht darauf gewettet. Wir hatten hier eine Schlagzeile, aber wir nutzten sie nicht.«
Als wir genauer nachfragten, war sie sich über die exakte Zeit nicht mehr ganz sicher. »Es war mitten in der Nacht, und ich sah nicht auf die Uhr. Als ich hörte, dass sie um 4.00 Uhr gestorben war, schockierte mich das jedenfalls nicht mehr.«

Der britische Fachmann

Während dieses ganzen Unternehmens spielte das Glück bei meinen Nachforschungen eine große Rolle. Als Mitglied bekomme ich jeden Monat das *Journal of the Royal Society of Medicine*. Normalerweise lese ich es nicht sehr gründlich. Anfang des Jahres 2003 aber fiel mir eine Buchbesprechung auf, *Safety at Scene*. Der Autor war Dr. Vic Calland.

Calland ist einer der führenden Experten in Notfallmedizin und Versorgung von Unfallopfern im Straßenverkehr. Zudem ist er der Leiter von MedAlert, einem Unternehmen, das Dienstleistungen im Bereich Notfallversorgung für den Straßenverkehr in Lancashire anbietet. Calland arbeitet eng mit der Polizei und den verschiedenen Ambulanzdiensten zusammen, und selbst sein Privatauto ist als Ambulanz eingerichtet.

Ich rief ihn an, hatte aber wenig Hoffnung, dass er bereit sein würde, mir zu helfen. Es war eine angenehme Überraschung. Er sah die Frage nach der Funktionsweise von Notdiensten als legitimes Thema einer Recherche und willigte ein, mit mir zu sprechen, wenn ich nach Preston käme. Calland ist ein großer, sehr freundlicher Mann. Er sagte mir, dass es zwei Sorten von Unfallopfern gäbe, bei denen Unfallsanitäter emotional so belastet wären, dass ihre Leistungsfähigkeit beeinträchtigt sein könnte: Kinder und schöne Frauen. Calland erklärte sich bereit, das Material, das wir für »Diana – The Night She Died« zusammengetragen hatten, zu begutachten. Da er üblicherweise mit der Polizei zusammenarbeitet, ist es für ihn nichts Außergewöhnliches, Informationen zu einem Fall zu bekommen, wie vertraulich diese Informationen auch immer sein mögen. Er bat mich um Fotos von Diana, um die Unterlagen der Besatzung des Notarztwagens und einen detaillierten Plan des Ambulanzfahrzeugs. Zu solchen Informationen hätte er normalerweise Zugang. Natürlich kam ich nicht an die medizinischen Informationen heran, und so musste er mit wesentlich weniger Material arbeiten, als ihm sonst zur Verfügung stand.

Calland hatte kein Interesse an Sensationen, und er kennt

den Druck, unter dem Notfallsanitäter arbeiten müssen. Jeder von ihnen hätte versucht, alles nach den vorgeschriebenen Regeln zu tun. Calland vertrat die Meinung, dass möglicherweise bei der Intubation etwas schief gegangen war. Es handelt sich hier um eine Routinemaßnahme, aber sie hat ihre Tücken. Es ist eigenartig, dass Martino und Massebeuf sich nicht einig waren, wo die Intubation stattgefunden hatte; und daher liegt es nahe, nach möglichen Problemen bei der Intubation zu fragen. Aber Calland vermutet, dass wahrscheinlich beim Setzen des Katheters ein Fehler gemacht und dadurch die Verletzung der Vene noch verschlimmert wurde.

Einer der Gründe, die für Callands Analyse sprechen, ist die Formulierung, die Juge Stephan in der ausführlichen Zusammenfassung seines Berichts verwendete, die allen Beteiligten zugeschickt wurde. Stephan sagte nicht, dass die Besatzung des Ambulanzwagens keine Fehler gemacht hätte, sondern nur, dass man ihnen keinen Vorwurf machen könne, da sie sich an die Regeln der Reanimation gehalten hatten. Diese Regeln legen den Schwerpunkt auf eine möglichst intensive Versorgung am Unfallort, und dazu gehört gegebenenfalls auch das Einführen eines Katheters.

Im Lichte von Stephans sehr vorsichtiger Formulierung wird Callands Interpretation, dass die Helfer sich zwar an die Regeln hielten, aber dabei nicht sehr gut vorgingen, zu einer Deutung, die im Rahmen einer gerichtlichen Untersuchung angesichts des Fehlens anderweitiger medizinischer Belege genauer verfolgt werden sollte.

Für die Franzosen wurde die Frage der Behandlung Dianas zu einem Politikum, und die Ereignisse dieser Nacht müssen dementsprechend im richtigen Licht gesehen werden.

Frankreich hat die höchste Zahl an Verkehrsunfällen in ganz Europa. Im Jahr 2000 starben auf Frankreichs Straßen 8079 Menschen – das sind weit mehr als die 7503 Todesfälle, die in Deutschland registriert wurden, das 33 Prozent mehr Fahrzeuge und 36 Prozent weniger Straßenkilometer hat. Im Jahr 2001 stieg in Frankreich die Anzahl der Todesfälle im Straßenverkehr auf 8160. Autounfälle sind bei 15- bis 24-Jährigen beiderlei Geschlechts in Frankreich die häufigste Todesursache. Die Franzosen selbst machen das zügellose Ego des typischen männlichen Franzosen am Steuer dafür verantwortlich, der meint, es selbst nach dem Genuss von zwei Flaschen Claret noch mit Michael Schumacher aufnehmen zu können. Am 14. Juli 2002, dem französischen Nationalfeiertag, sagte Präsident Jacques Chirac, er sei »vollkommen erschrocken, dass die Straßen Frankreichs zu den gefährlichsten in ganz Europa zählen«, und er versprach, die Sicherheit auf Frankreichs Straßen zu verbessern.

Aber möglicherweise sind nicht in erster Linie die französischen Straßen gefährlich. Wenn diese Straßen und die Menschen, die darauf fahren, so schrecklich wären, würde man nicht nur eine erhöhte Zahl von Verkehrstoten, sondern auch eine hohe Anzahl von Straßenverkehrsunfällen insgesamt erwarten. Die europäischen Statistiken zeichnen jedoch ein anderes Bild. Im Jahr 1980 registrierten die französischen Statistiken 248 461 Straßenverkehrsunfälle; die Zahl für das gleiche Jahr in Großbritannien belief sich auf 257 282; in Amerika waren es 2,07 Millionen. Zwanzig Jahre später waren die Zahlen in Großbritannien und den USA im Wesentlichen gleich geblieben. Ein kleiner Zuwachs in den Vereinigten Staaten hatte zu 2,1 Millionen

Unfällen geführt, während in Großbritannien die Zahl auf 242 117 gesunken war. Zwei Länder zeigten jedoch dramatische Veränderungen. In Japan verdoppelten sich die Straßenverkehrsunfälle, und in Frankreich halbierte sich die Zahl auf 121 223.

In Großbritannien führten Verbesserungen des Notarztwesens zu einer Halbierung der Todesfälle im Straßenverkehr auf etwa 3600 im Jahr. In Frankreich hingegen hatte der Rückgang der Unfälle keine vergleichbaren Wirkungen auf die Anzahl der Todesfälle. Zwar gab es im Jahr 2001 120 000 Unfälle weniger als im Jahr 1980, aber dennoch hatte Frankreich im Jahr 2001 8100 Todesopfer im Straßenverkehr zu beklagen, im Vergleich zu 10 000 Toten bei einer seinerzeit doppelt so hohen Anzahl von Unfällen. Man muss kein Statistiker sein, um bei dieser hohen Todesrate zu der Schlussfolgerung zu kommen, dass sie sowohl auf Missstände der französischen Notfallmedizin, als auch auf das wilde Ego der Franzosen am Steuer zurückzuführen ist.

Erleidet man in Großbritannien bei einem Straßenverkehrsunfall eine Verletzung, stehen die Chancen 25 zu 1, dass man überlebt, in Frankreich hingegen nur 14 zu 1. Es scheint, als sei die französische Medizin nach dem Tod von Diana in die Defensive geraten, weil die damals geäußerte Kritik genau auf die Verunsicherung zielte, die man in Bezug auf die eigenen Praktiken der Unfall- und Notfallmedizin hatte.

Um 7.00 Uhr morgens hatten sich viele Menschen vor der Salpêtrière versammelt. Die Stimmung war geprägt von Neugier, aber auch von echter Trauer. Die Menge wusste natürlich, wer schuld an dem Vorfall war. Anne erinnert sich an eine seriös wirkende ältere Dame, die einen der Fotografen beschimpfte. »›Wie können Sie es wagen, hier aufzutauchen? Sie haben kein Recht, hier zu sein‹, schrie sie«, sagte Anne. »Der Fotograf war ziemlich erschrocken.«

In der Salpêtrière, Februar 2003

Das Krankenhaus verweigerte jeglichen Kommentar über die Ereignisse. Dennoch gelang es mir, Serge Demattos zu einem Treffen zu überreden. Er ist einer der Gewerkschaftsvertreter im Krankenhaus. Er und seine Kollegen arbeiten in einem überfüllten Raum. Sie vertreten die Krankenpfleger und Ambulanzfahrer der Salpêtrière. Als ich ihn treffe, ist er sehr zurückhaltend. Ich müsse die Zustimmung vom Pressesprecher des Krankenhauses haben, damit er reden könne. Aber dann erkennt mich eine der Sekretärinnen. Sie hatte in der Charcot-Bibliothek gearbeitet, als auch ich dort war. Sie hielt mich für einen sehr freundlichen Menschen, da ich der Bibliothek einen Dankesbrief und ein Exemplar meines Buchs über multiple Persönlichkeiten geschickt hatte. Daraufhin entspannt sich Demattos ein wenig. Aber die von ihm vertretene Position ist schwer nachzuvollziehen, besonders im Angesicht der dramatischen Szenen, die ich weiter oben beschrieben habe. Man hätte es mit so vielen Notfällen zu tun hier. Er besteht darauf, dass niemand von seinen Leuten sich an irgendetwas in dieser Nacht erinnert. Es war die Nacht, in der die berühmteste Frau der Welt vor ihrer Nase starb. Ich bleibe skeptisch. Als ich Vic Calland davon erzähle, äußert auch er Skepsis. Das Krankenhaus ließ gegenüber dem *Sunday Express* (vom 2. November 2003) verlauten, dass man strikte Anweisungen habe, sich über diese Nacht nicht zu äußern.

Aber bevor ich den Gewerkschaftsvertreter verlasse, gibt Demattos noch einen bemerkenswerten Hinweis. Seiner Meinung nach sei Diana hierher gebracht worden, weil es sich bei ihr um eine Berühmtheit gehandelt habe. Wäre sie beim Militär gewesen, hätte man sie ins Val de Grace gebracht. Bestimmte Krankenhäuser nehmen für gewöhnlich eine bestimmte Art von Patienten auf. Diana wurde nicht in die Salpêtrière gebracht, weil dies das nächstgelegene Krankenhaus mit einer guten Notfallabteilung war, sondern weil dieses Krankenhaus in Paris üblicherweise die Berühmtheiten aufnimmt. Wäre sie weniger prominent gewesen, hätte sie schneller auf dem Operationstisch liegen können. Ich kann so etwas nicht verstehen.

Demattos reagiert wieder verschlossen, vielleicht hat er das Gefühl, zu viel gesagt zu haben. Ich rufe etwas später den Pressesprecher namens Meresse an, aber der meint, es gäbe keinen Grund, mit mir zu reden. Er hätte nichts zu sagen, und auch seine Mitarbeiter hätten keine Erlaubnis, sich zu äußern. Es handle sich hier um ärztliche Schweigepflicht.

Die Schwangerschaftsfrage

Während der Pressekonferenz stellte niemand die Frage, von der die Medien in den kommenden Monaten am meisten fasziniert waren. War Diana schwanger, als sie starb? Man vermutete, dass die Ärzte routinemäßig eine Ultraschalluntersuchung durchführten, um herauszufinden, ob Diana schwanger war. Diese Frage befeuerte Hunderte von

Artikeln. Etwa drei Wochen nach dem Unfall zeigte man mir Dokumente, die offensichtlich auf dem Notizpapier der Salpêtrière geschrieben waren und die man *Paris Match* zugespielt hatte. Es handelte sich um Testergebnisse, aus denen hervorging, dass Diana wirklich ein Baby erwartete. Bei *Paris Match* war man von diesem Dokument sehr angetan, aber es schien sich letztlich um Fälschungen zu handeln, die in Spanien hergestellt worden waren. Die Salpêtrière jedenfalls leugnete die Echtheit dieser Unterlagen.

Christian Curtil, der Anwalt von Trevor Rees-Jones, sagte mir: »Ich habe nie die medizinischen Unterlagen von Diana gesehen. Das Einzige, was ich gesehen habe, war der Totenschein.« Als ich ihn fragte, ob das normal sei, antwortete er sehr zurückhaltend. »Normalerweise werden Krankenunterlagen nicht aus den Akten entfernt, aber ich kann es in diesem Fall verstehen, und ich war nicht erstaunt. Dodis Akten bestanden aus dem Totenschein und einem Bluttest. Diese Ergebnisse sind aus den Akten verschwunden«, er bezog sich dabei sowohl auf die Tests von Dodi als auch die von Diana.

Es gab viel Klatsch und Spekulationen, dass Dianas Freundin Rosa Monckton sich zur Veröffentlichung intimer Details entschließen würde. Sie hatte mit Diana Mitte August in Griechenland die Ferien verbracht, und Diana bekam in dieser Zeit ihre Periode. Sie hätte jedoch auch danach schwanger werden können, als sie Ende August mit Dodi an der Riviera war, aber sicherlich hätte sie von dieser Schwangerschaft selbst noch nichts gewusst. Wäre sie bei ihrem Zusammentreffen mit Dodi am 23. August schwanger geworden, hätte man das in der Salpêtrière anhand des Urintests feststellen müssen. Selbst die normalen Tests für den Hausgebrauch funktionieren sieben bis zehn Tage nach der Befruchtung. Allerdings gibt es keine besonderen Hinweise, dass Diana wirklich in anderen Umständen war.

Letzte Riten und Freud'sche Versprecher

Während Al Fayed unmittelbar nach Paris geflogen war, blieb Charles in England. Er ging um 11.00 Uhr mit der königlichen Familie in Craithie zur Messe. Bis zur Beerdigung Dianas sechs Tage später sah sich die königliche Familie einer bisher nicht da gewesenen Kritik ausgesetzt. Ihr Verhalten wirkte hartherzig. Es kamen Fragen nach der Zukunft der Monarchie auf. Schockierend fanden die meisten Kommentatoren, dass Prinz William und Prinz Harry an diesem Tag ebenfalls ganz normal zur Messe gehen und so tun mussten, als hätten sie ihre Gefühle nach dem Tod ihrer Mutter im Griff.

Während Prinz Charles in der Kirche betete, waren komplizierte Verhandlungen im Gange. Er hatte bereits beschlossen, ohne seine Kinder nach Paris zu gehen. Charles bestand darauf, dass Diana aus Paris mit allen Ehren zurückgebracht werden sollte. Die Leute sollten sie sehen. Der königliche Stander wurde über den Sarg gebreitet. Man muss ihm zugute halten, dass er nicht versuchte, die Leiche schamhaft zurückzuholen.

Um 13.00 Uhr kam Paul Burrell, Dianas Butler, in Paris an. Burrell beschrieb später, wie sehr ihm daran gelegen war, Diana für ihren letzten Gang so schön wie möglich herzurichten.

Charles flog von Schottland aus nach Paris. Er kam um

17.00 Uhr zusammen mit Dianas Schwestern in der Salpêtrière an. Präsident Chirac begrüßte ihn, und man sieht in den Fernsehaufnahmen, wie er leise und mitfühlend auf ihn einredet. Chirac mochte Diana. Dann fuhren Charles und Dianas Schwestern zum aufgebahrten Leichnam. Charles bat, ein paar Minuten mit seiner ehemaligen Frau allein sein zu dürfen. Als er aus dem Raum herauskam, sah man deutlich, dass er geweint hatte.

Danach traf sich Charles mit den Ärzten. Und dann gab er, wie seinerzeit an seinem Hochzeitstag, ein bizarres Statement ab, das durch den Stress verursacht war. Charles sah Riou und Pavie an und sagte: »Felicitations!«, was so viel heißt wie Glückwunsch. Die Ärzte waren etwas überrascht. Es konnte sich dabei um einen Versprecher handeln, aber für Psychologen, die Freud, Jung oder anderen psychodynamischen Ansätzen eine gewisse Bedeutung zusprechen, gibt es keine bedeutungslosen Versprecher.

Es empfiehlt sich hier, bei Freuds *Psychopathologie des Alltags* nachzuschlagen. Freud geht davon aus, dass unter Stress das Unbewusste durchbricht und dass der Geist viele verschiedene Tricks anwendet, um die Wahrheit herauszulassen. Freud hat eine Menge über Galgenhumor geschrieben und darüber, wie bestimmte Witze es uns ermöglichen, Tabus zu brechen und versteckte Feindseligkeiten zu artikulieren. Nachdem er im Angesicht der verstorbenen Diana geweint hatte, war Charles in einem sehr instabilen emotionalen Zustand. Er dachte nicht kontrolliert und bewusst, sondern folgte seinen Gefühlen; und seine Gefühle kamen ungeschminkt zum Vorschein – nur verwendete er die falschen Worte dafür. Die Ärzte hatten seine geheimsten Wünsche erfüllt, also gratulierte er ihnen. Jetzt wäre er endlich frei für jene Frau, die er immer schon geliebt hatte. Damit ist nicht gesagt, dass Charles den Tod von Diana wünschte oder gar plante, sondern nur, dass er hin- und hergerissen war. Ja, er weinte, ja, der Tod war tragisch, und ja, es gab etwas, wofür er den Ärzten zu danken hatte. Eine freundlichere Interpretation würde annehmen, dass Charles unter posttraumatischem Stress stand und in die Rolle des großzügigen Herrschers schlüpfte. Man ist im Krankenhaus und sagt freundliche Dinge zu den Ärzten, egal, was sie getan haben.

Am Ende gab es noch ein etwas peinliches Durcheinander mit den Autos. Die Franzosen warteten, bis die Briten losfuhren, und die Briten warteten darauf, dass die Franzosen zuerst abfuhren. Charles saß zwei Minuten lang traurig da. Dann kam eine Frau aus dem Krankenhaus geeilt und brachte eine Einkaufstasche. Darin befand sich das Kleid, das Diana während des Unfalls getragen hatte. Burrell nahm es schnell an sich. Er verbrannte es, weil er befürchtete, dass viele Leute versuchen würden, es als grausiges Souvenir in die Hände zu bekommen.

Dianas Leiche wurde mit dem Flugzeug nach Großbritannien überführt, wo man eine Autopsie durchführte – aber war es wirklich eine vollständige Autopsie? John MacNamara, der Leiter des Sicherheitsdiensts von Harrods, sagte mir, dass Dianas Leiche in der Salpêtrière teilweise einbalsamiert worden war und dass dies gegen französisches Recht verstieß, da dafür eine Ausnahmebewilligung erforderlich ist. Daher konnte, so MacNamara, eine vollständige Autopsie gar nicht mehr durchgeführt werden. Später, im November 2003, berichtete der *Sunday Express* mit Bezug auf eine anonyme Quelle aus dem französischen Justizministerium, dass die Geschichte mit der Einbalsamierung der Wahrheit entsprach und dass der britische Botschafter Sir Michael Jay die Franzosen gebeten hatte, Diana einzubalsamieren. Der Diplomat leitete damit eine Bitte der britischen Regierung weiter. Das britische Außenministerium verweigerte jeden Kommentar. Ich fragte Kevin Perry, der die Geschichte für die Zeitung geschrieben hatte, ob er die Quelle für zuverlässig hielt. Das täte er und es handle sich hier um einen Angehörigen des mittleren Diensts, wie er hinzufügte. Die Franzosen, die genug hatten von der Kritik an ihrer Notfallmedizin und auch von der Untersuchung, hätten wohl beschlossen, die Briten zu brüskieren.

Man hatte vermutet, dass der von der Regierung geäußerte Wunsch nach Einbalsamierung durch die Schwangerschaft Dianas motiviert war. Wenn man für die Einbalsamierung Formaldehyd verwendet, dann führt das zu chemischen Reaktionen, die denen einer Schwangerschaft ähnlich sind. War Diana erst einmal einbalsamiert, konnte keiner mehr behaupten, sie sei in anderen Umständen gewesen. Wir werden später auf weitere Gründe eingehen, die eine richtige Autopsie für die britische Regierung ungelegen erscheinen lassen. Derartige Fragen werden im Rahmen der gerichtlichen Untersuchung zu klären sein, und wahrscheinlich wird die Frage, ob sie teilweise einbalsamiert war oder nicht – und auf wessen Anordnung dies geschah –, in diesem Rahmen beantwortet werden müssen.

Die arabische Presse und die ersten Verschwörungstheorien

Noch am Tag des Todes von Prinzessin Diana gab ihr Bruder, Earl Spencer, eine Erklärung ab, die den ersten Eindruck, den viele Menschen von dieser Tragödie hatten, widerspiegelte: »Ich habe immer befürchtet, dass die Presse sie eines Tages umbringen wird. Aber ich konnte mir nie vorstellen, dass sie es auf eine derart direkte Weise tun würden, wie es jetzt den Anschein hat. Wie es scheint, hat jedes Presseorgan, das für aufdringliche Fotos von ihr gezahlt und damit gierige und rücksichtslose Individuen angestachelt hat, jedes Risiko für ein Bild von Diana einzugehen, heute Blut an seinen Händen.«

Im Mittleren Osten, der Region, aus der Dodi kam, stellten sich die Dinge jedoch ganz anders dar.

Ich habe behauptet, dass die Psychologie für das Verständnis der in diesem Fall herumschwirrenden Verschwörungstheorien hilfreiche Dienste leisten kann. Anrufer im französischen Radio sprachen von Mord. Eine Frau nannte das Ganze sogar eine Hinrichtung. Aber ihren Ursprung nahmen die Verschwörungsthesen im Mittleren Osten. Man darf nicht vergessen, dass nicht nur Diana, sondern auch Dodi Al Fayed ums Leben kam. Die arabische Presse beschuldigte die Briten von Anbeginn an einer Verschwörung. Die arabische Zeitung *Al Usbue* fragte auf ihrer Titelseite: »Hat der britische Geheimdienst Diana ermordet?« Die Zeitung vermutete, dass »... das Hassgefühl der Abgewiesenen in der königlichen Familie brodelte und es wahrscheinlich ist, dass man dem britischen Geheimdienst den Auftrag gab, diese Beziehung um jeden Preis zu beenden«. *Al Usbue* fügte hinzu, die Briten hätten wohl einige nützliche Lektionen gelernt, da der Geheimdienst diesmal beschlossen hatte, »sie und ihren Freund weit weg von England loszuwerden, um jeden Verdacht von sich abzulenken«.

Die seriöse Kairoer Tageszeitung *Al-Ahram* enthält sich normalerweise jeder Form des Sensationsjournalismus, aber auch sie zitierte Augenzeugen, die glaubten, es handele sich hier um einen »arrangierten Unfall«. Lediglich ein Journalist schlug moderatere Töne an: Salama Ahmad Salama schrieb: »Eine Verschwörung steht hier nicht zur Debatte ... so etwas wäre höchstens einem Saddam Hussein zuzutrauen.«

Und auch Saddams Medien hielten sich nicht zurück. Die Zeitung mit dem schönen Namen *Babel*, die damals von Uday, einem der Söhne von Saddam, geleitet wurde, schrieb: »Diana wurde vom britischen Geheimdienst liquidiert, weil sie sich nicht an die Regeln hielt und in der Politik mitmischte, obwohl sie einer Familie entstammt, in der man herrscht und nicht regiert.« Libyens Staatschef Gadaffi vermutete, der Zusammenstoß sei vom britischen und französischen Geheimdienst arrangiert worden, um zu verhindern, dass ein Mitglied der königlichen Familie einen Araber heiratete. Er verurteilte den »arrangierten Unfall« als »antiislamisch« und »antiarabisch«. Das britische Außenministerium legte formell Protest in Libyen ein.

Die wöchentliche Ausgabe von *Al-Ahram* vom 4. bis 7. September 1997 wies darauf hin, dass Freunde von Dodi ursprünglich jegliche Verschwörungstheorie abgelehnt hatten. Sie zogen es vor, das Schicksal des Paares mit einer griechischen Tragödie zu vergleichen. Aber auch diese Zeitung gab der Attentatstheorie jede Menge Spielraum. Mohamed

Nessim, ein ehemaliger Beamter des ägyptischen Geheimdiensts, wurde zitiert mit den Worten: »Ein solcher Unfall ist höchst ungewöhnlich ... [die Ereignisse] verdichten sich nicht zu einem natürlichen Geschehensablauf ... es gibt andere Beispiele dafür ... Unfälle, deren Geheimnis nie geklärt wurde.« Anis Mansour, ein altgedienter ägyptischer Journalist, sagte: »Der britische Geheimdienst ermordete sie, um den Thron zu retten – ebenso wie man Marilyn Monroe ermordete.«

Ironie und Übertreibung waren immer schon wirksame Waffen in jeder Auseinandersetzung. Die arabische Sichtweise, dass Diana ermordet worden war, machte es dem Westen einfach, diese Idee als lächerlich abzutun.

Denn wie konnte jemand an eine Verschwörung glauben, wenn zwei der wüstesten Diktatoren, die so offensichtlich einen Sprung in der Schüssel haben – Psychopathen mit dem Blut vieler Unschuldiger an ihren Händen –, diese These vertraten?

Großbritannien war plötzlich zu einem Land geworden, das über die Intensität seiner eigenen Gefühle erstaunt war. Die Menschen weinten auf der Straße. Es ging zu wie in Lateinamerika. Diana war so jung gestorben. Und zudem, wer hätte erwartet, dass auch die Königinmutter zu den Trauernden am Grab zählte? Man nahm die kollektive Reaktion auch als ein Zeichen. Großbritannien hatte sich verändert. Es war nicht mehr das Land mit der steifen Oberlippe und der Unfähigkeit, Gefühle zu zeigen. Diana hatte uns etwas gelehrt. Sie war so offen – gegenüber dem Guten wie dem Bösen, der Freude und dem Schrecken. Sie hatte so viele Tabus gebrochen, hatte Themen, die man früher als unschicklich betrachtete, zur Diskussion gestellt. Sie hat viele

Frauen unmittelbar angesprochen – und nicht nur die jungen. Ich hatte eine Unterhaltung mit einer 78-jährigen Frau aus der Börsenmaklerszene, die Diana bewunderte, weil sie, wie sie mir sagte, so tapfer gewesen war und von der königlichen Familie gehasst wurde. Diese Frau war eine stramme Wählerin der Konservativen.

Allerdings gehörte Ihre Majestät die Königin nicht gerade zu den glühenden Anhängern von Diana. Es gab eine Reihe von Interpretationen der unangemessenen – oder nicht zeitgemäßen, inakzeptablen – Reaktion der königlichen Familie auf den Tod Dianas. Anthony Holden vertrat die These, die Königin sei während ihrer gesamten Regentschaft noch nie dermaßen verängstigt gewesen. Die Stimmung im Land war sehr feindselig gegenüber der Krone. Geheimdienstkreise warnten, der Prince of Wales könne mit faulen Tomaten beworfen werden. Schließlich überredete der Premierminister die Königin zu einem Fernsehauftritt, um der Nation zu demonstrieren, dass auch sie geschockt, erregt und betroffen sei. Das war nie der Stil der Königin, aber ihr Fernsehauftritt zeigte den Menschen, dass sie es wenigstens versuchte.

Alle dachten, dass die königliche Familie die tiefen Gefühle, die Diana bei den Menschen hervorrief, nicht verstand. Als Psychologe ist mir diese Erklärung etwas zu einfach. Man sollte hier an Festingers Theorie der kognitiven Dissonanz denken, die ich am Anfang des Buches erwähnte. Unter dem Gesichtspunkt kognitiver Dissonanz wäre die abweisende Kälte der königlichen Familie im Angesicht von Dianas Tod verständlich, weil sie tief im Inneren wussten, dass sie nie an sie herangekommen waren. Solche Empfindungen im Angesicht des Todes von Diana verarbeitet man am besten, indem man sich selbst davon zu überzeugen versucht, dass diese Person Liebe, Wärme und Zuneigung gar nicht verdient.

Ich habe die Archive nach einer Erklärung von Charles zum Tod von Diana durchsucht, schließlich war sie die Frau, mit der er zwei Kinder hatte. Ich konnte nichts dazu finden.

Die von mir aufgedeckten Fakten legen einen weiteren Grund für die königliche Geringschätzung nahe. Die britischen Sicherheitsdienste hatten einen Beleg, der die negative Einschätzung der Person von Diana nur bestätigen konnte. Wie wir gesehen haben, zog der *Sunday Mirror* Andrew Goldens Geschichte über das vom MI 6 für den Buckinghampalast erstellte Dossier über die Al Fayeds zurück, als man von Dianas Unfall hörte. In dieser Geschichte wird ein Freund der königlichen Familie zitiert, der sagte, Prinz Philip habe sich über Dodi als »den öligen Betthupfer« beschwert. Es gab Belege – und ich bin mir sicher, dass die französischen Behörden diese den britischen Behörden bald zukommen ließen –, dass Dodi Diana nicht nur auf eine Weise angemacht hat.

5
Schmutzige Tricks: »Stockbesoffen«

Wie wir aus zahllosen Kabarettnummern wissen, hat die Polizei vor der Erfindung des »Röhrchens« eine simple Methode angewandt, um den Alkoholisierungsgrad von Autofahrern festzustellen. Man wurde aufgefordert, auszusteigen, dann sollte man einen Fuß vor den anderen setzen und stramm geradeaus gehen. Schaffte man etwa zehn Meter, dann war man nüchtern; war man hingegen betrunken, verfügte man weder über die nötige motorische Kontrolle noch über die Koordination von Augen und Füßen, um eine gerade Linie zustande zu bringen. Es gibt handfeste Hinweise dafür, dass Henri Paul diesen Test, noch eine knappe Stunde bevor er sich ans Steuer des Mercedes setzte, problemlos bestanden hätte.

Am Morgen des 1. September, einem Montag, waren die Paparazzi zwar noch in polizeilichem Gewahrsam, aber am Nachmittag witterten zwei ihrer Anwälte, Jean-Marc Coblence und William Bourdon, einen Stimmungsumschwung. Offenbar lag irgendetwas in der Luft, was ihren Klienten von Nutzen sein würde. Auf die Lösung mussten sie nicht lange warten. Gegen 16.00 Uhr verbreitete die Pariser Staatsanwaltschaft »über die üblichen Kanäle«, wie Nicholas Marmier es ausdrückte, sensationelle Einzelheiten, um den Gott der Schlagzeilen zu besänftigen. Zwar blieben die Paparazzi weiterhin üble Halunken, aber der

Hauptschurke des Dramas, wurde nun behauptet, sei nach den Ergebnissen der Obduktion der betrunkene Fahrer.

Das ist so brisant, weil die französischen Behörden an diesem 1. September, ganze 36 Stunden nach dem Unglück, eine Kehrtwendung machten. Nun hatte angeblich Henri Paul den Unfall verursacht. Was das Büro des Generalstaatsanwalts mitteilte, sollte sich als die offizielle Position im Hinblick auf die Tragödie entpuppen, eine Position, von der die französische Regierung nie wieder abgerückt ist. Wie die Presse von der Generalstaatsanwaltschaft erfuhr, hatte die Autopsie des Leichnams von Henri Paul bewiesen, dass er betrunken gewesen sei. Obwohl der entsprechende Befund noch nicht in seiner endgültigen Form vorlag, erklärte man Journalisten wie Nicholas Marmier vom *Parisien* kategorisch, mit über 1,7 Promille sei der Alkoholgehalt im Blut von Henri Paul dreimal so hoch gewesen wie erlaubt (in Frankreich beträgt die Promillegrenze 0,5). Damit nicht genug, Henri Paul habe auch noch mindestens zwei Sorten Antidepressiva eingenommen. Er sei also nicht in der Verfassung gewesen, ein Auto zu lenken, und infolgedessen seien drei Menschen ums Leben gekommen.

Unabhängig davon ließ die Pariser Polizei verlauten, der Mercedes habe eine Geschwindigkeit von 190 Stundenkilometern gehabt. Abgeleitet wurde das von der Tatsache, dass der Tacho auf jener Geschwindigkeit stehen geblieben sei. Später war die Polizei gezwungen, diese Behauptung zurückzunehmen, da die Herstellerfirma nachdrücklich erklärte, bei einem Aufprall, bei dem sich die Airbags aufgeblasen hätten, würde die Tachonadel auf null zurückfallen. Zu dem Zeitpunkt, an dem das herauskam, hatten sich im Gedächtnis der Öffentlichkeit allerdings schon genügend

Schlagzeilen wie »Fahrer stockbesoffen« verankert. Es gibt jedoch viele Gründe, die Behauptung der Polizei, Henri Paul sei alkoholisiert gewesen, infrage zu stellen.

Henri Paul im Ritz

Am 30. August kam Henri Paul um 22.08 Uhr ins Ritz zurück. In den folgenden zwei Stunden saß er zeitweise mit Trevor Rees-Jones und Kez Wingfield in der Hotelbar, während sich Dodi und Diana droben in der Suite Impériale aufhielten. Wäre einem der beiden Leibwächter aufgefallen, dass Henri Paul nicht nüchtern war, so wäre es reiner Wahnsinn von ihnen gewesen, ihn ans Steuer zu lassen. David Crawford, der Anwalt von Trevor Rees-Jones, hat mir versichert, sein Mandant und dessen Kollege hätten keinerlei Anzeichen dafür entdecken können. Was Henri Paul in der Bar des Ritz zu sich genommen hat, ist nicht ganz klar. John MacNamara sagte mir, laut den Belegen der Bar habe es sich um Anisette (einen Anislikör) gehandelt. Crawford hingegen teilte mir mit, die drei Männer hätten sich über eine anzügliche Bemerkung seines Mandanten amüsiert, bei der dieser den von Paul genossenen Ananassaft mit der derben Bezeichnung für den verlängerten Rücken in Verbindung gebracht habe. Eventuell habe es sich dabei um einen Seitenhieb auf Henri Pauls angebliche Bisexualität gehandelt. Beide Getränke haben eine gelbliche Farbe. Bekommt man jedoch einen Anis serviert, so meist mit einem Kännchen Wasser, um ihn nach eigenem Geschmack zu verdünnen. Es wäre erstaunlich, wenn Rees-Jones davon nichts bemerkt hätte. Auf dieselbe Unstimmigkeit hat auch François

Meyer, der Anwalt der Familie Paul, verwiesen. Henri Paul hat die letzten zwei Stunden und 17 Minuten seines Lebens an einem öffentlichen Ort verbracht, an dem er von vielen Menschen umgeben war. Keinem von ihnen ist aufgefallen, dass er geschwankt oder irgendwelche anderen Anzeichen für Alkoholgenuss gezeigt hätte.

Als Presse und Polizei sich eingehend mit der Vergangenheit von Henri Paul befassten, brachte die ganze Wühlerei nicht das zutage, was ein einschlägig bewanderter Psychologe wohl erwartet hätte – irgendeine Verurteilung oder wenigstens eine Verwarnung wegen eines Verkehrsdelikts. Viele Autofahrer, die durch ihr rücksichtsloses Verhalten den Tod eines anderen Menschen verschulden, sind vorher schon wegen eines anderen Verkehrsdelikts verurteilt worden. Zum Beispiel hat eine Studie von 200 tödlichen Verkehrsunfällen auf Long Island ergeben, dass 51 Prozent der verantwortlichen Fahrer entweder schon einmal ihren Führerschein verloren hatten oder wegen Verkehrsgefährdung oder Raserei verurteilt worden waren. Ich würde annehmen, dass der Prozentsatz noch höher liegt als in dieser Studie, weil der für einen tödlichen Unfall verantwortliche Fahrer ja nur dann vor Gericht gestellt werden kann, wenn er selbst überlebt hat. Henri Paul hingegen war noch nie wegen eines Verkehrsdelikts verurteilt worden. Natürlich beweist das nicht, dass er in der Nacht der Tragödie nüchtern war, aber dem typischen psychologischen Profil eines rücksichtslosen Autofahrers entsprach er auch nicht.

Einer der Zeugen, die wir für »Lady Died« befragten, ist Claude Garrec, der eine seltsame Mischung aus einem einerseits zynischen, andererseits sehr gefühlsbetonten Menschen darstellt. Über seine Beziehung zu Henri Paul spricht Garrec absolut freimütig. Kennen gelernt haben die beiden sich schon als junge Männer in ihrer Heimat, der Bretagne. Henri Paul war Garrecs bester Freund und sein Trauzeuge. Jede Woche, meist am Samstagvormittag, trafen die beiden sich zum Tennisspielen. Die Behauptung, Henri Paul habe sich betrunken ans Steuer des Mercedes gesetzt, findet Garrec schwer zu glauben.

Garrec steht nicht allein mit seiner Meinung, es wäre völlig untypisch für seinen »besonnenen Freund« gewesen, alkoholisiert Auto zu fahren. Ähnlich denkt auch Laurence Pujol, die mit ihrer Tochter Samantha vier Jahre lang mit Henri Paul zusammengelebt hatte, bevor sie sich 1992 von ihm trennte. Bis April 1995 blieb sie mit ihm in Kontakt. Sie zeichnet ein anrührendes Bild von dem Mann, mit dem sie vier Jahre zusammen war. Henri Paul habe gern einen Schluck getrunken, aber: »Wenn er Wein intus hatte, war er immer guter Laune und hat allerhand Jux gemacht, um die Leute zum Lachen zu bringen. Manchmal tat er so, als sei er total beduselt, obwohl es gar nicht zutraf. Er war eben ein Spaßvogel. Wenn er beschwipst war, alberte er herum, hat aber nie die Kontrolle über sich verloren.« Nachdem Henri Pauls Beziehung zu Laurence Pujol in die Brüche gegangen war, verbrachte er den Samstagabend oft mit Garrec und dessen Frau.

Unser Gespräch mit Garrec fand vor dem Wohnblock in der Rue Chambon statt, in dem Henri Paul gelebt hat. Die Gegend ist recht interessant. Einige Mitglieder des Homosexuellenclubs, der in dem Gebäude untergebracht ist, versuchten, uns am Filmen zu hindern. Gegenüber ist eine Bar, deren Gäste großteils zur Lesbenszene gehören. Henri Paul hat sie offenbar ziemlich oft besucht.

Garrec traf Henri Paul am Morgen des 30. August. »Am Tag der Tragödie habe ich ihn zu Hause abgeholt«, berichtet Garrec (auf Französisch sprach er vom *jour du drame).* »Wir sind zum Tennisspielen nach Issy Les Moulineaux gefahren. Als wir fertig waren, habe ich ihn wieder hier abgeliefert und mich um die Mittagszeit verabschiedet. Ich habe ihn nie wieder gesehen.«

Am Sonntagmorgen erfuhr Garrec von Henri Pauls Familie telefonisch vom Tod seines Freundes. Später bestellte man ihn zur Kriminalpolizei ins Pariser Polizeipräsidium. »Man hat mich gefragt«, berichtet er, »ob es mich überraschen würde, dass er viel getrunken hatte. Außerdem gebe es Hinweise auf Alkoholprobleme.« In Frankreich unterscheidet man zwischen ausgeprägtem Alkoholismus und einem so genannten *alcoolisme moderée*, also einer gemäßigten Trunksucht. Obwohl niemand je behauptet hatte, Henri Paul sei Trinker gewesen, erklärte die Pariser Polizei, er habe Medikamente erhalten, weil sein Arzt ihm gesagt habe, er trinke zu viel und solle seinen Konsum herunterschrauben.

»Ich habe der Polizei gesagt, ich wäre sehr überrascht [über diese Behauptungen]«, meinte Garrec. »Henri Paul hat seine Arbeit ernst genommen. Dass er bereit gewesen wäre, sich ans Steuer zu setzen, obwohl er betrunken war, kommt mir seltsam vor. Ich kann mir die Sache zwar auch nicht erklären, aber die Unfallursache, wie man sie uns erzählt hat, konnte ich nie glauben.« Das sei der Beginn eines Ammenmärchens gewesen, das Garrec wütend gemacht habe: »Nicht nur die Polizei hat Henri an den Pranger gestellt, sondern auch die französische Presse«, sagte er.

Am 2. September fielen tatsächlich sämtliche Zeitungen der

Welt über Henri Paul her. Der britische *Daily Mirror* bezeichnete ihn als »betrunkenen Raser« und schrieb: »Motorradfreak konnte neun Whisky pro Abend kippen.« Im *Daily Star* wurde behauptet, Henri Paul sei so besoffen gewesen, dass er den Paparazzi beim Verlassen des Ritz zugerufen habe: »Ihr kriegt uns nie!« Im *Express* hieß es, Paul sei »ein starker Trinker mit einem Hang zum Highlife« gewesen. Außerdem berichtete die britische Presse, Henri Paul habe gegen 23.00 Uhr in einer Bar namens Bourgogne Whisky getrunken, obwohl auf Videobändern zu sehen war, dass er bereits um 22.09 Uhr ins Ritz zurückgekehrt war. Auch amerikanische und japanische Zeitungen schlossen sich der Kampagne an.

Eine Schar von Reportern fiel in der bretonischen Stadt Lorient ein, wo die Eltern von Henri Paul lebten. Obwohl sich die Presseleute alle Mühe gaben, fanden sie nur eine einzige Person, die behauptete, Paul habe ein Alkoholproblem gehabt. Die meisten seiner alten Freunde erklärten wie Claude Garrec, er habe ganz gern einen getrunken. Aber es gibt auch objektivere Indizien als die Meinung von Pauls Angehörigen und Freunden.

Körpersprache

Wie zu Beginn dieses Buchs erwähnt, habe ich Prinzessin Diana nur ein einziges Mal persönlich gesehen: als ich am Tag ihrer Scheidung gebeten wurde, ihre Körpersprache zu kommentieren. Nun erwiesen sich meine entsprechenden Fertigkeiten erneut als nützlich. Das Ritz hatte der Polizei die Videoaufnahmen der Überwachungskameras zur Verfügung gestellt. Anschließend bekamen die Journalisten etwas zu sehen, was wir für eine zensierte Version hielten. Als Francis Gillery mit seiner Arbeit an »Lady Died« begann, traf er sich mit Frank Klein, dem Generaldirektor des Ritz, und überredete ihn dazu, mehr von dem vorhandenen Videomaterial sehen zu dürfen als die Journalisten vor ihm. Eine der Kameras war auf den Hoteleingang mit seiner Drehtür gerichtet, eine zweite zeigte das Foyer. Weitere Kameras befanden sich vor der Suite Impériale und hatten unter anderem aufgenommen, wie ein Servierwagen hineingeschoben wurde.

Als ich an meinem eigenen Dokumentarfilm über Diana arbeitete, verbrachte ich eine Menge Zeit mit der Betrachtung dieser Videobänder. Ich wusste zwar nicht recht, wonach ich suchte, aber ich hatte das Gefühl, es wäre fahrlässig, sie nicht gewissenhaft zu studieren. Dabei fiel mir etwas Interessantes ins Auge. Gegen 23.00 Uhr ist Henri Paul im Foyer des Ritz auf und ab gegangen und hat sich dabei gelegentlich mit verschiedenen Personen unterhalten. Dabei merkte er plötzlich, dass seine Schnürsenkel offen waren, und hockte sich hin, um sie zuzubinden. Wie er das tat, war regelrecht elegant. Das Video zeigt, wie Henri Paul sich hinhockt, seinen linken Schnürsenkel bindet und dann sein Gewicht vom einen Bein auf das andere verlagert, um den Schnürsenkel seines rechten Schuhs zuzubinden, ohne aufzustehen. Das Ganze sieht fast tänzerisch aus. Dann steht Paul ohne jede Pause wieder auf. Von einem Betrunkenen mit verminderter motorischer Kontrolle würde man ein anderes Verhalten erwarten, weshalb ich auch der Meinung bin, dass Henri Paul den zu Beginn dieses Kapitels erwähnten Test problemlos bestanden hätte.

Meine Schlussfolgerungen sind keineswegs überzogen. Auch die zwei Pathologen und die zwei Toxikologen, die die Ergebnisse der Autopsie überprüft haben, sind zu dem Ergebnis gekommen: »Wir haben Videos gesehen, die Henri Paul im Hotel zeigen. Unserer Ansicht nach ist sein Verhaltensmuster unvereinbar mit dem einer Person, deren Blut einen hohen Alkoholgehalt aufweist.«

Sobald die Ergebnisse der Autopsie darauf hinzuweisen schienen, dass Henri Paul ein starker Trinker gewesen war, durchsuchten Madame Monteils Beamte von der Brigade Criminelle seine Wohnung. Garrec, der von seinem Freund Zweitschlüssel bekommen hatte, war bei der Durchsuchung anwesend.

Die Polizei teilte mit, man habe Johannisbeerlikör, Ricard, Suze, Portwein und Bier gefunden, ferner ungeöffnete Flaschen Champagner und Rotwein. In der Küche sei man auf Ricard, Martini Bianco und Bourbon der Marke »Four Roses« gestoßen. Garrec meint, dabei habe es sich nicht um den typischen Vorrat eines Alkoholikers gehandelt, sondern um den Inhalt einer ganz normalen Hausbar. »So eine habe ich auch«, sagt er. Außerdem sei im Polizeibericht keine Rede von Kästen mit 240 Flaschen Cola light gewesen, Pauls Lieblingsgetränk: »Weil er im fünften Stock wohnte, hat er es sich nach Hause bringen lassen, genau wie seine Wäsche.«

Die Polizei, sagte Garrec, habe auch nach den Medikamenten gesucht, die Henri Paul angeblich eingenommen habe, in der Wohnung jedoch keine Spur davon gefunden. Dass sein Freund bei der Arbeit gelegentlich gestresst war, leugnet Garrec nicht: »Er hat uns erzählt, manchmal müsste er dafür sorgen, 300 Leuten den Zutritt zum Hotel zu verwehren, um irgendwelche Gäste zu schützen. Dazu musste er Schranken aufstellen lassen. Kurz vor seinem Tod war er der amtierende Chef der Sicherheitsabteilung geworden. Diese ganzen Sachen haben ihn zwar gestresst, aber einen Kranken haben sie nicht aus ihm gemacht.« Das sei nicht nur seine Meinung, sagt Garrec: »Unter den Papieren, die ich habe, sind Dokumente, in denen steht, dass er noch drei Tage vor dem Unfall bei vollkommener körperlicher und geistiger Gesundheit war.« Bei diesen Papieren handelt es sich um die Ergebnisse einer ärztlichen Untersuchung, der Henri Paul sich wegen der Erneuerung seines Pilotenscheins unterzogen hatte. Der Arzt hatte gesagt, Pauls Reflexe und Allgemeinbefinden seien gut, aber er müsse sich wegen seiner Kurzsichtigkeit eine Brille besorgen. Von irgendwelchen Alkoholproblemen war nicht die Rede gewesen. »Seine Eltern sind immer noch davon überzeugt, dass es irgendwelche Tricks gegeben hat, irgendetwas war gelogen, und dass ihr Sohn unschuldig war«, sagt Garrec. »Sie glauben weder die Theorie von der überhöhten Geschwindigkeit noch die Behauptung, dass er Alkoholiker war.«

Garrec ist immer noch wütend über die Art und Weise, wie über die Bestattung von Henri Paul berichtet wurde. In den Zeitungen hieß es, der Verstorbene habe im Ritz so wenige Freunde gehabt, dass niemand vom Hotel aufgetaucht sei. Lügen, meint Garrec. »Tatsächlich waren viele Leute vom Ritz gekommen ... der Generaldirektor zum Beispiel hat in der Kirche in der ersten Reihe gesessen. Das widerlegt doch das Märchen, Henri Paul wäre im Ritz unbeliebt gewesen.«

Da Garrec vorher noch nie mit den Medien zu tun gehabt hatte, war er schockiert vom Verhalten der Journalisten. Besonders habe er sich über *Paris Match* geärgert, sagt er.

»Die wollten Bilder von meinem Freund, und ich hatte solche Bilder. Zuerst habe ich gesagt, sie könnten die Fotos verwenden, aber als ich den Artikel sah, erklärte ich ihnen, wenn sie *so etwas* schreiben wollten, würde ich ihnen die Fotos lieber nicht überlassen.« In dem vorläufigen Manuskript, das Garrec gesehen habe, sei behauptet worden, Henri Paul wäre »in schlechter Stimmung aufgewacht und habe sich Sorgen um seine Gesundheit gemacht. Dabei hatte ich denen doch gesagt, es wäre ihm gut gegangen und ich hätte Tennis mit ihm gespielt.« Garrec schätzt, etwa 90 Prozent des Artikels hätten sich gegen Henri Paul gerichtet. *Ouest-France* sei da ehrlicher gewesen. Diese Feindseligkeit verblüfft ihn noch heute vollständig.

Die sensationelle Information, Henri Paul habe unter dem Einfluss von Alkohol und Medikamenten gestanden, löste ein regelrechtes Mediengewitter aus. In gewisser Hinsicht ist es nicht allzu überraschend, dass die französische Presse dazu neigte, gleich nach dem Unfall einfach die Mitteilungen der Polizei nachzuplappern. Schließlich veränderte die Story sich ständig, und zwar in rasendem Tempo. Zuerst standen die Paparazzi im Kreuzfeuer, dann musste Erik Petel in ein schlechtes Licht gerückt werden, weshalb Polizeiquellen nicht nur gegenüber der Presseagentur *Credo* behaupteten, man könne ihm nicht trauen. Schließlich, gerade einmal 36 Stunden nach dem Unglück, lautete die neueste Wahrheit, Henri Paul sei betrunken gewesen.

Laut Nicholas Marmier kamen die Informationen über Henri Pauls Alkoholexzesse von den »üblichen Quellen«, das heißt dem Polizeipräsidium und dem Justizministerium. Patricia Tourancheau von der *Libération* verfügte über dieselben Informationen und veröffentlichte sie wie Marmier, ohne sie zu hinterfragen. Natürlich verlassen Journalisten sich auf der ganzen Welt auf polizeiliche Quellen, aber in Frankreich ist die Presse von den Behörden offenbar noch stärker abhängig als anderswo. Die Zeiten, in denen ein Autor wie Émile Zola die gegen den jüdischen Hauptmann Dreyfus gerichteten Lügen in seiner berühmten Schrift *J'accuse (Ich klage an)* an den Pranger stellte, sind offenbar schon lange vergessen. Heute scheint das Motto der französischen Kriminalreporter darauf hinauszulaufen, alles nachzuplappern, was sie von der Polizei vorgesetzt bekommen. Zu ihrer Verteidigung kann man lediglich anführen, dass sich die Geschichte so schnell und unter solchem Druck entwickelte. Den Journalisten blieb also nicht viel Zeit, um nachzudenken, die Dinge zu analysieren und ihre Quellen zu überprüfen.

Das Hotelmanagement bezeichnet Henri Paul als vorbildlichen Angestellten. Grandhotels sind exotische Orte, die auf die Bedürfnisse der Großen und der Superreichen dieser Welt eingestellt sind. Es ist kein großes Geheimnis, dass ihr Personal den Gästen manchmal inoffizielle Dienste anbietet. Die Angestellten besorgen Eintrittskarten für die interessantesten Veranstaltungen, auch wenn diese schon ausverkauft sind, sie empfehlen Nachtclubs, und manchmal haben sie auch kleine schwarze Büchlein mit den Namen von Begleitagenturen und Prostituierten. Der Posten, den Henri Paul innehatte, war nichts für unschuldige Gemüter, weshalb es vielleicht nicht allzu überraschend ist, dass Paul sich als immer geheimnisvollere und schillerndere Persönlichkeit entpuppt, je mehr man über ihn erfährt. Sein Lebensstil wirft mehr als eine Frage auf.

Henri Paul: Fakten und Fragen

Henri Paul wurde am 3. Juli 1956 in der Hafenstadt Lorient im Süden der Bretagne geboren. Sein Vater hatte nach der Militärzeit einen Posten bei der Stadtverwaltung gefunden. Pauls schulische Leistungen waren sehr anständig. Sein Abitur machte er im mathematisch-naturwissenschaftlichen Zweig, aber er war auch musikalisch sehr begabt. Für sein Klavierspiel wurde er mit mehreren Preisen ausgezeichnet. 1976 leistete Henri Paul seinen Militärdienst auf dem Luftwaffenstützpunkt Rochefort, wo er dem Wachpersonal zugeteilt wurde. Bei seiner Entlassung hatte er den Rang eines Leutnants und meldete sich als Reserveoffizier.

Der Dienst bei der Luftwaffe passte zu Henri Paul, weil Fliegen sein großes Hobby war. Den Pilotenschein machte er schon mit zwanzig Jahren, und bis 1997 hatte er 605 Flugstunden hinter sich gebracht. Offenbar besaß er die Berechtigung zum Instrumentenflug, denn sein Freund Garrec erinnert sich daran, bei Nebel mit ihm geflogen zu sein. »Er konnte bei jedem Wetter fliegen«, berichtet Garrec. Einer von Henri Pauls Fluglehrern, George Bielek, erinnert sich noch gern an ihn. »Er war ein guter Bursche«, sagt Bielek. »Nein, wir hatten nie irgendein Problem mit ihm; er war ein sehr ernsthafter und ruhiger Typ.« Es habe ihm gefallen, dass Henri Paul immer versuchte, seine Leistungen zu verbessern.1985 verließ Henri Paul die Bretagne, um nach Paris zu gehen, wo er im Ritz eine Stelle als Sicherheitsbeamter fand.

Die Privatfliegerei ist kein Hobby für Arme, und Henri Paul hätte mit seinem Grundgehalt von umgerechnet etwa 4500 Euro nicht oft fliegen können. In den achtziger Jahren war ich gut mit der inzwischen verstorbenen Judith Chisholm befreundet, die den Weltrekord für den Alleinflug von London nach Australien innehatte. Judith bereitete es immer Mühe, die Auslagen für ihr Flugzeug zu bestreiten, zum Beispiel für die Hangar- und Landegebühren und das Flugbenzin. Henri Paul hingegen hatte Glück, weil Dodi ein Flugzeug besaß und es ihm manchmal zur Verfügung stellte. Auf einem Foto sieht man Dodi und Henri Paul am Pariser Flughafen Le Bourget, wie sie sich etwas zuflüstern. Als Fachmann für Körpersprache würde ich sagen, es ist das Bild von zwei Männern, die sich nahe stehen.

Es dauerte nicht lange, bis Henri Paul zum stellvertretenden Leiter der Sicherheitsabteilung ernannt wurde, aber er war enttäuscht, als man ihn zwei Jahre später nicht zum Chef machte. Zu seinem Job gehörte es auch, gelegentlich den Chauffeur zu spielen, und das Ritz hatte Beziehungen zu der Mietwagenfirma Étoile Limousine. Paul wurde zwei Wochen nach Deutschland geschickt, um bei Daimler-Benz einen Fahrkurs zu absolvieren. Als Fahrer war er gut qualifiziert, obwohl ihm der offizielle französische Führerschein für Chauffeure von Mietwagen fehlte. Um das Fehlen dieser Qualifikation hat man viel Wind gemacht, aber das ändert nichts daran, dass Henri Paul viel Erfahrung im Umgang mit Mercedes-Limousinen hatte.

Was das Sexualleben von Henri Paul betrifft, haben die Medien natürlich versucht, jedes Detail ans Tageslicht zu bringen. Er brauchte etwas Zeit, um das Scheitern seiner Beziehung zu Laurence Pujol zu verarbeiten, aber offenbar hatte er eine neue Freundin, die auch die Schlüssel zu seiner Wohnung besaß. Kennen gelernt hatte sie allerdings noch niemand. Seltsamerweise fand die Polizei bei der Durchsuchung seiner Wohnung auch einen Führer über das schwule Paris, aber das hielt damals niemand für besonders bedeutungsvoll. Leute, die sich in Grandhotels auskannten, stellten die Vermutung an, als vorbildlicher Angestellter sei Henri Paul wohl manchmal in die Verlegenheit gekommen, einem Gast Auskunft über die Attraktionen der entsprechenden Szene geben zu müssen. Offenbar hat sich kein Journalist und wohl auch nicht die Polizei je die Frage gestellt, ob ein Mann, der über einem Club für Homosexuelle wohnte, ein Exemplar des Führers über das schwule Paris besaß und eine Bar für Lesben frequentierte, womöglich nicht hundertprozentig heterosexuell gewesen sein könnte. Seine alte Freundin Laurence Pujol sagt, manchmal hätte sie irgendwelche Leute versteckte Anspielungen machen hören. Obwohl Henri Paul mit 41 noch immer Junggeselle war, habe er nur gelacht, wenn man Scherze über seine Sexualität gemacht habe.

Wie Paul den 30. August verbracht hat, habe ich in groben Zügen bereits geschildert. Er gehörte zu der Gruppe, die Diana und Dodi in Le Bourget abholte, dann fuhr er den Range Rover mit dem Gepäck der beiden zur Villa Windsor. Ben Murrell, der Sicherheitschef der Villa, hat als Einziger die Vermutung geäußert, Paul habe Alkohol getrunken. Zu David Crawford, dem Anwalt von Trevor Rees-Jones, hat Murrell gesagt, Henri Paul habe »sehr gut zu Mittag gegessen« und sei ziemlich rührselig gewesen. Zu einem guten Mittagessen gehört in Frankreich ein kleiner Krug mit einem Viertelliter Wein, mit einem »sehr guten« Mittagessen könnte ein größerer Krug mit einem halben Liter gemeint gewesen sein. Als Henri Paul gegen 17.00 Uhr ins Ritz zurückkam, fiel jedoch niemandem etwas Ungewöhnliches an seinem Verhalten auf, und daran änderte sich auch nichts bis 19.00 Uhr, als er Feierabend hatte.

Die Frage, wie viel man trinken muss, um einen bestimmten Blutalkoholgehalt zu erreichen, kann nicht ganz exakt beantwortet werden. Die entsprechende Menge hängt vom Körpergewicht ab, von der Geschwindigkeit, mit der ein bestimmter Stoffwechsel Alkohol verarbeitet, und davon, ob man etwas gegessen hat oder nicht. Wichtig ist auch, wie lange der Alkohol sich im Körper befunden hat. William J. Bailey hat in einem 1995 von der Indiana University veröffentlichten Aufsatz eine gute Analysemethode zur Verfügung gestellt. Nach ihr enthält eine Dreiviertelliterflasche Wein 9,75 Alkoholeinheiten. In Frankreich bestellt man als Einzelperson zum Mittagessen oft einen Viertelliterkrug Wein. Nehmen wir einmal an, Henri Paul habe wesentlich mehr getrunken, zum Beispiel einen Halbliterkrug mit 6,50 Einheiten. Wir wissen auch, dass er eventuell zwei Anis zu sich genommen hat. Anislikör enthält je nach Marke 20 bis 40 Volumenprozent Alkohol, sodass zwei Gläser ein bis zwei Alkoholeinheiten darstellen würden. Nehmen wir ferner an, die von Henri Paul konsumierten Anisportionen seien größer als üblich gewesen, obwohl die Belege der Hotelbar keinen Hinweis darauf enthalten. Alles in allem würde dies bedeuten, dass Henri Paul beim Mittagessen 6,50 bis 9,75 Alkoholeinheiten zu sich genommen hat und später ein bis zwei Einheiten. Da er zu Mittag gegessen hatte, fing sein Körper gegen 15.00 Uhr an, den Alkohol zu verarbeiten, und ab diesem Zeitpunkt wurde jede Stunde eine Alkoholeinheit aus seinem Blut ausgeschieden. Hätte er also beim Mittagessen eine ganze Flasche Wein getrunken, ohne dass ihn dies daran hinderte, problemlos durch Paris zu kurven, dann hätte sich gegen Mitternacht nur noch eine Alkoholeinheit in seinem Blut befunden, die mit den beiden Gläsern Anis aufgefrischt worden wäre. Trotzdem wären das wesentlich weniger als die 1,74 Milligramm Blutalkohol, die man bei der Autopsie gefunden hat. Die Menge Whisky – eines von Henri Pauls Lieblingsgetränken –, die zum Erreichen eines solchen Blutalkoholgehalts nötig ist, kann man berechnen. Wenn Paul tatsächlich zwei Anis zu sich genommen hat, dann hätte er außerdem noch elf bis zwölf Glas Whisky kippen müssen. Der bei der Autopsie festgestellte Alkoholpegel wäre nur dann erklärlich, wenn Henri Paul das Ritz um 19.00 Uhr verlassen und sich in den drei Stunden bis zu seiner Rückkehr ernsthaft betrunken hat. Als er um zehn wieder ins Hotel kam, hat jedoch niemand irgendwelche Anzeichen dafür bemerkt.

Eines der dauerhaften Geheimnisse der Tragödie ist die Frage, was Henri Paul in diesen drei Stunden getan hat.

30. August, 19.00 bis 22.00 Uhr: die fehlenden Stunden

Eine so umfangreiche polizeiliche Ermittlung, wie die Franzosen sie anstellten, hätte eigentlich zum Vorschein bringen müssen, wie Henri Paul die 173 Minuten zwischen 19.00 und 21.53 Uhr, als die Überwachungskamera vor dem Ritz ihn beim Parken seines Kleinwagens auf der Place Vendôme beobachtete, verbracht hat. Weit kann er in dieser Zeit nicht gekommen sein. Am nächstliegenden wäre, dass er zu seiner Wohnung in der Rue Chambon gefahren ist, die etwa zehn Autominuten vom Hotel entfernt war. Obwohl es der

Polizei nicht gelang, festzustellen, wohin er tatsächlich verschwunden ist, behauptete sie, er sei nicht zu Hause gewesen. Die einzige Zeugin, die aussagte, ihn gesehen zu haben, war die Wirtin der Lesbenbar gegenüber seiner Wohnung. Sein Freund Garrec beschreibt das folgendermaßen: »Man hat ihn gesehen, als er zum Ritz zurückgefahren ist. Er hat Josie [der Wirtin der Bar] vorher zugewinkt. Das wissen wir sicher, alles andere ist zweifelhaft.«

Ihre Unfähigkeit, etwas über die fehlenden drei Stunden herauszufinden, hat die Polizei mit einer ganz simplen Vermutung erklärt. Sobald sie erfahren hätten, dass Henri Paul betrunken gewesen sei, hätten sämtliche Barbesitzer dicht gemacht. Niemand habe als die Person identifiziert werden wollen, die ihm die tödlichen Drinks verkauft hatte, und deshalb hätten die Ermittlungen ins Leere geführt.

Im Mai 2003 schien sich unerwartet eine neue Spur zu ergeben. Ich erfuhr, Henri Paul habe einen Teil des fraglichen Zeitraums beim Einkaufen in einem Supermarkt verbracht. Die Information stammte von einem Bekannten von David Carr Brown, dem Koproduzenten meiner Dokumentation über die Tragödie. Dieser Bekannte behauptete, einer seiner Freunde führe einen Supermarkt und habe Henri Paul bedient, sei jedoch nicht daran interessiert, Scherereien mit der Polizei zu bekommen.

David Carr Brown und ich brannten darauf, der Sache nachzugehen. So interessant sie war, sie hatte etwas Surreales. Ich stellte mir einen Kommentar in meinem Film vor, der etwa so lautete: »Nach neun Monate dauernden Recherchen können wir exklusiv mitteilen, dass Henri Paul einen Teil der fehlenden, noch nie geklärten drei Stunden damit verbracht hat, Karotten, Marmelade und Deodorant zu kaufen.«

Gleich am nächsten Tag besuchten wir die Bar ganz in der Nähe der Rue des Petits Carreaux, wo Davids Bekannter arbeitete. Sie hat eine tolle Atmosphäre. Man sitzt an dunklen, alten Holztischen, an den Wänden hängen Anzeigen aus dem 19. Jahrhundert und Regale mit Büchern. Geschlossen ist scheinbar nie; jedenfalls habe ich dort schon um 4.00 Uhr morgens Brot, Käse und Wein bestellt.

Ich dachte, wir würden einfach ein Treffen mit dem Supermarktbesitzer vereinbaren. Auf die erste Frage war ich deshalb überhaupt nicht vorbereitet: »Wie viel ist euch die Sache wert?«

Wir erwiderten, wir hätten eigentlich nicht erwartet, etwas für die Information zu bezahlen.

»Mein Freund will 15 000 Euro für das Gespräch«, sagte der Barmann.

Als zuverlässiger Informant war der Freund des Barmanns offensichtlich nicht zu gebrauchen. Es ging ihm nur ums Geld. Hätten wir ihm 30 000 Euro geboten, so würde er wahrscheinlich behauptet haben, seine Großmutter hätte Diana mit dem Maschinengewehr umgemäht. Wir bezahlten unsere Getränke, sprachen die üblichen Floskeln und verschwanden wieder.

Geheimdienstkonten und das fehlende Vermögen des Henri Paul

Auf die Frage der fehlenden Stunden werden wir noch zurückkommen, sie sind jedoch nur ein Teil des Geheimnisses, das Henri Paul umgibt. Als man seine Bankkonten überprüfte, wurde klar, wieso er sich seine Fliegerei leisten und alle anderen Wünsche erfüllen konnte. Henri Paul hatte auf dreizehn verschiedenen Bankkonten über 3 Millionen französische Franc deponiert, umgerechnet etwa 460 000 Euro. Drei der Konten befanden sich bei der Zweigstelle der Banque Nationale de Paris an der Place Vendôme, wo Paul auch ein Schließfach gemietet hatte. Weitere drei Konten hatte er bei Barclays an der Avenue de l'Opéra, dazu kamen ein Girokonto und vier Sparkonten bei der Caisse d'Epargne in der Nähe des Louvre. In den acht Monaten vor seinem Tod wurden auf eines der Konten bei der Caisse d'Epargne fünfmal 40 000 Franc (etwa 6000 Euro) eingezahlt, jedes Mal in bar. Außerdem besaß Paul auch noch zwei Konten bei einer Bank außerhalb von Paris.

Als dieses ganze Geld gefunden wurde, war offensichtlich, dass Henri Paul neben seinem offiziellen Job noch etwas anderes getan haben musste. Was bei der polizeilichen Ermittlung nie zur Sprache kam, war die Möglichkeit, dass er sich als Erpresser betätigt hatte, worauf ich später noch näher eingehen werde. Es schien jedoch noch eine näher liegende Erklärung zu geben.

Es ist klar, dass Henri Paul nebenbei für verschiedene Geheimdienste tätig war. »Ich kann Ihnen nur sagen«, bestätigt Claude Garrec, »dass er Kontakte mit dem französischen, aber auch mit ausländischen Diensten hatte. Davon wusste ich schon immer.« Neben dem französischen Geheimdienst sei Paul auch für die Briten tätig gewesen, sogar für den Mossad. Schließlich habe das Ritz eine interationale Gästeliste. Selbst habe Paul allerdings keine Operationen durchgeführt, meint Garrec. Er habe sich eher damit beschäftigt, »ob Gäste bewaffnet waren oder ob sie eine Bedrohung für die Sicherheit im Hotel darstellten«. Manches

weist allerdings darauf hin, dass Henri Pauls Spionagetätigkeit nicht ganz so bescheiden war. Sein Adressbuch enthielt die Nummern von Kontaktleuten bei der für die Gegenspionage zuständigen Direction de la Sécurité du Territoire und bei der Direction Centrale des Renseignements Généraux, die für politische und soziale Regierungsinformationen und das Glücksspiel zuständig ist. Besonders bemerkenswert sind jedoch Nummern im Élyséepalast, dem Amtssitz des französischen Präsidenten.
Über die Verbindungen, die Henri Paul zu Geheimdiensten hatte, wollten allerdings nicht allzu viele Leute sprechen, zumindest nicht offiziell.

Das Spionagepuzzle

Am 15. Januar 2003 reiste ich mit David Carr Brown und Francis Gillery nach Nizza, um ein Interview mit Richard Tomlinson zu machen. Tomlinson war in Cambridge vom britischen Geheimdienst MI 6 rekrutiert worden. Anschließend war er in Russland tätig und behauptet, aus Moskau nukleare Geheimnisse nach England geschmuggelt zu haben. Während der Belagerung von Sarajevo wurde er zum Chef der dortigen MI-6-Operationen ernannt. Er glaubte, gute Arbeit geleistet zu haben, weshalb er ziemlich erstaunt war, als man ihm sagte, seine Dienste würden nicht länger gebraucht.
Wohl wissend, dass er gegen die Geheimhaltungspflicht verstieß, schrieb Tomlinson ein Buch über seine Zeit beim MI 6, das einen wenig schmeichelhaften Blick auf die Welt der Spionage bot. Er wurde vor Gericht gestellt und zu

zwölf Monaten Haft verurteilt, nach einem halben Jahr jedoch schon wieder freigelassen.

David Carr Brown und Francis Gillery kannten Tomlinson bereits. Wir hatten uns mit ihm in einem kleinen Hotel verabredet, das einen knappen Kilometer vom Strand entfernt an einer Seitenstraße lag. Es befand sich in einem Industriegebiet, vom Meer trennte uns die Autobahn.

Tomlinson sollte um zwölf Uhr mittags zu uns stoßen. Schon eine gute Weile vorher wurde ich unruhig, blickte links und rechts die Straße entlang und schlenderte zum Spielplatz an ihrem Ende. Seit ich Dokumentarfilme drehe, machen mich solche Situationen nervös. Was ist, wenn der Interviewpartner doch nicht auftaucht? Dann hat man Hunderte von Kilometern zurückgelegt und findet niemanden vor, den man filmen könnte.

David Carr Brown nahm mich auf die Schippe. Um 12.10 Uhr hatte meine Nervosität ihren Höhepunkt erreicht. Ich musste ein paar Telefonate erledigen, um mich zu beruhigen. Auch Francis machte sich Sorgen, weshalb er Tomlinson auf dem Handy anrief. Niemand nahm ab. Das wird eine echte Katastrophe, dachte ich, und geriet regelrecht in Panik. Schließlich war der Mann beim MI 6, wo man ihm beigebracht hatte, andere Leute zu belügen und zu täuschen. Der tauchte bestimmt nicht auf.

Um 12.15 Uhr versuchte Francis es noch einmal. Am liebsten hätte ich ihm das Telefon aus der Hand gerissen. Lieber das Schlimmste erfahren, als länger warten zu müssen! Tomlinsons Handy läutete und läutete. Mein Stresspegel wurde unerträglich. Da nickte Francis endlich. Er hatte Tomlinson erreicht, der bereits unterwegs sei. Ich atmete auf. Unser Interviewpartner war einfach zu spät von zu

Hause weggegangen, weil er für irgendein Examen gebüffelt hatte. Beim ersten Anruf war er nicht ans Telefon gekommen, weil er auf dem Fahrrad saß.
Im versteckten Garten des Hotels stellten wir schon einmal die Kamera auf. Die Sonne schien auf Eukalyptuslaub und die billige Imitation einer griechischen Statue. Der Hotelbesitzer sagte, hier werde das Frühstück serviert, aber wenn wir uns auf die nächsten drei Stunden beschränkten, blieben wir ungestört.
Tomlinson hatte ein hageres, zerfurchtes Gesicht mit einem Lächeln, das ein wenig Selbstverachtung ausdrückte. Inzwischen verdiente er seinen Lebensunterhalt damit, sich an der Côte d'Azur um Boote zu kümmern. Er gab sich freundlich, war jedoch in Eile. Zum Mittagessen könne er nicht bleiben, er müsse zurück zu seinen Büchern. Da er vom Geheimdienst gefeuert worden war, betrachteten manche Journalisten alles, was Tomlinson äußerte, mit einer gewissen Skepsis. Gelegentlich verdächtigte man ihn auch, von Al Fayed bezahlt zu sein. Ich fragte mich, ob das Gegenteil der Fall sein könnte. Arbeitete er vielleicht immer noch für den MI 6? Die britischen Behörden hätten ihn von Frankreich ausliefern lassen können, wie sie es im Fall von David Shayler getan hatten, aber das schien Tomlinson keine Sorgen zu bereiten. Er plante ein zweites Buch. Wenn das »M« in MI 6 für »machiavellistisch« stand, hätte man annehmen können, dass Tomlinson immer noch für die Briten arbeitete, es aber nicht zugab. Stille Wasser sind tief, Mr. Bond.
Die erste Frage, die ich stellen musste, lautete: »Haben Sie Geld von Al Fayed bekommen?«
Tomlinson war nicht beleidigt. Er erwiderte, nach seiner Haftentlassung habe er an Al Fayed geschrieben, zu seiner

Überraschung jedoch keine Antwort erhalten. Was er wisse, habe er einem Journalisten erzählt, der den Kontakt zu Al Fayed hergestellt habe. Als er aus dem Gefängnis gekommen sei, sei er pleite gewesen. Trotzdem habe er nie irgendwelches Geld von Al Fayed angenommen, auch wenn dieser ihm dabei geholfen habe, einen Flug von Neuseeland nach Europa zu finanzieren.

Sobald wir miteinander warm geworden waren, nahm Tomlinson kein Blatt vor den Mund. Er wisse, sagte er, dass Henri Paul sozusagen als Teilzeitagent für den MI 6 gearbeitet habe. Während seiner eigenen Dienstzeit habe er die Akte von Paul angefordert. Sein Motiv sei reine Neugier gewesen, denn während Franzosen nicht ungern bereit seien, für die Russen, Amerikaner, Chinesen und andere Länder zu spionieren, halte die historische Feindschaft zwischen Frankreich und England sie davon ab, dasselbe für die Engländer zu tun. Für das »perfide Albion«, wie Großbritannien in Frankreich noch heute manchmal genannt werde, hätten selbst die meisten Verräter nicht viel übrig. Dass ein Franzose bereit gewesen sei, für die Briten zu arbeiten, habe Tomlinson interessant gefunden. Seine Informationen bestätigten das, was Claude Garrec, Henri Pauls bester Freund, uns erzählt hatte.

Beim MI 6 sei man bestimmt außerordentlich interessiert daran gewesen, genauestens über die Beziehung zwischen Dodi und Diana Bescheid zu wissen, sagte Tomlinson. Man habe die intimsten Details wissen wollen, zum Beispiel, wie viel Dodi Diana bedeutete, ob sie miteinander schliefen und ob eine Heirat im Busch sei.

So etwas seien nicht gerade Staatsgeschäfte, sagte ich.

Tomlinson lächelte mich an. »Aber von Interesse für das

Staatsoberhaupt«, sagte er. Zu den wichtigsten Aufgaben der Geheimdienste gehöre es, die königliche Familie zu beschützen.

Übrigens sei ihm noch etwas aufgefallen, sagte Tomlinson. Während des Monats August sei die Geheimdienstaktivität in Paris normalerweise sehr gering. Offenbar machen auch Spione Urlaub. 1997 jedoch habe sich eine ungewöhnlich große Zahl wichtiger MI-6-Mitarbeiter in der französischen Hauptstadt befunden, darunter Andrew Langman und David Spearman, zwei ranghohe Beamte des britischen Geheimdienstes.

»Was für Vermutungen legt das nahe?«, fragte ich.

Tomlinson erwiderte, er bräuchte mehr Informationen, um intelligente Vermutungen anzustellen. Man könne jedoch sagen, dass es ziemlich schwierig sei, irgendwelche Operationen in Frankreich durchzuführen, von denen die Franzosen nichts erführen. Er habe das selbst einmal getan, und wenn Paris Wind davon bekommen hätte, dann hätte es allerhand Theater gegeben. Die Anwesenheit ranghoher MI-6-Agenten lege jedoch nahe, »dass irgendeine Operation im Gang war. Das ist ein Teil des Puzzles.«

Das Bild des Puzzles gefiel mir. Genauere Einzelheiten konnte ich Tomlinson jedoch nicht aus der Nase ziehen.

In Henri Pauls Personalakte hatte Tomlinson gesehen, dass es zu Pauls Aufgaben gehört hatte, für den britischen Geheimdienst Wanzen in den Gästezimmern anzubringen. Dazu bediente er sich einer simplen Methode. Er hatte eine Reihe von Fernsehern mit eingebauten Abhörgeräten zur Verfügung. Wenn der MI 6 einen bestimmten Gast abhören wollte, dann ließ Henri Paul einen präparierten Fernseher in das betreffende Zimmer schaffen. Amüsant malte Tomlin-

son aus, wie Paul diese Spezialfernseher nach den Anweisungen seiner Auftraggeber auf die Reise von Zimmer zu Zimmer geschickt habe.
Am 30. August sei Henri Paul vielleicht irgendwann zwischen 19.00 und 22.00 Uhr vom MI 6 instruiert worden, meinte Tomlinson. Das könne erklären, weshalb er 12 560 Franc, umgerechnet etwa 2000 Euro, bei sich gehabt habe: »Das ist in etwa die Summe, die eine bestimmte Sorte Informant erhält.«
Andere Fakten stützen die Vermutung von Claude Garrec, dass Henri Paul sich wie alle guten Freiberufler nicht mit einem einzigen Kunden begnügte. So hat der amerikanische Enthüllungsjournalist Gerald Posner sich mit zwei Beamten von US-Geheimdiensten unterhalten. Laut Posner behaupteten sie, Henri Paul habe regelmäßig Kontakt mit der Direction Générale de la Sécurité Extérieure (DGSE) gehabt, dem französischen Gegenstück des MI 6. Außerdem habe er mit den bereits erwähnten Inlandsgeheimdiensten Direction de la Sécurité du Territoire und Direction Centrale des Renseignements Généraux zusammengearbeitet. Posners Informanten hätten ihm gesagt, Henri Paul habe einen Teil der fehlenden drei Stunden mit einem Mann von der DGSE verbracht, der ihm auch die 12 000 Franc gegeben habe. Im Gegensatz zu den britischen Sicherheitskräften dürfte die DGSE kein besonderes Interesse an Dodi und Diana gehabt haben. Es waren andere Gäste im Hotel, die den Franzosen mehr Sorgen machten, zum Beispiel mehrere Syrer mit Beziehungen zu arabischen Extremisten in Frankreich, die womöglich an Terroranschlägen gegen den französischen Staat beteiligt waren.
Weil Tomlinson der Meinung gewesen war, die Franzosen

sollten von der Geheimdiensttätigkeit Henri Pauls erfahren, hatte er an Richter Stephan geschrieben und ihn um ein Gespräch gebeten. »Ich erwartete, ausführlich ausgefragt zu werden«, sagte Tomlinson, aber Stephan sei offenbar in Eile gewesen und habe kaum Interesse gezeigt. Seine Assistentin Marie-Christine Devidal habe wesentlich mehr Fragen gestellt.

Tomlinson erklärte mir in groben Zügen, wie Richter Stephan hätte verfahren können. Um die Personalakte von Henri Paul beim MI 6 einsehen zu können, hätte das französische Innenministerium oder das Büro des Präsidenten eine Anfrage an den britischen Geheimdienst richten müssen. Der hätte sich zwar theoretisch weigern können, aber das wäre eine diplomatisch heikle Angelegenheit gewesen. In der Akte hätten die Namen von Pauls Kontaktleuten gestanden, auf deren Basis man womöglich gesehen hätte, wer ihm feindlich gesinnt war. Außerdem hätte die Akte vielleicht Licht auf die Frage geworfen, weshalb sich damals so viele hochrangige MI-6-Agenten in Paris aufhielten. Jedenfalls war Henri Pauls Karriere als »kleines MI-6-Licht« nach Tomlinsons Meinung ein wichtiger Teil des Puzzles.

Abschließend kam Tomlinson auf eine noch brisantere Sache zu sprechen. Er habe ein vom MI 6 entworfenes Positionspapier gesehen, in dem ein Plan entwickelt wurde, den damaligen jugoslawischen Präsidenten Slobodan Milosevic in einem Tunnel zu ermorden. Der MI 6 entwerfe solche Papiere öfter. Das gehöre zu den kleinen Freuden des Agentendaseins, weshalb man auf keinen Fall zu viel hineininterpretieren dürfe. Agenten würden dafür bezahlt, solche Komplotte zu schmieden, auch wenn die meisten nie zur

Ausführung gelangten. Ein zentraler Aspekt dieses Plans bestand jedoch darin, dass der Tod Milosevics wie ein Unfall aussehen sollte, weil die Serben Amok gelaufen wären, wenn sie ein Attentat auf ihren Führer vermutet hätten.

Als Tomlinson meinte, er sei »sehr überrascht« darüber gewesen, von Richter Stephan nicht näher ausgefragt zu werden, war er vielleicht ein wenig naiv. Schließlich hatten die französischen Behörden wenig Interesse daran, ans Licht zu bringen, dass ihre Geheimdienste den Gästen des Ritz nachschnüffelten.

Unwillkürlich musste ich an Claude Garrecs letzte Worte bei unserem Interview denken, die ich angesichts all dieser Vermutungen recht anrührend fand: »Ich habe meine Aufgabe als Zeitzeuge erfüllt, denn ich versuche, meinen toten Freund Henri zu verteidigen.« Garrec hofft, dass irgendein ernsthafter Journalist auftaucht, der noch einmal recherchiert, ob Henri Paul wirklich der Schuldige ist. »Nein«, sagte Garrec, »er ist nicht so gestorben, wie man es behauptet hat. Er ist nicht gestorben, weil er betrunken die Abzweigung verfehlt hat. Wer immer schuld ist, er kann nicht besonders stolz darauf sein, und ich hoffe, dass er vor seinem Tod gesteht: ›Ich habe es getan …‹« Obwohl Garrec nicht über irgendwelche neuen Informationen verfügt, glaubt er fest, sein Freund sei nur der ideale Sündenbock gewesen.

Unter der Lupe: die Aussage von Trevor Rees-Jones

Es ist kein Geheimnis, dass außer Henri Paul noch eine weitere Person im Unfallwagen in Verbindung mit mindestens einem Geheimdienst gestanden hat.

Die Karriere von Trevor Rees-Jones ist öffentlich bekannt. Mehrere Jahre war er Mitglied einer Spionageeinheit des Ersten Fallschirmjägerregiments in Nordirland. Die Aufgabe seiner Einheit war es, mutmaßliche Terroristen zu observieren. In seinem Buch beschreibt Rees-Jones, wie er zu einem »Meister der Stille« wurde, wie er lernte, sich völlig lautlos zu verhalten und mit der Umgebung zu verschmelzen. Ihre Zielpersonen bekommen solche Einheiten oft vom militärischen Geheimdienst genannt. Rees-Jones liebte seine Arbeit und hoffte, einer noch stärker spezialisierten Gruppe zugeteilt zu werden, die jedoch nie gebildet wurde. 1995 kehrte Rees-Jones mit seiner Einheit nach Aldershot zurück. Das soldatische Alltagsleben behagte ihm nicht, und da er den ganzen »militärischen Mist« satt hatte, quittierte er nach insgesamt sechs Jahren den Dienst. Im selben Jahr sah er eine Anzeige, in der Sicherheitsbeamte gesucht wurden, bewarb sich und wurde vom Konzern Al Fayeds eingestellt.

Der einzige Überlebende des Unglücks hatte großes Glück gehabt, aber er war auch tapfer. Obwohl Trevor Rees-Jones eine sehr komplizierte Gesichtsoperation über sich ergehen lassen musste, genas er erstaunlich rasch, was sicher seinem Lebensmut zu verdanken war. Schon siebzehn Tage nach dem Unfall war er in der Lage, mit Richter Stephan zu sprechen. Da die Ärzte sich Sorgen machten, die Befragung könne für den Patienten zu anstrengend sein, hatte man ver-

einbart, dass Stephan nur zwanzig Fragen stellen sollte. Ein Arzt würde die ganze Zeit dabei sein.
Stephan drückte die Hoffnung aus, Rees-Jones werde sich an irgendetwas erinnern, was zur Klärung der vielen offenen Fragen beitragen könne. Ein posttraumatischer Gedächtnisschwund geht meist vorüber, aber aus dem Protokoll wird deutlich, dass Rees-Jones nur wenig neue Informationen hatte. »Es war Dodi, der den ursprünglichen Plan umgestoßen hat, nicht ich«, sagte er beispielsweise. Gelegentlich schien er noch ein wenig verwirrt zu sein, was angesichts seiner schweren Verletzungen kein Wunder war. Offenbar glaubte er etwa, das Ritz befinde sich an der Place de la Concorde statt an der Place Vendôme.
Als der Richter fragte, welche Fahrzeuge dem Mercedes näher gekommen seien, die Autos oder die Motorräder, erwiderte Rees-Jones: »Das weiß ich nicht.« Allerdings erinnerte er sich daran, dass einer der Wagen eine Heckklappe gehabt hatte.
Ob er wahrgenommen habe, dass der fahrende Wagen fotografiert worden sei, fragte der Richter.
»Das weiß ich nicht«, gab Rees-Jones erneut zur Antwort.
Als Trevor Rees-Jones längst wieder in Großbritannien war, kehrte er noch zweimal nach Frankreich zurück, um von Richter Stephan befragt zu werden, der hoffte, sein Zeuge werde seine Erinnerung teilweise wiedergewinnen. Laut Crawford, dem Anwalt von Rees-Jones, waren diese Besuche sehr anstrengend, weil sich dabei so viele Journalisten und Fotografen versammelten. »Als wir ihnen entgegentraten, sah man nur noch eine Mauer aus Kameras«, sagt Crawford, »und Trevor war noch nicht wieder ganz gesund.« Christian Curtil, der mit Rees-Jones nie warm

wurde, ist dennoch von einer seiner Charaktereigenschaften beeindruckt. »Ich glaube, er hat nicht gelogen, sondern war einfach nur sehr diskret«, sagt Curtil. »Er wollte sich wohl nur nicht ins Gerede bringen, weil er ein sehr ehrlicher Mensch ist. Wenn er sagt, er erinnert sich an nichts mehr, dann glaube ich nicht, dass er lügt.«

Am Ende kam Richter Stephan zu dem Schluss, der Leibwächter könne sich an nichts mehr erinnern, was von irgendeinem Wert gewesen wäre.

Eine Aussage hatte Rees-Jones aber doch gemacht, die er seither auch immer aufrechterhielt: Er habe keinerlei Anzeichen dafür bemerkt, dass Henri Paul betrunken gewesen sei. Manche Zyniker sind der Meinung, er würde auch kaum zugeben, dass ihm der alkoholisierte Zustand des Fahrers aufgefallen war, weil er damals bestimmt zu viel Angst vor Dodi gehabt habe, um aufzumucken und auf einem anderen Fahrer zu bestehen. Aber in seinem Buch versichert Rees-Jones glaubhaft, dass er durchaus genügend Selbstbewusstsein hatte, um Zweifel wegen des Täuschungsmanövers mit dem zweiten Wagen zu äußern. Wäre Henri Paul betrunken gewesen, so wäre das viel gefährlicher gewesen als dieses Manöver.

Dieser Punkt aber – dass Henri Paul sich nicht wie ein Betrunkener verhalten habe – war die einzige wichtige Tatsache, an die Trevor Rees-Jones sich erinnern konnte, und sie wurde von den Behörden einfach ignoriert. Wie wir sehen werden, wurde nicht nur mit dem Ruf von Henri Paul ziemlich unsanft umgegangen.

6
Anatomie einer Autopsie

Mohamed Al Fayed identifizierte die Leiche seines Sohnes um 5.00 Uhr morgens. Er sagte, Dodi habe »friedlich ausgesehen. Er sah aus wie ein kleiner Junge.« Dodi wirkte so normal, fügte sein Vater hinzu, dass man hätte meinen können, sein Sohn würde irgendwann wieder aufwachen.

Gemäß islamischem Recht muss eine Leiche vor Sonnenuntergang begraben werden. Das war in diesem Fall für Al Fayed nicht einfach. Am Morgen führte sein Sicherheitschef MacNamara ein paar hilfreiche Gespräche mit dem zuständigen Leichenbeschauer in Surrey, Dr. Michael Burgess, und mit seinen ehemaligen Kollegen von Scotland Yard, die eine Motorradeskorte für Dodi zusicherten. In Paris war der Hoteldirektor des Ritz, Frank Klein, zusammen mit der Pathologin Dominique Lecompte im Leichenschauhaus. Gegen 13.00 Uhr wurde die Atmosphäre plötzlich angespannt. Dr. Burgess rief MacNamara an, es gäbe Verzögerungen bei der Freigabe der Leiche, da die Franzosen Dodi jetzt als »verdächtigen Todesfall« behandelten. Warum, konnte er nicht erklären. MacNamara rief seine Kontaktleute bei Scotland Yard an, die ihm versicherten, dass diese Initiative nicht von den britischen Polizeibehörden ausgegangen sei. Etwa zur gleichen Zeit, so erzählt Klein, kam Professor Lecompte ziemlich aufgeregt in das Leichenschauhaus und eilte wieder hinaus, um zu telefonieren. Nach ein paar Minuten kam sie

sichtlich beruhigt zurück. Es ist mir nicht gelungen, herauszufinden, worum es bei diesem Telefonat ging.
Mohamed Al Fayed nahm den Sarg mit zum Flughafen Le Bourget. Es war schwierig, ihn im Passagierraum unterzubringen. Irgendjemand schlug vor, man solle den Sarg als Gepäck verladen. Al Fayed lehnte das vehement ab. Der Leichnam seines Sohnes würde nicht als Gepäck zurückkehren; und so wurde er in Al Fayeds Hubschrauber transportiert.
Die Leiche von Henri Paul war in das gerichtsmedizinische Institut in der Nähe der Salpêtrière gebracht worden. Dieses Institut ist der Universität von Paris assoziiert und gehört zu den angesehensten Pathologieinstituten in ganz Frankreich. Die damalige und heutige Leiterin ist Professor Dominique Lecompte. Sie zählt zu den führenden Pathologen Frankreichs und führte zusammen mit dem Toxikologen Dr. Gilbert Pepin von Toxlab die Autopsie an Henri Paul durch. Einige Journalisten haben in diesem Zusammenhang moniert, dass Toxlab zwar ein unabhängiges Institut ist, aber de facto nur die französische Regierung als Auftraggeber hat. Dr. Pepin ist Biologe und promovierter Pharmazeut. Er hatte bereits 4000 Untersuchungen bei Todesfällen durchgeführt und war Präsident der französischen Gesellschaft für rechtsmedizinische Toxikologie gewesen. Ich habe mehrmals bei Professor Lecompte und Dr. Pepin um ein Interview angefragt, wurde aber immer wieder abgewiesen.
In Kriminalromanen sind die Pathologen die Helden. In Fernsehsendungen wie »Silent Witness« oder in den Büchern von Patricia Cornwell und Kathy Reich sind die Pathologen attraktiv und scharfsinnig. Diese Figuren mit dem Laserhirn analysieren Knochen, Blut und Innereien, bis sie

die Wahrheit und nichts als die reine Wahrheit herausgefunden haben. Kein Gewebe bleibt unberührt.
Leider handelt es sich bei der Vorstellung vom Experten als dem perfekten Zeugen um eine Fiktion, die der Realität nicht stanhält; und das rechtsmedizinische Institut hat mit dieser gloriosen Fiktion so wenig zu tun wie andere Institute außerhalb Frankreichs.
In der Nacht vom 30. auf den 31. August herrschte in allen Pariser Krankenhäusern Hochbetrieb. Am Ende der Nacht waren 23 Tote im Leichenschauhaus des rechtsmedizinischen Instituts eingeliefert worden. Henri Paul lag sozusagen in der Warteschlange der Pathologen. Sein Körper schien keine besondere Behandlung zu erfordern. Er war weder Prinzessin Diana noch Dodi Al Fayed. Hier lag einfach ein Fahrer, der einen Unfall hatte.
Die Autopsie von Henri Paul begann am Sonntagmorgen gegen 8.30 Uhr. Die genaue Zeit lässt sich nicht mehr feststellen, da sie nicht, wie vorgeschrieben, registriert wurde.
Theoretisch ist eine Autopsie so etwas wie ein Begräbnis, ein letzter Ritus; und alle Beteiligten behandeln die sterblichen Überreste mit dem gebührenden Respekt. Dazu gehört auch, dass man dabei in einer Weise vorgeht, die Verwirrung und Unordnung vermeidet. Die Dokumentation des Zeitpunkts der Autopsie gehört zu den ersten und einfachsten Routinen.
Man beruft sich in Frankreich großartig auf das *secret d'institution* und das *secret médical*, so als ob Anwälte und Ärzte im Rest der Welt jegliche Form professioneller Vertraulichkeit vermissen ließen. Wenn man bedenkt, wie sehr der medizinische Berufsverband in Frankreich auf dem Prinzip der Vertraulichkeit besteht, so ist es erstaunlich, dass derart viele Einzelheiten über die Autopsie von Henri

Paul vor dem Ende der Ermittlungen an die Presse gelangten. Von den Autopsien Dianas und Dodis hingegen drang nichts an die Öffentlichkeit.
Aber es war nicht nur der Alkohol, der ihn fahruntüchtig machte. Der Pariser Ermittlungsrichter stellten auch fest, dass Henri Paul Prozac nahm – ein Mittel, das gegen Depressionen wirkt – sowie Tiaprid, was, wie man französischen Journalisten mitteilte, zur Behandlung von Alkoholismus eingesetzt wird.
Für einen Pathologen ist eine zweite Untersuchung des Leichnams eher ungewöhnlich, ebenso wie die Entnahme zusätzlicher Gewebeproben durch den Toxikologen. Aber bei der Autopsie von Henri Paul war alles anders als sonst. Nach der ersten »Freigabe« am Sonntag wurden weitere Gewebeproben am 1. und 4. September genommen.
Die Ergebnisse der Autopsie schienen ziemlich eindeutig. Doch irgendetwas störte Herve Stephan, man konnte das aus seinem Verhalten schließen. Normalerweise tauchen Untersuchungsrichter nicht in den Labors der Pathologen auf. Doch fünf Tage nach dem Unfall, am 4. September, bat Stephan nicht nur um eine weitere Blut- und Urinprobe von Henri Paul, sondern bemühte sich persönlich ins rechtsmedizinische Institut. Er wollte zusehen, wie die Pathologen die Proben entnahmen. In seiner Begleitung waren ein Arzt, J. P. Campana, Dr. Gilbert Pepin, zwei Angehörige der Police Judiciaire und ein weiterer Polizeibeamter. Die Entnahme der Proben wurde fotografiert, aber diese Fotos wurden niemals veröffentlicht.
Zur gleichen Zeit war John MacNamara in Paris und wartete immer noch auf einen Gesprächstermin bei der Polizei. Er sagte mir, dass seiner Meinung nach Stephan nur deshalb im

rechtsmedizinischen Institut auftauchte, um der Autopsie zusätzliche »Legitimität« zu verleihen. Ich glaube jedoch, dass es einen weniger ausgefallenen Grund dafür gab. Zu Beginn einer Untersuchung, von der er bereits wusste, dass sie zu Kontroversen Anlass geben würde, wollte Stephan das Vorgehen genau überprüfen und sicherstellen, dass alles nach Vorschrift vonstatten ging. Auch verfügte er über Daten, die bisher noch nicht der Öffentlichkeit zugänglich gemacht worden waren – etwa über die Werte des erstaunlich hohen Kohlenmonoxidgehalts in Henri Pauls Blut.

Am 4. September sah der Ermittlungsrichter zu, wie man eine Probe von »einigen wenigen Millilitern« aus den Venen entnahm. Aber selbst die Gegenwart Stephans garantierte keine ordnungsgemäßen Aufzeichnungen. Im endgültigen Autopsiebericht wird die exakte Menge des entnommenen Bluts nicht angegeben.

Man nahm bei Henri Paul auch zwei Haarproben. Zwei weitere Gewebeproben wurden aus dem Armmuskel genommen, aber auch hier fehlen die spezifischen Informationen, die in normalen Berichten aus der Pathologie erforderlich sind. So wissen wir etwa nicht, ob die Gewebeproben aus dem linken oder dem rechten Arm entnommen wurden.

Dr. Pepin, der Toxikologe, zweigte zwei Proben für eine zweite Analyse ab. Das ist ein wichtiger Punkt. Sollte irgendjemand anders außer Dr. Pepin jemals die Körperflüssigkeiten von Henri Paul analysiert haben, dann gibt es darüber keinerlei schriftliche Aufzeichnungen. Jean François Meyer, der Anwalt der Familie Paul, sagte, dass eine, wie er es nannte, *contre expertise* aufgrund der Tatsache, dass Dr. Pepin alle Proben analysiert hatte, nicht mehr möglich war. Die anderen beiden Proben – Nummer eins, die Blutprobe, und Nummer vier, die Haarprobe – wurden laut Aussage von Christian La Jalle von der Police Judiciaire dem Gericht übergeben. Damit sollten sie für allfällige spätere Auseinandersetzungen sichergestellt sein. Aber das Schicksal dieser »Sicherheitsproben« wurde selbst zum Gegenstand von Auseinandersetzungen.

Am nächsten Tag erließ Juge Stephan die Anordnung, weitere Proben zu entnehmen. Am 5. September kehrte Dr. Campana in das Leichenschauhaus zurück, um die Entnahme zweier weiterer Proben zu überwachen, eine von Pauls Kopfhaar und eine vom Schamhaar.

Hier findet sich in den schriftlichen Unterlagen ein interessantes Detail. Ein Autopsiebericht sollte genaue Angaben über die Entnahme von Gewebe und anderer Substanzen enthalten. Die Untersuchung scheint nicht zur vollen Zufriedenheit verlaufen zu sein, da Juge Stephan am 8. September Professor Lecompte bat, die »exakten Bedingungen der Entnahme und den präzisen Ort am Körper, wo die Proben entnommen wurden«, mitzuteilen. Möglicherweise hat sie diese Anfrage mündlich beantwortet, aber es gibt darüber keinerlei schriftliche Aufzeichnungen.

Am nächsten Tag nahm Professor Lecompte einige weitere Proben von Henri Pauls Haar. Jetzt gab es insgesamt fünf Haarproben. Aber auch hier wieder ist der Autopsiebericht sehr allgemein gehalten. Man erfährt nicht, wo genau diese Probe entnommen wurde oder ob das Haar abgeschnitten oder ausgerissen wurde.

Stephan sah zu, als die Proben am Donnerstag entnommen wurden, aber er war natürlich bei der Entnahme der vorherigen Proben nicht anwesend, ebenso wenig wie bei der Untersuchung der Körperflüssigkeiten von Henri Paul.

Die Ergebnisse der Analyse der zweiten Probe – aber nicht die der dritten und vierten – wurden der Presse am 5. September mitgeteilt. Sie zeigten einen Blutalkoholgehalt von 1,87 Milligramm pro Liter. An diesem Donnerstag erhielt die Presse auch eine genaue Aufstellung der verschiedenen Drogen, die Paul genommen haben sollte. Dieser Cocktail bestand aus:

0,12 Milligramm Fluoxetin pro Milliliter,
0,18 Milligramm Norfluoxetin pro Milliliter,
0,006 Milligramm Tiaprid pro Milliliter.

Fluoxetin ist ein Bestandteil von Prozac. Patienten, die Prozac nehmen, sollen Alkohol meiden und sich vor allen Dingen nicht nach Alkoholgenuss ans Steuer setzen. Der Autopsie ist nicht zu entnehmen, wann Henri Paul möglicherweise das Medikament eingenommen haben könnte. Handelte es sich um einen Rest? War es eine hohe Dosis, die erst kürzlich eingenommen wurde?
Der Tiapridgehalt war niedrig, aber dieser Befund wurde groß herausgestellt – als Beleg für Pauls chronischen Alkoholismus. Man erzählte den Journalisten, dass dieses Medikament zur Behandlung von Alkoholismus verwendet wurde. Offensichtlich war Paul über sein Alkoholproblem derart besorgt, dass er sich einer Behandlung unterzog. All das hätte man auch durch Nachfrage bei Pauls Hausarzt herausfinden können, aber es gibt keinen Hinweis, dass man diesen Weg beschritten hat.
Tiaprid ist in Frankreich rezeptpflichtig, aber Forschungen haben gezeigt, dass es keineswegs nur zur Behandlung von Alkoholismus eingesetzt werden kann. Man verwendete es

seit den siebziger Jahren, um Erregungszustände und bestimmte körperliche Zuckungen zu kontrollieren. Es gibt Untersuchungen, die belegen, dass diese Substanz auch zur Behandlung tardiver Dyskinesie geeignet ist, das sind jene unkontrollierten Zuckungen, die bei Psychiatriepatienten als Nebenfolge des Antipsychotikums Largactil auftreten. Tiaprid wirkt auch gut als Sedativum bei älteren Patienten und wurde zur Behandlung von Morbus Huntington Chorea eingesetzt.

Man kann sich nur schwer vorstellen, dass ein 41-Jähriger, der jede Woche Tennis spielte, dieses Medikament einnimmt. Ebenfalls erstaunlich ist die Tatsache, dass Paul drei Tage vor seinem Tod sich der medizinischen Untersuchung für den Pilotenschein unterzog und dort beim Urintest keine dieser Substanzen nachgewiesen wurde. Aber als die Presse erfuhr, dass Henri Paul Tiaprid nahm, war alle Skepsis dahin. Man sollte an dieser Stelle noch erwähnen, dass 0,006 Milligramm eine sehr geringe Dosis ist.

Eine viel interessantere Enthüllung kam sieben Tage nach der Autopsie. Das Büro des Pariser Staatsanwalts teilte der Presse mit, dass der Kohlenmonoxidgehalt in Pauls Blut bei 20,7 Prozent lag. Jeder Mensch hat einen gewissen Kohlenmonoxidpegel in seinem Blut – der normale Wert für einen Nichtraucher liegt bei etwa 2 Prozent. Bei einem schweren Raucher kann er bis auf 8 oder 10 Prozent steigen.

Der Befund war insofern bedeutsam, als hohe Kohlenmonoxidwerte die Fahrtüchtigkeit beeinträchtigen können. Es herrscht keine Klarheit über die erforderliche Konzentration, die das menschliche Verhalten beeinflusst. Professor Derek Pounder, Leiter der forensischen Pathologie an der Dundee-Universität, sagte mir beispielsweise, dass bei Men-

schen bis zu einem Kohlenmonoxidgehalt von 30 Prozent mit keinerlei ernsthafter Beeinträchtigung zu rechnen ist. Andere Experten aber setzen diesen Wert niedriger an.
Als der zweite Satz Proben am 4. September entnommen wurde, war der Kohlenmonoxidwert auf 12,8 Prozent gefallen. Der Richter wollte für diesen Widerspruch eine Erklärung. Die Werte des Kohlenmonoxids schienen das einzige Problem einer ansonsten einfachen Autopsie darzustellen.

Die unabhängigen Experten

Zu Beginn wollte Mohamed Al Fayed nicht glauben, dass Henri Paul alkoholisiert war. Leitende Mitarbeiter des Ritz sprachen mit dem Barmann und anderen Angestellten des Hauses. So fand man heraus, was Paul konsumiert und wie er sich benommen hatte. Niemandem war aufgefallen, dass Henri Paul alkoholisiert war; und auch seine Eltern waren der Meinung, er hätte in einem solchen Zustand kein Fahrzeug gesteuert.
In Großbritannien hätte Henri Pauls Familie das Recht auf eine Untersuchung des Leichnams gehabt. Aber als sie versuchten, eine entsprechende Genehmigung zu bekommen, verweigerte man ihnen dies. Die französischen Behörden erlaubten ihnen nicht einmal, einen Zeugen bei der Entnahme weiterer Gewebeproben aus dem Leichnam ihres Sohnes zu stellen. Das Härteste aber war, dass man ihnen den Zugriff auf die Blut- und Urinproben ihres Sohnes verweigerte. Die Familie wollte einen DNA-Test durchführen lassen, um sicherzugehen, dass die Gewebeproben auch wirklich von der Leiche ihres Sohnes stammten. Es ergab sich eine unerwar-

tete Allianz zwischen den beiden Familien der Hinterbliebenen. Al Fayed unterstützte Henri Pauls Eltern bei ihrem Kampf um die Wahrheit über die körperliche Verfassung ihres Sohnes. Die Motive der beiden Familien waren sehr unterschiedlich. Was die Familie Paul anbelangte: Wenn sich herausstellte, dass ihr Sohn nüchtern gewesen war, war er unschuldig und konnte nicht für die Todesfälle verantwortlich gemacht werden. Für Al Fayed wäre der Nachweis, dass Paul nüchtern war, ein Hinweis auf die Verwicklung der Geheimdienste. Die Familie Paul nahm die Unterstützung Al Fayeds an. Er machte sie mit ihren zukünftigen Anwälten bekannt, Maître Brizay und Jean François Meyer (»Maître« ist die formelle Anrede, mit der in Frankreich Anwälte angesprochen werden).

Die Familie Paul war sehr frustriert. Aber im Oktober gelang es ihrem Anwalt Maître Brizay, den vollständigen Autopsiebericht zugänglich zu machen. Endlich hatte die Familie einen Anknüpfungspunkt. Al Fayed tat nun etwas sehr Schlaues. Unmittelbar nach dem Unfall bat er Peter Vanezis, der damals Regius-Professor für forensische Medizin an der Glasgow-Universität war, MacNamara nach Paris zu begleiten. Dort aber gestattete man es Vanezis nicht, bei der Entnahme der Proben dabei zu sein. Nachdem Brizay den Untersuchungsbericht aus der Pathologie hatte, holte sich Al Fayed drei weitere herausragende Experten, zwei der besten europäischen Pathologen und zusätzlich einen Toxikologen, um die offiziellen Befunde zum Leichnam von Henri Paul untersuchen zu lassen. Einer der Experten war Thomas Krompecher, Professor für Pathologie an der Universität Lausanne. Zufälligerweise hatte Krompecher seinerzeit die Autopsie der 48 Leichen der Sonnentempler, die in der Schweiz ver-

brannten, überwacht. Krompecher gehörte ferner zu den Pathologen, die an der Erstellung des Untersuchungsberichts über die Opfer des Bombenattentats von Lockerbie beteiligt waren. Die beiden anderen Fachleute waren Dr. John Oliver von der Glasgow-Universität und Patrice Mangin von der Universität Lausanne. Diese Männer treten regelmäßig in ganz Europa als Gutachter in Gerichtsprozessen auf.
Al Fayed ging damit ein Risiko ein. Im Allgemeinen äußern sich Mediziner ungern kritisch über die Arbeit von Kollegen. Die hier hinzugezogenen Fachleute waren Lecompte und Pepin im Lauf ihrer Karriere mehrmals begegnet. Vor diesem Hintergrund gewinnen die folgenden Ausführungen ein ganz besonderes Gewicht.
Die unabhängigen Experten trafen sich am 12. November 1997 zum ersten Mal in London. Sie erstellten einen Zwischenbericht, der auf den 10. Februar 1999 datiert ist. Ihren umfassenden Abschlussbericht und ihre Schlussfolgerungen legten sie im November 2001 vor.
Zwar erwarte ich von den Lesern dieses Buches kein gesteigertes Interesse an anatomischen Fragestellungen. Ich möchte hier aber dennoch eine detaillierte Kritik auf der Basis der Befunde von Krompecher und Kollegen vorlegen, denn ihre Analyse stellt die Art und Weise infrage, mit der man in Frankreich Henri Paul die Schuld zuschob.
Die unabhängigen Pathologen beginnen mit der Feststellung einer Reihe von Anomalien bei der Durchführung der Autopsie. Im Februar 1999 wiesen sie auf fünf zentrale Punkte hin:

War Henri Paul Alkoholiker?
War er ein schwerer Raucher?

Hatte er einen hohen Kohlenmonoxidwert?
Wenn ja, was waren die Ursachen?
Wie lässt sich sein offensichtlich unauffällig normales Verhalten mit bestimmten Befunden aus dem Autopsiebericht in Einklang bringen?

Zunächst gehen die Gutachter auf eine Reihe technischer Fragen ein. Bestimmte Routineverfahren bei der Durchführung von Autopsien sollen sicherstellen, dass Gewebeproben richtig beschriftet werden und dass die »Sorgfaltskette« eingehalten wird, um Verwechslungen zu vermeiden. Kein Gericht möchte, dass das Blut von Herrn Meier mit dem von Herrn Müller verwechselt wird.
In dem Autopsiebericht finden sich keine Angaben über die Zeit, die anatomische Herkunft und die Mengen bzw. Volumina der entnommenen Proben.
Normalerweise werden in Autopsieberichten die Behältnisse beschrieben, in denen die Proben gelagert werden. Sind sie aus Glas oder Plastik? Sind Konservierungsmittel in den Behältern vorhanden? Die Verwendung entsprechender Konservierungsmittel wird empfohlen, um die Haltbarkeit der Proben über mehrere Wochen und Monate, manchmal sogar Jahre zu sichern.
In großen Leichenschauhäusern wie dem rechtsmedizinischen Institut in Paris kann es passieren, dass ein Pathologe zur gleichen Zeit an mehreren Leichen arbeitet – besonders an Samstagabenden. Zur Vermeidung von Verwechslungen oder Manipulationen sollten die Proben in Gegenwart eines Beamten der Police Judiciaire versiegelt werden. Das geschah in den meisten Fällen, in denen das Pathologenteam den Körper »visitierte«, nicht. Nur am 4. September fanden

die unabhängigen Gutachter einen Hinweis auf die Anwesenheit eines Beamten der Police Judiciaire, der die Proben versiegelte.

Wie ich zu Beginn dieses Kapitels bereits erwähnte, fragte Juge Stephan Professor Lecompte am 8. September nach den genauen Details der Entnahme der Gewebeproben. Die vier Gutachter stellen hierzu fest: »Wir konnten keine schriftliche Reaktion auf diese Anfrage finden.« Auch merkten sie (im Februar 1999) an, dass »die Berichte von der Annahme auszugehen scheinen, dass Henri Paul ein schwerer Trinker, möglicherweise ein Alkoholiker war; und wir haben festgestellt, dass dies als Erklärung dafür diente, dass er große Mengen Alkohol konsumieren konnte, ohne dass anderen dies in seinem Verhalten auffiel«. Wenn Henri Paul ein derart schwerer Trinker war, hätte man Schäden an seiner Leber, insbesondere in Form einer Leberzirrhose, feststellen müssen. Aber als die Pathologen die Leber untersuchten, erwies sich diese als vollkommen normal. Es gab keine Anzeichen für schwer wiegende Probleme.

Bei der Leber handelt es sich um ein komplexes Organ, und ihre Untersuchung ist nicht immer einfach. Daher glauben viele Pathologen, dass eine rein visuelle Kontrolle allein nicht genügt, um mit Sicherheit festzustellen, ob die betreffende Person ein Alkoholproblem hat. Vor einigen Jahren hatte Professor Lecompte, wie die Gutachter anmerkten, selbst eine Vereinbarung unterzeichnet, in der gefordert wurde, Leber und Bauchspeicheldrüse immer auch histologisch zu überprüfen. Es geht also um eine detaillierte Untersuchung auf der Basis einer biochemischen Analyse. Im Fall von Henri Paul hätte eine histologische Untersuchung Einblick in seinen Lebensstil und insbesondere seine Trinkgewohnheiten gegeben. Die Gutachter stellten fest, dass sie von den Pathologen eine solche Analyse erwartet hätten. Sie fand aber nicht statt, und es gab weitere wichtige Unterlassungen:

Die Farbe der *masses musculaires* wurde nicht erwähnt.
Das Hirn wurde nicht gewogen.
Der Schädel wurde nicht vermessen – besonders über die Dicke der Schädeldecke fehlen jegliche Angaben.
Der Inhalt der Luftröhre wird an keiner Stelle erwähnt.
Im Brustkorb scheint das Ausmaß des Blutverlusts nicht gemessen worden zu sein, und die mehrfachen Rippenbrüche wurden beschrieben, ohne zu spezifizieren, ob sie tödlich waren oder nicht.
Auch die Informationen über den Zustand des Zwerchfells waren ungenügend. Es fehlen Details über den Inhalt der inneren Organe. Eine detaillierte Analyse des Mageninhalts hätte bestätigende Hinweise darauf geben können, dass Henri Paul betrunken war oder wie betrunken er war.
Die Farbe des Nierengewebes wurde nicht erwähnt, obwohl hier ein Bluterguss gewesen sein musste.

Die unabhängigen Gutachter wandten sich dann dem Zustand des Skeletts zu. Sie stellten fest, dass keine Exploration des Rückenmarkansatzes im Stammhirn durchgeführt wurde, was wichtig für eine Kontrolle des Gleichgewichtssinns ist. Auch wurde der Knochenmarkskanal im Oberschenkel nicht untersucht.
Einige dieser Versäumnisse mögen rein technischer Natur gewesen sein und die letztendlichen Schlussfolgerungen nicht beeinträchtigt haben. Aber manche sind doch erstaun-

lich. Es ist eigenartig, dass das Hirn nicht untersucht und gewogen wurde. Ebenso wie durch eine Untersuchung der Leber die Vermutung, dass Henri Paul ein schwerer gewohnheitsmäßiger Trinker war, hätte überprüft werden können. Alkohol frisst im wahrsten Sinne die graue Materie auf, und daher haben Alkoholiker oft ein unterdurchschnittliches Hirngewicht. Die Untersuchung der Großhirnrinde kann auch Schäden an den Hirnhöhlen zeigen.

Aber es ging nicht nur um Unterlassungen. Die Gutachter monierten ferner offensichtliche Widersprüche in den Ergebnissen der Untersuchung.

Am Beginn des Autopsieberichts wird festgehalten, dass der Hirnstamm von Henri Paul intakt sei, wohingegen es in dem Bericht an späterer Stelle heißt, es seien erhebliche traumatische Verletzungen festgestellt worden. Das kann mit ein und demselben Körper eigentlich nicht passieren.

Dann stellt der Bericht mehrfache Brüche am Korpus des dritten und fünften Wirbels fest, mit »Mehrfachsplitterung« des Knochens. Auch merken die Gutachter an, dass in dem Bericht *d'une section franche de C6 avec déplacement* – also ein deutlicher Bruch des zugleich auch verschobenen sechsten Halswirbels – erwähnt wird. Den Gutachtern erscheint dies »nicht nachvollziehbar«. Sie fragten sich, welche gewaltige Kraft eine solche *section franche*, eine Durchtrennung des Wirbels, ausgelöst haben könnte.

Über Henri Pauls Urin wird berichtet, dass er rosa verfärbt gewesen sei, aber es wird keine Erklärung dafür geliefert, denn seine Nieren und die Harnröhre waren intakt. Man kann also nicht davon ausgehen, dass auf diesem Weg Blut in den Urin gelangt wäre, was die Färbung hätte erklären können.

Auch gab es eine Reihe von Hinzufügungen in dem Autopsiebericht, die offensichtlich später gemacht wurden. Normalerweise diktieren Pathologen ihre Befunde über den Zustand der Organe während der Untersuchung des Leichnams. Dabei werden die Tatsachen dokumentiert. Davon zu unterscheiden ist die Analyse dieser Tatsachen. Die Gutachter weisen darauf hin, dass Professor Lecompte ihre Aufzeichnungen am 6. November 1997 ergänzte. Ihre Notiz von diesem Tag erwähnte zum Beispiel einen Riss in der Aorta, und dies war die Todesursache.

Das Geheimnis des Kohlenmonoxids

Was die Gutachter am meisten verwirrte, war der Kohlenmonoxidgehalt im Blut von Henri Paul. Wie schon gesagt wurde, soll die Konzentration bei 20,7 Prozent gelegen haben. Die vier Gutachter waren darüber sehr erstaunt und fragten sich, ob dieser Wert aus dem Blut stammte, das vom Herzen wegfloss; war es auf der linken oder auf der rechten Seite entnommen worden?
Krompecher und seine Kollegen lieferten eine genaue Darstellung des Weges, den Kohlenmonoxid und Carboxyhämoglobin im Körper nehmen. Es bewegt sich von der Lunge in die linke Herzkammer, von wo aus es mit dem Blut durch den Körper gepumpt wird. Schließlich endet es in der rechten Herzkammer. Der Bericht des Pathologen »basiert auf der Annahme, dass eine solche Zirkulation, wie sie eben beschrieben wurde, im Körper von Henri Paul vonstatten ging und zu einer hohen Konzentration von Kohlenmonoxid in seinem Herzen sowie zu einer ebenfalls hohen, wenn auch

etwas geringeren Konzentration in dem Blut in den Extremitäten führte. Diese Überlegungen und Schlussfolgerungen sind aus einem offensichtlichen und eindeutigen Grund kaum haltbar. Der Bericht stellt eindeutig fest, dass durch Fremdeinwirkung die Aorta im Brustkorb gerissen war. Der Blutfluss von der linken Herzkammer muss in diesem Augenblick unterbrochen worden sein.«

Dies bedeutet, das Kohlenmonoxid konnte nicht von der linken Herzkammer aus durch den Körper zirkulieren. Hätte eine Blutzirkulation stattgefunden, wäre Henri Paul nicht unmittelbar nach dem Aufprall des Autos beim Unfall gestorben.

Die unabhängigen Gutachter merkten darüber hinaus an, dass diese Tatsache auf eine weitere grundsätzliche Problematik verweist. Sie stellten fest, dass man Henri Paul Blut aus dem Herzen mithilfe eines Schöpflöffels entnommen hatte. Das erschien ihnen etwas seltsam. Aufgrund ihrer eigenen Erfahrung »bedeutet dies, dass das Blut nicht exakt aus der linken Herzkammer genommen wurde, sondern dass es eine Mischung von Blut aus beiden Kammern ist. Bei dem Wert von 20,7 Prozent handelt es sich daher um einen *Mittelwert* [Hervorhebung im Original] aus beiden Herzhälften. Dies bedeutet, die Kohlenmonoxidkonzentration in der linken Herzkammer muss zwischen 28 und 35 Prozent gewesen sein, was einen extrem hohen Wert darstellt.«

Selbst Professor Pounder von der Dundee University wäre bei diesem Wert von einer Beeinträchtigung der Leistungsfähigkeit ausgegangen.

Die Gutachter fügten hinzu, dass wahrscheinlich der Großteil des Blutes in dem Schöpflöffel aus der rechten Herzhälfte stammte, da das hier vorhandene Blutvolumen wesentlich größer ist als das in der linken Herzkammer. Wenn dem so ist, dann hätte die Kohlenmonoxidkonzentration in der linken Herzkammer über 35 Prozent betragen. In ihrem Abschlussbericht vom November 2001 wiederholen die Gutachter diesen Punkt, und sie weisen darauf hin, »dass man schließen kann, der wahre Wert der Konzentration von Kohlenmonoxid im Blut sei viel höher gewesen als der gemessene Mittelwert von 20,7 Prozent«.

Es handelte sich für die Gutachter hier nicht um ein Mysterium von nur akademischem Interesse, sondern um einen Befund, der erklärt werden musste, wenn man die Ursache des Unfalls jemals herausfinden wollte. Sie verwiesen auf einen Artikel von Dr. Charles Winek in *Forensic Science International* (1981), in dem die These vertreten wird, dass beim Abbau des Blutes Pigmente entstehen, die Kohlenmonoxidmessungen beeinflussen können. Aber selbst auf der Ebene eines akademischen Austauschs unter Kollegen hatte man ihnen hier in Paris jede Information verweigert.

Ein Jahr nach dem Unfall, am 16. Oktober 1998, wurde Professor Lecompte und Dr. Pepin bewusst, dass ihre Arbeit von unabhängigen und bekannten Experten für Post-mortem-Analysen untersucht wurde. Krompecher und seine Kollegen hatten an die beiden geschrieben. Lecompte und Pepin hielten dagegen, dass die hohen Kohlenmonoxidwerte leicht zu erklären seien. Paul war ein schwerer Raucher. Wenn er zwei Päckchen Zigaretten am Tag konsumierte, würde sein Blut etwa 10 Prozent Kohlenmonoxid enthalten. Dabei schienen sie zu ignorieren, dass die aktuellen Werte bei 20,7 Prozent lagen und dass selbst vier Tage nach dem Unfall noch ein Wert von 12,8 Prozent gemessen wurde.

Aber Krompecher und seine Kollegen wiesen auf zwei weitere Schwierigkeiten mit dieser Annahme hin. Erstens wird allgemein davon ausgegangen, dass der Konsum von zwei Päckchen Zigaretten am Tag zu einem Kohlenmonoxidwert von etwa 8 Prozent führt. Zweitens hatte ein Zeuge dem Untersuchungsrichter mitgeteilt, dass Paul am Tag fünf bis sechs Zigarillos rauchte – weit weniger als vierzig Zigaretten.

Pepin und Lecompte führten die hohe Kohlenmonoxidkonzentration dann auf den Airbag des Autos zurück. Die unabhängigen Gutachter hielten dem die Einschätzung von Murray MacKay, Professor für Transportsicherheit an der Universität von Birmingham, entgegen, der die Idee verwarf, Airbags produzierten nennenswerte Mengen an Kohlenmonoxid. Auch Mercedes-Benz äußerte sich dahin gehend. Doch niemand kam auf die Idee, die hohen Kohlenmonoxidwerte mit irgendeinem »Angriff« auf Henri Paul in Verbindung zu bringen.

Bei der gemessenen Konzentration von Kohlenmonoxid hätte Henri Paul aller Wahrscheinlichkeit nach Symptome wie Konzentrationsstörungen und schwankenden Gang gezeigt, was wiederum den Leibwächtern hätte auffallen müssen. Hohe Kohlenmonoxidwerte erschweren die Konzentration, die Betroffenen berichten von eingeschränkter Sehfähigkeit und Schwindel. Jean François Meyer, der Anwalt der Familie Paul, sagte, dass Henri Paul unter diesen Umständen offensichtlich fahruntüchtig gewesen wäre. In ihrem Bericht aus dem Jahr 1999 stellen die Gutachter fest, dass »die Kombination aus vermutlich hoher Alkoholkonzentration und hohen Kohlenmonoxidwerten« bei Henri Paul zu Verhaltensauffälligkeiten hätte führen müssen.

Man hätte ihn dann keineswegs hinter das Steuer eines Fahrzeugs lassen dürfen. Stattdessen aber zeigen die Videoaufnahmen aus dem Ritz, dass Henri Paul einen ganz normalen Gang hat und sich behände die Schnürsenkel bindet.
Die unabhängigen Gutachter wenden sich dann den Schlussfolgerungen von Professor Lecompte und Dr. Gilbert Pepin zu, die diese Juge Stephan präsentierten. Seltsamerweise beantworten weder der Pathologe noch der Toxikologe eine der wichtigen Fragen, die Stephan stellte: Was war die Ursache und was waren die Umstände des Todes von Henri Paul? Die unabhängigen Experten bieten hier vier Hypothesen an, mit deren Hilfe sich das Kohlenmonoxid in Pauls Blut erklären lässt.
Die erste Hypothese geht davon aus, dass die Proben wirklich aus dem Leichnam von Henri Paul entnommen wurden und dass er in den letzten Tagen seines Lebens extrem hohen Kohlenmonoxidkonzentrationen ausgesetzt war bzw. dass seine Lebensweise zu einer kontinuierlich hohen Konzentration in seinem Körper geführt hatte. Sie stellten fest, dass bei Dodi Al Fayed keine erhöhte Konzentration gefunden wurde. Das ließ es eher unwahrscheinlich erscheinen, dass eine hohe Dosis des Gases in das Auto eingedrungen war und die Passagiere beeinträchtigte.
Die zweite Hypothese ging von einem Fehler des Pathologen und Toxikologen aus. Krompecher und seine Kollegen stellten fest, dass die Konzentration des Kohlenmonoxids auf zwei verschiedene Arten gemessen worden war. Zuerst hatte Dr. Pepin eine spektrometrische Analyse durchgeführt, bei der das Blut real sichtbar ist; die zweite Technik nutzte ein von der Firma Ciba-Corning entwickeltes Gerät, ein so genanntes 270-CO-Oximeter. Die internationalen

Richtlinien für solche Untersuchungen empfehlen die Verwendung von zwei unterschiedlichen Messmethoden, um Messfehler auszuschließen. Dr. Pepin hätte Differenzen zwischen den auf unterschiedliche Weise produzierten beiden Messwerten übersehen müssen. Die Gutachter halten dies für sehr unwahrscheinlich, da er jede einzelne Seite seiner Analyse abgezeichnet hat.
Die dritte Hypothese basierte auf der Annahme, dass die Proben zwar von Henri Paul stammten, aber dass sie im Verlauf der toxikologischen Untersuchungen verwechselt wurden. In der Folge stammten das Blut und der Urin von einer anderen Person. Die Gutachter hielten diese Hypothese für unwahrscheinlich, obwohl man sie auch nicht endgültig ablehnen konnte.
Am verstörendsten war die vierte Hypothese. Es hatte eine Verwechslung der Proben von Anbeginn an gegeben. Mit anderen Worten, Blut, Urin und andere Proben wurden von einem anderen Leichnam als dem von Henri Paul entnommen – und zumindest am Beginn des Verfahrens merkte das niemand. Krompecher und seine Kollegen enden mit sehr harschen Worten gegenüber ihren Kollegen und beschuldigen sie, sich unwissenschaftlich verhalten und Erklärungen produziert zu haben, von denen sie als Wissenschaftler hätten wissen müssen, dass sie unhaltbar sind. Ihre »Einstellung sei unentschuldbar«, sagten sie.
Im Schlusskapitel werde ich eine Besorgnis erregende Erklärung für die hohe Konzentration des Kohlenmonoxids vorlegen, ausgehend von der Annahme, dass die Befunde der Autopsie sich wirklich auf den Leichnam von Henri Paul beziehen.
Juge Stephan gab im informellen Gespräch mit Francis

Gillery (der bei dem von mir koproduzierten französischen Film Regie führte) zu, dass Henri Pauls Blut das große Rätsel der ganzen Angelegenheit sei.
Als ich den Film »Diana – The Night She Died« drehte, wies ich auf den Bericht der vier Gutachter hin; und als ich mir nochmals die Unterlagen vornahm, merkte ich, dass etwas Wichtiges fehlte. Auf den ersten Blick handelte es sich dabei um ein bürokratisches Detail von nur akademischem Interesse …

Auf der Suche nach Andrieux

Krompecher und seine Kollegen hatten die Existenz eines Dokuments, das unter der Bezeichnung »(D789/1)« lief, angemerkt; es war dem Autopsiebericht beigefügt. Darin wird über Proben berichtet, die in dem offiziellen Autopsiebericht nicht erwähnt werden. Dieses Dokument, so die vier Gutachter, enthielt »Eintragungen, die mit der Angelegenheit in keiner Beziehung zu stehen scheinen«. Dahinter folgte ein in Klammern gesetzter Name. Der angegebene Name lautete »(Andrieux)«. Ursprünglich dachte ich, die Tatsache, dass dieser Name in Klammern stand, wiese darauf hin, dass es sich um eine wissenschaftliche Fundstelle handele. Erst später merkte ich, dass das Ganze wichtige Implikationen haben könnte.
Das als »(D789/1)« bezeichnete Dokument war nicht das einzige zusätzliche Dokument. Die Gutachter fanden es »außerordentlich überraschend«, dass ein zweites erwähnt wurde, das mit dem ersten identisch, aber »am 1. September ausgefüllt« worden war und nicht am 31. August, dem Da-

tum der Autopsie. Dieses Dokument bezog sich auf »die männliche Person X«, dann wurde »die männliche Person X« durchgestrichen und durch »Paul« in dem einen Bericht und durch »Henri Paul« in dem zweiten Bericht ersetzt. In diesem zweiten Dokument war die Rede von weiteren Proben, die entnommen worden waren; darunter solche des Urins, des Mageninhalts, der Haare und Proben der inneren Organe. »Für die Anfertigung des zweiten Dokuments werden keine Gründe genannt«, stellen Krompecher und seine Kollegen fest. Sie fügen hinzu: »Es ist unmöglich, 24 Stunden nach einer Standardautopsie nochmals Proben von Urin und Mageninhalt zu nehmen.« Wozu also waren diese Daten gut?

Die unabhängigen Gutachter führten des Weiteren aus, es erscheine ihnen eigentümlich, dass sich die Anzahl der Proben von Urin und Mageninhalt am 1. September, dem Tag nachdem die Autopsie durchgeführt worden war, verdoppelte. Im ersten Bericht war jeweils nur eine Probe vorhanden, im zweiten jedoch waren es zwei.

Was bedeuten »männliche Person X« und »Andrieux«? Die Gutachter wollten das wissen. Normalerweise waren sie nahe an den Fällen dran, konnten die Polizei anrufen und um Hilfe bitten, aber hier lagen die Dinge anders. So stand die Frage im Raum, was dies alles bedeuten mochte, aber sie hatten keine Möglichkeit, dieser Frage nachzugehen, aus Gründen, die bald offensichtlich werden.

Eine mögliche Erklärung ist die Existenz des Leichnams einer Person namens Andrieux, der in derselben Nacht wie Paul in dem Leichenschauhaus angeliefert wurde. In Großbritannien wäre das einfach zu überprüfen gewesen. Es ist in so einem Fall wahrscheinlich, dass eine gerichtliche

Untersuchung über einen Toten, der im Labor des Pathologen gelandet ist, durchgeführt wird. Wie ich bereits erwähnte, habe ich für Channel 4 eine Sendung aus der Reihe »Dispatches« produziert, die sich mit Todesfällen in Altersheimen beschäftigte; und ich empfand die Beamten des Leichenschauhauses als sehr hilfreich. Sie versorgten mich mit Informationen darüber, wer wo gestorben war. Für zwei Pfund konnte ich eine Kopie des jeweiligen Totenscheins bekommen. Mit dem Datum, einem Namen und dem Namen des Leichenschauhauses wäre es ohne weiteres möglich gewesen, die Totenscheine aller Andrieux zu bekommen, die beispielsweise in London zwischen dem 30. August und dem 1. September gestorben waren.

Ich dachte, dass es in Paris ähnlich sein müsste. Ich bat Murielle La Coche um Hilfe – die Frau von David Carr Brown, die weiß, wie man mit französischen Behörden umgehen muss. Sie vermutete, sie müsse nur in die verschiedenen Rathäuser von Paris gehen, um dort einen Blick in die Sterberegister für das jeweilige Datum zu werfen. Sie begann mit der Mairie, die der Salpêtrière am nächsten lag. Dort machte sie eine interessante Entdeckung. In Frankreich sind die Sterberegister nicht öffentlich zugänglich. Ich war darüber sehr erstaunt, sowohl als Journalist wie auch aufgrund der Tatsache, dass ich als junger Mann einen Sommer in einem französischen Dorf namens Bauduen verbracht hatte. Ich freundete mich seinerzeit mit dem Bürgermeister und dem dortigen Priester an, der mir eine Lektion in Geschichte gab. Auf den Regalen des Bürgermeisteramts standen die gebundenen Bände des Personenstandsregisters, in denen alle Geburten und Todesfälle bis in das Jahr 1577 zurück dokumentiert waren.

Aber heute werden diese Aufzeichnungen in Frankreich fünfzig Jahre lang unter Verschluss gehalten. Man kann Informationen über Totenscheine nur als Angehöriger der Familie des Verstorbenen einholen; und selbst dann muss man sich mit einem Personalausweis oder anderen Dokumenten ausweisen, um die eigene Berechtigung zu belegen.

Also beschlossen wir, im Wahlregister nachzusehen. Was die Überprüfung der Vermutung, dass der Leichnam eines Mannes mit Namen Andrieux zur gleichen Zeit wie Henri Paul im Leichenschauhaus war, besonders schwer machte, war die Tatsache, dass es etwa 1,3 Millionen Menschen mit diesem Vornamen gibt.

In der fraglichen Nacht befanden sich 23 Leichen in der Salpêtrière. In jedem Fall wurden Proben von den Toten entnommen und untersucht. Es wäre möglich gewesen, dass es eine Verwechslung zwischen einer Probe aus dem Leichnam von Henri Paul und der Probe einer Person gegeben haben könnte, die sich beispielsweise mit den Auspuffgasen des eigenen Autos umgebracht hat, was natürlich zu hohen Kohlenmonoxidwerten geführt hätte. Die unabhängigen Gutachter halten dies für »eine starke und plausible Hypothese«. Mit anderen Worten handelte es sich bei dem Leichnam mit den hohen Alkoholwerten möglicherweise gar nicht um Henri Paul. François Meyer, der Anwalt der Familie Paul, sagte uns: »Il faudra trouver une autre explication.« – »Sie werden eine andere Erklärung [für den Unfall] finden.«

Einer meiner Kontaktleute bei der Polizei versuchte, die Namen und Adressen der in der Nacht zum 31. August in das Leichenschauhaus des Instituts eingelieferten Personen zu bekommen. Ich wollte sehen, ob sich ein Andrieux darunter befand. Mein Kontaktmann gab schließlich auf. Es handelte sich hier um einen der wenigen Fälle, in denen es selbst ihm nicht gelang, die Bürokratie zu umgehen. Alle wichtigen Dokumente über die in dieser Nacht in dem Leichenschauhaus befindlichen Leichen werden jetzt im Justizministerium unter strengen Sicherheitsvorkehrungen aufbewahrt. Sie können nur von denjenigen eingesehen werden, die seitens des Ministeriums eine entsprechende Erlaubnis bekommen.

Krompecher, Mangin und ihre Kollegen fügten noch hinzu, dass, da die Polizei die Proben Nummer eins und vier zurückbehalten habe – wie es schien, waren alle anderen Proben verloren oder waren unauffindbar –, es immer noch Gewebe gäbe, an dem ein DNA-Test durchgeführt werden konnte. Die Gutachter hatten DNA-Proben der Mutter von Henri Paul genommen. Selbst wenn seine Proben nicht gut gelagert gewesen wären, hätte man aus ihnen noch genügend DNA gewinnen können, um zu überprüfen, ob es sich dabei um sein Gewebe handelte.

Am 19. Oktober 2000 versicherte der französische Generalstaatsanwalt der Familie Paul, dass Pepin die Proben in einem Zustand aufbewahrt hatte, der es ermöglichen würde, sie nochmals zu testen.

Die Familie Paul lässt durch ihren Anwalt François Meyer mitteilen, dass diese Zusicherung als hochgradig unzuverlässig anzusehen sei. In einer Eingabe vom Januar 2002 erinnerten die Anwälte der Familie Paul das französische Berufungsgericht an die Aussage von Dr. Pepin, die verbliebenen Proben seien »in sehr geringen Mengen« noch vorhanden. In den von Meyer eingereichten Schriftsätzen wird vermutet, Dr. Pepin sei genötigt worden, zuzugeben, dass den Proben kein Konservierungsmittel beigegeben worden war. Meyer

behauptete auch, dass die Proben nicht ordnungsgemäß gelagert waren. Man hätte sie bei minus 40 Grad Celsius aufbewahren müssen, aber offensichtlich befanden sie sich die ganze Zeit über in einem normalen Kühlschrank.
Die Familie Paul glaubt nach wie vor nicht, dass Henri Paul betrunken war, und ihr Anwalt sagt, dass durch den Fehler bei der Konservierung der Proben und die unsachgemäße Lagerung das noch vorhandene Blut für eine Überprüfung des Blutalkoholgehalts unbrauchbar sei. Die Beschwerde führt auch aus, dass das Gericht angeordnet hatte, sieben Proben in gutem Zustand zu erhalten. Dies war offensichtlich nicht geschehen. Maître Meyer wies ebenfalls auf die Tatsache hin, dass Pepin gesagt hatte, ein Satz von Blutproben befinde sich im Besitz eines weiteren Experten, von »dem aber jede Spur fehlt«. Die Familie Paul möchte immer noch den Zugriff auf die Urin- und Blutproben ihres Sohnes bekommen. Sie behaupten, man habe ihnen erzählt, die Autopsie wurde auf Video aufgenommen; und sie möchten jetzt auch das Video sehen.
Trotz einer Reihe gewichtiger Argumente hat die Familie Paul nichts erreicht. Die französische Justiz beharrte unerbittlich auf ihrer Position, dass Lecompte und Pepin keinen Fehler gemacht hätten. Der französische Generalstaatsanwalt hat den Fall übernommen, und Henri Pauls Urin- und Blutproben bleiben das ausschließliche Eigentum der Republik Frankreich. Henri Pauls Familie ist wütend, weil sie die gewünschten Tests nicht durchführen lassen konnte; diese Untersuchungen hätten die Unschuld ihres Sohnes beweisen sollen. Die Klärung des Problems mit den Blutproben wird wohl den englischen Gerichtsmedizinern vorbehalten bleiben.

Auch hier zeigen sich wieder interessante Unterschiede zwischen dem englischen und dem französischen Rechtssystem. In Großbritannien hätte die Familie eine gerichtliche Überprüfung einer Entscheidung des Home Office, also des Innenministeriums, verlangen können; aber das französische Recht sieht eine solche Möglichkeit nicht vor. Corinne Goetzmann, eine *juge d'instruction* wie Stephan, lehnte die Eröffnung eines Verfahrens, wie es die Familie von Paul und Al Fayed gefordert hatten, ab. Sie forderten eine neue *instruction* – was auf eine neue Untersuchung eines möglicherweise kriminellen Aktes hinausliefe; und der Akt wäre in diesem Fall die Verfälschung von Expertenaussagen durch die für die Autopsie und die toxikologischen Analysen verantwortlichen Fachleute gewesen.
Im August 2002 stellte Juge Goetzmann fest, dass gemäß Artikel 6-1 des französischen Strafgesetzbuches ein Ermittlungsverfahren bei einer Beschwerde wegen gutachterlicher Falschaussagen in einem Ermittlungsverfahren nur dann eingeleitet werden kann, wenn dieses Ermittlungsverfahren ergeben hat, dass wirklich ein Verbrechen begangen worden ist. Aber Juge Stephan war am 3. September 1999 zu dem Schluss gekommen, es liege kein zu bearbeitender Kriminalfall vor. Henri Paul war tot und konnte nicht mehr angeklagt werden. Die Paparazzi wurden ebenfalls nicht wegen Totschlags angeklagt. Nach der Definition des Artikels 6-1 gab es kein Verbrechen; und daher konnten auch keine Beweise gefälscht oder verpfuscht worden sein. Also lag kein Verstoß gegen ein Gesetz vor. Es war in diesem Fall unerheblich, ob die Aussage der gerichtlichen Gutachter nachlässig oder gar falsch war. Goetzmann zeigte nicht einmal Mitgefühl mit der Familie Paul in ihrer

misslichen Lage. Ihr Beschluss schloss den Fall in Frankreich ab.
Geordie Greig, der Herausgeber des Magazins *Tatler*, der seit einiger Zeit eine gerichtliche Untersuchung gefordert hatte (seine Schwägerin war Zofe bei Diana gewesen), erzählte mir im November 2003, die britischen Behörden hätten sich mit der »Entschuldigung« herausgeredet, das Verfahren in Frankreich sei noch nicht abgeschlossen. Aber kein englisches Gesetz verbietet eine solche Untersuchung.
Die Autopsie von Henri Paul war nicht die einzige kontroverse Untersuchung. Der Leichnam von Prinzessin Diana wurde am Abend des 31. August mit dem Flugzeug nach England übergeführt. Ihre sterblichen Überreste wurden nach Fulham gebracht, wo man eine Autopsie durchführte. Die Gerichtsmediziner haben sich immer geweigert, ihre Arbeit zu kommentieren oder über das Ergebnis der Autopsie zu berichten. Ich kann ihre Entscheidung aus zwei Gründen gut nachvollziehen. Der erste ist das Recht auf Privatsphäre, das man auch den Toten zugestehen sollte. Man erinnert sich an die sehr eindringlichen Bilder der toten Marilyn Monroe auf der Steinplatte in der Leichenhalle. Der zweite Grund ist, dass sich die Presse – insbesondere *Paris Match* – und die Öffentlichkeit nur für eine Frage interessierten: War Diana schwanger gewesen? Aber es gibt eine Reihe anderer durchaus legitimer Fragen, die einer Antwort harren.
Am 23. Juni 1998 machten sich ein weiterer französischer Toxikologe, Andre Lienhart, und Professor Lecompte auf den Weg nach London. Sie gingen in das Polizeipräsidium, wo sie mit Dr. John Burton, dem damaligen Royal Coroner, also obersten Gerichtsmediziner des Landes, Dr. Michael Burgess (heute sein Nachfolger) und Superintendent Jeffrey

Rees zusammentrafen. Dr. Chapman, der forensische Pathologe, der die Autopsie der Prinzessin durchgeführt hatte, war ebenfalls anwesend.

Der Autopsiebericht wurde den französischen Pathologen für ihren persönlichen privaten Gebrauch übergeben. Offensichtlich sagten die Pathologen, dass sie sich wunderten, wie die Prinzessin derart schreckliche Verletzungen überleben konnte.

Nach ihrer Scheidung und ohne den Titel einer königlichen Hoheit wurde Diana nicht mehr vom britischen Geheimdienst beschützt. Dennoch benötigte sie Schutz. Sie hatte eine sehr brisante Kampagne gegen den Einsatz von Landminen gestartet, sie war mit einem Mann befreundet, dessen Familie viele Feinde hatte. (Beispielsweise tauchte im Jahr 2000 ein Fax auf, in dem Mohamed Al Fayed des Nuklearschmuggels für den Bau einer so genannten schmutzigen Bombe bezichtigt wurde. Das Fax war eine Fälschung; Al Fayed gewann einen Schadensersatzprozess gegen den *Sunday Telegraph*, der diese Geschichte gedruckt hatte. Aber irgendjemand hatte es darauf angelegt und sich die Arbeit gemacht, das Fax zu fälschen …)

Diana wurde hinsichtlich ihrer Sicherheit von Fremden abhängig. Das machte sie noch verletzlicher, als sie es seit ihrer Hochzeit ohnehin schon gewesen war. Ironischerweise liebte sie ihre Freiheit, auch wenn es Momente gab, in denen sie sehr besorgt war über die Dinge, die ihr zustoßen könnten.

7
Drogen und schmutzige Tricks – Was in der Limousine gefunden wurde und was nicht

Wenn die Polizei in zivilisierten Ländern einen Unfall untersucht, gehört dazu eine detaillierte Aufstellung der Dinge, die im Wagen und bei den Unfallopfern gefunden wurden. In diesem Kapitel geht es um die Unstimmigkeiten zwischen der offiziellen Version dieser Aufstellung und der Fakten, die ich später recherchiert habe. Zwölf Stunden nach dem Unfall stand die Polizei bereits unter einem immensen Druck, nicht die ganze Wahrheit über die im Wagen entdeckten Gegenstände publik zu machen. Dieser Druck kam direkt vom Élyséepalast, dem Amtssitz des französischen Präsidenten.

Wie die Polizei bald herausbekam, hatte der Mercedes S 280 eine Vergangenheit, die womöglich eine gewisse Bedeutung für den Fall hatte. Er war im April vor dem Pariser Restaurant Taillevent gestohlen worden. Als Eigentümerin des Wagens hatte Étoile Limousine, die Mietwagenfirma des Ritz, den Diebstahl der Polizei gemeldet.

Einige Wochen später fand die Polizei den Wagen wieder. Zur Überraschung der Beamten waren die Elektronik und das Bremssystem ausgebaut worden. Beides hatte keinen großen Marktwert. Als Étoile Limousine den Wagen zurückbekam, ließ man ihn wieder instand setzen.

Bei meinem Gespräch mit Mohamed Al Fayed stellte ich die

Frage, ob er es für möglich hielte, dass man an dem Wagen herumgepfuscht oder ihn schlecht repariert habe. Er tat diese Idee mit einer theatralischen Handbewegung ab. Der Wagen sei vollkommen in Ordnung gewesen, als er in der Nacht zum 31. August losgefahren sei. Schließlich seien die Fahrzeuge, die Étoile Limousine den Gästen des Ritz zur Verfügung stelle, immer in erstklassigem Zustand. In seinem Buch *Diana: Secrets & Lies (Diana: Geheimnisse und Lügen)* hat auch Nicholas Davies die Vermutung, der Wagen sei präpariert worden, aufgegriffen. Seine Idee, man habe sich an den Sicherheitsgurten zu schaffen gemacht, ist jedoch kaum haltbar, da niemand wusste, dass Dodi und Diana gerade diese Limousine benutzen würden. Das wurde erst weniger als eineinhalb Stunden vor ihrer Abfahrt bekannt.

Meist machen die Vertreter der Theorie, der Unfall sei geplant oder das gewesen, was man auf Französisch *un accident provoqué* nennt, jedoch geltend, die intelligenteste Lösung wäre es gewesen, an der Elektronik und vor allem am Bremssystem herumzupfuschen. Zum Beispiel hätte man ein neues elektronisches Bremssystem einbauen können, das einen Mangel hatte, von dem der Fahrer nichts wissen konnte. Dieses System hätte man mit einem Empfänger ausrüsten können, der auf die Befehle einer Fernsteuerung reagierte. Technisch ist so etwas heute nicht mehr besonders schwierig; ein ähnliches System wird zum Lenken von Modellflugzeugen und -booten verwendet. In diesem Falle hätte man einen Chip eingebaut, der mit einem auf eine bestimmte Frequenz eingestellten Befehl aktiviert worden sei, um dem Fahrer die Kontrolle über den Wagen zu entziehen. Problematisch an dieser Theorie, die sich auf den Diebstahl

im April bezieht, ist natürlich die Tatsache, dass Diana damals noch keinen engen Kontakt mit Dodi hatte und niemand wissen konnte, ob sie je in einen Wagen des Ritz steigen würde.
Als die französischen Spezialisten das Fahrzeug zerlegten, fanden sie jedenfalls keine Spur eines Chips oder irgendwelche anderen Hinweise auf Sabotage. Scheinbar war der Diebstahl völlig sinnlos gewesen.

Tunesien 2003 – Jeder Krieg hat sein Hotel

Ein investigativer Journalist braucht Glück und günstige Zufälle, das ist völlig klar. Er wirft sein Netz aus, aber viel hängt davon ab, wen er trifft und wer bereit ist, mit ihm zu sprechen. Das war auch bei meinen Recherchen der Fall.
Im Herbst 2002 fragte der holländische Filmproduzent Ludi Boeken bei mir an, ob ich Interesse daran habe, der englische Koproduzent eines Spielfilms mit dem Titel »Deadlines« zu werden. Der Film spielt 1982 und erzählt die Geschichte eines ambitionierten amerikanischen Journalisten namens Alex Randall, der als freier Korrespondent in Paris arbeitet. Als er von dem Bombenanschlag in Beirut erfährt, bei dem 231 amerikanische Marineinfanteristen ums Leben kamen, fliegt Randall auf eigene Faust in den Libanon und hat Erfolg. Es ist ein Film über glückliche Zufälle. Randall kann eine Reihe sensationeller Artikel veröffentlichen, braucht jedoch eine Weile, bis er dahinter kommt, dass er seine Geliebte mit dem korrupten Außenminister teilt und von diesem manipuliert wird. »Deadlines« basiert teilweise auf Evelyn Waughs klassischer Satire *Der Knüller*,

deren Held der naive Journalist John Boot ist, und teilweise auf persönlichen Erfahrungen. Boeken hatte für das holländische Fernsehen über den Krieg im Libanon berichtet, der Drehbuchautor und Koregisseur Michael Lerner für *Newsweek*.

Als frühere Journalisten waren Boeken und Lerner der Meinung, ihr Film würde authentischer wirken, wenn einige echte Reporter mitspielten. Deshalb sollte ich nicht nur als Koproduzent, sondern auch als Schauspieler tätig werden und bekam die Rolle des Reuters-Korrespondenten in Beirut. Gedreht wurde der Film in Tunesien, weil Beirut uns noch zu riskant vorkam, besonders da es sich um ein Projekt mit zwei jüdischen Produzenten handelte. Neben mir erklärten sich zwei weitere Journalisten bereit, als Schauspieler mitzuwirken: Bobby Buechler und Patrick Chauvel. Buechler arbeitet oft für CBS TV und hat schon einen Emmy gewonnen. Patrick Chauvel, einer der großen französischen Kriegsfotografen, ist ein drahtiger, dunkelhaariger Mann Anfang fünfzig, der den Körperbau eines Rugbyspielers hat. Er hat eine Reihe historischer Aufnahmen vorzuweisen, darunter die eines Soldaten, der im Libanon aus einem brennenden Panzer springt. Auch er war 1982 in Beirut gewesen.

Chauvel kommt aus einer hoch angesehenen Familie mit diplomatischer Tradition. Sein Großvater amtierte zwölf Jahre lang, von 1958 bis 1970, als Botschafter Frankreichs in London und verstand sich so gut mit der Queen, dass sie de Gaulle bat, seine Amtszeit zu verlängern. Einen guten Teil seiner Kindheit hat Patrick in der Botschaft verbracht. Am Samstagmorgen wurden geeignete Diplomatenkinder in den Buckinghampalast eingeladen, um mit Prinz Charles zu spielen. Einmal gab es zwischen Charles und Chauvel Streit wegen einer Tafel Schokolade. Als Chauvel Jahre später an einem Staatsempfang teilnahm, flüsterte ein Diener ihm zu, Charles wolle mit ihm unter vier Augen sprechen. Chauvel wurde ins Arbeitszimmer des Prinzen geführt, wo die beiden über die Vergangenheit plauderten und lachend befanden, dass der Streit wegen der Schokolade beigelegt sei. Ich schreibe so ausführlich über diesen Hintergrund, um zu verdeutlichen, dass Chauvel keinen Groll gegen Prinz Charles hegt. Außerdem gehört er nicht zu den Leuten, die nur zum Spaß Gerüchte in die Welt streuen. Er wusste sehr gut, wie ernst die Geschichte war, die er mir anvertrauen wollte, und welche Folgen sie haben konnte.

Ich hatte gehofft, Chauvel könnte mich mit einigen der Paparazzi bekannt machen, die bei dem Unfall im Alma-Tunnel dabei gewesen waren, aber ich scheute mich davor, das Thema anzusprechen. Nun wartet man bei den Dreharbeiten zu einem Spielfilm oft stundenlang – auf die Kamera, auf den Ton, auf die Beleuchter. Während wir also auf verschiedenen tunesischen Hügeln herumsaßen, nahm ich zu einem alten Journalistentrick Zuflucht und erzählte Chauvel einfach von meinem Film über Diana. Am Anfang hatte es den Anschein, als wollte er nicht zu sehr ins Detail gehen, aber dann sagte er, irgendwann vor seiner Abreise könnten wir ausführlich über das Thema sprechen.

Als das Filmteam in den Badeort Hammamet umzog, wurde ich allmählich nervös. Am nächsten Tag sollte Chauvel wieder nach Frankreich fliegen, und ich konnte noch nichts aus ihm herausbekommen. Ich gewann den Eindruck, dass ich ihn in eine ziemlich schwierige Situation gebracht hatte. Da wir beim selben Film mitwirkten, wollte er vielleicht nicht unhöflich sein, aber in Wirklichkeit doch nicht mit mir sprechen.

Ich machte mir keine großen Hoffnungen, als ich es schließlich schaffte, mich mit Chauvel in die ziemlich protzige Lounge unseres Hotels in Hammamet zu setzen, um etwas zu trinken. Er kam mir immer noch ein wenig abweisend vor. Da forderte er mich auf, ihm zu erzählen, was ich über den Unfall herausbekommen hatte. Als ich fertig war, sagte er, er glaube nicht, dass einer der Paparazzi den Mund aufmachen werde, weil sie von den gegen sie erhobenen Anschuldigungen zu schwer getroffen seien. Es tröstete mich nicht sehr, dass ich richtig geraten hatte. Offenbar wollte mein Gesprächspartner nicht mitspielen.

Da verzog sich Chauvels faltiges Gesicht zu einem Lächeln, und er sagte, er wisse etwas, was wohl von Interesse für mich sein könne. Als wir uns zwei Wochen später in Paris wiedersahen, erklärte er sich bereit, vor der Kamera interviewt zu werden. Zuerst aßen wir in seinem Stammlokal zu Mittag, dann gingen wir in die Wohnung, in der er damals lebte. Obwohl er nur vorläufig dort wohnte, lagen überall Fotografien herum, von ihm selbst und von Kollegen, die er schätzte.

Was Chauvel wusste, wollte er erst einmal in einen Zusammenhang stellen. Mit dem Verhalten der Fotografen war er nicht einverstanden, weil er wusste, dass mehr Aufnahmen gemacht worden waren, als bekannt war. »Ich selbst hätte nie Bilder von der Frau im Wagen gemacht, aber ich glaube nicht, dass die Paparazzi sich wirklich mies verhalten haben«, sagte Chauvel. »Sie standen unter Druck.« Dr. Mailliez habe ja zu Protokoll gegeben, dass die Fotografen ihn nicht dabei behindert hätten, den Verletzten zu helfen. Dann kam Chauvel zur Sache.

Zwei Jahre nach Dianas Tod hatte er für den öffentlichen Fernsehsender France 2 einen Dokumentarfilm über französische Autofahrer gemacht und dabei tage- und nächtelang Beamte der Pariser Verkehrspolizei begleitet. »Die Aufnahmen haben ziemlich lange gedauert, und am Ende hatte ich mich mit den Leuten angefreundet«, erzählte Chauvel. Verkehrspolizisten hätten kein besonders glückliches Los: »Sie fühlen sich einsam, sie haben jede Nacht mit irgendwelchen Leichen zu tun, und sie sehen furchtbare Dinge, deshalb haben sie angefangen zu erzählen. Erst haben sie über das übliche Zeug gesprochen und dann, eigentlich ziemlich bald, über den berühmt-berüchtigten Unfall.«

»Die Verkehrspolizei ist gemeinsam mit den Rettungswagen eingetroffen, aber die Beamten haben nicht viel gesehen«, fuhr Chauvel fort. »Die Rolle der Paparazzi haben sie anders beurteilt, als es in den Zeitungen stand. Eines war ihnen klar: Wenn der Mercedes wirklich schnell gefahren war, dann hätten ihm die Paparazzi in ihren kleinen Wagen nicht so dicht folgen können; und wenn sich doch jemand direkt dahinter befunden hätte, dann wäre er in den Unfall verwickelt worden. Er hätte nicht mehr bremsen und sich heraushalten können.« Die Spezialisten der Polizei hätten keine Bremsspuren gefunden. Von einem Detail, das die Polizei berichtet hatte, war Chauvel peinlich berührt, weil es zeigte, dass die Paparazzi es übertrieben hatten. »Lady Di hat auf einen Kamerablitz reagiert«, sagte er, »und ihre letzten Worte waren bekanntlich: ›Lasst mich in Ruhe!‹«

Als die Verkehrspolizisten immer mehr Vertrauen zu Chauvel gewannen, begannen sie, allerhand interessante Informationen auszuplaudern. »Einer der Burschen, mit denen ich gesprochen habe, hat gesagt« – hier legte Chauvel eine

Pause ein, um nach dem richtigen Wort auf Englisch zu suchen –, »alles sei unter Vorbehalt ... vertraulich ... er wolle nicht sagen, wer er sei und in welcher Dienststelle er arbeite. Wegen bestimmter Dinge würden sie nämlich ganz schön unter Druck gesetzt.« In gewisser Weise sei das lächerlich gewesen, meinte Chauvel, weil es nicht viel zu sagen gegeben habe: »Der Élyséepalast hat Druck auf sie ausgeübt und sie angewiesen, sich bedeckt zu halten. Dabei hielten sie die Sache sowieso für nichts Besonderes.« Aus Sicht der Polizei sei der Vorfall im Tunnel ein gewöhnlicher Verkehrsunfall gewesen.

Trotzdem reagierte man bei der Verkehrspolizei unwirsch auf die politischen Anweisungen von ganz oben. Besonders einer der Beamten, mit denen Chauvel sich angefreundet hatte, fühlte sich auf den Schlips getreten. »Dieser Typ war stinksauer wegen des Drucks und hat mir gesagt, wenn irgendwas schief geht, lasse ich ein gewisses Foto in meinem Büro, und du kannst es mitnehmen.« Es sei ein Foto, für das bestimmte Zeitungen eine Menge zahlen würden. Eines Nachts zeigte er es Chauvel, der genügend Zeit hatte, es genau zu studieren, und Chauvel versteht etwas von Fotografien.

Offenbar stammte das Foto von einer Blitzkamera vor dem Tunnel. »Der Wagen wurde geblitzt«, sagte Chauvel. »Vor dem Tunnel ist eine Blitzkamera ... genauer gesagt, da war eine; jetzt ist sie weg.« Glücklicherweise hatte ich in der einzigen Nacht, in der wir dort gedreht hatten, eine Aufnahme vom Eingang des Tunnels gemacht. Dort war die Blitzkamera angebracht gewesen.

»Geblitzt wird direkt von vorne, damit man die Leute im Wagen sehen kann«, fuhr Chauvel fort. »Tatsächlich sieht man auch alle Insassen und erkennt sie.« Diana habe er sofort erkannt. »Der Fahrer sah ganz normal aus. Ich hatte sein Gesicht noch nie gesehen. Der Typ neben ihm wirkte angespannt, als ob er etwas Angst hätte. Vielleicht fährt der Wagen ein wenig zu schnell.« Bei diesem »Typ« handelt es sich um Trevor Rees-Jones. Das erste wirklich interessante Detail ist jedoch folgendes: »Die zwei auf dem Rücksitz lachen wie verrückt ... offenbar amüsieren sie sich köstlich. Sie sehen ziemlich glücklich aus.« Chauvel fand es wohl tröstlich, dass Dodi und Diana, wie er sagte, glücklich gestorben seien.

Von Bedeutung ist das, was Chauvel erfahren hat, aus zwei Gründen. Zum einen wurde vielfach behauptet, Dodi sei in jener Nacht in Panik geraten, weil die Fotografen ihm und Diana auf den Fersen waren. Deshalb habe er Henri Paul angewiesen, kräftig aufs Gaspedal zu treten. Ein Mann, der lachend neben der Frau sitzt, die er liebt, ist jedoch wahrscheinlich nicht von Panik ergriffen. Das kann ich mit einer gewissen Überzeugung sagen, schließlich habe ich über die Psychologie des Lachens promoviert (Cohen 1985).

Der zweite Grund ist die Tatsache, dass Juge Stephan in der Zusammenfassung seiner Ermittlungen weder das Foto einer Blitzkamera erwähnt noch die auf dem Rückumschlag dieses Buchs abgebildete Aufnahme. Wie schon erwähnt, hat Stephan jedoch betont, der Rettungsdienst trage keinerlei Schuld an Dianas Tod, weil sie sich zum Zeitpunkt des Unfalls in einer liegenden Position befunden habe und deshalb besonders schwer verletzt worden sei. Man hat vermutet, sie habe den Kopf in Dodis Schoß gelegt. Chauvel jedoch behauptet steif und fest, Diana erkannt zu haben, und das bedeutet, dass sie nicht gelegen haben kann, sonst hätte er ja ihr Gesicht nicht sehen können.

Manche Vertreter von Verschwörungstheorien meinen, Henri Paul habe die Gewalt über den Mercedes verloren, weil er im Tunnel von Blitzen geblendet worden sei. Tatsächlich sind Spezialeinheiten mit militärischen Blitzgeräten ausgerüstet, die in bestimmten Situationen zum Blenden und Schocken eingesetzt werden, zum Beispiel wenn es darum geht, Geiseln aus einem Flugzeug zu befreien. Manche dieser Geräte erzeugen einen Lichtblitz, der siebenmal heller ist als das Sonnenlicht. Ich finde die Theorie von dem tödlichen Blitzangriff allerdings kaum glaubhaft. Wieso hat niemand wenigstens einen Mann im Kampfanzug gesehen?

Chauvels Beschreibung des Fotos legt eine prosaischere Erklärung nahe. Offenbar hat es gleich vor dem Tunnel tatsächlich geblitzt, aber das war der ganz gewöhnliche Blitz einer Radarfalle. Er war automatisch ausgelöst worden, weil der Mercedes schneller als 60 Stundenkilometer fuhr. Es gibt keinerlei Hinweise, dass solche Blitze Autofahrer behindern oder sie dazu bringen, die Gewalt über ihr Fahrzeug zu verlieren.

Ich fragte Chauvel, wieso die Polizei dieses Foto nie publik gemacht hat. »Ich habe keine Ahnung, warum das Bild nicht freigegeben wurde«, sagte er. »Mir ist das schleierhaft. Vielleicht lag es daran, dass man beim ersten offiziellen Statement gegenüber der Presse behauptet hat, die Blitzkamera habe nicht funktioniert.« Diese Behauptung sei jedoch bald in ein zweifelhaftes Licht geraten, »als man herausbekommen hat, dass jemand, der zehn Minuten vor dem Unfall mit seinem normalen Wagen dort vorbeifuhr, fünfzehn Tage später einen Strafbefehl bekommen hat«.

Das würde darauf hinweisen, dass die Blitzkamera, noch wenige Minuten bevor die Limousine in den Tunnel fuhr, ganz war. Weshalb hätte sie gerade in diesem Augenblick nicht funktionieren sollen? Daher behauptete die Polizei, das Gerät sei nicht eingeschaltet gewesen.

Chauvel erinnert sich daran, auf dem Foto die Geschwindigkeit des Wagens gesehen zu haben, aber sie interessierte ihn nicht besonders. Aus seinen Aussagen lassen sich mehrere Folgerungen ableiten. Spätestens am Mittag des 31. August hat die Polizei das Foto der Blitzkamera in den Händen gehabt, jedoch beschlossen, seine Existenz zu leugnen, obwohl es ein wertvolles Beweismittel gewesen wäre. Es hätte nämlich sofort die Frage geklärt, welche Geschwindigkeit der Mercedes erreicht hatte. Dann wüssten wir, ob er tatsächlich mit 122 Stundenkilometern durch die Gegend gerast ist, wie in manchen Schlagzeilen behauptet wurde, oder ob sein Tempo viel niedriger war.

Die Existenz dieses Fotos ist jedoch nicht das einzige Geheimnis, das Chauvel mir verriet.

Ich fragte ihn, ob seine Freunde bei der Polizei von Dingen gesprochen hätten, die in der Limousine gefunden, auf der Liste mit den Besitztümern der Insassen aber nicht aufgeführt worden seien. Insgeheim hoffte ich auf eine Bestätigung der Vermutung, dass man Dodis Mobiltelefon gefunden hatte. Chauvel schwieg einen Augenblick, dann erwiderte er ganz trocken: »Ja, man hat was gefunden. In der Handtasche war Kokain.«

Verblüfft fragte ich, in wessen Handtasche man die Droge gefunden habe.

»Es saß nur eine Frau im Wagen«, sagte Chauvel mit traurigem Lächeln. Dann berichtete er, was der Verkehrspolizist ihm anvertraut hatte. »Er hat gesagt, hinten im Wagen sei Kokain gewesen.« Das sei allerdings nichts Besonderes, habe Chauvels Kontaktmann wissen lassen, und er wolle zwei Dinge klarstellen. Zum einen finde die Verkehrspolizei oft Drogen in Unfallwagen, zum anderen könne das Kokain im Falle des Mercedes nicht zum Unfall beigetragen haben, denn es habe nichts mit dem Fahrer zu tun gehabt, sondern sei im Besitz eines Insassen gewesen.

Ich fragte Chauvel, ob seine Kontaktleute irgendetwas über Dodis verschwundenes Mobiltelefon erzählt hätten. Darüber wisse er nichts Bestimmtes, erklärte Chauvel, meinte jedoch: »Ich kann mir nicht vorstellen, dass jemand irgendwas aus dem Wagen gestohlen hat.« Einerseits sei überall Polizei gewesen, und andererseits habe Dorzee ein Auge auf den Wagen gehabt, weil er sich Sorgen machte, irgendjemand könnte auf die Idee kommen, sich Dianas Schmuck anzueignen.

»Die Burschen, die die Untersuchung durchgeführt haben ... das sind normale Ermittler, die ehrlich ihre Arbeit tun, und solche Leute mögen es nicht, wenn man sie herumkommandiert. Durch die beteiligten Persönlichkeiten wurde die Sache zu einer heißen Kartoffel.« (Dieser Ausdruck stammt von Chauvel.) Nun sei auf die Verkehrspolizei jedoch erheblicher Druck ausgeübt worden, und deshalb habe der anfangs erwähnte Beamte auch zu ihm gesagt, wenn irgendetwas schief gehe, werde er das Foto in seinem Büro hinterlegen, wo Chauvel es finden könne. Als Chauvel versuchte, den Beamten zu überreden, sich für meinen Film interviewen zu lassen, lehnte dieser ab. Das war nicht unvernünftig, weil er sonst riskiert hätte, seine Stelle zu verlieren.

In der Annahme, dass Channel 5 sich weigern würde, die brisantesten Behauptungen Chauvels auszustrahlen, stellte ich eine zweite Fassung des Interviews zusammen, in der es um das gefundene Kokain ging. In dieser Fassung spricht Chauvel nicht konkret von Kokain, sondern verwendet den allgemeineren Begriff »Dope«, und sie haben wir letztendlich im Film verwendet. Fertig gestellt hatte ich jedoch beide Versionen. Als der *Sunday Express* über meinen Film berichtete, brachte er diese Passage in Verbindung mit Dodis früherem Drogenkonsum, aber davon hatte Chauvel kein Wort gesagt.

Nachdem ich die Wohnung Chauvels verlassen hatte, überkam mich ein gutes Gefühl, das jeder Dokumentarfilmer kennt. Ich hatte etwas wirklich Ungewöhnliches im Kasten, etwas, was den Erfolg meines Films garantieren würde. Deshalb fuhr ich sofort zu einer Kopierfirma und ließ das Video mehrfach vervielfältigen. So etwas durfte auf keinen Fall verloren gehen.

Die Behauptung, in der Limousine hätten sich Drogen befunden, ist natürlich eine brisante Sache. Chauvel ist zwar ein vertrauenswürdiger Zeuge, aber jede Aussage, die nur von einer einzigen Quelle stammt, sollte mit Vorsicht behandelt werden.

Dann folgte ein weiterer Glücksfall. Mein Freund David Carr Brown erhielt den Auftrag, eine Filmreihe über einen Pariser Vorort zu machen, in dem es unter anderem um die Verbrechensbekämpfung dort ging. Das Projekt hatte die volle Unterstützung des französischen Justizministeriums. David machte mich mit einem Polizeibeamten bekannt, der dort arbeitete, im August 1997 jedoch bei der Drogenfahndung gewesen war. Er konnte die Aussagen Chauvels

bestätigen. In der Limousine seien Drogen gefunden worden, sagte er, und es habe starken Druck gegeben, die Sache zu vertuschen. Über das Foto, das Chauvel gesehen hatte, wusste er ebenfalls gut Bescheid. Inzwischen befinde es sich gut verwahrt in einem Safe des Pariser Polizeipräsidiums.
Die Tatsache, dass im Mercedes – und noch dazu in Dianas Handtasche – Kokain gefunden worden war, muss rasch zu den oberen Ebenen der Polizeihierarchie vorgedrungen sein. Die leitenden Beamten hatten ihre politischen Stichwortgeber informiert, und schon wenige Stunden später hatten sie klare Anweisungen erhalten. Die Führungsriege der Französischen Republik wollte die Sache nicht ans Licht kommen lassen. Wie schon erwähnt, wurde Dodis Handy erstaunlicherweise nicht im Unfallwagen gefunden; zumindest stand es nicht auf der Liste mit den Habseligkeiten der Opfer. Da Dodi als Kokainkonsument bekannt war, waren auf seinem Mobiltelefon womöglich die Nummern von Personen gespeichert, die der Polizei als Drogendealer bekannt waren.
Die Frage ist, wann die Franzosen ihre britischen Kollegen informiert haben. Eine Antwort darauf weiß ich nicht, aber es ist kaum anzunehmen, dass die britischen Behörden die Wahrheit nicht sehr rasch erfahren haben. In diesem August hatte der MI 6 eine ganze Reihe von Agenten nach Paris geschickt, um dem Buckinghampalast einen Bericht über die Al Fayeds zu liefern. Diese Agenten müssen in Kontakt mit den Franzosen gewesen sein. Bestimmt wurde auch Scotland Yard auf dem Laufenden gehalten und hat die Franzosen gedrängt, sämtliche Details preiszugeben.
Die Tatsache, dass Diana Kokain in ihrer Handtasche hatte, brachte die politische Führung auf beiden Seiten des Ärmelkanals in ein Dilemma, das sowohl ethischer wie politi-

scher Natur war. Einerseits wollte sicher niemand Dianas Söhnen noch mehr Schmerz zufügen, andererseits ging es um die Frage, wie die britische Öffentlichkeit auf solche Enthüllungen reagieren würde, besonders da das Königshaus ohnehin schon unter Beschuss geraten war. Die königliche Familie, darunter auch die Queen, trauerte offenbar nicht so sehr wie viele Menschen im Land. Es fällt nicht schwer, sich den Sturm der Entrüstung vorzustellen, wenn der Kokainfund in Dianas Handtasche enthüllt worden wäre. Viele Menschen hätten diese Information einfach nicht geglaubt und sie als besonders üblen Versuch empfunden, die verstorbene Prinzessin zu verunglimpfen. Deshalb regierte der bürokratische Instinkt, und dieser Instinkt sagte den Verantwortlichen, sich »bedeckt zu halten«, wie Chauvel sich ausdrückte.

Die entsprechende Entscheidung muss rasch und offensichtlich unter Druck gefallen sein. Niemand dürfte sich ausführliche Gedanken darüber gemacht haben, was das für Folgen für spätere Untersuchungen der Todesursache haben konnte.

Die aufgeschobene gerichtliche Untersuchung

Die letzte Untersuchung, die von einem »Royal Coroner«, einem speziellen richterlichen Ermittlungsbeamten, durchgeführt worden war, hatte sich mit dem Flugzeugabsturz beschäftigt, bei dem Prinz William of Gloucester ums Leben kam. Eine solche Untersuchung muss in die Wege geleitet werden, wenn ein Mitglied des Königshauses eines unnatürlichen Todes stirbt, wie es bei Prinz William der Fall war.

Der Coroner kann beschließen, die Untersuchung vor einer Jury abzuhalten, deren Mitglieder gelegentlich Fragen stellen dürfen. Den Spruch, den diese Jury fällt, muss sie aus einem bestimmten Katalog an Möglichkeiten auswählen: natürlicher Tod, Selbstmord, Unfalltod, ungesetzliche Tötung und Feststellung eines gewaltsamen Todes ohne Nennung der Ursache. Trotz dieser Einschränkung kann eine gut geführte Untersuchung Fragen stellen und beantworten, die von großer Bedeutung für die Hinterbliebenen sind.
Es ist erstaunlich, wie viele Todesfälle in Großbritannien von einem Coroner untersucht werden. Selbst wenn ein Arzt nur den leisesten Zweifel daran hat, einen natürlichen Tod bescheinigen zu können, muss er den Ermittlungsbeamten informieren. Deshalb werden etwa 40 Prozent aller britischen Todesfälle an einen Coroner verwiesen.
Bis 1983 lag es im Ermessen des Coroners, eine Untersuchung einzuleiten, wenn ein Leichnam zur Bestattung nach Großbritannien überführt wurde. Dann wurde das betreffende Gesetz revidiert, nachdem die Familie einer in Saudi-Arabien ums Leben gekommenen Krankenschwester den Coroner von West Yorkshire gerichtlich dazu gezwungen hatte, die Todesursache zu untersuchen. Die Behörden hatten das für unnötig gehalten, den Prozess jedoch verloren. Wird seither der Leichnam eines britischen Bürgers, der im Ausland unter ungeklärten Umständen ums Leben gekommen ist, nach Großbritannien überführt, muss laut Gesetz eine Untersuchung stattfinden. Der Coroner hat diesbezüglich keine andere Wahl.
Die sterblichen Überreste von Diana und Dodi wurden am 31. August 1997 nach Großbritannien übergeführt. Vier Tage später stand im *Daily Telegraph* zu lesen, der Royal

Coroner habe bestätigt, dass eine Untersuchung stattfinden werde, und zwar im üblichen Zeitrahmen. Da Dodi Al Fayed in Surrey gemeldet war, erklärte auch der dortige Coroner Dr. Michael Burgess, er werde die Todesursache prüfen. Trotzdem wurden diese Untersuchungen erst im Januar 2004 eingeleitet und gleich wieder vertagt.

Sechs Jahre lang hat man eine ganze Reihe von Gründen für diese Verzögerung ins Feld geführt. Zuerst versuchte Mohamed Al Fayed, die beiden Verfahren zusammenlegen zu lassen, weil es seiner Meinung nach nur eine einzige Untersuchung über den Tod von Diana und Dodi geben sollte. 1999 lehnte die englische Justiz diesen Antrag ab. Inzwischen fordert Al Fayed eine öffentliche Untersuchung durch schottische Gerichte. Als zweiter Grund für die Verzögerung wurde angeführt, dass in Frankreich noch immer Verfahren im Gang seien. Keiner dieser beiden Gründe ist stichhaltig, da im betreffenden Gesetz, dem »Coroners Act« von 1988, nicht verlangt wird, vor dem Beginn einer Untersuchung müssten alle anderen Verfahren beendet sein. Im Gegenteil, das Gesetz fordert sogar, die Untersuchung »so bald wie praktikabel« einzuleiten. Als der Royal Coroner ursprünglich mitteilte, er werde innerhalb einer Woche einen Termin für den Beginn der Untersuchung nennen, muss er das für »praktikabel« gehalten haben. Was ist dann geschehen? Wie schon erwähnt wurde, berichten Freunde des Beamten, er sei von der königlichen Familie stark unter Druck gesetzt worden. In dem einzigen Gerichtsverfahren, das seit 1999 im Zusammenhang mit der Tragödie in Frankreich eingeleitet wurde, ging es um den Vorwurf, bei der Obduktion des Leichnams von Henri Paul sei es zu Kunstfehlern gekommen. Dieser Prozess wurde vor über eineinhalb

Jahren niedergeschlagen. Anschließend hat Mohamed Al Fayed die Paparazzi wegen Verletzung der Privatsphäre verklagt – ein Verfahren, das er im November 2003 verlor –, aber mit den Ursachen des Unfalls hatte das nichts zu tun. Ich glaube, eine Unterdrückung von Beweismitteln, wie ich sie geschildert habe, muss Folgen für jede gerichtliche Untersuchung haben. Ein Ermittlungsverfahren ist methodisch nicht perfekt, aber es ist öffentlich. Der Coroner hat das Recht, Zeugen zu einer Aussage zu zwingen. Eine Untersuchung bedeutet, dass alle technischen Details des Unfalls und alle medizinischen Fakten zum Zustand von Dodi und Diana öffentlich geprüft werden. Zur allgemeinen Überraschung hat der Coroner sich sogar an Scotland Yard gewandt und um Unterstützung dabei gebeten, Tatsachen und Erfindungen auseinander zu dividieren. Die französische Polizei, die Ärzte und Pathologen werden sich kaum weigern können zu erscheinen, sonst gäbe es einen wahren Proteststurm.

Da der Wust an offenen Fragen und Behauptungen ziemlich komplex ist, will ich ihn kurz zusammenfassen. Die Untersuchung kann nicht über Indizien hinweggehen, die beweisen, dass einer oder mehrere Fahrzeuginsassen Kokain genommen oder in ihrem Besitz hatten. Sie kann der Frage nicht ausweichen, weshalb die Aufnahme der Blitzkamera unterschlagen wurde. Auch der Frage, weshalb Dodis Mobiltelefon verschwunden ist und wie, kann sie sich nicht entziehen. Was dabei herauskommt, könnte allerhand einflussreiche Persönlichkeiten, die von der Tragödie betroffen sind, in große Schwierigkeiten bringen. Es mag pedantisch sein, aber ich finde es sinnvoll, die möglichen Folgen genauer darzulegen.

Früher hat Mohamed Al Fayed sich hinsichtlich seines Sohnes keinen Illusionen hingegeben, aber inzwischen ist er sehr darauf bedacht, seine Erinnerung an ihn zu beschützen. Als er uns durch sein Kaufhaus Harrods führte, zeigte er uns auch die Gedenkstätte im Untergeschoss, die er für Diana und Dodi erbauen ließ. Dabei sprach er wieder davon, die beiden seien »hingerichtet« worden. Er sah uns beim Filmen zu und ging dann davon. Seine Stimmung änderte sich rasch. Urplötzlich zeigte er auf eine riesige goldene Statue der Sphinx und fragte lächelnd, ob ich das Gesicht erkennen würde. Es ähnele dem seinen, sagte er lachend. Wenn man Mohamed Al Fayed als Taschenspieler verachtet, hält man so etwas wohl für vollkommene Scheinheiligkeit. Verachtet man ihn nicht, möchte man meinen, ein Mensch könne wohl nicht die ganze Zeit damit verbringen, über den Tod seines manchmal ungebärdigen Sohnes nachzugrübeln. Aber man muss nicht über die Psychologie des Lachens promoviert haben, um zu wissen, dass Scherze eine erprobte und sehr menschliche Methode sind, mit einem Trauma umzugehen.

Mohamed Al Fayed hat wohl nicht gewollt, dass die Sache mit dem Kokain ans Tageslicht kam, weil es schon genügend Medienrummel um Dodi und diese Droge gegeben hatte. Gegenüber dem *Sunday Express* beklagte er sich, mein Dokumentarfilm sei bösartig, weil darin eine Verbindung zwischen dem Vorhandensein illegaler Drogen im Wagen und dem verschwundenen Handy seines Sohnes angedeutet werde. Tatsächlich haben wir keine derartige Verbindung gezogen. Al Fayed wäre in der Lage gewesen, alle Details über die Obduktion seines Sohnes publik zu machen, aber das ist nie geschehen.

Im Buckinghampalast könnte man eigene Gründe dafür gehabt haben, keinen gesteigerten Wert auf eine Untersuchung zu legen. Die Prinzen William und Harry zu beschützen, war wohl ein ehrenwerter, aber kaum der einzige Grund. Manche Berater des Königshauses dürften sich darüber freuen, dass die Enthüllung des Kokainfundes den Ruf von Diana schädigen könnte. Sie waren immer schon der Meinung, die Medien hätten Prinz Charles nie fair behandelt, weil Diana alle Publicityschlachten gewonnen habe. Trotzdem sind diese Berater sich nur zu gut des politischen Risikos bewusst, dem sie sich aussetzen würden, wenn man ihnen vorwerfen könnte, die Erinnerung an Diana zu beflecken. Zu viel an dieser Tragödie ist vertuscht worden, und schon deshalb konnte ich Chauvels Enthüllungen nicht ignorieren. Außerdem habe ich nun schon zwei Filme über ungeklärte Todesfälle gedreht, und in beiden Fällen hielten die Hinterbliebenen es für wichtig, die ganze Wahrheit ans Tageslicht zu bringen.

Auch die französischen Behörden dürften es kaum begrüßen, wenn bekannt würde, dass sie offenbar das letzte Foto des Mercedes vor dem Unfall unterschlagen und politischen Druck auf die Verkehrspolizei ausgeübt haben, sich »bedeckt zu halten«, wie Patrick Chauvel es ausgedrückt hat.

8
Das Autowrack und verbotene Zonen

Kurz nach 3.00 Uhr am 31. August wurde das Wrack aus dem Tunnel herausgeholt und zu den kriminaltechnischen Laboratorien des IRCGN (Institut de Recherché Criminelle de la Gendarmerie Nationale) gebracht. Wie bereits gesagt wurde, erfuhren wir, dass in der Nacht kein Mitarbeiter des Teams, das das Fahrzeug schließlich untersuchen würde, zur Verfügung stand. Als daher die Untersuchungskommission zwei der führenden Kriminaltechniker Frankreichs, François Nibodeau und Bernard Amouroux, beauftragte, das Fahrzeug unter die Lupe zu nehmen, hatte keiner der beiden es am Unfallort besichtigt, und keiner war in der Lage gewesen, Beweismaterial persönlich zu sichern. Aber um 4.30 Uhr war der Alma-Tunnel natürlich wieder für den Verkehr freigegeben worden. Die beiden Experten begannen mit ihrer Arbeit erst am Tag nach dem Unfall, weit weg vom Tunnel.

Nibodeau wies während der Dreharbeiten von »Lady Died« darauf hin, er sei wegen gewisser Aspekte der Ermittlungen sehr nervös gewesen. Er ließ durchblicken, dass er sehr besorgt gewesen war wegen der Einmischung in seine Untersuchungen, nicht vonseiten des Richters, sondern durch Sicherheitsdienste, insbesondere ausländische. Mehr wollte er dazu nicht sagen.

Damit die Kriminaltechniker verstehen konnten, was mit

dem Mercedes passiert war, ordnete Juge Stephan eine Reihe von »Rekonstruktionen« an. Die erste fand sieben Wochen nach dem Unfall statt. Juge Stephan hatte den Mercedes wieder zum Alma-Tunnel bringen und exakt so hinstellen lassen, wo und wie er schließlich zum Stillstand gekommen war. Wieder wirkte die Szene irreal. Scheinwerfer erhellten die nackten Tunnelwände. Die »Rekonstruktion« war angekündigt worden und hatte eine große Menschenmenge angelockt; die Polizei errichtete Absperrungen, um die Gaffer auf Distanz zu halten. Die Medien kamen nicht näher heran, sodass die Nachrichtenteams mit Teleobjektiven filmen mussten; das Filmmaterial mutet gespenstisch, düster an, da man die Beamten nur als schemenhafte Umrisse erkennt, die herumgehen und sich zuweilen bücken. Bei dieser merkwürdigen Beleuchtung ist die einzige Person, die ohne weiteres auf den Aufnahmen zu erkennen ist, Stephans Richterkollegin Marie Christine Devidal.

Monate später, im Juni 1998, mietete die Untersuchungskommission eine Rennstrecke außerhalb von Paris bei Montlhéry im Département Essonne. Man hatte nun die Idee, zu recherchieren, wie schnell das Auto fahren konnte und ob Motorräder wie die, auf denen die Paparazzi fuhren, mithalten konnten. Laut Hersteller betrug die offizielle Höchstgeschwindigkeit des Mercedes 210 Stundenkilometer. Die Polizei bewachte die Strecke, während Nibodeau und Amouroux praktisch eine Reihe von Rennen beaufsichtigten. Die Situation war ein wenig bizarr. Nur einer der verhafteten Paparazzi war auf einem Motorrad unterwegs gewesen, die anderen hatten Autos gehabt, und zehn Monate nach dem Unfall war man allgemein der Ansicht, dass Paparazzi nicht nahe genug hinter dem Mercedes gewesen waren, um den Unfall verursachen zu können oder ihn überholt zu haben. Der Fahrer, der am nächsten hinter dem Mercedes gewesen war, Erik Petel, hatte schließlich seine Darstellung der Ereignisse der Untersuchungskommission zu Protokoll gegeben.

Theoretisch bewiesen die Tests im Autodrome von Montlhéry, dass die Motorräder den Mercedes hätten überholen können, aber wenn die Fahrer keine professionellen Rennfahrer waren, hätten sie einige Probleme gehabt, die Kurve zu schaffen, die in den Alma-Tunnel eintaucht. Die Logik ist ein wenig grotesk, da eine flache Rennstrecke wie Montlhéry sich nicht gerade am besten dazu eignet, zu testen, ob Motorräder ein Auto auf einem Straßenabschnitt mit zwei Tunnels überholen können, die jeweils abwärts angefahren werden. Ottavioli, der ehemalige Chef der Brigade Criminelle, der von Al Fayed engagiert worden war, ließ sich von dem Gutachten nicht beeindrucken und meinte, die Fachleute seien *experts de la merde* (= »Scheißexperten«).

Nach den Rennexperimenten brauchten Nibodeau und seine Kollegen weitere drei Monate, bis sie ihren Bericht vorlegten, was sie dann am 1. November 1998 taten. Ich werde nun pedantisch genau darauf eingehen, da die Probleme ausgesprochen technischer Natur sind. Der Bericht war sehr gründlich und befasste sich mit Details wie Reifendrücken, den Kraftlinien, die den Schaden verursachten, und der Flugkurve des Autos. Zu dem Zeitpunkt, da das Gutachten abgegeben wurde, war man sich einig, dass der Mercedes zuerst die rechte Wand des Tunnels rammte, dann zurückprallte und gegen den dreizehnten Pfeiler stieß, sich erneut um die eigene Achse drehte und schließlich stehen blieb. Die

Hauptschlussfolgerungen der Experten bezogen sich auf vier Fragen:

Gab es irgendwelche Beweise für eine Sabotage am Auto?
Wie schnell war der Mercedes gefahren?
Hatte er gebremst?
Gab es irgendwelche Beweise dafür, dass der Mercedes ein anderes Fahrzeug gerammt hatte oder von ihm gerammt worden war?

Sabotage

Die Gutachter gelangten zu der Schlussfolgerung, es habe keine Sabotage gegeben und der Mercedes habe einwandfrei funktioniert, als sich der Unfall ereignete.
In seinem 2003 erschienenen Buch *Diana: Secrets & Lies* behauptet Nicholas Davies, Diana sei umgekommen, weil ihr Sicherheitsgurt defekt gewesen sei – skrupellose Mitarbeiter des britischen Geheimdienstes MI 5 und des französischen Geheimdienstes DST (Directoire de la Surveillance du Territoire) hätten eine Mutter abgefeilt. Wie ich bereits dargelegt habe, würde die Einbeziehung französischer Agenten in eine Verschwörung, die Mutter des künftigen Königs von England umzubringen, Paris zu viel Macht einräumen, die Briten zu erpressen, und daher sei dies unwahrscheinlich.
Aber bei Davies' Theorie gibt es ein einfacheres Problem. Da die Entscheidung, zur Ablenkung den zweiten Mercedes zu benutzen, erst in allerletzter Minute getroffen worden war, hätten die Agenten bei hoher Geschwindigkeit improvisieren und das Risiko eingehen müssen, auf frischer Tat

ertappt zu werden. Außerdem scheint Davies davon auszugehen, Agenten müssten stets ein Werkzeug zum Abschrauben von Muttern dabeihaben. Überdies behauptet Davies, Henri Paul habe erfahren, dass alle Radarfallen abgeschaltet gewesen wären, und deshalb habe er so schnell fahren können, wie er wollte, um den Paparazzi zu entkommen. Aber ich nehme nicht an, dass Henri Paul die Frage, ob er geblitzt würde, sodass das Ritz ein Bußgeld für zu schnelles Fahren würde zahlen müssen, allzu sehr beschäftigt hätte.

Die Geschwindigkeit des Wagens

Die Untersuchungskommission wurde entweder nicht auf das Foto der Radarkamera aufmerksam gemacht, das Patrick Chauvel sah, oder genau wie die Polizei unter Druck gesetzt, die Tatsache zu ignorieren.

Aber die Radarkamera war nicht die einzige Kamera, die hätte enthüllen können, wie schnell der Mercedes gefahren war. John MacNamara erklärte mir, er habe sich immer gefragt, warum alle Überwachungskameras vom Concorde bis zum Alma-Tunnel in dieser Nacht abgeschaltet waren, und gewisse Verschwörungstheoretiker behaupten, dies sei geschehen, damit sich Agenten vor, neben und hinter den Mercedes setzen konnten, ohne irgendwelche Beweise zu hinterlassen. Weder MacNamara noch Al Fayed haben irgendeinen Beweis für diese Behauptung; wahr ist aber, dass von der Polizei niemals irgendwelche Überwachungskameraaufnahmen vorgelegt oder auch nur erwähnt wurden. Ich vermute, dafür gab es eher einen bürokratischen Grund. Sobald die Polizei behauptet hatte, die Radarkamera am

Alma-Tunnel habe nicht funktioniert, verbreitete sich die Fehlinformation, und dabei wurde sie auf eine Weise übertrieben, wie sie dem, der sich mit Gerüchten befasst, nur allzu vertraut ist. Und schon bald wurde aus der Story die »Tatsache«, dass in jener Nacht alle Kameras außer Betrieb gewesen seien …

Ich sagte bereits, dass die Polizei zunächst behauptet hatte, der Wagen sei mit 190 Stundenkilometern gefahren, weil die Tachonadel dort hängen blieb. Dies war ein bemerkenswerter Fehler, den die Verkehrspolizei beging. Unfallermittler wissen, dass die Stelle, an der eine Nadel nach einem Unfall hängen bleibt, keine Rolle spielt, weil die Instrumente erschüttert werden und die Anzeige, bei der sie stehen bleiben, mit der Geschwindigkeit des Wagens im Moment des Aufpralls nichts zu tun haben kann. Christopher Wain von der BBC hat dies fast unmittelbar nach dem Unfall berichtet. Unfallermittler halten stattdessen nach einem Phänomen Ausschau, das man Nadelhieb nennt – eine Kerbe, die zum Zeitpunkt des Aufpralls von der Tachonadel auf dem Instrumentenblatt verursacht werden kann. Nibodeau hat nicht erwähnt, eine derartige Kerbe gefunden zu haben.

Also musste die Untersuchungskommission andere Techniken anwenden. Wenn Unfallermittler die Geschwindigkeit eines Unfallfahrzeugs herausfinden wollen, wenden sie gewöhnlich die Methode der so genannten Zurückverfolgung an. Dabei versuchen sie, die erste Stelle zu ermitteln, an der sie Bremsspuren sehen können, und dann messen sie die Entfernung von da bis zur Stelle des Aufpralls und errechnen daraus die Geschwindigkeit vor dem Aufprall. In manchen Fernsehaufzeichnungen kann man die Ermittler bei der Arbeit sehen: Zwei Beamte folgen mit einem Einrad der

Spur des Wagens und scheinen daraus seine Geschwindigkeit zu berechnen. Sie gebrauchen Uhren und andere Messinstrumente, während sie ihre eigentümliche Einradmaschine vor dem dreizehnten Pfeiler hin und her schieben.
Darüber hinaus wenden Unfallermittler eine Formel an, die auch die Reaktionszeit des Fahrers berücksichtigt. Nibodeau nahm an, Henri Paul sei betrunken gewesen, und daraus ziehen die Ermittler stets den Schluss, dass die Reaktionszeit langsamer sei, aber bei diesem Modell gibt es zwei Probleme. Wenn man weiß, wie lange ein Wagen gebraucht hat, um 100 Meter zurückzulegen, kann man daraus natürlich seine Geschwindigkeit errechnen – aber niemand hat ja die Zeit des Mercedes gestoppt. Dies erklärt, warum der Untersuchungsrichter beschloss, etwas zu tun, was man sich bei den meisten Ermittlungen einfach nicht leisten kann. Juge Stephan ersuchte Mercedes-Benz, Crashtests durchzuführen, bei denen mindestens zwei S 280 mit unterschiedlichen Geschwindigkeiten aufprallten. Die Logik dieses Vorgehens bestand darin, dass man feststellen wollte, mit welcher Geschwindigkeit ein Wagen fahren müsste, um derart beschädigt zu werden, wie dies bei Dodis und Dianas Mercedes der Fall gewesen war.
Über Unfälle einzelner Autos gibt es eine umfangreiche Literatur. Einem unabhängigen Erdölingenieur und technischen Fachmann namens Kruger zufolge würde bei einem Unfall, bei dem es keine Reifenspuren gibt und es zu einer Kollision mit einem Objekt, etwa einem Baum, gekommen ist, »eine Geschwindigkeitsberechnung auf der Menge an Energie basieren, die aufgewendet werden müsste, um die Front des Autos zusammenzudrücken. Wenn der Wagen hauptsächlich mittig mit der Motorhaube aufprallte, lässt

sich der Aufprall messen, und mithilfe des Steifigkeitskoeffizienten des Fahrzeugs (das Fahrzeug verhält sich in etwa wie eine Feder) ist eine Berechnung der Energie möglich, die erforderlich ist, den Schaden zu verursachen.« Mit dem Steifigkeitskoeffizienten misst man die Stärke des Fahrzeugs, und sobald man den Schaden gemessen hat, kann man rückschließend die Geschwindigkeit zum Zeitpunkt des Aufpralls errechnen.

Anschließend lässt sich die Geschwindigkeit bei jeder Roll- oder Gleitreibung ermitteln, die aus der Annäherung des Fahrzeugs an den Baum errechnet werden kann, und damit lässt sich die Geschwindigkeit zu dem Zeitpunkt bestimmen, da der Fahrer die Kontrolle verlor oder das Fahrzeug die Straße verließ.

Die Theorie ist beeindruckend, aber sie hängt doch davon ab, dass man genügend Informationen hat, und sosehr sich Nibodeau und Amouroux auch bemühten, vermochten sie das Rätsel doch nicht eindeutig zu lösen. Ihre Schlussfolgerungen verwiesen auf drei mögliche Geschwindigkeiten, die die Ursache dafür hätten sein können, dass das Wrack die Form annahm, in der sie es vorfanden. Dies waren: 95, 115 und 155 Stundenkilometer – das heißt, der Mercedes hätte keineswegs mit seiner Höchstgeschwindigkeit von 210 Stundenkilometern gefahren sein können.

Der Wagen war zwar auf jeden Fall zu schnell gewesen, aber die Experten neigten doch eher dazu, von der langsamsten dieser möglichen Geschwindigkeiten auszugehen. Die Behauptung, der Wagen sei wahnsinnig schnell gefahren, wurde nicht bewiesen, ja, im Grunde widerlegt.

Ich verwende bewusst das Wort »wahnsinnig«. Die Unfallermittler behaupteten weiterhin, »dass Pauls Gehirn, das nachweislich unter dem Einfluss von Drogen und Alkohol stand, von Informationen überlastet war« (Gregory 2000). Im Dossier wurde hinzugefügt: »Wenn dieses Phänomen auftritt, stellen wir fest, dass der Fahrer das Gegenteil von dem tut, was er tun sollte, und dann ist ein Unfall unvermeidlich.« Psychologen studieren seit Jahren das Phänomen der Informationsüberlastung; eine bedeutende Autorität auf diesem Gebiet war der verstorbene Donald Broadbent, der erste Psychologe, der in die Royal Society aufgenommen wurde. Er stellte im Labor die Situationen nach, die oft in Flugzeugen und Autos stattfinden. Die Informationsüberlastung beruht auf der Anzahl der Reize, die das Gehirn verarbeiten muss, auf der Geschwindigkeit, mit der sie auftreten, und darauf, ob sie sich alle im zentralen oder peripheren Gesichtsfeld befinden. Die Informationsüberlastung beeinflusst das Gehirn nicht so simpel, wie die französischen Experten zu vermuten scheinen – ich werde auf dieses Thema ganz am Ende des Buches zurückkommen.

Hat der Wagen gebremst oder nicht?

Die Frage nach dem Bremsen lässt sich nicht so leicht beantworten. Falls Henri Paul gebremst hatte, lange bevor er in den Tunnel hineinfuhr, und zwar weil er entweder Angst hatte, er würde zu schnell fahren, oder weil es irgendein unerwartetes Hindernis oder eine Notsituation gab, dann ließe dies darauf schließen, dass er den Wagen unter Kontrolle hatte und nicht betrunken war. Es gab im Tunnel lange Reifenspuren, die die Polizei anfangs dem schleudernden Mercedes zugeschrieben hatte. Aber die Experten gelangten zu der Schlussfolgerung, dass diese Reifenspuren bereits früher von einem anderen Auto verursacht worden waren. Noch einmal sei es gesagt: Alles kriminaltechnische Beweismaterial, das damit zusammenhing, hatte in den rund 90 Minuten gesichert werden müssen, nachdem der Mercedes abtransportiert worden war, und vor 4.30 Uhr, als der Tunnel wieder freigegeben wurde.

Auf der Grundlage dieser kurzen Recherche berichteten Nibodeau und Amouroux, der Mercedes habe erst 69 Meter vor der Stelle des Aufpralls gebremst. Das würde bedeuten, dass der Wagen erst 5 Meter vor der Einfahrt in den Tunnel bremste, da sich der dreizehnte Pfeiler 64 Meter weiter im Tunnel befindet. Ich behaupte, dass sich diese »Schlussfolgerung« den Experten aufgrund von zwei Verfahrensfehlern aufdrängte. Erstens ignorierte die Polizei Erik Petels Hinweis auf die »Implosion«, obwohl er durch mindestens einen weiteren Zeugen bestätigt wurde. Zweitens bedeutete die rasche Wiederfreigabe des Tunnels, dass der Unfallort nicht so gründlich abgesucht wurde, wie es der Fall hätte sein müssen.

Der Mercedes S 280 war mit einem Antiblockiersystem (ABS) ausgestattet, das in den frühen neunziger Jahren als wichtige Sicherheitserrungenschaft galt. Dabei werden die Bremsen von einem Computerchip gesteuert, der spürt, wenn ein Rad blockiert oder gleich blockieren wird. Der Computer befiehlt den Bremssensoren, die Bremse »stotternd« zu betätigen, um dieses Blockieren zu verhindern. Aufmerksame Fahrer tun das Gleiche, aber computergesteuerte Sensoren vermögen dies viel schneller als irgendein Mensch am Steuer.

In der Presse hieß es oft, ABS würde keine Spuren hinterlassen, aber das stimmt nicht. Diese Spuren sind aus einer Reihe von Gründen bloß schwerer festzustellen, und das ist nicht allgemein bekannt. Die elektronischen Sensoren beenden entweder das Blockieren der Räder oder beschränken es auf den Bruchteil einer Sekunde. Wenn Räder blockieren, werden Reifenspuren hinterlassen, die im Prinzip gerade und durchgehend deutlich sichtbar sind und ziemlich abrupt abbrechen. Werden ABS-Bremsspuren hinterlassen, ähneln sie den geradlinigen Spuren konventioneller Fahrzeuge, aber sie sind viel schwächer und daher schwerer festzustellen. Bei entsprechenden Verkehrsbedingungen und bei Regen können diese Spuren ziemlich leicht verwischt werden.

Bremsen älterer Bauart hinterlassen Reifenabdrücke, und zwar durchgehend feste Streifen, wenn sie nicht durch Stotterbremsen oder Unregelmäßigkeiten im Straßenbelag unterbrochen werden. Oft beginnen und enden sie abrupt. ABS-Abdrücke können andererseits ein abwechselnd helles und dunkles Muster aufweisen. Das liegt daran, dass Sensoren die Informationen über die Radgeschwindigkeit an den Mikroprozessor im Fahrzeugcomputer übermitteln. Im Rückkopplungssystem gibt es eine geringfügige Verzögerung, die es zulässt, dass das Rad zyklisch zwischen höherer und geringerer Bremskraft in einem einheitlichen Muster abwechselt. Und aus diesen beiden Gründen – der Helligkeit von ABS-Spuren und ihrem unterbrochenen Muster – ist bei der Untersuchung eines Unfallschauplatzes zusätzliche Sorgfalt erforderlich. Doch genau das Gegenteil geschah im Alma-Tunnel. Unschwer kann man sich vorstellen, dass insbesondere Bremsspuren auf der Abfahrt, die zum Tunnel hinabführt, übersehen wurden.

Die Frage, wie eine ABS-Bremsanlage funktioniert, passt auch zu dem bereits erwähnten Hinweis auf ein sehr lautes Geräusch, das wenige Sekunden vor dem Unfall vernommen wurde. Petel bezeichnete es als eine Implosion. Clive Gourovoodou, ein Berufskraftfahrer, der auf der Place de l'Alma gewesen war, berichtete, er habe gehört, wie der Motor aufheulte. Crawford meinte mir gegenüber, das laute Geräusch habe sehr dem Geräusch geähnelt, das zu hören ist, wenn ein Autogetriebe irrtümlicherweise in den Leerlauf geschaltet wird. Wenn sein Fuß auf dem Gaspedal wäre, dann würde der Motor abrupt auf Touren gebracht, und das könnte ein derartiges Geräusch verursachen.
Aber es kann noch eine andere Erklärung für das laute Geräusch geben. Es könnte von dem Mercedes erzeugt worden sein, als Henri Paul versuchte, die Bremse heftig durchzutreten. In der Literatur über ABS ist von zwei Arten von Geräuschen die Rede, die auftreten können, wenn das System eingreift, und keines hört sich wie ein typisches Bremsenquietschen an. Das eine ist ein lautes Knarzen, das andere ein lautes Kratzen. Falls Henri Paul zu heftig gebremst hätte, als er in den Tunnel hineingefahren war, dann hätte dies das ABS-System ausgelöst und ein Geräusch wie das erzeugt, das sich für Petel wie eine »Implosion« anhörte. 1995 behaupteten Versicherungen in Amerika, ABS sei nicht das Wundermittel, das die Autohersteller versprochen hatten, weil viele Fahrer nicht begriffen, wie es funktioniert. Oft gerieten sie in Panik, wenn sie dieses Geräusch vernahmen, und reagierten nicht richtig, weil sie glaubten, es bedeute, dass ihre Bremsen nicht in Ordnung seien, während sie tatsächlich korrekt funktionierten. Zunächst hatten die Versicherungen einen Prämiennachlass für Autos mit ABS

angeboten, aber zwei große Unternehmen schlugen nun vor, diese Nachlässe wieder abzuschaffen, weil mit ABS ausgestattete Autos genauso viele Unfälle wie andere Wagen hätten (USAA, der fünftgrößte Versicherer der USA, gehörte zu diesen Kritikern).

Petels Aussage ebenso wie die von Clive Gourovoodou legen die Vermutung nahe, dass dieses Geräusch zu hören war, bevor der Wagen die Einfahrt des Tunnels erreichte. Und hier führte das Versäumnis, das kriminaltechnische Beweismaterial richtig zu sichern, zu echten Problemen. Innerhalb von 90 Minuten konnte die Polizei kaum die 64 Meter im Innern des Tunnels bis zum dreizehnten Pfeiler absuchen – sie hatten keine Chance, die Abfahrtsrampe in den Tunnel nach hellen Reifenprofilabdrücken und unterbrochenen Mustern abzusuchen, die beweisen konnten, wo der Mercedes zu bremsen begonnen hatte. Aber das wurde im Dossier nicht eingeräumt.

Henri Paul war schneller als erlaubt gefahren, und daher hat er wahrscheinlich nicht deshalb so heftig gebremst, weil er eine Radarkamera sah. Einer der häufigsten Gründe, warum ein Fahrer auf die Bremse steigt, besteht natürlich darin, dass er ein Hindernis auf der Straße erblickt.

War der Mercedes von einem anderen Wagen gerammt oder behindert worden?

In der Woche nach dem Unfall interviewte die Presseagentur Credo Patrick Riou von der Police Judiciaire. Riou versicherte, die Polizei habe im Tunnel nichts weiter gefunden, was von kriminaltechnischem Interesse gewesen wäre.

Daher war man ein wenig überrascht, als die Polizei am 18. September ihren Bericht wieder änderte. Nun gab es eine neue »Ursache« für den Unfall. Die Polizei verkündete, sie habe Scherben eines roten Rücklichts untersucht, die man im Tunnel gefunden habe. Die Bilder im Dossier der französischen Untersuchungskommission sind dramatisch. In seinem Abschlussbericht erklärte Stephan nicht, wie diese Splitter gefunden worden waren. Einem Gerücht zufolge war ein Polizeibeamter außer Dienst in den Tunnel hinuntergegangen, um zu helfen, und hatte diese roten Scherben entdeckt, die ein ordentliches Häufchen bildeten. Ich glaube zwar nicht, dass dies unbedingt ein Zeichen für irgendeine Verschwörung ist, aber es legt doch die Vermutung nahe, dass das Aufräumen des Tunnels genauso wichtig war wie das Auffinden von kriminaltechnischem Beweismaterial. Dies ist ein weiterer Hinweis darauf, wie unzureichend die Suche war.

Das Institut de Recherche Criminelle de la Gendarmerie erklärte, die roten Scherben würden vom Rücklichtgehäuse eines Fiat Uno stammen, der zwischen Mai 1983 und September 1989 hergestellt worden sei. Die Wissenschaftler entdeckten auch zwei verschiedene Kratzer am Mercedes – kaum sichtbare schwarze Kratzer an der Fahrertür und viel größere weiße Kratzer am rechten Außenspiegel und an der Beifahrertür. Diese waren 1 bis 4 Zentimeter breit und 124 und 80 Zentimeter lang. Die Leute von Étoile Limousine beharrten darauf, der Wagen habe keine Kratzer gehabt, bevor er in jener Nacht das Ritz verließ – und man glaubte ihnen. Der Mercedes musste in Kontakt mit einem Fahrzeug gekommen sein, nachdem er das Ritz verlassen hatte. Die schwarzen Kratzer enthielten Ablagerungen von Polypropylen, das zur Herstellung der Stoßstangen vieler Automarken verwendet wird. Die weißen Kratzer hingegen waren brauchbarer, da sie Spuren von weißem Lack aufwiesen – und dieser Lack war relativ ungewöhnlich. Es war eine Farbnuance namens Blanco 210, wie sie für weiße Fiat Unos verwendet wurde, die zwischen 1983 und 1987 hergestellt worden waren.

Der untere Kratzer befand sich 81,5 Zentimeter über dem Boden. Die Stoßstange von Fiat Unos liegt ebenfalls 81,5 Zentimeter über dem Boden. Plötzlich sprach ziemlich viel dafür, dass die Ursache für den Unfall nicht bloß darin zu sehen war, dass Henri Paul betrunken war, sondern auch, dass der Mercedes einen weißen Fiat Uno gerammt hatte oder von ihm gerammt worden war.

Madame Monteil und die Brigade Criminelle begannen, nach diesem Fahrzeug zu suchen. Wie bereits erwähnt wurde, gab es auch drei Zeugen, die behaupteten, am Unfallort einen weißen Fiat Uno gesehen zu haben. Der erste Zeuge war der Anwalt Gary Hunter. Hunter erklärte, er habe aus seinem Hotelfenster geschaut und gesehen, wie ein weißer Fiat im Tunnel verschwand, gefolgt von einem weißen Mercedes. Er wurde im Fernsehen interviewt, aber die französische Polizei machte sich nicht die Mühe, mit ihm zu reden, ebenso wenig die Untersuchungsrichterin. Hunter hatte von einem Fiat Uno gesprochen, bevor irgendetwas von den kriminaltechnischen Ermittlungen an die Öffentlichkeit gelangt war – das heißt, sein Hinweis konnte nicht von dem beeinflusst worden sein, was in der Vorstellung der Leute den Unfall verursacht hatte.

Doch zwei Tage nachdem in den Nachrichten erstmals von einem Fiat berichtet worden war, meldeten sich zwei weitere Zeugen, als die Polizei verkündet hatte, sie wolle den Fahrer dieses Wagens ausfindig machen. Georges und Sabine D. beschrieben den Wagen und den Fahrer ganz genau. Sie hatten ihn auf dem Zubringer gesehen, der aus dem Tunnel herausführt. Der Fiat sei »alt und schäbig« gewesen und im Zickzack gefahren, während der Fahrer stämmig, zwischen dreißig und vierzig Jahre alt und offenkundig durcheinander gewesen sei. Er habe in den Rückspiegel geschaut, was ihnen sehr merkwürdig vorgekommen sei, und er sei auch ganz langsam gefahren. Hinten im Auto soll ein großer Hund gewesen sein, vielleicht ein Schäferhund – merkwürdigerweise habe dieser Hund einen Schal um den Kopf gehabt! Das Ehepaar wartete sogar mit Details über die Farbe der Türgriffe auf, und Georges schien sich noch daran zu erinnern, dass das Nummernschild mit 78 begonnen habe. In Frankreich verweisen die ersten beiden Zahlen auf das Département, in dem das Auto registriert ist.

Wenn Zeugen sich derart detailliert zu Wort melden, nachdem ein Vorfall durch die Medien gegangen ist, muss ihre Aussage mit Vorsicht behandelt werden, nicht weil sie unaufrichtig sind, sondern weil ihre Erinnerung durchaus von dem beeinflusst sein kann, was nach ihrer Vorstellung der Polizei helfen wird. Dr. James MacKeith und Gisli Gudjuddsohn vom Institute of Psychiatry haben 1997 herausgefunden, dass manche Menschen dazu neigen, sich auszudenken, was sie gesehen haben, und zwar nicht aus Böswilligkeit. Solche Zeugen sind einfach sehr leicht zu beeinflussen und wollen Menschen gefallen, die sie als Autorität betrachten. Sie schnappen Hinweise von denen auf, die sie befragen, und geben ihren Befragern unbewusst zurück, was diese ihrer Meinung nach hören wollen. Zuweilen legen sie falsche Geständnisse zu Verbrechen ab, die sie nicht begangen haben können; oft sorgen sie bei Ermittlungen für völlige Verwirrung, weil sie sich so viele Details ausdenken. Innerhalb von weniger als zehn Sekunden, könnte man argumentieren, bemerkten Georges und Sabine fast zu viele interessante Details über den weißen Fiat und seinen Fahrer. Dies hatte nichts mit einer Verschwörung, aber sehr viel mit Psychologie zu tun.

Stephan blieb keine andere Wahl, als eine intensive Suche nach allen Fiat Unos im Département 78 westlich von Paris anzuordnen. Tatsächlich nahm die Polizei Kontakt zu 40 000 Besitzern von Fiat Unos im Gebiet um die Stadt auf, ging aber nicht darüber hinaus. Niemand hat jemals erklärt, warum der Suchbereich so eingegrenzt worden war.

Die vielversprechendste Spur war für ein paar Tage ein vietnamesischer Installateur namens Lee Van Than. Madame Monteil war besonders misstrauisch, weil sein Auto am Tag nach dem Unfall rot umgespritzt worden war. Doch nach einer intensiven, sechs Stunden dauernden Vernehmung erkannte die Polizei, dass dies der falsche Mann war. Lee Van Than hatte ein gutes Alibi, da er zur fraglichen Zeit als Nachtwächter gearbeitet hatte, und eine Reihe von Zeugen verbürgten sich dafür, dass er das Gebäude, das er bewachte, zwischen 23.00 und 7.00 Uhr nicht verlassen hatte. Er konnte nicht beim Alma-Tunnel gewesen sein.

Ein paar Menschen haben die Existenz des weißen Fiat Uno nie akzeptiert. Aber selbst diejenigen, die behaupten, das Unglück sei schlicht und einfach ein Unfall gewesen – wie Martyn Gregory, der die Sendung »Dispatches« machte –, nehmen anscheinend doch oft an, dass es irgendein derartiges Fahrzeug gegeben habe. In seinem Buch *Diana: The*

Last Days äußert Gregory die Vermutung, der Fahrer – wenn es denn einen gegeben hat – habe es mit der Angst zu tun bekommen und seinen Fiat in einem Fluss oder Kanal versenkt, wo er nie gefunden worden sei. François Nibodeau akzeptiert in seiner Analyse jedenfalls die Anwesenheit eines weißen Fiat Uno im Tunnel, da er zu der Schlussfolgerung gelangt: »Der Mercedes ist wahrscheinlich eher aus der Bahn geraten, weil er versucht hat, dem Fiat auszuweichen, als weil er von ihm gerammt worden ist.«

Mittlerweile hatte Al Fayed die beiden vor kurzem pensionierten Polizeibeamten Ottavioli und Kerbois engagiert. Sie beschränkten sich nicht auf das Gebiet westlich von Paris, und aufgrund ihrer Kontakte hatten sie wahrscheinlich Zugang zu den Daten über alle Fiat Unos in Frankreich. Sie haben nie erklärt, wie sie eigentlich vorgegangen waren, aber ich vermute, dass sie einer simplen Logik folgten. Besaß irgendjemand, von dem man wusste, dass er oder sie sich für Dodi und Diana interessierte, so ein Auto? Es dauerte nicht allzu lange, bis sie auf den Namen einer derartigen Person stießen.

9
James Andanson und sein weißer Fiat Uno

Mohamed Al Fayed kannte die Namen sämtlicher Paparazzi. Es hätte zur üblichen polizeilichen Ermittlung gehören müssen, in den Datenbanken nach allen Besitzern eines Fiat Uno zu suchen, um festzustellen, ob einer der Fotografen als Besitzer dabei war. Ich nehme an, dass Kerbois und Ottavioli das im Auftrag ihres Klienten auch getan haben. Umso erstaunlicher ist deshalb, dass die offizielle Untersuchung darauf verzichtete, obwohl die Paparazzi der unterlassenen Hilfeleistung bezichtigt worden waren.

Im Zusammenhang mit den letzten Tagen, die Diana und Dodi vor Sardinien und Korsika verbrachten, habe ich bereits einen Mann erwähnt, der zu den aggressivsten Fotografen der Pressemeute gehörte: James Andanson. Er gab sich nicht damit zufrieden, Diana mit dem Teleobjektiv von einem anderen Boot aus aufs Korn zu nehmen, sondern mietete einen Hubschrauber, um näher an die »Jonikal« heranzukommen.

Mohamed Al Fayeds Leute bekamen bald heraus, dass James Andanson einen weißen Fiat Uno besaß, der sich normalerweise auf seinem Bauernhof in Lignières befand, einem Ort in der Mitte Frankreichs. Zu der Beschreibung von Georges und Sabine passte der Wagen zweifellos, da er alt und heruntergekommen war. »Als wir diesen Fiat in einer Werkstatt entdeckten, weil er [Andanson] ihn einen

Monat nach dem Unfall verkauft hatte, wurde unser Mann festgenommen, weil er sich in die polizeilichen Ermittlungen eingemischt habe«, sagte mir MacNamara. Seine scharfäugigen Ermittler hatten bemerkt, dass der Wagen mit einem neuen Rücklicht ausgestattet worden war, was auf einen Unfall hindeuten konnte.

MacNamara informierte die französische Polizei darüber, dass ein Mann, der Diana fast den ganzen Sommer über auf den Fersen gewesen war, einen weißen Fiat Uno besessen hatte. Während es Martine Monteil verdächtig vorgekommen war, dass Lee Van Than seinen Fiat hatte neu lackieren lassen, schöpfte MacNamara Verdacht, weil Andanson seinen Wagen verkauft hatte, ohne dass klar gewesen wäre, an welchem Tag das geschehen war.

Die Tatsache, dass MacNamara die französische Polizei auf etwas aufmerksam gemacht hatte, dürfte dort nicht gut angekommen sein. Der Mann von Scotland Yard hatte im Revier der Franzosen gewildert, und sie konnten auf keinen Fall zulassen, dass er die Nase vorn hatte und sich als der bessere Ermittler darstellte. Deshalb erklärte man dem kürzlich pensionierten Chief Superintendent, wenn er sich noch einmal in die polizeilichen Ermittlungen einmische, werde man ihn anzeigen.

Der Altmeister der Paparazzi

Wie Henri Paul gehört auch James Andanson zu den Geheimnissen, die die Tragödie umgeben. Er wurde 1946 als Jean Paul Gonin in Clermont-Ferrant geboren, nahm bei der Heirat mit seiner Frau Elisabeth jedoch deren Namen

Andanson an. Erstaunlicherweise hat niemand mir gegenüber ein Wort darüber verloren, dass es sehr ungewöhnlich für einen Mann ist, den Namen seiner Frau anzunehmen, besonders wenn er so ein Macho ist wie Andanson.

Schon mit sieben Jahren jobbte Andanson nach der Schule in einem Zeitungskiosk, um sich sein eigenes Geld zu verdienen. Später lenkte er das Motorrad für einen Fotografen, der von der Tour de France berichtete. Mit Anfang zwanzig hatte er sich zur Dunkelkammer des französischen Sportjournals *L'Équipe* hinaufgearbeitet. Es war schon immer sein Ziel gewesen, selbst ein berühmter Fotograf zu werden. In den sechziger Jahren machte er seine ersten Aufnahmen von Varietékünstlern und Sängern im Pariser Club Olympia, wo auch Edith Piaf aufgetreten war. 1971 gelang Andanson sein wohl bekanntester Schnappschuss, die symbolträchtige Aufnahme einer Coca-Cola-Flasche auf der Großen Mauer in China. Außerdem kam er als Einziger dazu, ein Bild von Aristoteles Onassis auf dem Totenbett zu machen. Man liebte und man hasste Andanson. Er hatte etwas Rowdyhaftes und Aufschneiderisches an sich, war jedoch ein überaus zielstrebiger Mann.

Andanson war Mitbegründer der Fotoagentur Sygma, und 1997 galt er als einer der erfolgreichsten Paparazzi der Welt. Seine Spezialität waren die Reichen und Berühmten. 2002 sah ich in M6 TV, einem der kommerziellsten Sender Frankreichs, einen zwanzigminütigen Bericht über ihn. Es war ein spannendes Porträt eines Mannes, der sich geschickt in der High Society bewegte. Andanson sprühte immer vor Energie, aber gegenüber gesellschaftlich höher stehenden Leuten gab er sich äußerst respektvoll und sprach sie ständig mit Prinz, Lord oder Hoheit an. In dem Bericht wird gezeigt, wie Andanson an einem Kai entlangläuft und versucht, die Aufmerksamkeit des jordanischen Kronprinzen Abdullah auf sich zu ziehen, der auf seinem Schnellboot steht und lieber in Ruhe gelassen werden will. »Hoheit«, ruft Andanson, um sein Opfer dazu zu bringen, zu ihm hochzuschauen, »ach, Hoheit!« Der höfliche Kronprinz gibt sich schließlich geschlagen, lächelt in die Kamera und winkt sogar huldvoll. »Danke, Hoheit!«, ruft Andanson untertänig. In einer anderen Passage ist Andanson im Domizil des Mannes angemeldet, der König von Italien wäre, aber im Exil lebt und sehnsüchtig übers Meer zu seinem verlorenen Königreich hinüberblickt. Der König darf Italien nicht betreten. »Ach, Majestät«, seufzt Andanson voll Mitgefühl, »eines Tages werden Sie Ihre Pasta in Rom genießen können.« Wenn er mit Filmschauspielern wie Daniel Auteuil zu tun hatte, verhielt Andanson sich offenbar etwas weniger unterwürfig. In dem Fernsehbericht wird gezeigt, wie er Auteuil zu Hause fotografiert und dabei gelegentlich auf die Schippe nimmt.

Manche Prominenten haben sich allerdings als nicht ganz so kooperativ erwiesen. Dianas Freund Elton John zum Beispiel hat Andanson einmal mit einer mürrischen Handbewegung davongescheucht. Aber die meisten Mitglieder der Glitzerwelt waren offenbar ganz erfreut darüber, von ihm geknipst zu werden, und in dem Fernsehbericht über ihn sieht man, wie nah sie ihn an sich herankommen ließen.

Andanson war ein fleißiger und sehr versierter Handwerker. Er hielt immer Schritt mit den neuesten technischen Entwicklungen und bediente sich mit als Erster der Satellitenübertragung, um Fotos an Zeitungen zu schicken. Es machte ihm allerdings auch Spaß, die Negative persönlich kurz vor Redaktionsschluss abzuliefern. Eine aufregende Passage des Fernsehberichts zeigt, wie Andanson auf dem Motorrad zum Flughafen braust, als wollte er einen Grand Prix gewinnen. Dank der Geschwindigkeit seiner Yamaha schafft er es knapp, irgendwelche Negative rechtzeitig zum letzten Flug zu bringen.

In der Passage des Berichts, die mich am meisten interessierte, geht es um ein Automobil. Zuerst wird ein Auspuffrohr gezeigt, dann sieht man, dass das Rohr zu Andansons weißem Fiat Uno gehört, der wirklich alt und heruntergekommen aussieht. Während Andanson ihn durch ein Dorf lenkt, erklärt er grinsend, er liebe diesen Wagen, mit dem er schon 325 000 Kilometer zurückgelegt habe, und das sei noch lange nicht das Ende. Andanson, der ein begabter Erzähler war, erklärt dann, wieso er das Auto weiter behalten wollte. In dem schicken Badeort St-Jean-Cap-Ferrat an der Riviera habe er den Fiat-Boss Giovanni Agnelli einmal dabei erwischt, wie er nackt von seinem Boot, der »Capriccia«, gesprungen sei. Am nächsten Tag habe der Industrielle ihn in der Stadt wiedererkannt und gefragt: »Na, Herr Künstler, wie läuft es so?« Daraufhin habe Andanson erzählt, wie sehr er seinen weißen Fiat liebe, was, nebenbei bemerkt, typisch für sein einschmeichelndes Verhalten gegenüber Prominenten war.

Als Agnelli den verbeulten Wagen gesehen habe, sei er in gönnerhafte Laune geraten und habe Andanson versprochen, ihm einen nagelneuen Fiat zu schenken, wenn er mit seiner alten Mühle auf eine halbe Million Kilometer gekommen sei. »Jetzt habe ich bloß Angst, dass die Kiste die nächsten 175 000 Kilometer nicht mehr übersteht«, vertraut Andanson der Kamera an.

Zu Beginn der Dreharbeiten für »Lady Died« nahm Francis Gillery, der Regisseur, Kontakt mit Elisabeth Andanson auf. Sie lehnte es jedoch ab, in unserem Film aufzutreten, und wies jede Vermutung zurück, ihr verstorbener Mann habe irgendetwas zu verbergen gehabt. Die Lackspuren, die die Polizei auf dem Fiat gefunden habe, hätten nicht zur Lackfarbe des Mercedes gepasst, stellte sie entschieden fest. Ich war skeptisch bezüglich der Rolle, die Andanson bei dem Unfall gespielt haben mochte, bis ich allerhand zusätzliche Informationen über ihn erfuhr. Sie stammten von einem Mann, den ich im Folgenden mit dem Namen »Harold« bezeichnen werde. Harold ist ein höherer Beamter bei einem der französischen Inlandsgeheimdienste, der Direction Centrale des Renseignements Généraux. Wie schon erwähnt, handelt es sich dabei um eine recht eigenartige Behörde. Sie kann zwar offiziell gegen Verdächtige ermitteln und sie auch festnehmen, aber meist finden die Ermittlungen inoffiziell statt. Beamte eines bestimmten Rangs schreiben anschließend Berichte, die nur vom Leiter der Behörde gelesen werden, und dieser informiert dann den Ministerpräsidenten. Harold arbeitet schon lange bei der Behörde; er ist gelernter Anwalt, was bei manchen seiner Aussagen durchscheint. Als hauptamtlicher Mitarbeiter hat er sich eine Zeit lang auf Informationstechnologie spezialisiert.

Ein gesprächiger Geheimagent

Bei den Recherchen zu meinem Dokumentarfilm über Diana wandte ich mich an eine Reihe von Personen, mit denen ich seit meinem Bericht über die Sekte des Sonnentempler-

Ordens in Kontakt geblieben war. Einer von ihnen war als Agent der französischen Regierung im Fernen Osten eingesetzt worden. Durch ihn und eine weitere Quelle erfuhr ich von einem Beamten, der eventuell bereit war, mit mir zu sprechen, wenn ich ihm Anonymität zusicherte. Ich packte die Gelegenheit beim Schopfe.

Mein erstes Gespräch mit Harold fand im Restaurant des Pariser Hotels Terminus Nord statt, das sich in der Nähe des Gâre du Nord befindet. Ich war gerade mit dem Eurostar angekommen, begleitet von ein paar Leuten, die ich von den Dreharbeiten zu »Deadlines« her kannte. Patrick Chauvel, den ich dort kennen gelernt hatte, war allerdings nicht dabei. Als ich Ludi Boeken, Eric Dussart und Michael Lerner sagte, ich könne nicht mit zum Abendessen kommen, stichelten sie, ich habe wohl ein heißes Rendezvous. Ich erwiderte scharf, es gehe um Recherchen, nicht um irgendwelche Eskapaden.

Nachdem ich mich am Bahnhof von den dreien getrennt hatte, überquerte ich die Straße zum Terminus Nord. Das Restaurant dort ist im Stil einer großen, alten Pariser Brasserie eingerichtet. Harold erwartete mich schon, aber als ich mich setzte, kam er mir ziemlich nervös vor. Er ist ein kleiner, braunhaariger Mann in den Dreißigern, der eine Brille trägt und den Eindruck eines Akademikers macht. Ich hatte Angst, er könnte es sich anders überlegen. Wir tranken einen Aperitif, dann erklärte uns der Oberkellner, wir müssten uns an einen anderen Tisch setzen.

Als Harold und ich in den anderen Speisesaal geführt wurden, zuckte ich zusammen. An einem der Tische saßen Ludi, Eric und Michael und bestellten gerade ihr Essen. Natürlich hatten meine Bekannten auch Hunger, und wie das Schicksal es wollte, stand der einzige freie Tisch direkt neben ihrem. Ich roch eine Katastrophe. Bestimmt würde Harold von meinen Versicherungen, alles vertraulich zu behandeln, wenig beeindruckt sein, wenn ich es nicht einmal schaffte, mich mit ihm zum Essen zu verabreden, ohne dabei auf irgendwelche Freunde zu stoßen. Besonders Ludi hatte durch seine Arbeit für die Sendung »Panorama« jedoch Erfahrung mit diskreten journalistischen Recherchen und ließ sich keine Sekunde anmerken, dass er mich kannte. Die anderen folgten seinem Beispiel.

Glücklicherweise hatte auch Harold an diesem Abend ein gewisses Sendungsbewusstsein. Nach drei Jahren Ermittlungsarbeit war er davon überzeugt, dass es sich bei Andanson um eine komplexe Persönlichkeit mit vielen Geheimnissen handelte. Nachdem er eine Flasche Sancerre und eine Bouillabaisse bestellt hatte, begann er mit einem ausführlichen Vortrag über sein Lieblingsthema, das Leben, die Sünden und die Fähigkeiten von James Andanson. Dabei war er völlig entspannt. In vielerlei Hinsicht bewunderte er den Mann. Andanson, sagte er, »war auf der Höhe des technischen Fortschritts, weil er immer versucht hat, seine Sachen so schnell wie möglich zu verkaufen, und weil er ein Perfektionist war«.

Als hochrangiger Beamter eines französischen Geheimdiensts hatte Harold den Auftrag gehabt, Andanson unter die Lupe zu nehmen. »Er hat sich in drei gesellschaftlichen Sphären getummelt«, sagte Harold. »Die erste Sphäre war das Showbusiness, die zweite die Politik. Er war einer der berühmtesten französischen Fotografen für Politikerporträts und hat viele Bilder für *Paris Match* gemacht. Außerdem war er der offizielle Fotograf des französischen Ministerpräsidenten Pierre Bérégovoy.« Diese Beziehung hielt Harold für hochinteressant. Bérégovoy stammte aus bescheidenen Verhältnissen und hatte bei der Eisenbahn gearbeitet, bevor er Gewerkschaftsfunktionär wurde. 1982 war der relativ unbekannte Politiker François Mitterrand aufgefallen, der ihm zuerst zu einem wichtigen Posten in der sozialistischen Partei verhalf und ihn später zum Minister machte. 1992 ernannte Mitterrand Bérégovoy dann zum Ministerpräsidenten, und dieser machte Andanson zu seinem Hoffotografen. Für einen Fotojournalisten war das eine phantastische Eintrittskarte zu den Vorzimmern der Macht.

Die Beziehung zwischen Andanson und Bérégovoy sei nicht nur offiziell gewesen, fuhr Harold fort. Ab und zu sei der Ministerpräsident bei den Andansons in Lignières zum Mittagessen gewesen, gelegentlich habe er sogar Freunde mitgebracht. Andanson habe sich damit gebrüstet, wie viel Zeit sie zusammen verbracht hätten. Bemerkenswerterweise war Bérégovoy nicht der einzige französische Spitzenpolitiker, mit dem Andanson freundschaftliche Kontakte pflegte; es gibt auch ein Foto, auf dem er zusammen mit dem sozialistischen Ministerpräsidenten Lionel Jospin auf seinem Motorrad sitzt. Solche hochrangigen Kontakte ließen Adanson ziemlich arrogant werden.

Ich war erleichtert, dass Harold keinerlei Interesse für die Gäste in unserer Umgebung zeigte. »Die dritte Sphäre, in der Andanson sich bewegt hat, ist die Geschäftswelt«, fuhr er fort. »Dort treffen wir auf Leute, die im internationalen Waffenhandel tätig sind, wie beispielsweise Jacques Monsieur, den berühmten belgischen Oberst, der im Iran ins Gefängnis gesteckt wurde, weil es zwischen ihm und den

Ajatollahs zu Meinungsverschiedenheiten über Waffenlieferungen gekommen war, und natürlich Adnan Khashoggi.« Wie schon erwähnt wurde, ist Khashoggi der frühere Schwager von Mohamed Al Fayed, mit dem er sich allerdings in den siebziger Jahren zerstritten hat, als die Ehe zwischen Al Fayed und Khashoggis Schwester geschieden wurde. Khashoggi gab seinem Exschwager die Schuld, hielt jedoch Kontakt zu seinem Neffen Dodi, der eine Zeit lang bei seinem Onkel lebte und wusste, dass er ihn immer um Hilfe bitten konnte. Jacques Monsieur wiederum war Andansons Nachbar in Lignières und ziemlich gut mit ihm bekannt.

Anschließend machte mich Harold mit einer Reihe wichtiger historischer Fakten vertraut. Im März 1993 verlor die von Bérégovoy geführte sozialistische Partei die Wahlen, und er musste zurücktreten. Was ihn jedoch persönlich sehr verletzte, war die Tatsache, dass sein Mentor François Mitterrand ihn völlig fallen ließ. Laut Harold war Andanson in den folgenden zwei Monaten ziemlich oft mit dem gestürzten Politiker zusammen, bis Bérégovoy am 1. Mai 1993 tot aufgefunden wurde. Seine Leiche trieb unweit der zentralfranzösischen Stadt Nevers in einem Kanal und hatte eine Kugel im Kopf. Manche Stimmen glauben nicht an einen Selbstmord; in einem Buch wird sogar behauptet, er sei ermordet worden. Im Allgemeinen ist man jedoch der Meinung, Bérégovoy sei einfach deprimiert über sein völliges Versagen gewesen. Als einstiger Star der Arbeiterklasse habe er urplötzlich alles verloren gehabt und das nicht ertragen können. Außerdem soll er seine politische Stellung dazu benutzt haben, die Summe von einer Million Franc (etwa 152 000 Euro) für einen Immobilienkauf zu leihen, und hatte womöglich Angst, das könnte ans Licht kommen.

Als Bérégovoys Leiche entdeckt wurde, fehlten einige Dokumente. Sein Terminkalender beispielsweise blieb auch neun Jahre nach seinem Tod verschwunden. Manche Kommentatoren meinen, er habe peinliche Tatsachen über Familienangehörige enthalten oder seine Familie habe ihn verschwinden lassen, weil darin die Schäferstündchen von Bérégovoy und seiner Geliebten verzeichnet gewesen seien. Viele halten das nicht für die ganze Wahrheit. Gerard Carreyrou, einer von Bérégovoys Freunden, hat etwas ganz anderes und wesentlich Interessanteres vermutet, was demonstriert, wie rau das politische Leben in Frankreich sein kann. François Mitterrand, der Mann, der Bérégovoy den Weg geebnet hatte, habe nicht einmal mehr seine Anrufe entgegengenommen. Der gescheiterte Politiker habe nun eine Belastung dargestellt: »Einige Tage später hätte er sich mit einem wichtigen Industriellen treffen sollen, deshalb war es wichtig, seinen Terminkalender verschwinden zu lassen. Es gab eine Reihe von Leuten, die Interesse daran hatten, dass bestimmte Dinge im Dunkeln blieben.«

Harold behauptete, es habe einen konkreten Zusammenhang zwischen Andanson und dem Tod Bérégovoys gegeben: »Laut Zeugenaussagen war Andanson am Tag, an dem Bérégovoy starb, wegen eines damit nicht zusammenhängenden Fototermins ebenfalls in Nevers; auch seine Frau Elisabeth hat das später bestätigt.« Im Obduktionsbericht werde vermutet, Bérégovoy sei aus einer gewissen Entfernung erschossen worden, was nicht zu dem offiziellen Statement passe, er habe sich einen Revolver an den Kopf gehalten und abgedrückt.

Damit war Harold bei einer makabren Tatsache angelangt, die uns zu der Tragödie von Dodi und Diana zurückführt:

»Wenn man sich mit den Leuten beschäftigt, die Andanson fotografiert hat, dann fällt auf, dass manche von ihnen eines gewaltsamen Todes gestorben sind. Natürlich kann man nicht beweisen, dass er dafür verantwortlich war, aber da sind auch Dodi Al Fayed, Diana und der Maler Bernard Buffet, der sich umgebracht hat.« Es folgte eine Liste mit weiteren Personen, die gewaltsam ums Leben kamen, kurz nachdem Andanson sie fotografiert hatte. Darunter waren Lolo Ferrari, die Sängerin Dalida und der Popstar Claude François, der die französische Version von »If I had a hammer« aufgenommen hat. Um diesen Zusammenhang zu interpretieren, benutzte Harold einen merkwürdigen Begriff: Intuition. Andanson habe »eine starke Intuition und die Fähigkeit gehabt, an Menschen heranzutreten, die bald unerwartet sterben würden«. Das war ein wenig seltsam ausgedrückt, aber allmählich wurde ziemlich klar, was Harold meinte.

»Bei den Renseignements-Généraux sind wir zu dem Schluss gelangt, dass James Andanson nicht allein gearbeitet hat, sondern von einem oder mehreren Diensten manipuliert oder gelenkt wurde«, sagte Harold. Mit dem Wort »Dienste« meinte er Geheimdienste, die im Auftrag der Franzosen, der Briten oder anderer Länder tätig gewesen seien. »Manchmal erhielt er [Andanson] eventuell den Auftrag, bestimmte Persönlichkeiten zu eliminieren, zu behindern oder zu kompromittieren.« Harold argumentierte, alles weise darauf hin, dass James Andanson zumindest als Informant tätig gewesen sei, vielleicht aber auch als jemand, der Informationen beschafft habe, die zur Planung von »Eliminierungen« gedient hätten. Sein Job als »Prominentenfotograf« habe ihm großartige Möglichkeiten geboten, ganz nah an bestimmte Leute heranzukommen. »Das ist etwas ganz anderes als bei einer Pressekonferenz«, erklärte Harold. »Ein solcher Fotograf kommt ins Wohnzimmer von Prominenten, er wird ihr Vertrauter, eine Freundschaft entsteht, und er erfährt allerhand über ihre privaten Angewohnheiten. Für bestimmte Dienste wird er dadurch ausgesprochen nützlich.« Tatsächlich hatte ich in dem Fernsehbericht über Andanson selbst gesehen, wie nah er an manche Berühmtheiten herankommen konnte.

Den Auftrag, sich mit Andanson zu beschäftigen, hatte Harold schon vor dem Tod Dianas erhalten. Ich bedrängte ihn, mir etwas über den Status dieser Ermittlung zu sagen. Es habe sich dabei nicht um eine polizeiliche Ermittlung gehandelt, sagte er und fuhr fort: »Aber sie wurde von Staatsbeamten durchgeführt, und wir hatten den Auftrag, herauszufinden, ob Andanson wirklich nur Fotograf war oder noch etwas anderes. Nach etwa achtzehn Monaten kamen wir zu dem Schluss, dass er mehr als ein Fotograf war. Bei einer solchen Ermittlung kann man zwar niemanden zu einer Aussage zwingen, wie die Polizei es kann, aber dafür hat sie weniger Einschränkungen als eine polizeiliche Ermittlung. Sie wird nicht aktenkundig gemacht, und die offiziellen Quellen können behaupten, sie habe nie stattgefunden, aber sie ist oft weitreichender. So kamen wir bald darauf, dass Andanson sich in einem gut organisierten Kontext bewegte und dass er sehr akribisch vorging. Bei der Ermittlung sind wir auf einen Katalog seiner Arbeit gestoßen, ein wirklich erstaunliches Dokument mit etwa 20 000 Einträgen.«

Der »Rabbateur«

Das zweite Gespräch, das ich mit Harold führte, fand in London statt. Ich bezahlte ihm den Flug, er wohnte bei mir zu Hause, und er brachte mir einen umfangreichen Computerausdruck mit. Es war das erwähnte Dokument mit 20 000 Einträgen, die akribisch Auskunft darüber gaben, wann und wo Andanson seine prominenten Objekte fotografiert hatte. Als Harold die Blätter auf meinem Esstisch ausbreitete, sah ich nicht nur allerhand interessante Informationen über Andanson vor mir, sondern auch einen Beweis für die Möglichkeiten der Geheimdienste, Leuten nachzuschnüffeln. Harold hatte eine Liste mit allen beruflichen und privaten Terminen Andansons zusammengestellt, die mindestens zehn Jahre weit zurückreichte. Was den Datenschutz betraf, war das nicht ganz unproblematisch, aber damals, im Februar 2003, machten Harold und ich uns darüber keine Gedanken.

Ein Ausdruck, mit dem Harold Andanson gern bezeichnete, lautete »Rabbateur«. Das sei ein Begriff aus der Jägersprache und bedeute »Treiber«. »In einer Meute von Paparazzi gibt es immer jemanden, der besonders konsequent vorgeht und besser Bescheid über das Ziel der Jagd weiß als die anderen«, sagte Harold. »Wenn es dabei um eine Zielperson geht, die irgendjemand beseitigen will, kann so ein Mann wertvolle Informationen über ihre Gewohnheiten, ihre Vorlieben und Ähnliches liefern.« Das gelte für jede Sorte von Komplott, egal, ob man jemanden töten oder nur erpressen wolle.

Als Harold seine Computerausdrucke mit den 20 000 Einträgen mit mir durchging, verwies er auf Namen wie Lolo

Ferrari und Fürstin Gracia Patricia von Monaco. Auch deren Töchter Stephanie und Caroline tauchten auf. Dazu kamen Persönlichkeiten aus dem Showbusiness, die Verbindungen zum Sonnentempler-Orden hatten, zum Beispiel die französische Sängerin Colette de Real, eine gute Freundin von Gracia Patricia. Erwähnt wurde auch eine Reihe prominenter Namen, deren Beziehungen zum Sonnentempler-Orden nie publik geworden waren.

»Man kann sehen, dass Andanson sich seit Juli 1997 auf Dodi und Diana konzentriert hat, als hätte er eine Art Eingebung gehabt«, sagte Harold. »Normalerweise hat er die Sommermonate in St. Tropez und Cannes verbracht, aber im Sommer 1997 ist er nur Dodi und Diana gefolgt.« Elisabeth Andanson habe später behauptet, das sei reiner Zufall gewesen, aber da sei er anderer Meinung.

Am überraschendsten war Harolds Behauptung, Andanson habe in Dianas letzten Lebenswochen eine gewisse Zeit auf der Jacht der Al Fayeds verbracht. Er wisse allerdings nicht, ob diese sich dessen bewusst gewesen seien, und die »Jonikal« sei ein ziemlich großer Kahn. Seine Behauptung basiere auf den Informationen vertrauenswürdiger Zeugen, deren Namen er nicht nennen könne, um sie nicht zu gefährden. Als wir diese Aussage in meinem Film für Channel 5 brachten, blieb ein Dementi vonseiten Mohamed Al Fayeds aus.

Ein Grund für Andansons Erfolg war seine Hartnäckigkeit. So hatte er einen Hubschrauber gechartert, um die besten Bilder von Diana und Dodi machen zu können. Harold meinte, angesichts dieser Hartnäckigkeit wäre es äußerst merkwürdig gewesen, wenn der Fotograf 24 Stunden vor dem Tod des Paares urplötzlich damit aufgehört hätte, es zu verfolgen. Psychologisch betrachtet, ergebe das keinerlei Sinn. Trotzdem habe keiner der anderen Paparazzi Andanson am Abend des Unfalls an der Place Vendôme gesehen. »Wieso hätte Andanson wohl leugnen sollen, dort gewesen zu sein?«, fragte Harold. »Besonders seltsam finde ich die Sache, weil er immer damit geprahlt hat, in der Nähe der Stars zu sein, und urplötzlich hat er einen Vorwand ... und ist nicht da.« Wieso hätte aus dem penetranten Fotografen von einem Tag auf den anderen ein schüchterner, zurückhaltender Bursche werden sollen, der nicht hinter Diana herjagen konnte, weil er sich um seine Rebstöcke kümmern musste? Harold meinte, wenn niemand Andanson im Alma-Tunnel gesehen habe, dann läge das daran, dass er sich alle Mühe gegeben hatte, nicht gesehen zu werden.

Harold sprach mit Zeugen, die im Tunnel gewesen waren, und mit einigen der Beamten, die den Unfall untersucht hatten. Auf der Grundlage seiner Informationen zog er einen einfachen Schluss: »Er [Andanson] erzählte einigen Bekannten und Nachbarn, zu denen er Vertrauen hatte, er habe im Tunnel Aufnahmen von den letzten Minuten Prinzessin Dianas gemacht. Im vertrauten Kreis hat er sich damit sogar gebrüstet.« Außerdem habe er offenbar eine hochinteressante Sammlung von Tonaufnahmen besessen. »Ich bin sicher, dass Andanson dort war«, schloss Harold. Ein weiteres Indiz, das auf die Anwesenheit von Andanson hinweisen würde, ist das zweite Foto der Limousine, das innerhalb des Tunnels aufgenommen wurde. Dieses Foto habe ich zwar nicht gesehen, aber ein fotokopiertes Bild, das sehr an die von Curtil beschriebene Aufnahme erinnert, die auf dem Rückumschlag dieses Buchs abgebildet ist. Auf der Fotokopie, die ich in französischen Ermittlungsakten gefunden habe, sind jedoch nur die Vordersitze deutlich zu sehen, die Rücksitze erkennt man nicht.

Als ich Christian Curtil, den Pariser Anwalt von Trevor Rees-Jones, interviewte, bestand er darauf, das Original der Fotos gesehen zu haben. »Es wurde im Alma-Tunnel aufgenommen«, erklärte er nachdrücklich. Ich fragte ihn, weshalb er da so sicher sei. Curtil erwiderte, man könne zwar nicht sagen, an welcher Stelle des Tunnels das Foto aufgenommen worden sei, aber er habe das Original im Besitz von Richter Stephan gesehen. »Auf dem Original erkennt man viel besser, dass es im Tunnel war«, sagte er. Offensichtlich sei das Bild von vorn aufgenommen worden, und zwar »irgendwo im Tunnel oder an der Einfahrt«. Als Anwalt von Trevor Rees-Jones hatte Curtil kein besonderes Interesse daran, fälschlich solche Behauptungen aufzustellen. Von einer Blitzkamera könne das Foto nicht stammen, erklärte er noch, weil darauf weder das Datum noch die Geschwindigkeit des Wagens angegeben gewesen sei. Das würde zumindest auf die Möglichkeit verweisen, dass dieses Foto von Andanson aufgenommen wurde.

Wieder hatte ich Glück bei meinen weiteren Recherchen, denn diese Informationen wurden von einer Person bestätigt, die zu Andansons »vertrautem Kreis« gehörte, wie Harold ihn genannt hatte. Francis Gillery, der Regisseur von »Lady Died«, hatte zu Beginn seiner Laufbahn Fernsehporträts von Künstlern und Autoren gemacht. Dazu gehörte auch der bekannte Kriminalschriftsteller Frédéric Dard, der sich als Rivalen von Georges Simenon sah. In seiner Reihe »San Antonio« kommt so viel Slang vor, dass die Leser ein Glossar brauchten, um manche Dialogpassagen zu verstehen. Nachdem Gillery das Porträt fertig hatte, blieb er in

Kontakt mit Dard und dessen Frau. Dard wiederum war mit Andanson befreundet, weil dieser ihn oft für PR-Zwecke fotografierte.

Frédéric Dard war 1998 gestorben, weshalb Gillery bei der Arbeit an »Lady Died« Verbindung mit seiner Witwe aufnahm. Sie war zu einem Tonbandinterview bereit, wollte sich jedoch nicht filmen lassen. Bei diesem Interview erklärte Madame Dard nachdrücklich, Andanson habe ihr und ihrem verstorbenen Mann erzählt, er habe sich zum Zeitpunkt des Unfalls im Tunnel befunden. Wie erwähnt, sagten mindestens zwei Zeugen aus, vor dem Mercedes sei im Zickzack ein Fiat gefahren. Es war typisch für Andanson, dass er sich laut Madame Dard damit brüstete, er sei so clever gewesen, zu verschwinden, bevor die Polizei seine Anwesenheit bemerkt habe. »Il était malin«, sagte Madam Dard – Andanson sei eben ein Fuchs gewesen.

Bisher hatten mir zwei Personen bestätigt, dass Andanson im Tunnel gewesen war, und ich sollte noch auf eine dritte stoßen: Pierre Blois, einen bekannten Enthüllungsjournalisten, der oft für *Voici* und *VSD* schreibt. Er hat viele Verbindungen, unter anderem, weil seine Frau in gehobener Stellung für Radio France Internationale tätig ist. Sein Schwiegervater ist der Vorsitzende des CNRS, einer großen nationalen Forschungseinrichtung. Trotz dieser Beziehungen benimmt Blois sich überhaupt nicht arrogant, schon gar nicht, wenn man einen Aperitif mit ihm trinkt. Deshalb fand unser Gespräch in einer Bar in der Nähe des Centre Pompidou statt.

Kennen gelernt hatte ich Blois bei den Dreharbeiten zu meinem Film über Gracia Patricia und den Sonnentempler-Orden. Als er anschließend einen langen Artikel über den Film schrieb, versuchte er zuerst, unsere Recherchen zu diskreditieren. Später kam er jedoch zu dem Schluss, dass unsere Story stimmte. Wir blieben in Kontakt.

Als ich im Jahr 2000 an meinem Film über Diana arbeitete, meldete ich mich wieder einmal bei Blois. Ich dachte, wir könnten zusammenarbeiten, und Blois stimmte mir ansatzweise zu, wies allerdings darauf hin, dass Mohamed Al Fayed eine Belohnung von einer Million Pfund für neue Informationen über das Unglück ausgesetzt habe. Blois hoffte, einen Teil davon zu kassieren. Trotzdem verriet er mir ein entscheidendes Detail. Andanson habe nicht allein in seinem Fiat Uno gesessen und er, Blois, wisse, wo man den zweiten Fahrzeuginsassen finden könne. Mehr wolle er mir nicht erzählen, sagte er freundlich und erklärte mir, weshalb. Zum einen wollte er eine beträchtliche Geldsumme garantiert bekommen, und zum anderen wollte er vorläufig noch keine Verbindung zu dem Mann aufnehmen, der mit Andanson im Auto gesessen hatte. Er wollte ihn überrumpeln und mit echten Beweisen konfrontieren, aber dafür brauchte er bessere Hinweise darauf, was Andanson im Tunnel getan hatte. Den Mann zu früh zu bedrängen, könne schlecht ausgehen, weil er die Sache dann einfach leugnen werde. Es gelang uns nicht, uns über das weitere Vorgehen zu einigen, und mehr Informationen wollte Blois mir nicht anvertrauen. Allerdings war auch er sicher, dass Andanson am Ort des Geschehens gewesen war. Außerdem hat Chester Stern, Mohamed Al Fayeds Pressesprecher, erklärt, man habe Videobänder, auf denen Andanson früher am Tag vor dem Ritz zu sehen sei.

Bei unserem zweiten Treffen in London fügte Harold dem Puzzle ein neues Element hinzu: »Ich bin auf einen Ermittler gestoßen, der mir versichert hat, er habe mit Zeugen gesprochen, die draußen am Ende des Tunnels [das heißt an seinem hinteren Ausgang, auf den der Mercedes vor dem Aufprall zufuhr] einen haltenden Fiat Uno gesehen hätten. Der Fahrer war korpulent und trug eine Bomberjacke. Diese Beschreibung passt zu Andanson.« Die Aussage ähnelt stark der von Georges und Sabine, die eine ausführliche Beschreibung des Wagens und des Hundes auf dem Rücksitz gegeben hatten.

Ich fragte Harold, ob er als Mann vom Fach der Meinung sei, Andanson habe Diana und Dodi bespitzelt. Sofort kam der Anwalt in ihm zum Vorschein, und ich merkte, dass er seine Antwort sehr behutsam formulierte: »Man hat viel über seine [Andansons] Verbindungen zu französischen und anderen Geheimdiensten spekuliert. Bestätigen kann ich diese Hypothesen nicht, aber man kann sie auch nicht ausschließen. Sie beziehen sich auf die prominenten Personen, die er kannte. Manche von ihnen waren im Waffenhandel tätig, manche im Showbusiness.« Wieder andere hätten großen Einfluss auf das politische Geschehen der französischen Republik.

Die polizeiliche Vernehmung Andansons

Als Mohamed Al Fayeds Detektive die französische Polizei auf Andansons Fiat aufmerksam gemacht hatten, erschien diese in seinem Landhaus Les Manoires in Lignières, etwa 250 Kilometer südlich von Paris. Bei den Recherchen für »Lady Died« hat Elisabeth Andanson uns sehr nüchtern von diesem Besuch erzählt. Die Polizei habe Fragen gestellt, ihren Mann und sie jedoch weder unter Druck gesetzt noch viel Zeit in ihrem Haus verbracht. Die Sache mit dem weißen Fiat sei rasch vom Tisch gewesen. »James blieb ganz ruhig«, sagte seine Witwe. »Nach einer Weile meinten die Polizisten, sie hätten sich davon überzeugt, dass unser Wagen nichts mit dem zu tun hatte, der angeblich an dem Unfall beteiligt war.«

Der Grund, den die Polizei für diese Schlussfolgerung angab, war offenbar die Tatsache, dass die Farbe des Fiat Uno nicht zu den auf dem Mercedes entdeckten Lackspuren passte. In seinem Abschlussbericht hat Juge Stephan explizit darauf hingewiesen, aber in den 27 Aktenordnern, die das Dossier der Untersuchung umfasst, findet sich noch eine weitere Bemerkung zum Thema Lackspuren. In einem anderen Expertengutachten wird nämlich genau das Gegenteil behauptet. Dort heißt es: »Die vergleichende Analyse des Infrarotspektrums, das die ursprüngliche Farbe des Fahrzeugs *[Blanco 210*, die Farbe des Fiat Uno zum Zeitpunkt des Unfalls] und die der Spuren auf dem Rückspiegel charakterisiert, weist darauf hin, dass das Absorptionsband in beiden Fällen identisch ist.« Dasselbe gelte für die Spuren von schwarzem Polymer auf dem Mercedes (Gregory 2000).

Natürlich sind diese Übereinstimmungen kein Beweis dafür, dass der Fiat auf den Mercedes aufgefahren ist oder umgekehrt, aber möglich ist es. Nimmt man die übrigen Indizien hinzu, ist es sogar ziemlich wahrscheinlich, dass Andansons Wagen mit der Limousine kollidiert ist. Am Anfang scheint auch die Polizei davon ausgegangen zu sein, denn wenn aus der kriminaltechnischen Untersuchung ersichtlich war, dass es keine Berührung der beiden Wagen gegeben hatte, weshalb hat die Polizei dann eingehend Andansons Alibi überprüft? Aus den Berichten, die ich in den Akten gefunden habe, wird außerdem deutlich, dass die Gespräche der Polizei mit Andanson kompliziert und gelegentlich wenig erfreulich waren. Zum Beispiel habe ich das Protokoll einer Reihe von Gesprächen zwischen Andanson und dem Kriminalbeamten Eric Gigou abgelichtet. Gigou rief Andanson an, um einen Besuch bei ihm zu vereinbaren, aber Andanson lehnte ab und sagte, er habe etwas Besseres zu tun, als mit der Kriminalpolizei zu sprechen. Nur zu einem Gespräch mit der Gendarmerie sei er bereit. Offenbar war er einflussreich und arrogant genug, um damit durchzukommen, denn Gigou gab klein bei und schlug ziemlich unterwürfig vor, Andanson solle mit seinem Chef Vyérère sprechen.

Anschließend berichtet Gigou, wie Andanson seine Aussage zweimal geändert habe. Am Anfang habe er erklärt, in der Nacht des 30. August sei er mit seiner Frau und seiner Tochter Kimberley zu Hause gewesen und habe früh aufstehen müssen, um zum Flughafen Orly zu fahren. Um 3.45 Uhr habe er sein Haus verlassen und sei rechtzeitig in Orly angekommen, wo um 7.20 Uhr sein Flug nach Bonifacio (Korsika) gestartet sei. Dort habe er Aufnahmen des bekannten französischen Sängers Gilbert Bécaud gemacht. Dieser starb einige Wochen später eines natürlichen Todes.

In den Akten fand ich auch Fotokopien von Andansons Terminkalender, die wir gefilmt haben. Sie zeigen, dass Andanson sich schon am 26. August, vier Tage vor dem Unfall, mit Bécaud getroffen hat. Das ergibt Sinn, da die Yacht mit Dodi und Diana sich an diesem Tag in der Nähe von Bonifacio befunden hat, sodass es praktisch ge-

wesen wäre, damit auch gleich die Aufnahmen von Bécaud zu koordinieren.
Von Harold weiß ich, dass Andanson stets eine ziemlich große Menge Bargeld bei sich hatte, die Straßenmaut jedoch mit seiner Kreditkarte bezahlte. Die Quittungen hatte er aufgehoben und verwendete sie für sein Alibi. Aus dem Bericht Gigous ist ersichtlich, dass Andanson seine Aussage später revidierte und nun behauptete, er sei in der Nacht von Dianas Tod in St. Tropez gewesen. In den Polizeiakten steht auch, sein Sohn James habe gemeint, sein Vater sei bei der Weinlese in Bordeaux gewesen und habe um 4.30 Uhr morgens zu Hause angerufen.
Nach Meinung Harolds bedeuten diese widersprüchlichen Alibis Folgendes: »Es ist anzunehmen, dass Andanson gelogen hat, was ja auch zu seinem Charakter passte. Er konnte zwar Flugscheine vorzeigen, aber die beweisen bloß, dass er sich gegen 8.00 oder 9.00 Uhr, als das Flugzeug gestartet ist, am Flughafen befunden hat. Er hätte auch von Paris erst nach Lignières fahren können und dann wieder zurück nach Orly; das schließt sich überhaupt nicht aus.«
Auch die Story, die Andanson der Polizei über seinen Fiat Uno erzählt hat, ist widersprüchlich. Ursprünglich sagte er, der Wagen habe 372 000 Kilometer auf dem Buckel gehabt, weshalb er ihn im Juni 1997 verkauft habe – obwohl Fiat-Chef Giovanni Agnelli ihm bekanntlich ein neues Auto nach 500 000 Kilometern versprochen hatte. Bei einer zweiten Aussage erklärte Andanson dann, er habe den Fiat schon seit 1995 nicht mehr benutzt und ihn im Oktober 1997 verkauft. Da er jetzt erfolgreich sei, habe er »die Stufe des BMW« erreicht. Den Fiat habe er in einer Scheune abgestellt und als Lager für allerhand Plunder verwendet, bis er

im Oktober schließlich beschlossen habe, ihn abzustoßen. Offenbar hat die Polizei diese Story ebenso wenig überprüft wie seine widersprüchlichen Alibis.

Ich fragte Harold, ob der französische Staat irgendein Interesse daran haben könne, Andansons Rolle beim Tod Dianas nicht allzu eingehend zu untersuchen. Wieder formulierte mein Gesprächspartner seine Antwort so vorsichtig, als entwürfe er ein Positionspapier: »Das ist nicht auszuschließen, wenn man annimmt, Andanson sei über bestimmte Dinge informiert gewesen. In diesem Falle hätten die Behörden ihm gegenüber eine gewisse Milde walten lassen.«

Man kann sich unschwer vorstellen, wie die britische Presse reagiert hätte, wenn ein Mann, der mit einem französischen Ministerpräsidenten (Bégérovoy) befreundet war und sich mit einem anderen (Jospin) auf dem Motorrad hatte fotografieren lassen, zur Zeit des Unfalls im Alma-Tunnel gewesen wäre.

Wie gesagt, verzichtete die französische Polizei darauf, Andanson wegen seiner Alibis in die Zange zu nehmen. In seinem Abschlussbericht stellte Juge Stephan nur fest, trotz intensivster Nachforschungen sei der weiße Fiat Uno nie gefunden worden. Über Andanson verlor er kein einziges Wort.

So interessant die Aussagen Harolds sind, es bleibt eine Frage: Weshalb hat er überhaupt mit mir gesprochen? Jeder investigative Journalist, der etwas auf sich hält, muss eine gewisse Skepsis gegenüber den Motiven seiner Quellen hegen, wenn diese für einen Geheimdienst tätig sind. Harold sagte, er habe »Lady Died« gesehen und sei begeistert davon gewesen, aber das schließt natürlich nicht aus, dass die Renseignements-Généraux ihn angewiesen haben, sich mit mir zu treffen. Anonym wollte er angeblich mit mir sprechen, weil er Streit mit seinen Vorgesetzten hatte. Außerdem meinte er, es sei wichtig, die Rolle von Andanson zu untersuchen, weshalb er sich überlege, ein Buch über den Fotografen zu schreiben. Ich habe Harold deshalb zugesichert, ihm alles zu berichten, was ich herausfand. Inzwischen hat er den Streit mit seinen Vorgesetzten angeblich beigelegt.

Kommen wir noch einmal auf Harolds Andeutung zurück, Andanson habe womöglich für irgendwelche Geheimdienste gearbeitet. Wie der frühere MI-6-Agent Richard Tomlinson mir sagte, bedient sich sein früherer Arbeitgeber oft Personen, die einen ganz normalen Beruf haben. »Die meiste Zeit«, erklärte Tomlinson, »arbeiten sie als Anwälte, Journalisten oder Buchhalter und werden nur gelegentlich mit einem bestimmten Auftrag betraut.« Henri Paul könnte ein typisches Beispiel dafür sein. Laut Tomlinson hatte der MI 6 Kontakt zu einem Paparazzo, dessen Namen er allerdings nicht wisse. Wie Harold meinte auch Tomlinson, der Beruf des Fotografen eigne sich phantastisch für einen Teilzeitjob als Geheimagent, weil so jemand Gründe dafür habe, an jedem beliebigen Ort zu sein. Das ist nicht von der Hand zu weisen. Besucht zum Beispiel ein Buchhalter den Kosovo, so könnte man fragen, warum, aber für einen Pressefotografen ist es ganz normal, irgendwohin zu fliegen, um Aufnahmen für eine Story zu machen.

Noch eine Bemerkung zu dem Foto, das im Alma-Tunnel aufgenommen wurde und auf dem Rückumschlag dieses Buchs abgebildet ist. Weder 1997 noch 2002, als ich meinen Film drehte, haben sich im Tunnel irgendwelche stationären Kameras befunden. Entweder wurde das Foto also von einer Blitzkamera außerhalb des Tunnels aufgenommen oder aus einem Wagen heraus, der im Tunnel stand oder sich langsam fortbewegte. Die Gesichter der Insassen sind so scharf, dass das Bild kaum von einem schnell fahrenden Wagen aus aufgenommen worden sein kann. Alle Zeugen, die einen Fiat Uno im Tunnel gesehen haben, sagten aus, er habe sich langsam bewegt. Deshalb ist es möglich, dass Andanson sich aus dem Fenster gelehnt und das Foto geschossen hat, während jemand anders am Steuer saß.

Verschwörung, Chaos und Vertuschung

Da es sich um eine äußerst komplizierte Geschichte handelt, möchte ich eine Reihe von Punkten auflisten, die man bisher mit einiger Sicherheit sagen kann:

Nach dem Unfall haben die Franzosen mehrere Untersuchungen in die Wege geleitet. Offensichtlich gab es dabei Kompetenzstreitigkeiten zwischen den einzelnen Behörden.

Im Wagen wurde in Prinzessin Dianas Handtasche Kokain gefunden, wovon in den offiziellen Berichten nirgendwo die Rede ist. Chauvel hat berichtet, vom Amtssitz des französischen Präsidenten sei Druck ausgeübt worden, den Fund geheim zu halten. Dasselbe behauptet der Polizeibeamte, auf den mich David Carr Brown verwiesen hat.

Inzwischen ist aus dem französischen Justizministerium zu hören, man habe sich von den Briten gedrängt gefühlt, Dianas Leichnam einzubalsamieren, bevor eine ausführliche Obduktion stattgefunden habe.

Ein absolut vertrauenswürdiger Zeuge und alter Freund von Prinz Charles behauptet, das Foto einer Blitzkamera gesehen zu haben. Die französischen Behörden haben die Existenz einer solchen Aufnahme, aus der die Geschwindigkeit der Limousine ersichtlich gewesen wäre, immer geleugnet.

Die Kontroverse um die Authentizität der Blutproben von Henri Paul wurde nie aufgeklärt.

Bei den Ermittlungen hat man darauf verzichtet, den möglichen Verbindungen des Fahrers zu Geheimdiensten nachzugehen, obwohl es dafür stichhaltige Hinweise aus mindestens zwei Quellen gab.

Bei der Untersuchung wurde der französische Rettungsdienst vollständig entlastet. Die chirurgische Versorgung von Diana, hieß es, sei besonders schwierig gewesen, weil sie sich während des Unfalls in einer liegenden Position befunden habe. Das Foto der Blitzkamera, das Patrick Chauvel gesehen hat, widerlegt dies.

Es dauerte siebzehn Tage, bis die Behörden mitteilten, im Tunnel seien Splitter des Rücklichts eines Fiat Uno gefunden worden.

Es gibt genügend Hinweise darauf, dass James Andanson sich mit seinem Fiat Uno im Tunnel befunden hat und dass er möglicherweise entweder für den französischen oder den britischen Geheimdienst tätig war.

Keiner dieser Punkte ist ein Beweis für die Annahme, es habe eine Verschwörung zur Ermordung von Diana oder Dodi gegeben, aber es wird deutlich, dass die französischen Behörden eine Menge zu verbergen hatten.

Je weiter unsere Recherchen fortschritten, desto offensichtlicher wurde es, dass man uns nicht die ganze Wahrheit gesagt hatte. Auf die Frage, was die offizielle Haltung der französischen Behörden sei, erklärte Harold: »Als das Unglück geschah, waren die französische Regierung und Präsident Chirac schockiert, weil die so beliebte und noch so junge Prinzessin inmitten von Paris ums Leben gekommen war. Ich glaube, im Hinblick auf die öffentliche Meinung war das fatal, und auf die Beziehungen mit den Briten wirkte es belastend. Deshalb war es nicht opportun, Dingen nachzugehen, die auf andere Möglichkeiten als einen normalen Verkehrsunfall verwiesen hätten.«

Ich fragte Harold, ob die Geheimdienste und die Polizei nach seiner Erfahrung gelegentlich Anweisungen von politischer Seite erhielten, wie eine Ermittlung durchzuführen sei – Hinweise, sich nicht zu intensiv mit einer bestimmten Person, bestimmten Indizien und bestimmten Möglichkeiten zu befassen.

Harold lächelte und verzichtete ausnahmsweise auf seine juristisch geschulte Vorsicht: »Schriftlich nie«, sagte er. »Bei einer Untersuchung sollte zwar nichts ausgeschlossen werden, aber was den Fiat Uno und Andanson betrifft [gemeint war die Frage, ob der Fotograf an Ort und Stelle war], macht es den Eindruck, als hätte man beschlossen gehabt, James Andanson nicht allzu sehr auf den Pelz zu rücken.«

Und dann, im Sommer 2000, nahm die Geschichte eine äußerst dramatische Wendung.

10
Tod auf dem Plateau

Am 3. Mai 2000 suchte James Andanson die Agentur Sipa in Paris auf, die seine Arbeiten vertrieb. »Er hatte gerade eine Reportage über die Gräfin von Paris abgeschlossen. Er arbeitete an vielen Projekten, und er verdiente eine Menge Geld. Er wirkte absolut normal. Er erzählte mir sogar, er sei glücklich«, erklärte Goksin Sipahioglu, der Leiter der Agentur. »Und dann ging er zum Essen.«

Andanson hatte spezielle Gründe, vergnügt zu sein. Er und seine Frau Elisabeth hatten gerade 150 Einladungen zur Feier der Erstkommunion ihrer Tochter verschickt, ein ganz bedeutsames Ereignis für eine katholische Familie. Und ganz allgemein gesprochen, ging es der Familie gut. Andanson liebte die 40 Hektar Land, die ihnen in Lignières gehörten, ebenso wie seine Herde Charolais-Rinder. In dem M6-Film gibt es eine Sequenz, in der er einen Traktor über sein Land mit genauso viel Elan kutschiert, wie er sein Motorrad fuhr.

Am 4. Mai 2000 sagte James Andanson um 11.30 Uhr zu seiner Frau, er müsse noch ein paar Briefe einwerfen, aber er bliebe nicht lange weg, da er sich für einen Auftrag am nächsten Tag in Lille vorbereiten müsse. Er hatte einen Aufnahmetermin mit der Schauspielerin Martine Aubry. Später würde Elisabeth Andanson erklären, er habe an diesem Morgen vier Anrufe erhalten. Er schrieb rasch noch einen Brief und stieg in sein Auto. Die vier Anrufe wurden später

zu einer öffentlichen Telefonzelle in der Nähe seines Hauses zurückverfolgt.
Andanson schickte auch einen Brief an die Agentur Sipa in Paris. Darin stand, dass alle Rechte an seinen Bildern seiner Frau gehören sollten, falls ihm »irgendetwas zustoßen sollte«. Andanson war seit fast dreißig Jahren Profifotograf gewesen, und das französische Recht ist da ganz eindeutig. Wenn ein Mensch stirbt, erben seine Nachkommen automatisch alle Rechte an seinem Werk. Einen solchen Brief zu schreiben, erscheint daher seltsam und unnötig.
Andanson hat Lille nie erreicht, um Martine Aubry zu fotografieren, und niemand weiß genau, was ihm an diesem Tag zwischen 11.30 und 22.30 Uhr passiert ist. Der Version der Polizei zufolge fuhr er in die Kleinstadt Millau, die etwa 600 Kilometer südlich von seinem Bauernhof bei Lignières liegt. Dann kaufte er einen Kanister Benzin. Anschließend fuhr er mit seinem BMW – denn den alten und schäbigen Fiat hatte er längst an seine Schwiegermutter verkauft, die ihn inzwischen von einer Werkstatt hatte verschrotten lassen – nach Norden zum Plateau du Larzac. Auf solchen Hochebenen geht einem auf, wie groß Frankreich ist. Kilometerlang erstrecken sich langweilige Felder. Die Dörfer liegen weit auseinander. Es ist schon ein Ereignis, wenn man einer Herde von Kühen begegnet. Elisabeth Andanson erklärte, sie habe erfahren, dass das Larzac-Plateau ihren Mann an Irland erinnerte. Sie konnte sich freilich nicht vorstellen, warum er an Irland erinnert werden wollte. Die Polizei meinte, Andanson habe das Larzac-Plateau bewusst gewählt, weil es so ein friedlicher Ort sei, obwohl »friedlich« aus einer Reihe von Gründen schon eine merkwürdige Bezeichnung ist.

Das Gebiet dient dem Militär großenteils für Manöverübungen. Um das Larzac für das Volk zurückzugewinnen, ließ sich 1973 eine Gruppe sozialistischer Intellektueller auf der Hochebene nieder. Sie wollten auch das gesunde natürliche Leben führen, wie es die Bauern einst getan hatten, und das Militär daran hindern, den Menschen noch mehr Land wegzunehmen. Einer ihrer Anführer, José Bove, wurde eine sehr einflussreiche Gestalt in der Antiglobalisierungsbewegung. Einer der Aufträge, die Andanson für Mai 2000 in seinen Kalender eingetragen hatte, bestand darin, Bove zu fotografieren.

Andanson erreichte eine Stelle genau am Rand des militärischen Sperrgebiets. Sie befand sich auf halbem Weg zwischen den Dörfern Nant und La Cavalerie. Er parkte, und dann schüttete er anscheinend das Benzin aus dem 40-Liter-Kanister ins Wageninnere. Danach machte er es sich auf dem Fahrersitz bequem. Schließlich zündete er seinen BMW an. Bei so viel Benzin musste er intensiv gebrannt haben.

Harold hatte seine Untersuchung für die Renseignements-Généraux fortgesetzt und erklärte ironisch, Andanson sei offensichtlich bis zum bitteren Ende ein sehr vorsichtiger Autofahrer gewesen. »Er schnallte sich mit seinem Sicherheitsgurt an, und dann sollen wir glauben, dass er sich selbst anzündete und ruhig dasaß, während die Flammen ihn verbrannten. Der Schmerz wäre unerträglich gewesen.« Harold fügte hinzu, die »entsetzliche Art und Weise, wie der Mann starb«, sei einer der Gründe gewesen, warum sich die Renseignements-Généraux so sehr für Andanson interessierten.

Elisabeth Andanson ist eine Frau, die es anscheinend gewohnt ist, sich zu beherrschen, aber als sie erzählte, was passiert war, stand sie offensichtlich noch immer unter Schock. In den Aufnahmen zum Interview sieht man, wie sie bei dem Gedanken an die Todesqualen, die ihr Mann erlitten haben musste, ein Zittern zu unterdrücken versuchte. Sie sagte, sie sei völlig platt wegen der Abfolge der Ereignisse, wie man sie ihr berichtet habe. Ihr Mann sei anscheinend 600 Kilometer nach Süden gefahren, um sich an einem Ort umzubringen, der ihm nichts bedeutete und der so abgelegen ist, wie ein Ort in Frankreich nur sein kann.

In der Isolation und Abgeschiedenheit des Larzac bemerkte niemand ein brennendes Auto. Doch nach einer eintägigen militärischen Übung fiel einer Gruppe von Soldaten etwas auf. Sie wollten es sich näher anschauen und entdeckten das brennende Wrack von Andansons BMW 318. Fotos des Autos wurden zwar nie freigegeben, aber ein einheimischer Bauer, Julian Christian, erklärte: »Das Auto war fürchterlich zusammengeschmolzen. Das Glas war geborsten, und man konnte noch immer die Hitze spüren, und die Leiche des Fahrers … sie war kaum noch vorhanden.« Elisabeth Andanson erfuhr, dass alle Sitze im BMW bis auf die Metallrahmen verbrannt waren. Sie fügte hinzu, dafür müsse eine ganze Menge Benzin erforderlich gewesen sein. Man hatte ihr zu verstehen gegeben, ein Kanister Benzin würde nicht genügend Hitze erzeugt haben, um das Auto und die Leiche so stark zu zerstören.

Zunächst hieß es, die Polizei habe den Schädel und einige Knochen gefunden und vom Kiefer sei noch so viel übrig geblieben, dass man Andanson anhand seiner zahnärztlichen Befunde identifizieren konnte. Gery Plane, der Kommandeur der Aveyron-Gruppe der Gendarmerie, sagte aus, das Feuer habe im Wageninneren so heftig gebrannt, »was die vollständige Zerstörung von allem erklärt, was sich im Wagen befand«.

Kommandeur Plane erklärte auch vor der Presse, es sei ein klarer Fall von Selbstmord gewesen, weil Andanson Depressionen und ernste private Probleme gehabt hatte. Dies widersprach allem, was Andansons Familienangehörige und Freunde aussagten. Das einzige Problem, das er offensichtlich hatte, bestand darin, dass er seinem Sohn dabei geholfen hatte, seine Karriere als Formel-3-Fahrer zu starten, und dass er weiterhin Geld verdienen musste, was ihm anscheinend auch gelang.

Seine Frau Elisabeth ist skeptisch, was den Selbstmord ihres Mannes betrifft, weil sie sich absolut nicht vorstellen kann, dass sich jemand in seinem eigenen Auto verbrennt. Sie äußert sich erstaunlich nüchtern darüber, verweist aber auf einen sehr interessanten Aspekt. Es wäre doch eine grauenhafte Art und Weise zu sterben. Er sei kein Masochist gewesen und habe keinen Grund gehabt, sich umzubringen.

Harold führte eine »zurückhaltende« Ermittlung, wie er dies nennt, zum Tod von Andanson. Sie war inoffiziell, oder zumindest hätte man sie abstreiten können. Aber das Ermittlungsteam bestand ausschließlich aus Personen, die für verschiedene staatliche Behörden tätig waren. Ich befragte ihn nachdrücklich nach dem Status der Ermittlung und ob sie von den Renseignements-Généraux gebilligt wurde. Es sei eine Staatsangelegenheit gewesen, versicherte mir Harold, und das hieß, dass wir nie ein Protokoll darüber zu Gesicht bekommen würden.

Die nicht so geheime Anweisung

Sobald Andanson tot aufgefunden worden war, lief das offizielle Verfahren ähnlich wie beim Alma-Unfall ab. Es gab keine amtliche Untersuchung der Todesursache, sondern der Procureur der Gegend, Alain Durand, berief eine *juge d'instruction*, die den Todesfall untersuchen sollte.

Wenn man bedenkt, wie geheim Ermittlungen in Frankreich sind, war es schon bemerkenswert, dass man uns ein offizielles Interview mit der für die Untersuchung von Andansons Tod verantwortlichen Untersuchungsrichterin gewährte. Der französische Generalstaatsanwalt hatte die Erlaubnis dazu gegeben. Juge Marty, eine 35-jährige Frau, war charmant, aber sehr entschieden. Die polizeiliche Ermittlung war sehr schlicht gewesen und am 7. Juni 2000 abgeschlossen worden. Es stehe außer Frage, dass Andanson nicht ermordet worden sei, erklärte Juge Marty. Auch ein weiteres Gerücht, das ihr zu Ohren gekommen war, tat sie als Märchen ab – dass Andanson noch lebe und seinen Tod nur vorgetäuscht habe, weil es ihm in Frankreich zu gefährlich geworden sei. So gehe es doch nur im Kino zu, meinte sie lächelnd. Sie lächelte oft und tat dies auch, als wir wissen wollten, wie die Polizei Andanson identifiziert habe.

»Es gibt Methoden der kriminaltechnischen Analyse, die uns Gewissheit verschaffen«, erwiderte sie. Es habe genügend DNA gegeben, um eine positive Identifikation zu ermöglichen. Sie lächelte, als sie gefragt wurde, wo denn die DNA herstamme oder wie viel es gegeben habe. Das gehöre zum *secret d'instruction*. Dies widerspricht aber der Erklärung der Polizei, dass Andanson anhand von zahnärztlichen Befunden identifiziert worden sei.

Aber Juge Marty wollte unmissverständlich klarstellen, dass eine gewisse Denkweise sie überhaupt nicht beeindrucke. Sie sei nicht überrascht, dass Freunde und Verwandte behaupteten, Andanson sei anscheinend nicht selbstmordgefährdet gewesen oder habe niemandem erzählt, dass er vorhabe, sich zu verbrennen. Zu allem entschlossene Selbstmörder kündigten ihre Absichten nicht immer an. Menschen würden oft auf eine derartige Weise Selbstmord begehen, versicherte sie uns lächelnd, und alle, die ihnen nahe stünden, seien dann überrascht. Viele Selbstmörder hinterließen ihren Lieben keinen Abschiedsbrief. Vertrauen Sie mir, ich bin Richterin, sagte sie.

Die Psychologie des Selbstmords ist komplex und bietet nicht viele verbindliche Erklärungen an. Mich erstaunte die Tatsache, dass Andanson, falls er sich umgebracht hatte, sich wie ein mittelalterlicher Märtyrer für den Tod in den Flammen entschieden hatte. Autos werden oft bei Selbstmorden benutzt, aber die übliche Methode besteht darin, einen Schlauch vom Auspuff ins Fahrzeuginnere zu leiten. Wenn man dann den Motor laufen lässt, stirbt man an Kohlenmonoxidvergiftung, aber die Methode soll relativ schmerzlos sein. In der Literatur ist von Menschen die Rede, die sich unter großen Schmerzen verbrennen, aber fast immer kommen sie aus dem Nahen Osten oder aus Asien, wo das Teil einer kulturellen Tradition ist. Die indische Regierung beispielsweise hat die Praxis des *suttee* verboten, bei der sich Witwen selbst verbrennen. In einer Studie über klinische Erfahrungen vom Mai 2003 wies das Royal College of Psychiatrists darauf hin, es gebe Unterschiede in den Selbstmordmethoden bei verschiedenen ethnischen Gemeinschaften, und einer dieser kulturellen Unterschiede bestehe darin, dass 9 Prozent der südasiatischen Psychiatriepatienten, die Selbstmord begingen, sich verbrannten. Selbst bei den schwer Geistesgestörten gebe es dafür in Europa praktisch keine Beispiele. Falls Juge Marty Recht hatte, dann hatte sich James Andanson nicht bloß für eine schmerzhafte Art zu sterben entschieden, sondern auch für eine, die für einen Europäer äußerst unüblich war.

»Vom ersten Tag an war es nicht klar, ob es überhaupt Andanson war«, erklärte Harold, und mit einem gewissen makabren Sachverstand, der wohl in der Zusammenarbeit mit Geheimdiensten unvermeidlich ist, fügte er hinzu: »Angeblich wurde nur Asche gefunden, und man benötigt schon mehr als einen Kanister Benzin, damit von einem Leichnam nur noch so wenig übrig bleibt. Eigentlich hätten sie ein verbranntes Skelett finden müssen. Aber hier hatten wir nur noch Asche. Und das war für viele Leute ein Schock.« Schockiert sei auch der Bestattungsunternehmer gewesen, der die Asche abholen wollte. »Er meinte, das sei doch alles bloß Maskerade. Er bekam ein Gefäß voller Asche und Erde und erfuhr, dies wären alle sterblichen Überreste von James Andanson.«

Harold wurde ironisch: »Der Tod war irgendwie ein Rätsel, und man fragt sich, wie die Anweisungen im Hinblick auf den Tod von Andanson lauteten, aber anscheinend bekundeten die Justizbehörden kein übertriebenes Interesse an diesem Thema.«

Die Frage, wo Andanson das Benzin gekauft hatte, stellte ein gewisses Problem dar. Juge Marty behauptete, die Polizei habe ihr den Beweis geliefert, dass Andanson einen Kanister mit Benzin in Millau gekauft hatte. Die Renseignements-Généraux gelangten zu einer ganz anderen Schlussfolgerung. »Wir schauten uns das genauer an und stellten Nachforschungen an. Wir verbrachten viel Zeit in Millau damit, den Tankwart aufzuspüren, der Andanson den Kanister verkauft hatte«, berichtete mir Harold.

Millau ist keine große Stadt. Sie hat etwa 23 000 Einwohner und vielleicht fünf oder sechs Tankstellen. »Doch wir konnten diesen schwer zu fassenden Tankwart einfach nicht finden.« Harold fügte hinzu, er habe schließlich das Vertrauen in die Effizienz der Ortspolizeibehörde verloren, als sich herausstellte, dass man sich hinsichtlich der Farbe von Andansons BMW geirrt hatte.

Harold war auch überrascht, als er erfuhr, dass der Kanister mit Andansons Kreditkarte bezahlt worden war. Sein Ermittlerteam fand heraus, dass diese Karte mit Sicherheit nicht verbrannt war. Harold berichtete mir: »Sie wurde drei Tage nach Andansons Tod benutzt und dann erneut sieben Tage später.« Und auch das sei merkwürdig gewesen, betonte Harold. »Andanson bezahlte fast alles in bar. Er hatte immer ganze Bündel von 500-Franc-Scheinen dabei.« Eine kurze Sequenz im M6-Fernsehfilm zeigt Andanson, wie er mit einem dicken Bündel Banknoten herumprotzt. Harold fragte sich: »Warum sollte er eine Kreditkarte benutzen wollen? Wir hätten dafür gern eine Erklärung gehabt.«

Elisabeth Andanson hielt es für möglich, dass ihr Mann vom MI 6 umgebracht worden war, aber sie konnte dafür keinerlei Beweise vorlegen oder irgendein mögliches Motiv nennen. Harold räumte ein, dass Andansons »Tod eher einer Liquidierung gleicht«, aber ich weiß nicht, ob er Mrs. Andanson beipflichtete, dass der MI 6 dafür verantwortlich sein könnte. Harold war sich nicht sicher, ob Andansons

Tod mit dem Tod von Diana oder Dodi oder mit etwas anderem zusammenhing. Aber es war schon auffallend, dass es noch einen anderen Mann mit Geheimdienstverbindungen gab, der am Alma-Tunnel gewesen und nun tot war. Harold fügte hinzu: »Entweder ist es ein Mord, der viele Vorsichtsmaßnahmen erforderte, damit er wie ein Selbstmord aussah, oder …«

Inzwischen hatte ich das Gefühl, dass Harold ganz auf unserer Seite war. Wir dachten uns zusammen Möglichkeiten aus, und darum war ich überrascht, als er plötzlich wieder auf der Hut war. Ich fragte ihn, ob er glaube, dass Andanson und Henri Paul einander möglicherweise gekannt hatten. Viele Menschen, die Andanson fotografierte, waren schließlich typisch für die Klientel des Ritz. Harold erging sich in Allgemeinplätzen. Es war eines der wenigen Male, dass er vage daherredete und sich über den Umstand ausließ, dass Hotelmitarbeiter sich gut als Spione eigneten.

Ich stellte fest, dass Harold nicht auf meine Frage einging und dass er sich ein paar Minuten später ein wenig nervös erkundigte, ob er zu viele Geheimnisse ausgeplaudert habe.

»Nein«, sagte ich.

»Sie haben mich dazu gebracht, wie ein Irrer zu reden«, erwiderte er.

Ich versprach ihm, wir würden seine Identität nicht preisgeben.

»Sie dürfen nicht sagen, dass es ein Ergebnis gab oder auch keins, aber ich versichere Ihnen, es war keine banale Ermittlung«, sagte Harold.

Angesichts von Andansons Kontakten waren bei seinem Begräbnis nur ganz wenige Trauergäste anwesend. »Als sie Andanson begraben, sind nur 35 Leute da … niemand aus der Politik, niemand aus dem Showbusiness – warum ging niemand zu seinem Begräbnis?«, wollte Harold wissen. Elisabeth Andanson berichtete, ein paar Tage nach dem Tod seien drei Männer gekommen und hätten die Fotos von Bérégovoy aus ihrem Haus in Lignières abgeholt. Sie hatte das Gefühl, dass von ihnen etwas Bedrohliches ausging, obwohl sie sonst nichts mitgenommen hätten.

Der Überfall auf das Sipa-Büro

Dies war nicht der einzige Übergriff auf Andansons Archiv. Am 16. Juni 2000, also nur Tage nach seinem Tod, drangen drei Bewaffnete, die Kapuzen trugen, in die Büroräume der Agentur Sipa ein. Sie schossen einem Sicherheitsbediensteten in den Fuß und hielten die Mitarbeiter drei Stunden lang als Geiseln fest. Die Polizei wurde nicht alarmiert, und schließlich verschwanden die Eindringlinge wieder samt ein paar Festplatten sowie einigen Laptops und Kameras. Die Diebe nahmen nichts mit, was einen nennenswerten Wiederverkaufswert hatte, aber diese Dinge hatten zumeist Andanson gehört. Die Polizei konnte die Diebe nicht erwischen. Aber erneut verschwand in dieser Saga Material, das handfeste Beweise hätte liefern können.
Offenbar observierten die Renseignements-Généraux nach Andansons Tod seine Familie. »Wir stellten fest, dass ein Internet-Briefkasten mit einem albernen Namen eingerichtet worden war, der den Selbstmord von Andanson mit britischen Geheimdiensten in Verbindung zu bringen versuchte. Er nannte sich Suicide Squad 007. Und wir beschlossen, herauszufinden, wer ihn eingerichtet hatte«, erzählte Harold.

Er behauptete, sie hätten entdeckt, dass er von Andansons eigenem Sohn eingerichtet worden sei, der die Internet-Seite so angelegt hatte, dass festgehalten wurde, wer sich einloggte und sich somit für den Selbstmord seines Vaters interessierte. Harold fand dies merkwürdig, aber ich halte es für ziemlich verständlich.

Ich habe immer wieder erklärt, dass die französischen Ermittlungen zum Tod von Diana unzureichend gewesen seien. Die Untersuchungskommission bestritt, dass Andanson irgendeine Rolle bei Dianas Tod spielte. Harolds Enthüllungen ebenso wie die viel begrenzteren Beweise von Madame Dard und Pierre Blois lassen auf das Gegenteil schließen. Und als Andanson in seinem BMW verbrannte, gelangte die Untersuchungskommission natürlich zu der Schlussfolgerung, dass es Selbstmord war – und das fast in einer Rekordzeit von sieben Wochen. Juge Marty erklärte uns, wenn wir natürlich neue Beweise hätten, die nachvollziehbar die Vermutung nahe legten, dass Andanson ermordet worden sein könnte, würde sie es sich überlegen, ihre Ermittlungen wieder aufzunehmen. Sie sagte dies mit ihrem süßen mädchenhaften Lächeln.

Im nächsten Kapitel will ich mich mit den vielen Themenbereichen befassen, die ihre ermittelnden Untersuchungsrichterkollegen anscheinend nicht weiterverfolgten.

11
Was die Ermittler nicht ermitteln wollten

David Crawford, der Anwalt von Trevor Rees-Jones, meinte bei unserem ersten Gespräch, die Probleme mit der Untersuchung seien nichts Besonderes, Frankreich habe im 20. Jahrhundert eine lange Geschichte juristischer Skandale. Sie begann mit der unrühmlichen Dreyfus-Affäre, bei der gegen einen jüdischen Offizier intrigiert wurde. Die Staatsphilosophie der Französischen Republik lautet, dass Republik und Volk identisch sind; wenn es nun darum gehe, sich der Feinde der Republik zu entledigen, seien Regelverletzungen daher zwar aus moralischer Sicht bedauerlich, dienten aber letztlich dem Volk. Natürlich steht das so nirgends geschrieben. Laut Crawford ermöglicht diese Konstruktion jedoch allerlei Unregelmäßigkeiten, die in England nie toleriert werden würden.

Es gibt eine Reihe von zeitgenössischen Mordfällen – etwa die so genannte Domenici-Affäre –, die den Schluss nahe legen, dass die staatlichen Untersuchungen nicht allzu gründlich durchgeführt werden. Crawfords Liste der nicht aufgeklärten Mordfälle ist keineswegs vollständig. Im Jahr 1962 starben vierzig Algerier in Polizeigewahrsam; viele der Leichen wurden einfach in die Seine geworfen. Niemand wurde für diese Todesfälle zur Rechenschaft gezogen. Der renommierte bretonische Journalist Renaud Marhic verweist in seinem Buch über den Sonnentempler-Orden auf die bis heute ungeklärten Morde an Inspektor Massie und seiner Familie in Auriol. Massie war Polizist und Mitglied der SAC, der Société d'Action Civile, und er hatte angefangen, sich über die Aktivitäten dieser Organisation und die Frage Gedanken zu machen, ob sie sich innerhalb des Rechts bewegte. Bei der SAC handelte es sich um eine rechtslastige Organisation, die nach der Studentenrevolte von 1968 gegründet worden war, und zwar von Charles Pasqua, der in den achtziger Jahren Innenminister wurde und noch heute eine wichtige Figur in der gaullistischen Politik ist.

Man muss hier auch die vollkommen anderen Verhältnisse berücksichtigen, die damals, im Jahr 1968, in Frankreich herrschten. In Großbritannien war es eine gute Zeit, man hatte Spaß mit den Who oder den Beatles, und es gab die eine oder andere Demonstration. Aber die Studenten haben nie das Regierungsgebäude gestürmt, die herrschende Ordnung war zu keinem Zeitpunkt gefährdet. In Frankreich lagen die Dinge jedoch anders. Hier fürchteten die Politiker die Studenten, die enge Kontakte zu der mächtigen französischen Gewerkschaftsbewegung hatten. Auf dem Höhepunkt der Aufstände im Jahr 1968 verließ de Gaulle Paris und versicherte sich der Unterstützung der Armee für alle Fälle. Die herrschende Klasse in Frankreich wurde von Panik ergriffen, und damit griffen sie zu – aus ihrer Sicht gerechtfertigten – außergewöhnlichen Maßnahmen. Eine dieser Maßnahmen war die Gründung der SAC, die man öfters im Verdacht hatte, in ungeklärte Mordfälle verwickelt zu sein. Die Angst vor Links- und Rechtsextremismus hat die französische Politik nachhaltig geprägt, und die extreme Rechte – zuerst die Poujadisten und später Le Pen – ist in Frankreich weit wichtiger als etwa in Großbritannien.

Die Franzosen sehen das mit einem gewissen Realismus. Bob Denard, ein Offizier der französischen Söldner in den Jahren von 1960 bis 1985, erklärte mir, dass er des Öfteren vom französischen Staat angeheuert wurde, um politisch unliebsame Individuen verschwinden zu lassen. Denard sprach offen mit mir über seine Aktivitäten außerhalb Frankreichs – im Jemen, im Kongo und in Tunesien –, und es ist aktenkundig, dass er einen Staatsstreich auf den Komoren im Indischen Ozean inszenierte und auf Geheiß der französischen Regierung den amtierenden Präsidenten der Komoren ermordete.

Mit anderen Worten, das politische System der Franzosen leistet sich eine erstaunliche Gewalttätigkeit, wenn es darum geht, sich selbst zu schützen.

Einige der ungeklärten Mordfälle hatten eine sexuelle Komponente. Im Jahr 1973 wurde der Chauffeur des Schauspielers Alain Delon ermordet, ein Fall, der als Markovic-Affäre bekannt wurde. Eine Reihe von Journalisten behaupten, dass Markovic – der Chauffeur – den einen oder anderen Sexskandal, in den Showgrößen und der damalige Präsident der Republik, Georges Pompidou, verwickelt waren, auffliegen lassen wollte. Im Jahr 1995 brachte man Todesfälle in Versailles sowohl mit dem französischen Geheimdienst als auch mit Vorwürfen wegen Kindesmissbrauchs in Verbindung. Nicht nur gibt es in Frankreich eine Reihe ungeklärter Todesfälle, viele der Toten hatten auch wichtige politische Positionen inne.

Damit will ich natürlich nicht sagen, dass die Politiker anderer Länder alle weiße Westen haben. Auch in London gibt es gedungene Mörder. Es war ein Schock, als beispielsweise die Verbindungen zwischen Lord Boothby und den

Krays in den sechziger Jahren ans Licht kamen. Dennoch werden in Großbritannien ungewöhnliche Todesfälle mit Opfern aus dem Bereich der Politik gemeinhin ordnungsgemäß untersucht. Der Tod von Stephan Ward in der Profumo-Affäre löste eine Untersuchung durch den berühmten Lord Denning aus. Der jüngste problematische Fall in diesem Zusammenhang ist der Tod von David Kelly, der für das Verteidigungsministerium arbeitete. Lord Hutton lud hier den Premierminister öffentlich als Zeuge vor. Während ich diese Zeilen schreibe, ist der Kelly-Bericht noch nicht fertig; aber Kelly hatte das Verhalten der Regierung bereits in vernichtender Weise kritisiert. In Frankreich besitzt der Präsident strafrechtliche Immunität, und er hat die Möglichkeit, auch seine Berater ein Stück weit in Schutz zu nehmen. Diese Befreiung von der Strafverfolgung fördert ungute Verbindungen zwischen dem kriminellen Milieu, der Geschäftswelt und der Regierung.

David Crawford ist eher ein gutmütiger Typ. Er liebt Frankreich, hat aber am französischen Rechtssystem einiges auszusetzen. Gegen Juge Stephan persönlich hegte er keine Vorbehalte. Stephan war »zu mir persönlich immer freundlich und rücksichtsvoll. Sie haben sich auch Mühe gegeben, aber sie sind der Sache nicht auf den Grund gegangen.« Crawfords Kollege Christian Curtil teilt diese Sicht der Dinge, und auch der Mann, gegen den beide gekämpft haben, Mohamed Al Fayed, ist sich in diesem Punkt mit ihnen einig. Der Club der Unzufriedenen umfasst aber noch weitere Mitglieder. Sowohl Al Fayeds Anwälte als auch diejenigen der Familie Paul sowie einige von den Anwälten, die die Paparazzi vertraten, und Petels Anwalt Maître Desguines – sie alle glauben, dass die Untersuchung eingestellt wurde, kurz bevor die ganze Wahrheit ans Licht kam, und dass dies keineswegs ein Zufall war.

In Großbritannien zeigte man Al Fayed die kalte Schulter und belächelte ihn, in Frankreich genießt er ein besseres Ansehen. Wie er mir sagte, war Frankreich das Land, in dem er nach seinem Weggang aus Ägypten zuerst lebte. Er hat dort drei Wohnsitze – einen in St-Tropez, die Wohnung in der Rue Arsene-Houssaye und die Villa Windsor. Im Vergleich mit Großbritannien kommt Frankreich bei ihm gut weg, die Franzosen sind seiner Meinung nach »weniger rassistisch« und haben vernünftigerweise die Monarchie abgeschafft.

»Juge Stephan hat sehr fair begonnen, und dann hat er aufgehört.« Al Fayed behauptet, der Untersuchungsrichter sei unter dem Einfluss der »Geheimdienste« zurückgerudert. Al Fayed erwähnte den MI 5 und MI 6 und geheime Gesellschaften in Frankreich, die bereits »seit den Tagen von Napoleon« existieren. Wie er mir sagte, sehe er die Notwendigkeit von Geheimdiensten ein und akzeptiere ihre Existenz, was ihn aber immer noch schockiere, sei ihr Benehmen. Stephan, so Al Fayed, »befragte Andanson persönlich, und er weiß, was Andanson getan hat, und Stephan ignorierte das vollkommen. Ich bin mir sicher, dass er das auf Anweisung tat. Ich kann einfach nicht glauben, dass so etwas in Frankreich passiert.«

Obwohl es in Frankreich ein großes Interesse der Medien gab, war die Presse gegenüber den Ermittlungen nicht sehr kritisch eingestellt. Christian Curtil, der Pariser Anwalt von Trevor Rees-Jones, erklärte: »Die Medien wissen überhaupt nichts, weil niemand überprüfen kann, was in den Akten steht. Für die Medien ist das sehr frustrierend. Sie wollten Belege; und da mein Mandant nicht mit ihnen reden wollte, konnte ich nicht mehr sagen, als ich sagte. Denn ich war durch die Geheimhaltungspflicht gebunden.« Jetzt allerdings, nach einiger Zeit, scheint Curtil der Meinung zu sein, dass mehr in dieser Angelegenheit gesagt werden kann – wie wir sehen werden.

Curtil und Crawford wollten im Rahmen der Untersuchung die Ermittlungen auf die Firma Étoile Limousine erweitern, die den Mercedes vermietet hatte. Das Ritz ist an diesem Unternehmen beteiligt, also wollten sie, dass Stephan sich auf Al Fayed konzentrierte. Das Fahrzeug war früher einmal gestohlen worden. War es danach wieder ordnungsgemäß instand gesetzt worden? Sie verwiesen auch auf einen Punkt, den bereits MacNamara erwähnt hatte, als ich mit ihm sprach – er störte sich daran, dass man sich im Ritz nicht an die eigenen Sicherheitsvorschriften hielt. Eine der Richtlinien, die sich das Unternehmen von Al Fayed gegeben hat – die Vorschrift mit der Nummer 1629 –, legt fest, dass beim Transport von besonders schutzwürdigen und schutzbedürftigen Personen immer ein Begleitfahrzeug eingesetzt werden müsse. Ken Wharfe und Martyn Gregory gehen beide in ihren Büchern davon aus, dass Al Fayed und seine Firmen Dodi und Diana durch den Verzicht auf angemessene Sicherheitsmaßnahmen im Stich gelassen hatten.

Ungeklärt ist auch die Frage, wer berechtigt war, den Mercedes S 280 zu fahren. Gemäß den in Paris gültigen Verordnungen muss, wie mir Crawford sagte, bei einem »gegen Gebühr vermieteten Leihwagen ein Fahrer der Vermietungsfirma mit übernommen werden«. Henri Paul war ein Angestellter des Ritz, nicht der Vermietungsfirma. Außerdem muss ein solcher Fahrer nach den Pariser Transportvorschriften einen speziellen Führerschein besitzen, den Henri Paul nicht besaß.

Diese beiden Punkte seien, wie mir Crawford sagte, insofern wichtig, als es »im französischen Recht ein allgemeines Gefährdungsdelikt gibt, dessen Tatbestand erfüllt ist, wenn jemand andere durch unverantwortliches Handeln oder durch Missachtung des Gesetzes in eine leicht erkennbare Gefahr bringt. Wir sagten, dieser Tatbestand sei erfüllt, weil Étoile Limousine sich nicht an die beiden erwähnten Vorschriften gehalten hat.« Die Ermittlung beschränkte sich in ihrer eigenen Definition »nur auf die Fotografen«, wie Curtil mir sagte. »Der Ermittlungsauftrag bezog sich zu keinem Zeitpunkt auf andere Personen oder Sachverhalte. Ich versuchte eine Ausdehnung der Ermittlung auf das Ritz und Étoile Limousine wegen gefährlicher Körperverletzung mit Todesfolge zu erreichen, weil ich glaubte, dass beide fahrlässig gehandelt haben. Aber offensichtlich hatten die Ermittlungsrichter kein Interesse, hier Untersuchungen anzustellen.«
Sowohl Crawford als auch Curtil dachten, dass sie einen sicheren Fall hätten und es ihnen gelingen könnte, für ihren Mandanten eine nennenswerte Entschädigung zu erstreiten. Sie schrieben an das Gericht und beantragten ein Ermittlungsverfahren gegen die Vermietungsfirma.
Nach französischem Recht hat ein Ermittlungsrichter eine Frist von fünf Tagen nach Einreichung eines entsprechenden Antrags, um über die Eröffnung eines Ermittlungsverfahrens zu entscheiden. Wenn er sich gegen die Eröffnung entschließt, muss er die Gründe schriftlich darlegen. Crawford sagte mir: »Wir hatten argumentiert, dass Trevor Rees-Jones und das Paar durch die Verletzung der Vorschriften in Gefahr gebracht wurden.« Sowohl Cawford als auch Curtil waren erstaunt über die ungewöhnliche Reaktion des Richters. Sie erhielten keine fristgerechte Benachrichtigung nach

fünf Tagen, aus der hätte hervorgehen können, dass kein Anlass für die Eröffnung des Ermittlungsverfahrens gegeben sei. Vielmehr wurden die Geschäftsführer von Étoile Limousine vorgeladen und von den Richtern Stephan und Devidal zu dem Tatvorwurf befragt, quasi als ob ein Ermittlungsverfahren eingeleitet worden wäre.

Monate später sickerte durch, dass es kein formelles Ermittlungsverfahren gab. Als Crawford und Curtil nach den Gründen fragten, erklärte man ihnen, es gäbe kein Verfahren, auf das man sich beziehen könne. Es war argumentiert worden, die Insassen des Mercedes seien durch die Fahrlässigkeit von Étoile Limousine gefährdet worden, aber wie mir Crawford sagte: »Unerklärlicherweise wurde dies aufgrund einer rein terminologischen Definition abgelehnt; es wurde behauptet, alle Insassen des Wagens seien entweder tot oder verletzt; sie seien also nicht gefährdet worden … weil die Gefahr sich gleichsam realisiert habe …« Aus Crawfords Sicht entspricht diese Interpretation keineswegs dem Geist des Gesetzes. Ich sagte, dass eine Entscheidung, die eine Gefährdung mit dem Hinweis ablehnt, dass die Betroffenen tot seien, mir »ziemlich pervers« vorkomme.

»Ich denke, Ihre Bezeichnung ›pervers‹ ist zutreffend. Warum bezog Juge Stephan diese Position nicht von vorneherein?«, fragte David Crawford. »Erst nachdem er mit den Geschäftsführern von Étoile Limousine gesprochen hatte – und nur in seinem Beschluss vom 4. September 1999 –, bezog Stephan die Position, dass der Tatbestand der Gefährdung nicht gegeben sei, weil ein Opfer verletzt und drei getötet worden waren …«

Es gibt drei weitere Aspekte, die das Vertrauen in das Ermittlungsverfahren nicht unbedingt stärken.

Der Angriff auf Curtil und politische Interventionen

David Crawford traf im August 1998 mit Christian Curtil zusammen, kurz nachdem sie die Beschwerde gegen Étoile Limousine eingereicht hatten. »Curtil rief mich auf meinem Handy an und sagte, ich sollte meine Kinder warnen, er sei überfallen worden und sähe schlimm aus«, erzählte Crawford.

Curtils Gesicht war blutunterlaufen, und er wusste eine grausige Geschichte zu erzählen. Ein Mann mit einem Turban hatte in dem Gebäude, in dem er arbeitete, auf ihn eingeschlagen. Er stahl ihm nichts und forderte nichts. Crawford ist felsenfest davon überzeugt, dass Curtil niemanden kannte, der ihn so zurichten wollte. »Wir wissen nicht, warum, und er kennt niemanden, der auf ihn einen dermaßen großen Hass haben könnte, dass er ihn so zurichten wollte.« Curtil bestätigte, dass der Vorfall sich genau zu der Zeit ereignete, als er ein Verfahren gegen Étoile Limousine beantragte, aber er wollte nicht allzu viel darüber sprechen. Er spielte es als »nebensächlich« herunter, doch Crawford war erschrocken gewesen und betonte, auch sein Kollege sei von dieser Gewalttätigkeit schockiert gewesen. – Die zweite merkwürdige Geschichte handelt von einer Belohnung.

Al Fayeds Belohnung

Bei einem meiner ersten Treffen mit dem französischen Journalisten Pierre Blois erzählte mir dieser von einer seltsamen Begebenheit, und er wollte wissen, was ich davon hielte. Er hatte mitbekommen, dass Mohamed Al Fayed für

Hinweise, die zur Verurteilung der Mörder führten, eine Belohnung von einer Million Dollar ausgesetzt hatte.

Blois ging zu Al Fayeds Anwälten in Paris. Er gab mir gegenüber offen zu, dass er diese Million gern gehabt hätte – oder wenigstens genügend Geld, um seine Nachforschungen weiter zu betreiben. Was er Al Fayed anbieten wollte, war das Gleiche, was er jetzt mir offerierte – nämlich wer in dem Fiat Uno mit Andanson gesessen war und wo diese Person zu finden sei. Blois wurde von Al Fayeds Leuten zunächst enthusiastisch begrüßt, aber danach geschah nichts mehr. Es ist nachvollziehbar, dass Al Fayed zur Vorsicht neigte, da er kurz nach dem Unfall von einem Mann um 15 000 Pfund (etwa 22 350 Euro) betrogen worden war. Der hatte fälschlicherweise behauptet, er hätte gute Informationen darüber, wie der MI 6 dieses Attentat geplant habe. Blois jedoch ist in französischen Journalistenkreisen als solide Figur bekannt. Dennoch kam er nicht voran, und bald weigerten sich die Anwälte von Al Fayed, seine Telefonanrufe entgegenzunehmen. Als Blois beschloss, das Büro der Anwälte aufzusuchen, wurde er höflich begrüßt, aber erhielt keinen Cent für weitere Recherchen. Er begann, sich zu fragen, ob Al Fayed vielleicht vermeiden wollte, dass man in gewisse Dinge zu tief eindringt. Blois war im Übrigen nicht der Einzige, der sich derartige Gedanken machte.

Man erzählte mir, dass Al Fayed möglicherweise eine Anzeige gegen unbekannt wegen Mordes gemacht haben könnte. Man muss in solch einem Fall dem Ermittlungsrichter keinen Tatverdächtigen nennen, denn theoretisch ist es ja die Aufgabe der Ermittlung, diesen zu identifizieren.

Als ich Al Fayed dies mitteilte, antwortete er mir, dass es nach französischem Recht sehr schwer sei, eine solche Anzeige zu machen. John MacNamara, der bei unseren Filmaufnahmen immer anwesend war, fügte hinzu, nach französischem Recht mache man sich mit einer solchen Anzeige selbst strafbar, wenn man keine sicheren Beweise für die vorgebrachte Behauptung hat. Dann fügte er hinzu, dass sie keineswegs untätig gewesen seien, schließlich hätten sie Anzeigen wegen Körperverletzung mit Todesfolge, Verletzung der Privatsphäre und gemeinsam mit den Eltern von Henri Paul wegen Fälschung von Beweismitteln bei der Autopsie gemacht. Keine dieser Aktivitäten sei jedoch sehr erfolgreich gewesen.

Martyn Gregory äußert sich in seinem Buch *Diana: Die letzten Tage*, sehr kritisch über Al Fayed und schreibt, einer der Gründe für Al Fayeds aggressives Vorgehen könne darin liegen, dass er jede Kritik von seiner Person abwenden wollte, und diese »Ablenkungstaktik« könne sehr weit gehen. Zu dieser Taktik gehörte der Angriff auf Dominic Lawson, den Herausgeber des *Sunday Telegraph*. Gregory zitiert Al Fayeds Behauptung, Lawson sei ein Agent des MI 6. Nun hat mir Al Fayed einen dicken Ordner mit der Aufschrift »Negative Artikel aus *Telegraph* und *Sunday Telegraph*« gezeigt, und Dominic Lawson war für ihn ein rotes Tuch. Aber ich frage mich, warum ein renommierter Fernsehproduzent wie Gregory nie darüber nachgedacht zu haben scheint, ob Al Fayeds Wut und Ärger nicht nachvollziehbare persönliche Gründe, wie Schuldgefühle und Verzweiflung, haben könnten. Wenn man das Gefühl hat, man hätte mehr tun können, und insbesondere, wenn man sich für einen Menschen hält, der die Welt nach seinen Vorstellungen bewegt, was Al Fayed ja tut – egal, ob es stimmt oder nicht –, dann ist es schwer, sich selbst und der Welt das eigene Versagen einzugestehen. Ist die Person, der gegenüber man versagt hat, der eigene verstorbene widerspenstige Sohn, dann verhält man sich vielleicht nicht immer angemessen, beherrscht und förmlich. Wie mir ein Freund von Al Fayed erzählte, reagiert er auf Fragen nicht immer vernünftig, weil ihm der Tod seines Sohnes so nahe geht. Ich halte das für nichts Unerklärliches, aber es steigert natürlich die allgemeine Verwirrung.

Sowohl David Crawford als auch Christian Curtil, die Anwälte von Trevor Rees-Jones, teilen Gregorys Ablehnung Al Fayeds zum Teil, aber sie tun das in gemäßigterer Form. Sie hatten erfahren müssen, dass Al Fayed den gesamten Fall unter seine Kontrolle bringen wollte. Curtil sagte mir, er habe sogar darum kämpfen müssen, seinen Klienten allein sehen zu können. Al Fayeds Anwälte bestanden darauf, bei diesen Treffen dabei zu sein. Auch musste Curtil dafür sorgen, dass Trevor Rees-Jones zur Anhörung beim Ermittlungsrichter nicht mit einem von Al Fayed bereitgestellten Fahrzeug vorfuhr. Er dachte, dies wäre unangemessen, da sein Klient ja möglicherweise das Ritz verklagen würde. »Al Fayeds Leute setzten mich anfangs ziemlich unter Druck, aber als sie merkten, dass sie damit nichts erreichten, gaben sie es auf.«

Auch behaupten beide Anwälte, von Al Fayed nie die ihnen zugesagten Honorare in voller Höhe erhalten zu haben. Curtil sagte, Al Fayed habe nur eine seiner Rechnungen bezahlt. Crawford zog gegen Al Fayed vor Gericht und erhielt eine Summe von 16 000 Pfund (etwa 23 840 Euro) zugesprochen.

Der dritte Punkt betrifft die Familie Spencer persönlich. Aber auch hier trafen wir auf eine Mauer des Schweigens – diesmal war es ein aristokratisches Schweigen.

Die Familie wünscht keine Stellungnahme

Als wir den Film »Lady Died« drehten, filmten Francis Gillery und David Carr Brown eine kurze, aber sehr interessante Begegnung. Maître Alain Toucas gehört, wie alle anderen an diesem Fall beteiligten Anwälte, zu den Stars der Pariser Juristen. Er wurde von Dianas Familie beauftragt. Er bedauerte, dass er uns kein Interview für »Lady Died« geben könnte, aber man gab uns indirekt zu verstehen, wo sich Toucas zu einem bestimmten Zeitpunkt aufhalten würde; und wenn die Kameras »zufällig« dort wären, müsste er mit dieser Situation wohl umgehen. Wir hatten den Eindruck, der Mann führe etwas im Schilde.

David und Francis trafen auf Maître Toucas, als er gerade aus seinem Auto ausstieg. Er war sehr freundlich, blieb aber standhaft. »Die Familie wünscht, keine Stellungnahme abzugeben«, sagte er, aber als Francis nochmals darauf beharrte, ob es offene Fragen gäbe, eilte Toucas keineswegs direkt in sein Büro. Er gestattete David, einen Platz mit gutem Kameralicht zu bestimmen, stellte sich hin und sagte, es täte ihm Leid, dass er keine Auskünfte erteilen könne. Er könne lediglich eines sagen. Es stimme, dass es eine »Befragung« gegeben habe. Es sei ein *fait notoire*, ein aus Sicht der Anwälte normaler Vorgang, dass man bestimmte Fragen über die Ermittlungen stelle. Er war sich alles andere als sicher, ob wir jemals die Wahrheit herausfinden würden. Aber er hatte die Anweisung, keine Stellungnahmen abzugeben, und dafür hatte er bereits zu viel gesprochen, mehr konnte er nicht sagen. Schließlich ging er, bog lächelnd ums Eck und verschwand in seinem Büro.

Toucas gehörte scheinbar ebenfalls zum Club der frustrierten Anwälte. Die Probleme, denen sich Juge Stephan und Juge Devidal ausgesetzt sahen, waren größtenteils ziemlich diesseitiger Natur – die Ermittlungen zogen sich zu lange hin und produzierten zu hohe Kosten. Aber als ich Curtil nach seiner Meinung fragte, wie er die Qualität des Ermittlungsverfahrens einschätzte, formulierte er es sehr vorsichtig: »Das ist eine schwierige Frage. Ich glaube, man ist hier sehr vernünftig und klar vorgegangen. Viele Aspekte, die untersucht werden mussten, wurden untersucht. Ärgerlich wird es immer nur dann, wenn die Ermittler nicht weiter gehen wollen ... die Untersuchung wurde ordnungsgemäß durchgeführt in dem Rahmen, den die Ermittler und ihre Vorgesetzten gesteckt haben.«

Curtil war frustriert, weil es ihm nicht gelang, das Ermittlungsverfahren auf das Ritz zu erweitern, da er der festen Überzeugung war, dass er es hier mit einem Fall von Fahrlässigkeit zu tun hatte. »Also haben wir versucht, die Untersuchung in eine andere Richtung zu bringen. Aber der Ermittlungsrichter und der Generalstaatsanwalt wollten das Ganze abschließen. Es würde ohnehin niemand die Wahrheit erfahren, es sollte jetzt Schluss sein, und so beendete man die Untersuchung.« Curtil fügte hinzu, man hätte das Gefühl gehabt, »es sei zu spät und niemand würde jetzt mehr sprechen wollen ...«

Der genaue Zeitpunkt, an dem bei den Ermittlern die Einsicht gedieh, man werde die ganze Wahrheit ohnehin nicht ans Tageslicht bringen, war möglicherweise früher, als man vermuten würde. Als ich David Crawford fragte, ob es Hinweise auf politischen Druck von oben auf das Verfahren gäbe, antwortete er, niemand habe ihn diesbezüglich ins Vertrauen gezogen, und fügte dann hinzu: »Man teilte mir in einem sehr frühen Stadium mit, dass es zu keiner Anklage gegen irgendjemanden kommen werde.« Crawford weigerte sich, seinen Informanten preiszugeben, aber es muss sich um einen gehandelt haben, der sehr nah an den Ereignissen dran war. Kurze Zeit danach kam er nochmals auf das Thema zurück. Hier sprach jemand, der gegenüber der französischen Justiz ein tief sitzendes Misstrauen hegte. Es sei, so Crawford, »für mich schwierig, politischen Druck als solchen zu identifizieren. Was soll man davon halten, dass er [Juge Stephan] befördert wurde …« Stephan ist heute Leiter des Ehrengerichts der französischen Justiz.

»Er war zu mir sehr freundlich, ein sympathischer Typ und einer der besten Ermittlungsrichter in Paris, also jemand, dessen Beförderung man erwarten konnte«, so Crawford, »aber ich habe das Gefühl, das französische System unterscheidet sich von unserem. Bei uns gilt das Prinzip der Anklage. Auf dem Kontinent haben sie das Inquisitionsprinzip, Ermittlungen werden von Staats wegen von staatlich alimentierten Beamten durchgeführt, die diesem Staat gegenüber zur Loyalität verpflichtet sind. Unter diesen Bedingungen kann man eine gewisse Skepsis, was politischen Einfluss anbelangt, durchaus verstehen.«

Crawford sieht das Ganze aus einer britischen Perspektive. Aber selbst Curtil wollte die Idee einer politischen Einflussnahme nicht ausschließen. Lächelnd meinte er, zwar seien die Richter theoretisch unabhängig, praktisch aber »ist niemand vollkommen frei … Jeder hat Ohren, zu hören, was die Leute sagen oder was das Ministerium sagt.«

Die französische Rechtsgeschichte zeigt, dass viele der unrühmlichen Fälle unter einer Intervention von oben litten. Und genau das war, wie die Verkehrspolizei Chauvel mitteilte, auch in diesem Fall geschehen. Wenn es jemanden gab, der über dieses Thema kompetent Auskunft geben konnte, dann war es Jean-Pierre Chevenement, der Innenminister. Ich schrieb ihm mit der Bitte um ein Interview, aber er lehnte ab und ließ mir durch einen französischen Journalisten, den wir beide kannten, die Gründe dafür mitteilen. Er, Chevenement, habe Wichtigeres zu tun, als sich mit derartigen Trivialitäten wie diesem Unfall zu beschäftigen.

Wenn nicht jedes Detail und alle Aspekte eines Falls genauestens untersucht werden, ist das natürlich keineswegs ein Beleg für eine Verschwörung. David Crawford glaubt, dass »wir auf den Grund der ganzen Affäre nur durch die beiden gerichtlichen Untersuchungen in Großbritannien kommen werden. Alle Beweise werden ein zweites und drittes Mal durchgegangen, und wir werden sehen, ob das etwas Neues zutage bringt.« Irgendwann im Jahr 2005 werden wir es wissen.

Ich glaube, deutlich gezeigt zu haben, dass die französischen Ermittlungen fehlerhaft waren, James Andanson im Alma-Tunnel war, er Verbindungen mit Sicherheitsdiensten hatte und es plausible Belege für die These gibt, dass sein Tod kein Selbstmord war. Fest steht auch, dass er einen weißen Fiat besaß, der zwar nicht in der Lage war, den Mercedes zu überholen, dass aber Andansons Anwesenheit im Tunnel auch nicht zufällig war. Er wusste, dass Dodi und Diana wahrscheinlich auf dieser Strecke fahren würden.

Ich werde jetzt an den Anfang der Geschichte zurückkehren – und damit auf Guys Beweise, mit denen ich das Buch begann.

12
Guy, die Gucci-Tasche und der Sonnentempler-Orden

Im September 1982 war Grace Kelly 52 Jahre alt. Sie erfreute sich guter Gesundheit, auch wenn sie seit ihren Tagen als Hollywoodstar etwas fülliger geworden war. Sie hatte zum ersten Mal seit 26 Jahren wieder einen Film gedreht. Es war nur ein kleiner Streifen, in dem sie eine Frau spielte, die Blumen liebte. Der Regisseur war Robert Dornhelm, und neben ihr spielte Edward Meeks. Meeks erzählte mir, Grace hoffte, dass sie jetzt Prinz Rainier überreden könne, sie wieder einmal eine richtige Rolle spielen zu lassen. Die Schauspielerei hatte ihr sehr gefehlt.

Grace Kelly hatte keinerlei erbliche Belastung. Ihre Eltern wurden beide über achtzig Jahre alt. Am 13. September machte sie sich zusammen mit ihrer Tochter Stephanie vom Anwesen der Familie in La Turbie, etwas außerhalb von Monaco, auf den Weg in das Fürstentum. Die Straße, die von La Turbie hinunter nach Monaco führt, hat ihre Tücken; sie windet sich in Haarnadelkurven den Berg hinab, und man blickt hinaus über das Mittelmeer.

Zwei Minuten nachdem sie das Haus verlassen hatte, verlor Grace die Kontrolle über ihren Wagen. Er rutschte in einer der Kurven von der Straße. Das Auto überschlug sich und blieb auf dem Dach unterhalb einer der Haarnadelkehren liegen, wie man es damals auf den Pressefotos sehen konnte. Ihre Tochter überlebte, aber Grace starb 24 Stunden später.

Ihr Tod füllte weltweit die Schlagzeilen. Über die Ursache des Unfalls wurde heftigst spekuliert; manche Journalisten nahmen an, dass Stephanie gefahren sei. Es hieß, Mutter und Tochter hätten einen Streit gehabt und Grace fuhr unkonzentriert, weil sie sich so über ihre Tochter aufregte, die sich schon wieder mit einem unpassenden Mann eingelassen hatte.

Ich habe zu Beginn des Buchs auf interessante Parallelen zwischen dem Zusammenstoß im Alma-Tunnel und dem Unfall, bei dem Grace Kelly ums Leben kam, hingewiesen. In diesem Kapitel möchte ich zeigen, dass Grace Kelly auf direkte Anweisung von Jo di Mambro ermordet wurde, und zwar mithilfe einer Technik, die möglicherweise auch bei Diana zum Einsatz kam. Es gibt eine weitere Verbindung; der Mann, der behauptet, er sei angeheuert worden, um Diana umzubringen, hatte eine Reihe von »Operationen« für den Sonnentempler-Orden ausgeführt. Was diese Überlegungen plausibel und nicht ganz abwegig erscheinen lässt, ist die Tatsache, dass der mysteriöse Tod von 73 Menschen, die dem Sonnentempler-Orden nahe standen, offiziell belegt ist. Sechzehn der Leichen fand man verkohlt auf einem einsamen Plateau namens Vercors in der Nähe von Grenoble. Der Untersuchungsrichter André Fontaine deklarierte das Ganze als Massenselbstmord, aber er musste die Ermittlungen im September 2003 wieder aufnehmen, weil neue Hinweise aufgetaucht waren, dass mindestens sechzehn der Opfer ermordet wurden.

Als ich für Channel 4 meinen Film über Grace Kelly drehte, erklärten wir darin, wie di Mambro sie in seine Sekte lotste. Wir arbeiteten mit der Vermutung, dass Grace Kelly sich einem eigenartigen Aufnahmeritus unterzog, bei dem Aku-

punktur eine Rolle spielte. Wir stellten dar, dass sie sich geweigert hatte, di Mambro weiterhin Geld zu zahlen, und dass er ihr Rache geschworen hatte. Wenn die Schönen und Reichen nicht zahlten, mussten sie bestraft werden.
Die Anwälte von Channel 4 erlaubten uns 1997 nicht, die ganze Geschichte in dem Dokumentarfilm zu senden. Sie rieten uns, die Behauptung wegzulassen, dass es einen Mann gäbe, der Spielschulden gehabt habe, die er nicht zurückzahlen konnte, und dem man einen Handel angeboten hatte. (Dieser Mann war zu einem Spiel mit einer Gruppe hoch professioneller Pokerspieler verführt worden; zunächst hatte er eine Gewinnserie, aber plötzlich »wendete« sich sein Glück.) Diesem Mann sagte man, er müsse seine Schulden nicht begleichen, wenn er eine Wanze im Auto von Grace Kelly anbrächte. Doch handelte es sich bei dieser Wanze um ein Gerät, mit dessen Hilfe man über eine Fernbedienung Gift freisetzen konnte. Das Gift führte zu Sichtbehinderung und Verlust der motorischen Kontrolle.
Bei der offiziellen Erklärung für den Unfall von Grace Kelly berief man sich auf einen plötzlichen Herzinfarkt. Prinzessin Stephanie erinnert sich nur mehr daran, dass ihre Mutter die Kontrolle über das Fahrzeug verlor. Durch einen bemerkenswerten Zufall stürzte das Auto auf ein Grundstück, das einem Mitglied des Sonnentempler-Ordens gehörte. Ich sprach mit einem der höheren Polizeibeamten vor Ort und war erstaunt, als er mir erzählte, dass er und seine Kollegen einen Anruf aus Paris erhalten hätten, in dem man ihnen mitteilte, sie sollten in den nächsten neunzig Minuten die Unfallstelle nicht betreten. Der Unfall fand außerhalb des monegassischen Territoriums statt, und daher waren die Franzosen für die Ermittlungen zuständig.

Nachdem der Film gesendet worden war, bekam ich einen Brief von einem der Techniker, die nach Monaco geschickt worden waren, um das Fahrzeug zu untersuchen. Er behauptete, dass das Fahrzeug, das sie untersuchten, das Auto, von dem man ihm sagte, dass Grace Kelly es gefahren hatte, nicht mit dem identisch war, das auf den Pressefotos des Unfalls zu sehen war. Die Ingenieure von Austin Rover, die ich in diesem Zusammenhang befragen wollte, sagten zunächst für einen Interviewtermin zu, änderten dann aber unter Druck ihre Meinung. Und überall finden sich Verbindungen zum Sonnentempler-Orden.

Zu Beginn dieses Buches habe ich beschrieben, wie ich Guy, der für den Sonnentempler-Orden arbeitete, kennen lernte. Er bat mich drei Wochen nach Dianas Tod, in die Schweiz zu kommen. Im Juli 1997, so erzählte er mir, sei er in Divonne les Bains aufgefordert worden, 500 000 Dollar entgegenzunehmen und dieses Geld zu waschen. Er hatte für den Multimillionär John Latsis Geld gewaschen und war mit der Durchführung solcher Operationen dementsprechend vertraut. Ich nahm Guy ernst, unter anderem weil er mir im Jahr 1996 erzählt hatte, wie er Geld für Mitarbeiter der Weltgesundheitsorganisation gewaschen hatte; Jahre später, als dieser Skandal ans Licht kam, bestätigte sich seine Geschichte.

»Ich hatte keine Ahnung, wofür die ersten 500 000 Dollar vorgesehen waren, aber die Aktion ging schnell und sauber über die Bühne«, erzählte mir Guy. Ein paar Wochen später klingelte das Telefon, und man bat ihn, nochmals eine ähnliche Operation zu übernehmen. Sein Kunde, ich werde ihn hier Roland nennen, war ein Mann, der im ostdeutschen Geheimdienst gearbeitet hatte und nach dem Fall der Berliner Mauer nach Kuba gegangen war. Roland hatte als freier Mitarbeiter für Jo di Mambro, den Führer des Sonnentempler-Ordens, gearbeitet, daher wandte er sich an Guy um Hilfe. Seine freie Mitarbeit umfasste unter anderem die Inszenierung eines Autounfalls, in den zwei Männer verwickelt waren, die di Mambro als Feinde betrachtete, weil sie dem Orden Probleme bereiteten.

Als ich mit meinem Film über den Sonnentempler-Orden anfing, erfuhr ich über dessen mystische Glaubenssätze und war erstaunt, dass intelligente Menschen auf einen solchen Humbug hereinfallen. Der Orden versteht sich als mystisch und elitär. Renaud Marhic nennt in seinem ausgezeichneten Buch *Le Mystere du Temple Solaire* einige der etwa tausend »Schüler«, unter ihnen viele reiche und einflussreiche Personen wie etwa Guy Berenger, ein Nuklearphysiker, der beim CERN in Genf arbeitete, und mindestens zwei Millionäre – Alberto Giacobino und Camille Pilet, Marketingdirektor des Uhrenherstellers Piaget.

Im Folgenden möchte ich einige Hinweise präsentieren, die belegen sollen, dass Prinz Charles des Öfteren seine Ferien in Le Barroux in Frankreich verbrachte, einem kleinen Dorf, in dem der Orden ein Zentrum betreibt. Prinz Charles hat nie einen Hehl aus seinem Interesse an spiritueller Erkenntnis und alternativer Medizin gemacht – zwei Bereiche, in denen auch der Orden aktiv ist.

Der Orden orientiert sich nach eigener Darstellung an den Traditionen der Templer. Noch im 21. Jahrhundert existieren mindestens fünfzig Templerorden, die sich alle als die wahren Erben der mittelalterlichen Tempelritter verstehen und entweder immer noch auf der Suche nach dem Heiligen Gral sind oder behaupten, ihn an einem geheimen Ort versteckt zu halten. Di Mambro wusste, wie man die spirituellen Sehnsüchte und Eitelkeiten der verunsicherten Reichen und Berühmten ausnutzt. Der Orden war in acht Stufen eingeteilt, und je erleuchteter man war, desto näher rückte man an die Erlösung heran – und je näher man der »Rettung« war, desto höher wurden die monatlichen Gebühren.

Der zweite Mann in der Ordenshierarchie, Luc Jouret, war ein Arzt, der oft erstaunliche Heilungserfolge erzielte. Er galt als Autorität im Bereich der Alternativmedizin. Jouret war in Belgien geboren und lebte in Kanada, wo der Orden Hunderte von Anhängern rekrutierte. Der Orden besaß eine Reihe von Häusern und »Heiligtümern« in der Nähe von Montreal. Di Mambro war in dieser Gegend im Immobiliengeschäft tätig, und die kanadische »Connection« sollte sich noch als sehr wichtig erweisen.

Guy war mit Jo di Mambro seit Mitte der siebziger Jahre zusammen und kannte dessen Vergangenheit gut. Di Mambro begann seine Karriere als Juwelier und landete in Frankreich wegen Betrugs im Gefängnis. Er liebte das Leben auf großem Fuß, schnelle Autos, schöne Frauen und hatte tausendundein Bankkonto. »Er kam öfter in meine Bar in Divonne les Bains, und wir freundeten uns an«, sagte Guy. »Oft lud er mich auf seine Reisen ein, und bei einer dieser Reisen fuhren wir nach Thesiers, wo Tausende von Leuten zusammengekommen waren, um einen Guru zu sehen. Di Mambro war von diesem Auftritt begeistert.« Später musste Guy seine Bar wegen Steuerschulden schließen und arbeitete dann für di Mambro, unter anderem als Fahrer. Als er an den Besuch in Thesiers dachte, musste er lächeln. »Di Mambro sagte mir damals, dass die Gründung einer Sekte die lukrativste Form des Betrugs sei, die er sich vorstellen könne. Er gründete die Golden Way Foundation in Genf und wurde bald als spiritueller Guru mit tiefen Einsichten verehrt, eine Art Kombination aus Freud und Franz von Assisi. Di Mambro machte keine kleinen Sachen, und er erzählte seinen Anhängern, dass er in ständigem Kontakt mit 33 spirituellen Meistern sei, die das Schicksal der Welt in ihren Händen hielten. Diese »Meister« seien so fortgeschritten, dass sie sich an zwei Orten zur gleichen Zeit aufhalten könnten. Di Mambro erklärte seinen Schülern, dass sie gleichzeitig im Untergrund von Zürich und im Himalaja leben könnten. Auch müssten sie weder im Westen noch im Osten Steuern zahlen.

Als er mit di Mambro im Jahr 1978 zusammentraf, arbeitete Thierry Huguenin als Zahntechniker. Die Art und Weise, wie der Guru diesen damals 28-Jährigen behandelte, zeigt den wahren begabten Hochstapler. Thierry hatte gerade eine hübsche Summe Geld geerbt. Man erzählte ihm einmal, er sei die Reinkarnation des Bernhard von Clairvaux, und ein anderes Mal, sein Körper sei von einer ägyptischen Gottheit bewohnt. Diese Enthüllung fand er sehr aufregend. Thierry ist ein intelligenter Mensch, aber er suchte nach einer höheren Wahrheit und glaubte jedes Wort. Camille Pilet, Marketingdirektor von Piaget und daher eher ein diesseitig orientierter Mensch, erzählte man, er sei die Reinkarnation des Joseph von Arimathia.

Di Mambro war der Meinung, dass die Gläubigen nicht nur gute Worte, sondern auch Zeichen und Wunder brauchten. Er investierte in ein Gerät, das Hologramme erzeugen konnte. Oft, wenn die Mitglieder des Ordens in einer seiner Kapellen beteten, im Hintergrund erklang himmlische Sphärenmusik, tauchten plötzlich aus dem Dunkeln spirituelle Meister und Heilige in weißen Roben in einem strahlenden Licht auf. Thierry beschrieb mir diese Erscheinungen im Detail, und er selbst war über Jahre hinweg zutiefst von ihnen angetan. Guy war für zusätzliche Sound- und Lichteffekte zuständig, um die richtige Atmosphäre zu schaffen. Di Mambro dienten diese Auftritte von Heiligen und Engeln, Cherubim und Seraphim, alle wie aus Miltons *Paradise Lost* entsprungen, als Zeichen und Wunder, die belegen sollten, dass Gott den Orden gesegnet habe. Die Wunder heizten den Cashflow an. Manchmal erblickten die Anhänger legendäre Objekte wie das Schwert Excalibur, den Heiligen Gral oder gar die Bundeslade. Vielleicht musste man für den Anblick der Bundeslade auch extra zahlen, scherzte Guy und sagte, dass er nicht zuletzt deswegen so lange bei di Mambro geblieben sei, weil er ihm gegenüber nie versuchte, den ganzen spirituellen Kram als etwas anderes als Hochstapelei darzustellen.

Anfang 1990, so erzählte mir Guy, hatte er die ewigen Streitereien satt, und zudem gewann er den Eindruck, dass di Mambro als Guru nachließ. Man trennte sich in Freundschaft, blieb aber in Kontakt. Guy erzählte mir, dass di Mambro ihn eine Woche vor den Todesfällen in Salvan im Oktober 1994 anrief. »Er bat mich, ihn in einen Vorort von Paris zu fahren, weil er dort einen wichtigen Termin habe. Di Mambro kam nach dem Treffen aufgeregt zum Auto zurück. Später, als wir in Lyon ankamen, führte er eine Reihe von Telefongesprächen. Offensichtlich war irgendetwas schief gelaufen«, erzählte mir Guy. Er fragte sich, ob di Mambro kurz vor dem Tod der 53 Anhänger des Sonnentempler-Ordens im Jahr 1994 nicht in einer Krise steckte.

Thierry Huguenin entdeckte schließlich, dass die Erscheinungen durch lichttechnische Tricks und klug eingesetzte Hologramme erzeugt wurden. Er hing dermaßen an dem Orden, dass er über ein Jahr brauchte, um sich loszusagen. Als er sich schließlich von ihm trennte, schuldete Jo di Mambro ihm noch über 500 000 Schweizer Franken, die er jetzt zurückwollte.

Am 4. Oktober 1994 fuhr Thierry in den Schweizer Skiort Salvan, weil di Mambro ihn angerufen und gesagt hatte, er könne ihm einen Teil des Geldes dort zurückgeben. Es zeigt die Macht, die di Mambro immer noch hatte, dass Thierry alles liegen und stehen ließ und sich auf die 200 Kilometer lange Fahrt von Genf nach Salvan machte. Thierry wusste nicht, dass die Mambro am Tag vorher gegen ihn Anzeige erstattet hatte und ihn der Erpressung beschuldigte, er habe dem Orden gedroht und Geld gefordert.

Um Mitternacht wurde die Feuerwehr zu einem Brand nach Salvan gerufen. In zwei dem Sonnentempler-Orden gehörenden Skihütten fand man 25 Tote. Alle bis auf einen waren vergiftet worden. Das war nur eines von drei tragischen Ereignissen. Zur gleichen Zeit brach auch in der Nähe von Chiery, eine Autostunde entfernt in der Zentralschweiz, auf einem landwirtschaftlichen Anwesen, wo der Orden biologischen Anbau betrieb, ein Feuer aus. Dort fand man 23 Tote. Alle bis auf zwei waren erschossen worden. Als sich diese Nachricht verbreitete, meldete die Sûreté de Québec, dass es einen Tag vorher fünf Todesfälle in Morin Heights in der Nähe von Montreal gegeben habe. Vier Erwachsene und ein Kind waren dort in einem der Häuser, die dem Orden gehörten, erstochen worden.

Die Schweizer Behörden erklärten am Abend des Tages, an dem die Feuer in Salvan und Chiery ausbrachen, dass es sich hier möglicherweise um einen Fall kollektiven Selbstmords von verwirrten Anhängern einer bizarren Sekte handle. Ein den Medien zugespielter Brief erklärte, dass die Gläubigen beschlossen hätten, die allzu korrupt gewordene Erde zu verlassen. Als ich 1995 anfing, für Channel 4 einen Film über die Ereignisse zu machen, war es keineswegs klar, was da passierte und ob es sich um einen Massenselbstmord handelte. Rosemarie Jaton, eine schlanke und sehr gründliche Frau aus Lausanne, ist eine von denen, die bei diesen Vorfällen ihre Familienmitglieder verloren haben. Ihr Bruder Daniel war Mitglied im Sonnentempler-Orden und gehörte zu den 53 Toten. Auch Daniels Frau und ihre beiden minderjährigen Kinder waren dabei ums Leben gekommen. Rosemarie Jaton war überzeugt, dass die Opfer keinen Selbstmord begangen hatten. Keiner der Toten hatte einen offensichtlichen Grund, sich das Leben zu nehmen.

Die Polizei fand vor den Skihütten in Salvan nur eine Waffe. Man behauptete, dass alle 65 Kugeln daraus abgefeuert worden seien, aber man konnte keine Fingerabdrücke auf ihr finden. Später kam man zu dem Schluss, dass die Waffe Joel Egger gehörte, dessen Leiche auch in Salvan gefunden wurde. Der Ermittlungsrichter (das System der Schweizer ist ähnlich dem in Frankreich) kam schließlich zu der Auffassung, dass Egger in Kanada gewesen sei und die fünf Morde in Morin Heights begangen habe. Egger flog daraufhin in die Schweiz und fuhr vom Flughafen in Genf nach Chiery, wo er anscheinend die Waffe herumgehen ließ; alle waren's scheinbar zufrieden, sich selbst zu erschießen. Nach dieser makabren Szenerie fuhr Egger weiter nach Salvan, wo er sich selbst zusammen mit den anderen Mitgliedern des Ordens umbrachte. Zuvor tätigte einer der Anwesenden

diverse Telefongespräche, durch die »Zündmechanismen« ausgelöst wurden, um gegen Mitternacht die Feuer in Morin Heights, Salvan und Chiery ausbrechen zu lassen.
Eine Sache wurde niemals publik gemacht. In der Nacht der Massenmorde wurden zwei französische Polizeibeamte, Jean-Pierre Lardanchet und Patrick Rostan, in der Nähe von Chiery und Salvan gesehen und beide wurden von den Schweizern verhört. Die Verhöre erbrachten kein Ergebnis, und daher konnte die Schweizer Polizei sie nicht weiter festhalten oder belangen. Als die beiden auf freien Fuß gesetzt wurden, erhielten sie ihre Dienstrevolver zurück. Über diese Dinge erfuhr man seinerzeit nichts.
Ein Tag nach den Todesfällen heuerte die Schweizer Polizei einen Historiker an, der beim militärischen Geheimdienst arbeitete, um sie bei der Untersuchung zu unterstützen. Jean-François Mayer hatte im Jahr 1987 einige Monate versucht, den Orden zu »infiltrieren«. Er erzählte mir, dass sein Interesse rein wissenschaftlicher Natur war und dass er keineswegs eine Spionagetätigkeit ausübte. Ich bin mir sicher, dass dies zum Teil zutrifft, aber andererseits arbeitet der Mann für den Schweizer Geheimdienst. Wir trafen uns in dem Haus seiner Eltern in der Nähe von Fribourg, einem außergewöhnlichen Anwesen. Voll mit antiken Statuen und Schwertern, glich es einem Museum für Esoterik und Spiritismus. Wie Mayer mir erzählte, wies in der Zeit, als er sich innerhalb des Ordens bewegte, nichts darauf hin, dass sich hier eine Gruppe auf dem Weg der kollektiven Selbstzerstörung befindet. Im Jahr 1987 besuchte er Vorträge, in denen eine Mischung aus Spiritismus und Ökologie gepredigt wurde. Er erinnerte sich an eine Zeremonie in einer Vollmondnacht, die er als »sehr entspannt« genoss.

Am Tag nach den Todesfällen gingen bei den französischen und Schweizer Medien »Selbstmordbriefe« ein, in denen der Orden mitteilte, man habe sich auf den Weg zu dem Planeten Sirius gemacht. Die Erde habe versagt, Sirius sei das Paradies, die neue Welt. Zwei Tage später erhielt Charles Pasqua, der damalige französische Innenminister, einen Brief. Darin stand: »Überall, wo wir uns bewegten, wurden wir von der Polizei bedrängt und eingeschüchtert, wir standen unter ständiger Überwachung.« Mayer erzählte mir, man habe den Text des Briefes auf der Festplatte eines Computers in den Trümmern von Salvan gefunden. Pasquas Büro hat den Erhalt dieses Briefes immer dementiert.
Obwohl die Schweizer Behörden an der Interpretation festhielten, dass die Führer des Ordens paranoid waren, gab es eine Reihe gut informierter Beobachter, die von der These des kollektiven Selbstmords nicht überzeugt waren. Der größte Skeptiker ist wohl Roger Facon. Facon ist Inspektor bei der Gendarmerie und ein bekannter Autor, unter dessen Namen sieben Bücher veröffentlicht wurden, darunter der Titel *Okkulte Morde*. Facon erzählte mir, dass er zehn Monate vor den Todesfällen in Salvan und Chiery angegangen worden sei, ein Buch zu schreiben, das den Orden und im Besonderen di Mambro und Jouret bloßstellen sollte.
Bei diesen Gesprächen erfuhr Facon von den französischen Polizisten, die man in der Nähe der Skihütte gesehen hatte, und dass beide Mitglieder des Ordens waren. Facon war sich nicht sicher, ob Lardanchet ein echter Anhänger war oder ob er als verdeckter Ermittler für irgendeine Abteilung der französischen Polizei arbeitete.
Facon sagte, er hatte gerade andere Sachen zu schreiben, aber im Juli 1994 fragte man wieder bei ihm an. Bei dem

erneuten Treffen drängte man ihn jetzt stärker als beim ersten Mal, der Bitte nachzukommen. Man sagte ihm, die »Operation Faust« werde jetzt geplant und er müsse diese Operation verhindern. Er stimmte einem Treffen in Paris zu und willigte ein, sich dort die Augen verbinden zu lassen, um den Ort des Treffens später nicht identifizieren zu können. Facon deutete mir gegenüber an, dass jemand bei der Polizei, dem er vertraute, ihm sicheres Geleit zugesagt hätte, aber er weihte mich nicht in alle Details dieser Sache ein. Er wollte nicht sagen, wer die Leute waren, die ihn angegangen hatten, deutete aber an, dass es Verbindungen zu französischen Geheimdiensten gab. Am bemerkenswertesten war die Enthüllung, dass die Leute, die Facon traf, wussten, dass eine Tragödie passieren würde – und, wie es schien, sie verhindern wollten. Die Frage ist, wer diese Tragödie plante.
Die historischen Selbstmorde der Juden in Massada und York ebenso wie die zeitgenössischen Fälle der Sektenmitglieder in Jonestown und Waco sind nicht schwer zu erklären. In Massada und York sah sich eine Gruppe von Juden einem grausamen Feind gegenüber – einmal den Römern im Jahr 68 v. Chr. und einmal dem englischen Mob im Jahr 1190. Die Juden zogen es vor, von eigener Hand zu sterben, anstatt von ihren Feinden abgeschlachtet zu werden. Die Sekten in Jonestown und Waco waren unmittelbar bedroht. Politiker kamen nach Jonestown, nachdem es Beschwerden über Entführungen gegeben hatte, und das FBI umstellte David Koreshs Gebäudekomplex in Waco.
Aber niemand hatte die Skihütten des Sonnentempler-Ordens umstellt. Jean-François Mayer erzählte mir, dass man in Salvan Entwürfe für Werbebroschüren für ein Treffen gefunden habe, das der Orden im Mai 1995 abhalten wollte –

was die Schweizer Polizei der Öffentlichkeit nicht mitteilte. Es schien keinen Grund zu geben, dass derart viele Mitglieder des Ordens sich umbringen wollten und dann beschlossen, diesen Plan so plötzlich umzusetzen.
Man hat vermutet, dass di Mambro anfing, den Humbug, den er predigte, selbst zu glauben. Wenn dem so war, dann war Guy das während ihrer gemeinsamen Fahrt quer durch Frankreich eine Woche vor dem Massaker jedenfalls nicht aufgefallen. Viele andere Personen haben di Mambro in dieser Zeit gesehen. Er war niedergeschlagen und machte sich Sorgen, dass einige seiner Anhänger das Geld, dass sie ihm und dem Orden zur Verfügung gestellt hatten, zurückfordern könnten, aber er war es gewohnt, mit enttäuschten Schülern umzugehen. Der Polizeibeamte Roger Facon wies mich darauf hin, dass es sich bei di Mambro um einen gerissenen Überlebenskünstler handelte und dass es ihm gelungen war, die Loyalität unzufriedener Anhänger wie Thierry und Camille Pilet zu sichern. Er versuchte es mit Schmeicheleien, und wenn das nicht funktionierte, mit Erpressung. Als Camille Pilet drohte, die Zahlung seiner monatlichen Mitgliedsbeiträge einzustellen, drohte di Mambro ihm, seine homosexuelle Beziehung zu Jouret öffentlich zu machen.
Facon sagte mir: »Di Mambro war an Konflikte und Streit gewöhnt. Es macht keinen Sinn, wenn man annimmt, er würde sich umbringen, nur weil es Auseinandersetzungen innerhalb des Ordens gab.« Die Schweizer Polizei fand keine Hinweise, die das Massensterben der Ordensmitglieder im Oktober 1994 hätten erklären können.
Wie bei der französischen Polizei im Alma-Tunnel gab es auch hier eine Menge von Anhaltspunkten dafür, dass die Schweizer Polizei ihren Aufgaben nur schleppend und mehr

schlecht als recht nachgekommen war. Sie brauchten über zehn Wochen, um mit der Schatzmeisterin des Sonnentempler-Ordens, die in Frankreich lebte, Kontakt aufzunehmen. Diese Frau war leicht zu finden – Thierry Huguenin hatte ihren Name und ihre Adresse genannt. Da es Gerüchte gab, der Orden habe Millionen von Dollar gewaschen, war sie eine wichtige Zeugin. Als die Polizei jedoch anrückte, um sie und ihren Mann zu befragen, waren die Beamten, wie sie mir sagte, nur daran interessiert, »Antworten zu bekommen, die belegen sollten, dass es sich um eine Manipulation handelte ... man hätte mich auch fragen können, ob ich mit meinem Nachbarn ins Bett gehen würde. Wenn ich etwas sagte, was nicht in ihr Konzept passte, schrieben sie es einfach nicht auf.«

Auch hielt sich die Schweizer Polizei nicht an die kriminaltechnischen Standards. Rosemarie Jaton fand heraus, dass das Haus, in dem ihr Bruder gelebt hatte, acht Tage lang nicht versiegelt wurde, obwohl sich in seinen Räumen Unterlagen und andere Beweisstücke befanden, die mit anderen Mitgliedern des Ordens zu tun hatten. Acht Tage lang konnte jeder das Haus betreten, Dinge mitnehmen oder manipulieren. Bernard Nicolas, ein französischer Journalist, ging in die ausgebrannten Skihütten und fand dort Abrechnungen von Zahlungen, die di Mambro mit seiner American-Express-Karte getätigt hatte. In Morin Heights in Quebec, wo es fünf Tote gegeben hatte, wurden Beweisstücke, von denen man annehmen sollte, dass sie zur kriminaltechnischen Untersuchung mitgenommen werden würden, ohne eingehende Untersuchung am Tatort zurückgelassen. Yves Casgrain, ein kanadischer Experte, der für Infosect arbeitet – eine Gruppe, die Informationen über Sekten bereit-

stellt –, war erstaunt, als er in den Ruinen des Ordenshauses herumliegende Bücher und Dokumente vorfand.
Ich war verblüfft, als ich über ein Jahr nach den Vorfällen bei Filmaufnahmen in Salvan Manuskripte, Dokumente und Videobänder fand, die immer noch im Schutt herumlagen. Bei den Dokumenten handelte es sich um Bankauszüge und Manuskripte von offensichtlich mystischen Texten. Ich ließ eines der Videobänder wieder herrichten und stellte fest, dass es sich dabei um einen gar nicht mystischen Pornofilm handelte. Als ich bei einer Pressekonferenz die Vertreter der Schweizer Polizei fragte, warum man den Tatort nicht ordnungsgemäß ausgeräumt habe, fuhr mich der Untersuchungsrichter an: »Wollen Sie hier Fragen stellen, oder sollte ich vielleicht besser Sie über die Vorfälle befragen?« Er sagte, die Polizei hätte alles eingesammelt, was für die Ermittlungen nützlich sein könnte. Ich antwortete, woher sie das wissen konnten, wenn sie die Bänder, die ich gefunden hatte, nicht untersucht hatten.
Es gibt eine weitere bizarre Parallele zu den Todesfällen im Alma-Tunnel. Man verweigerte Rosemarie Jaton die Einsicht in die Autopsieberichte ihrer Familienmitglieder, und sie war wütend darüber, dass ihr der Schweizer Ermittlungsrichter achtzehn Monate lang erzählte, es habe sich hier um einen kollektiven Selbstmord gehandelt. Dann fand sie heraus, dass jeder ihrer Angehörigen mehrmals in den Kopf geschossen worden war. »Man kann sich nicht selbst umbringen, indem man sich drei, fünf, sieben und neun Kugeln in den Kopf jagt.«
Im August 1995, zehn Monate nach der ersten Serie von Todesfällen, warnte Thierry Huguenin die Schweizer Polizei, dass die übrig gebliebenen Mitglieder des Ordens

gefährdet seien. Die Polizei behauptet, seine Warnungen ernst genommen zu haben, aber irgendwie nahmen sie nie Kontakt mit den französischen Behörden auf, obwohl der Orden über mehrere Häuser und Mitglieder in Frankreich verfügt.

Am 22. Dezember 1995 fand man sechzehn Mitglieder des Ordens tot im Wald von Vercors in Frankreich. Unter den Opfern waren die französischen Polizeibeamten Lardanchet und Rostan, die Facon hätte bloßstellen sollen, sowie Edith Vuarnet und ihr Sohn Patrick Vuarnet. Sie war die Frau von Jean Vuarnet, einem früheren Schiweltmeister, der es zum Millionär gebracht hatte. Einige der Toten waren durch Kugeln aus den Dienstpistolen, die Lardanchet und seinem Kollegen von der Schweizer Polizei zurückgegeben worden waren, gestorben.

In Frankreich wurde ein Ermittlungsverfahren eröffnet. Ich sprach mit Frederic Barthelmey, der vor dem Juge eine Aussage gemacht hatte. Barthelmey und seine Frau sind in der Gegend bekannt, da sie Walnusslikör herstellen. Sie leben in einem kleinen und ruhigen Dorf, von dem die Straße abgeht, die zu der Lichtung führt, auf der die Toten gefunden wurden. Frau Barthelmey, eine überzeugte Katholikin, und ihr über achtzigjähriger, sehr scharf denkender Mann willigten ein, mich zu treffen, wobei sie sagten, sie wollten keinen Ärger haben. Die Geschichte, die Frederic mir erzählte, klang höchst merkwürdig. Eine Woche bevor man die sechzehn Leichen fand, hatte er gegen Mitternacht seinen Hund ausgeführt. Er sah drei große Mercedes, die mit hoher Geschwindigkeit vom Vercors heruntergefahren kamen. Er erzählte die Geschichte sofort seiner Frau, weil sie ihm so komisch vorkam. Als man die Leichen fand, hatten sie bereits längere Zeit dort gelegen. Barthelmey ging zur örtlichen Polizei. Dort sagte man ihm, man sei an seiner Aussage nicht interessiert und dass sie überhaupt nicht berechtigt seien, den Ort des Verbrechens zu untersuchen. Als Barthelmey vor dem Ermittlungsrichter aussagte, soll man ihm bedeutet haben, seine Geschichte sei verrückt und es wäre vernünftig, sie nicht weiterzuerzählen. Frau Barthelmey war über den rüden Umgangston des Richters entsetzt. Die Ermittlungen kamen zu dem Ergebnis, es handele sich hier um einen weiteren verrückten Fall eines Massenselbstmords im Umfeld einer paranoiden Sekte.

Manche Hinterbliebene glaubten nie, dass die Dinge so einfach lagen. Alain Vuarnet, der Mutter und Bruder auf dem Vercors verloren hatte, kämpfte mehrere Jahre um eine Exhumierung der Leichen seiner Verwandten. Die Vuarnets wollten ordnungsgemäße forensische Tests durchführen lassen. Wieder waren die französischen Behörden nicht sehr hilfreich, aber im August 2003 gewann Alain Vuarnet sein gegen den Ermittlungsrichter angestrengtes Verfahren und erhielt die Erlaubnis, die sterblichen Überreste seiner Verwandten exhumieren zu lassen. Wie gering das Vertrauen Vuarnets in die französischen Behörden war, zeigt sich daran, dass er darauf bestand, Gewebeproben nicht nur an französische, sondern zusätzlich auch an britische Pathologen zu schicken. Die Pathologen stellten fest, dass die Leichen von Edith und Patrick Vuarnet eine hohe Phosphorkonzentration aufwiesen. Diese Tatsache war bei den französischen Autopsien irgendwie übersehen worden.

Die plausibelste Erklärung für den Phosphor ist, dass er aus einem Flammenwerfer stammt. Nun ist der Einsatz von Flammenwerfern nicht gerade eine typische Methode,

Selbstmord zu begehen. Also steht auch hier wieder eine französische Untersuchung in einem schlechten Licht. Einige, wenn nicht alle der sechzehn Toten auf dem Vercors wurden ermordet – und starben unglücklicherweise, wie Andanson, einen schrecklichen Tod durch Feuer. Einer, den diese Wende der Dinge nicht verwunderte, war Guy.

Guy, 5. Mai 2002

Im Jahr 2002 konnte ich Guy überreden, die Dinge, die er mir 1997 kurz nach dem Tod von Diana gesagt hatte, vor der Kamera zu wiederholen. Seine Geschichte hatte sich im Lauf der Zeit nicht verändert. Sein alter Bekannter Roland, der für den ostdeutschen Geheimdienst gearbeitet hatte, hatte 40 000 Dollar für die Entwicklung eines Plans zur Ermordung einer berühmten Persönlichkeit erhalten und weitere 500 000 Dollar im Juni, Geld, das Guy gewaschen hatte. Die neue Gesetzgebung in westlichen Ländern verpflichtet die Banken, auf die Herkunft des Geldes, etwa aus Drogengeschäften, zu achten, und größere Beträge müssen den Behörden gemeldet werden. Mein eigenes Konto wurde einmal gesperrt, als ich eine Immobilie verkaufte. Man kann heute nicht mehr bei irgendeiner Bank, auch nicht in Luxemburg, mit einem Koffer voller Dollarnoten auftauchen und diese ohne weitere Fragen auf ein Konto einzahlen.

Im Juli arrangierte Guy die Übergabe des Geldes für die Zahlung der 500 000 Dollar vor dem Kasino in Divonne les Bains. »Ein sehr britisch wirkender Gentleman mit Tweedjacke und eleganten braunen Schuhen überreichte mir eine dunkelrote Gucci-Tasche. Das Ganze dauerte eine halbe Minute«, sagte Guy. Er fragte Roland nicht, wofür er die halbe Million bekam. Er kassierte seine Provision, sah nach, ob es sich nicht um Falschgeld handelte, stellte sicher, dass Roland die Summe, sobald sie »legalisiert« war, erhalten würde, und verabschiedete sich. Komischerweise behielt er die Gucci-Tasche.

Bis Anfang September 1997 hörte Guy nichts mehr von Roland. Der meldete sich bei ihm telefonisch und bat ihn, weitere 500 000 Dollar zu übernehmen und das Geld zu waschen. Dieses Mal sollte die Übergabe an der französisch-schweizerischen Grenze in Ferney-Voltaire stattfinden. Guy hatte einige Aufpasser dabei, und sie warteten in dem Städtchen am Markttag auf einen weiteren typischen Briten mit einem Geldkoffer. Sie warteten eine Stunde, doch kein Kofferträger kam in Sicht.

»Roland hatte eine Handynummer für Notfälle. Er rief sie an, bekam aber keine Verbindung. Als er bei der Auskunft nachfragte, sagte man ihm, dass diese Nummer nie existiert habe«, sagte Guy. Jetzt wurden sie sehr nervös. Wie ich bereits sagte, liebt es Guy etwas dramatisch. Er ging mit mir durch Ferney-Voltaire und erklärte, wie sie zusehends ängstlicher wurden. Nach neunzig Minuten gaben sie auf. Irgendetwas war da schief gelaufen.

Zu diesem Zeitpunkt wusste Guy immer noch nicht, für welche »Operation« die Zahlung war. Aber er merkte, dass Roland aufgeregt war, ja sogar ängstlich. Das war für Roland sehr ungewöhnlich. Guy erzählte mir: »Ich beschloss, dass es am sichersten wäre, wenn wir in meine Wohnung zurückkehrten. Roland war sehr verängstigt.« In der Wohnung erklärte ihm Roland, wen er umbringen sollte. Es war

Diana. Guy fuhr fort: »Er sagte, er sei wohl verrückt gewesen, diesen Auftrag anzunehmen, denn die ganze Welt würde ewig den Mörder von Diana jagen.« Die Tatsache, dass die zweite Rate nicht bezahlt worden war, bedeutete Ärger, und Roland tat jetzt wohl besser daran, zu verschwinden – unter Ausnutzung seiner alten Fähigkeiten und Kontakte aus der Zeit als ostdeutscher Spion.

Guy behauptet, man habe ihn über die Methode des Vorgehens informiert, aber man muss hier immer bedenken, dass er all das nicht persönlich beobachtet hat. Hier also Rolands Plan, wie ihn Guy wiedergab.

Als ich Guy drei Wochen nach dem Unfall im Tunnel in Divonne les Bains traf, hatte niemand der Tatsache Bedeutung beigemessen, dass Henri Paul im Stockwerk über einer Schwulenbar lebte oder selbst möglicherweise homosexuelle Neigungen hatte. Guy erzählte mir, man habe ihm gesagt, Henri Paul sei bisexuell. Das machte ihn angreifbar. Der erste Teil des Plans bestand nun darin, jemanden in die Nähe von Henri Paul zu bringen, also setzte Roland einen wunderschönen jungen Transvestiten, der sich Belinda nannte, auf ihn an. »Sie sei, wie Roland sagte, sehr schön gewesen«, fügte Guy hinzu. Henri Paul verliebte sich in sie und verbrachte den Großteil der Zeit zwischen 19.00 und 22.00 Uhr mit seiner neuen Liebhaberin.

Nachdem er am 30. August um 19.00 Uhr das Ritz verließ, hatte Henri Paul ein Rendezvous mit Belinda. Sie flirteten und küssten sich, und als Henri Paul ins Ritz zurückmusste, begleitete sie ihn und brachte, ohne dass er es merkte, ein winziges stecknadelartiges Gerät an seiner Kleidung an. Das war das Mordinstrument. Interessanterweise zeigen die Videobänder des Ritz, dass Henri Paul seinen Wagen um

9.53 Uhr parkte, aber im Ritz erst um 10.08 Uhr auftauchte. Was hat er in dieser Viertelstunde gemacht? Im Rahmen der Ermittlungen wurde diese Frage nie gestellt. Eine Möglichkeit wäre, dass er diese Zeit mit Belinda verbrachte.
Auf dem Stecknadelkopf, so Guy, sei eine Ampulle mit einer kleinen Dosis des Nervengases VX angebracht gewesen. Den Wirkstoff hatten die IG Farben 1936 in Deutschland entwickelt. Die Wissenschaftler empfanden dieses Gas als großen Fortschritt in der Technologie des Tötens. VX ist um ein Vielfaches wirksamer als Senfgas. Es zerstört die Kommunikation der Gehirnzellen. Normalerweise werden Mitteilungen zwischen Neuronen über so genannte Synapsen vermittelt. Das Wort »Synapse« stammt aus dem Griechischen und bedeutet so viel wie »Klammer«. Synapsen sind wie Brücken zwischen den Zellen, und über sie verlaufen elektrische Signale. Die Übermittlung dieser Signale wird erleichtert durch chemische Substanzen, die das Gehirn produziert, so genannte Neurotransmitter. Acetylcholin ist ein solcher Transmitter. VX hat den Effekt, dass es Acetylcholin im Hirn zerstört. In wissenschaftlichen Abhandlungen wird VX als »Synapsenunterbrecher« bezeichnet. Wenn die Gehirnzellen nicht mehr miteinander kommunizieren können, verliert der Mensch jede Wahrnehmungs- und Handlungsfähigkeit.
In den achtziger Jahren fand man heraus, dass die Alzheimerkrankheit auch durch einen Acetylcholinmangel hervorgerufen wird. Es dauert oft Jahre, bis Alzheimer einen Menschen zerstört. VX wirkt hingegen sehr schnell, und man kann sich den Effekt wie eine Alzheimer-Attacke mit den verheerendsten Symptomen vorstellen, Verwirrung, Verlust der Koordinations- und Sprachfähigkeit und eingeschränkte Sicht. In

den Medien wird VX oft als ein Gift bezeichnet, das unmittelbar tödlich wirkt, aber das ist nicht ganz richtig.
Guy behauptete nun, dass, nachdem Dodi Henri Paul gebeten hatte, ihn zu fahren, ein sehr einfacher Plan in Kraft trat. Belinda umarmte Henri Paul und brachte die Stecknadel mit VX an seiner Kleidung an. Dann verabredete sie sich für später mit ihm. Roland hatte seine Männer außerhalb des Tunnels postiert und ein Fahrzeug organisiert, das dem Mercedes in gebührendem Abstand folgen sollte. Im richtigen Augenblick lösten sie das Gerät mit der VX-Kapsel aus, und Henri Paul verlor jegliche Kontrolle.
Wenn dieses Szenario glaubwürdig sein soll, dann müssen wir davon ausgehen, dass man VX beschaffen und es in einer stecknadelgroßen Kapsel unterbringen kann, die sich dann aus der Distanz aktivieren lässt. Am schnellsten entfaltet VX seine tödliche Wirkung, wenn es mit der Haut in Berührung kommt, atmet man es ein, dauert es länger.
Guy erzählte mir sowohl im Jahr 1997 als auch später 2002, dass es durchaus möglich sei, VX auf dem Schwarzmarkt in der rumänischen Stadt Brasov zu kaufen. Nun gibt es bestätigte Fälle von VX-Schmuggel über die Türkei. Der japanischen Aum-Shinrikyo-Sekte war es gelungen, geringe Mengen von VX zu produzieren und diese Substanz sicher zu handhaben, ebenso wie sie größere Mengen von Sarin herstellten, die sie dann in der Tokioter U-Bahn freisetzten. Dass unabhängige Händler in den Besitz kleiner Mengen von VX kommen könnten, ist durchaus vorstellbar. Im Jahr 1997 waren miniaturisierte Waffen nichts Besonderes mehr, ebenso wenig die Technologie der Fernzündung, um Nervengas freizusetzen. Ein ehemaliger Armeeoffizier, der sich auf Munition spezialisiert hatte, erzählte mir, dass es

ohne weiteres möglich ist, solche Explosionen aus der Ferne auszulösen. Und, so fügte er hinzu, die Todesfälle in der U-Bahn von Tokio hätten gezeigt, dass geschickte Amateure mit kleinen Mengen von VX durchaus umgehen könnten. Zudem gäbe es in diesem Bereich viele Verfeinerungen durch die Fortschritte bei der Miniaturisierung.

Es ist erstaunlich einfach, sich über VX kundig zu machen. Eine Recherche im Internet führte zu insgesamt 135 seit 1980 veröffentlichten wissenschaftlichen Publikationen über dieses Nervengift, aber diese Publikationen berichten in erster Linie über Experimente mit Nagetieren, Hühnern oder Hunden. Nur eine Veröffentlichung in *Lancet* (vom 9. September 1995) beschreibt die Effekte beim Menschen. Darüber hinaus gibt es noch eine Reihe von Arbeiten über mögliche Gegenmittel. Die Ergebnisse, die sich auf Forschungen am Menschen beziehen, unterliegen der Geheimhaltung. Ärzte der Keio-Universität in Tokio untersuchten einen 56-jährigen Mann, der an einer VX-Vergiftung litt, und beschrieben schwere Symptome, darunter eingeschränktes Sehvermögen, Bewusstlosigkeit und vorübergehende Muskelerschlaffung. In der Untersuchung steht, der Mann habe nach Meinung der Ärzte überlebt, weil er VX nur eingeatmet habe und kein Tropfen der Substanz auf seine Haut gekommen war. Als Luftgemisch, so die Behauptung in dieser Veröffentlichung, ist VX weit weniger gefährlich als Sarin. (Es ist durchaus denkbar, dass Trevor Rees-Jones überlebte oder Diana noch drei Stunden am Leben blieb, weil VX gasförmig nicht notwendigerweise tödlich wirkt.)

Fast die gesamte Literatur über VX konzentriert sich auf die Symptome und die Behandlung von VX-Vergiftungen. Einige Untersuchungen stellen fest, dass VX Zyanid hinterlässt, und die Wirkungen von Zyanid in Leichen ähneln denen von Rauchvergiftungen. Mit anderen Worten, dies könnte die bei Henri Paul während der Autopsie festgestellte hohe Kohlenmonoxidkonzentration erklären – vorausgesetzt, die Autopsie wurde am richtigen Leichnam vorgenommen.

Im Oktober 1997 sagte Guy, Roland sei möglicherweise bereit, mit mir zu sprechen, da er jetzt ziemliche Angst habe, insbesondere vor seinen Helfern (bei denen es sich um Jugoslawen handelte), die er mehr fürchtete als Polizei und Justiz. Seine Mittäter könnten ihm die Geschichte mit der nicht gezahlten zweiten Rate von 500 000 Dollar möglicherweise nicht abnehmen – sie waren gefährliche Burschen, die keinen Spaß verstanden, wenn sie ihr Geld nicht bekamen. Guy sagte mir, dass Roland, wenn er Operationen für di Mambro ausführte, kühl und unpersönlich war. Jetzt wirkte er ganz anders.

Am 15. Oktober 1997 telefonierte ich mit einem Mann, der sich als Roland ausgab. Er hatte eine tiefe Stimme, und er war offensichtlich nervös. Er erzählte mir, dass er in Kuba lebte, als man zum ersten Mal wegen dieses »Vertrags« mit ihm Kontakt aufnahm. Seine Auftraggeber sagten, es sei wichtig, dass es nicht wie Mord aussehe. Zunächst wusste Roland nicht, wer das Opfer sein sollte, man sagte ihm nur, es handle sich um eine hochstehende Persönlichkeit, und zahlte ihm 40 000 Dollar Vorschuss für die Entwicklung eines Plans. Als er schließlich erfuhr, wen er umbringen sollte, ging Roland nicht auf Haarspaltereien ein. Es war ihm vollkommen klar, dass Diana und nicht Dodi die Zielperson war.

Zunächst hatte er keine Idee, wie er an Diana herankommen könne. Aber als sich ihre Beziehung zu Dodi entwickelte, wurde ihm klar, dass das Ritz und Henri Paul gute Möglichkeiten eröffneten. Roland erzählte mir, dass er öfters Prostituierte benutzt hatte, um an seine Zielpersonen heranzukommen – manchmal ging es dabei um Erpressung, manchmal um Mord.

Die Einzelheiten der Geschichte, die ich sechs Wochen nach Dianas Tod erfuhr, waren erstaunlich. Roland bestätigte mir, was ich von Guy drei Wochen früher gehört hatte. Er hatte den Transvestiten Belinda angeheuert, um sich mit Henri Paul anzufreunden, der gerade Ärger mit seiner Freundin hatte. Als Guy mir diese Geschichte zum ersten Mal erzählte, wusste außer ein paar Beamten der Pariser Polizei niemand, dass Henri Paul oberhalb einer Schwulenbar lebte und einschlägige Magazine in seiner Wohnung hatte. Roland wollte nicht allzu lange mit mir sprechen. Er betonte, dass ihm niemand jemals erzählt hätte, warum Diana ermordet werden sollte. Er wollte sich bald mit mir treffen, aber dann sagte er ab. Von Guy erfuhr ich, dass er sich wieder in den Osten abgesetzt habe, weil er sich dort sicherer fühlte. Weitere Versuche, mit ihm Kontakt aufzunehmen, schlugen fehl. Da ich nur sehr kurz mit ihm reden konnte, basieren die Informationen über das Vorgehen bei dieser Verschwörung auf dem, was mir Guy erzählte, aber Guy selbst war an dieser Verschwörung nicht beteiligt. Er hatte lediglich die erste Rate von 500 000 Dollar gewaschen und sollte auch bei der zweiten Rate die Geldwäsche übernehmen.

Guys Geschichte ist sensationell, aber ich kann sie nicht beweisen. Ich bin mir nach wie vor nicht sicher, ob sie stimmt. Möglicherweise hat Roland ihn belogen, und das Geld stammte aus einem ganz normalen Drogengeschäft; oder aber er verriet ihm nur Teile der Wahrheit. Doch Guy hat in zwei anderen Fällen zuverlässige Informationen geliefert – im Fall von Grace Kelly und, weit wichtiger, über den Tod von Madame Marchal. Im Fall Marchal wurden die von ihm vorgebrachten Belege sehr genau untersucht.

Madame Marchal war eine außergewöhnlich reiche Witwe, die dem Sonnentempler-Orden angehörte. 1991 fand man sie tot in der Garage ihres Hauses La Chaumade. Jemand hatte – man vermutete, sie war es selbst – an die Wand den Satz *Omar m'a tue* gekritzelt: »Omar hat mich umgebracht.« Sie beschäftigte einen Gärtner namens Omar, der erst kurz zuvor aus Marokko eingereist war. Omar Haddad wurde vor Gericht gestellt und verurteilt. Aber viele Menschen glaubten nicht, dass er der Täter war, und der Fall entwickelte sich in Frankreich zu einem großen Skandal.

Im Januar 2002 willigte Guy ein, in Frankreich in einer Fernsehsendung über den Fall Omar Haddad aufzutreten. Zu diesem Zeitpunkt waren genügend Zweifel an Haddads Schuld aufgekommen, die eine Entlassung auf Bewährung gerechtfertigt hätten, aber die Behörden weigerten sich, ihn aus dem Gefängnis zu entlassen. In der Sendung erzählte Guy, dass er, am Tag bevor der Mord geschah, zwei Männer und eine Frau in das Dorf gefahren hatte, in dem Madame Marchal lebte. Einer der Männer war ihr Liebhaber, Jacques Tizoti. Der andere Mann war Joel Egger, dessen Pistole bei den Morden in Salvan benutzt wurde. Bei der Frau handelte es sich um Dominique Bellaton, die mit di Mambro verheiratet war. Diese drei brachten auf Anweisung von di Mambro Menschen um. Di Mambro war besorgt, Madame Marchal könne sich vom Orden abwen-

den, da sie mit ihren monatlichen Beitragszahlungen in Verzug geraten war.
Guy wartete in dem Auto, während die drei in das Haus gingen. Wenige Minuten später kamen sie zurück. Er hatte keinen Zweifel daran, dass sie Madame Marchal umbrachten und dass man Omar Haddad den Mord nur anhängte.
Guy erzählte mir, er habe zehn Jahre mit seiner Aussage gewartet, weil er glaubte, seine Beteiligung an der Sache sei inzwischen verjährt; schließlich hatte er den Mördern als Fahrer gedient. Vor seinem Auftritt in der Fernsehsendung nahm sich Guy einen Rechtsanwalt und ging in Nizza zur Polizei. Die französischen Zeitungen berichteten darüber.
Die Polizei bestand darauf, ihn zum Tatort, dem Haus von Madame Marchal, zu bringen, wo er seine Version der Geschichte vor Ort erklärte. Die Polizei brachte ihn dann nach Nizza zurück, wo er zwei weitere Tage festgehalten wurde.
Er wurde psychiatrisch untersucht, aber man konnte keine Störungen bei ihm feststellen. Er behauptete, über ein offizielles Dokument, unterzeichnet vom Chef der lokalen Gendarmerie, zu verfügen, aus dem hervorging, dass seine Geschichte überprüft worden sei. Laut Guys Angaben waren etwa 117 Kriminalbeamte auf den Fall angesetzt gewesen.
Die Polizei glaubte ihm seine Geschichte, aber nach Rücksprache mit ihren Vorgesetzten in Paris beschlossen sie, die Angelegenheit nicht weiterzuverfolgen. Guy wurde freigelassen und lebt jetzt auf freiem Fuß.
Wie viele aus dem näheren Umfeld von di Mambro wusste Guy eine Menge über wichtige Personen in Frankreich, und er verfügte über eine Reihe nützlicher Kontakte zur Polizei.
Im Fall des Alma-Tunnels sind Guys Anschuldigungen die einzigen mir bekannten Hinweise von jemandem, der be-

hauptet, detaillierte Informationen aus erster Hand über eine Verschwörung zu haben. Diese Behauptungen müssen bekannt gemacht werden. Der einzige Punkt, an dem ich mir nicht sicher bin, betrifft die Methode, die man nach Guys Beschreibung zur Ermordung von Diana verwendete. Bezüglich der Geldwäsche spricht Guy über Dinge, die er wirklich getan hat. Aber er war weder an der Beschaffung des VX noch an der Durchführung des Plans beteiligt, und von daher kann er über das genaue Vorgehen keine sicheren Angaben machen, was er auch weiß.

Guy, 11. August 2003

Als ich dieses Buch schrieb, nahm ich wieder Kontakt mit Guy auf. Ich wollte nochmals überprüfen, ob er seine Anschuldigungen aufrechterhielt. Da es sich hier doch um Vorwürfe von erheblicher Schwere handelte, wollte ich ihm eine Chance geben, sie zu widerrufen. Wenn er alles nur erfunden hatte, so konnte er es jetzt eingestehen.

Ich traf Guy und seine neue Lebensgefährtin Carmela am Flughafen in Luxemburg. Er hatte zwei kleine Hunde dabei, die seiner Freundin gehörten. Er wirkte sanft und hatte nicht mehr den starren Blick von früher. Er war glücklich, da ihm sein Arzt nach einer Reihe von Untersuchungen gerade mitgeteilt hatte, dass sein Gesundheitszustand für einen Mann von 57 Jahren gut sei. »Ich werde hundert Jahre alt«, sagte er.

Wir fuhren zur Wohnung, die er mit seiner Lebensgefährtin teilt. Mit einer Ausnahme handelt es sich hier um eine normale Vorstadtwohnung in einer großen Stadt im Osten

Frankreichs. Alle Zimmer außer der Küche sind voll gepackt mit Aquarellen und Ölgemälden. Es handle sich dabei um drei verschiedene Arten von Bildern, erklärte mir Guy. Erstens besäße er ein paar wertvolle Stillleben aus der Zeit, in der er für di Mambro arbeitete. Zweitens war Carmela eine begeisterte Malerin, und an allen Wänden hingen ihre Bilder. Drittens hatte Guy selbst angefangen, Bilder von Häusern zu malen. »Als ich jung war«, sagte er, »malten meine Frau Christine und ich Bilder von der Stange, um sie auf Märkten zu verkaufen.« Sie konnten eine passable Landschaft in einer Viertelstunde malen, es war also ein gutes Geschäft. Als ich ihn besuchte, war es schrecklich heiß, und er sagte: »Bei diesem Wetter kann man nicht malen.«

Er fragte mich, ob ich duschen wollte, weil es so heiß war. Ich lehnte ab, denn ich wollte mit ihm reden. Guy bot mir einen Platz an und sagte, da ich Psychologe sei, wolle er mir etwas erzählen. Normalerweise habe er keine sehr lebendigen Träume, aber kürzlich habe er einen schrecklichen Albtraum gehabt. »Er weckte mich mit seinem Geschrei auf«, sagte Carmela. Der Traum handelte von einem Erlebnis, das er im Alter von zehn Jahren gehabt hatte. Seine Eltern besaßen eine Bar, und eines Abends bat ihn sein Vater, der die Bar gerade schloss, ihm zu helfen. Da betraten zwei Männer das Lokal. Sie wollten etwas zu Abend essen. »Mein Vater sagte, es sei schon spät und zudem sei dies eine Bar und kein Restaurant. Da zogen die beiden ihre Revolver und schossen auf uns.« Die Männer trafen nicht. Guy machte vor, wie die Kugeln ihm und seinem Vater um die Ohren flogen. Er fragte mich, ob ich der Meinung war, dass dieses Ereignis ihn für ein Leben prädestiniert habe, in dem Gewalt eine so große Rolle spielt.

Guy bestand darauf, dass alles, was er mir 1997 über Diana erzählt hatte, der Wahrheit entsprach, auch die Dinge, die er vor der Kamera im Jahr 2002 gesagt hatte, stimmten. Er öffnete einen Schrank und sprach zu mir: »Sehen Sie, hier habe ich die Tasche noch«, gemeint war die Tasche, in der die halbe Million Dollar transportiert wurde, die er in Divonne les Bains entgegengenommen hatte. Dann sagte er, er wolle jetzt noch etwas erzählen.

Guy fragte mich, ob ich mich an einen Ort namens Aubignan erinnerte. Das tat ich. Wenn man mit dem Auto fährt, liegt dieser Ort etwa eine Viertelstunde von Orange in Südfrankreich entfernt. Thierry Huguenin hatte mir davon erzählt, da er in Le Barroux, einem kleinen Dorf in der Nähe, in einem Haus namens Clos de la Renaissance gewohnt hatte. Di Mambro hatte den Besitz erworben und kam oft, um Huguenin zu besuchen. Auch Guy kannte diesen Ort gut. Zwei der Toten in Morin Heights stammten aus der nahe gelegenen Stadt Sarrians, wo der Orden ebenfalls ein Haus besaß.

Anlässlich eines Besuchs bei seiner Mutter ging Guy nach Aubignan zurück. Er traf dort den Bürgermeister, der ihm erzählte, er hätte dieses Haus nie betreten dürfen. Der Bürgermeister stellte Guy dann einem Mann vor, der am Ort eine Wäscherei betrieb.

»Dieser Mann erzählte eine eigenartige Geschichte.« Guy sagte, der Mann sei einmal sehr nervös gewesen, denn einer der Schlafröcke, die man ihm zur Reinigung gegeben habe, sei aus einem sehr kostbaren Gewebe gewesen, anders als die Kleidungsstücke, die man sonst bei ihm zur Reinigung abgab. Der Schlafrock habe, so der Besitzer der Reinigung, Prinz Charles gehört. Zur gleichen Zeit habe er auch Kleidungsstücke von di Mambro zur Reinigung gehabt. Das würde bedeuten, dass Prinz Charles und di Mambro zur gleichen Zeit in dem kleinen Ort gewesen waren. All das, so behauptete er, habe drei oder vier Jahre vor Dianas Tod stattgefunden.

Guy rief den Besitzer der Reinigung in Aubignan daraufhin an und vereinbarte einen Termin für uns. »Man darf die Leute nicht drängen«, sagte er, als er mit der Tochter des Mannes sprach. Er sagte ihr, ihr Vater werde sich sicherlich an ihn erinnern.

Ich beschloss, Guys Geschichte zu überprüfen und ohne sein Wissen nach Aubignan zu fahren. Aubignan ist ein kleines französisches Provinzstädtchen. Die Hauptstraße schlängelt sich den Berg hinan, vorbei an zwei kleinen Hotels, einem Tabac und einem Fleischerladen. Eine Wäscherei oder Reinigung konnte ich nirgendwo sehen. Ich fragte mich, ob ich Guy zu Unrecht vertraut hatte. Ich merkte, wie die Aufregung in mir aufstieg, wie damals, als ich auf Tomlinson wartete; am Ende der Straße sah ich dann das Schild »Wäscherei«. Nach dem Haus, in dem die Wäscherei untergebracht ist, gabelt sich die Straße, und die rechte Abzweigung führt nach Le Barroux. »In Le Barroux gibt es keine eigene Wäscherei, der Ort ist zu klein«, hatte Guy gesagt.

Zurück in London, versuchte ich, herauszufinden, ob Prinz Charles in irgendeiner Verbindung mit diesem Ort in Südfrankreich stand. Es war kein großes Geheimnis, was es hier zu enthüllen gab. Es gibt ein bekanntes Foto des Thronerben, das ihn fast nackt an einem Fenster zeigt. Dieses Foto wurde 1994 veröffentlicht, ordnungsgemäß am unteren Ende abgeschnitten, um die königliche Privatsphäre den Blicken zu entziehen. Die Aufnahme wurde in Le Barroux gemacht und von *Paris Match* und britischen Zeitungen veröffentlicht.

In Le Barroux gibt es eine kleine mittelalterliche Burg. Sie wird seit langer Zeit renoviert. Die Arbeiten dazu begannen schon im Jahr 1929, wie mir der Touristenführer erklärte. Für 5 Euro Eintritt kann man eine Viertelstunde lang durch leere Hallen wandern. In einer Ecke steht eine heruntergekommene Ritterrüstung. Der Besitzer hat den Strom abgeschaltet, um Geld zu sparen. Einige der Räume dienen als Galerie mit langweiligen Aquarellen an der Wand. Von einem der Fenster aus sieht man das große Haus, das einstmals der Baroness de Waldner gehörte. Sie war die Schwiegermutter von Oliver Hoare, dem Kunsthändler, in den Diana vernarrt war. (Hoares Frau beschwerte sich über die dauernden Anrufe von Diana.) Prinz Charles besuchte die Baroness häufig auf ihrem Besitz. Er liebte es, hier zu aquarellieren. Der Führer in der Burg erinnerte sich gut an die Besuche von Charles, weil er immer mit Sicherheitspersonal und seiner ganzen Entourage anreiste. Er hatte einen Ordner mit Zeitungsausschnitten über Charles' Besuche angelegt. Charles besuchte das Dorf immer in der ersten Septemberwoche in den Jahren zwischen 1991 und 1996 und nahm die Besuche 1998 bis zum Tod der Baroness wieder auf.

Prinz Charles war in dieser Geschichte nicht der Einzige, der Le Barroux oft besuchte. Di Mambro kaufte Le Clos de la Renaissance in den achtziger Jahren. Es liegt am Fuße des Dorfes, etwa drei Minuten von der Burg entfernt. Le Clos de la Renaissance verfügt über einen großen Festsaal. In der Nähe gab es ein zweites Haus, das dem Orden gehörte, Le Relais du Silence. Im 5 Kilometer entfernten Aubignan gibt

es eine Anlage des Ordens, in deren Kellerräumen sich eine Art Spiegelkabinett befindet, worin den Gläubigen der heilige Bernhard und andere Heilige erschienen. Der Chef der lokalen Polizei erzählte mir, die Spiegel hätten ihn fasziniert und ebenso fasziniert hätte ihn, fügte er in zynischem Ton hinzu, wie die Bewohner der Gegend nach der Tragödie des Jahres 1994 das Haus geplündert hätten und Unterlagen und Möbel stahlen.
Ich stieg zum höchsten Punkt der Burg von Le Barroux hinauf. Von oben kann man sehen, wie klein der Ort ist. Es gibt keine Geschäfte und nur ein Restaurant. Das Dorf hat 350 Einwohner. In einem derart kleinen Ort wissen alle, was vor sich geht, man wusste, wann diese leicht exzentrisch wirkenden Figuren kamen und gingen, besonders di Mambro, der oft mit seinem senffarbenen Porsche vorfuhr. Guy meinte, di Mambros Auto sei hier sicherlich aufgefallen.
Prinz Charles hat sich über Jahre hinweg mit spirituellen Themen beschäftigt. In den späten achtziger Jahren machte ihn Laurens van der Post, den Charles verehrte, mit der Dichterin Kathleen Raine bekannt, die eine »Akademie« mit dem Namen »Temenos« betrieb und eine esoterisch-spirituelle Zeitschrift herausgab. Temenos ist der heilige Raum, der den Tempel umgibt. Raine musste die Zeitschrift 1991 einstellen, da sie zu viel Geld damit verlor. Prinz Charles lieferte einen Beitrag für die letzte Ausgabe. Raine beschloss, sich auf die Lehre der, wie sie es nannte, »ewigen Philosophie« zu konzentrieren. Darunter versteht man das Studium der traditionellen spirituellen, mystischen philosophischen Wahrheiten. Raine war schwer von William Blake und dessen Suche nach dem »Inneren Licht« beeinflusst, ebenso wie von dem irischen Dichter William Butler Yeats,

der viel über die Goldene Dämmerung geschrieben hatte. (Di Mambro nannte seine erste Sekte »Goldener Weg«.) »Hier liegt der Hauptstrom der Zivilisation, von dem unsere Kultur in den letzten 300 Jahren abgeschnitten war«, schrieb Raine. Raine verbreitete sich in lyrischen Worten über Watkin's Books, Londons berühmtesten Buchladen für esoterische Künste. Im Jahr 1996 schrieb sie: »Ist es möglich, dass sich diese unsere eine Welt auf einen Übergang zubewegt?« Bei diesem Übergang würden »die ewige Philosophie, wie sie die Renaissance suchte, das Innere Licht von Blake und die protestantischen Mystiker, die esoterischen Lehren der Kabbala und der Rosenkreuzer« wieder zu ihrem Recht kommen.

1998 wurde Prinz Charles zum Schirmherrn von Raines Temenos-Akademie und erklärte sich bereit, die Neuauflage des Journals *Temenos Academy Review* zu unterstützen. Er selbst lieferte eine Reihe von Beiträgen. In einem dieser Beiträge spricht er davon, dass »in unser aller Seelen ein vitaler metaphysischer Funke leuchtet, der das Leben lebenswert macht«, und er schrieb von den »spirituellen Dimensionen, die größer als das Selbst sind und jenseits seiner Grenzen liegen«. Das ist nun alles nicht besonders aufregend, aber es ist bemerkenswert, dass kein Bischof der Church of England jemals einen Beitrag für *Temenos* geliefert hat, denn die grundlegenden Ideen, denen sich dieses Journal verpflichtet fühlt, sind eher exzentrisch und gelegentlich auf düstere Weise mystisch. Das Titelblatt der *Temenos Academy Review* ziert ein achteckiges Kreuz, das die Malteserritter ebenso wie der Sonnentempler-Orden verwenden.

Ich meine, die wiederholte Anwesenheit von Prinz Charles in Le Barroux ist erstaunlich. Er war sicherlich an der einen oder anderen spirituellen Erkenntnis interessiert, die di Mambro und Jouret so gekonnt »verkauften«. Auch sie müssen gewusst haben, dass er da war. Und ein solches Paar, dem es gelungen war, Grace Kelly als Mitglied ihres Ordens zu gewinnen, machte sich mit Sicherheit Hoffnungen, ihn für ihre Sekte zu interessieren.

Die Gastgeberin des Prinzen, Baroness de Waldner, gehörte wie di Mambro zu den lokalen Honoratioren. Sie verbrachte einen Teil des Jahres in dem Dorf. Es ist wahrscheinlich, dass die Baroness das eine oder andere Mitglied des Ordens kannte, das dauerhaft in Le Barroux lebte. All das lässt die Annahme, dass Prinz Charles oder Mitglieder seiner Entourage irgendeinen Kontakt mit dem Orden hatten, als eine wahrscheinliche Möglichkeit erscheinen.

In einer Welt, in der Berühmtheiten das Ziel von Terroristen sind, steht Prinz Charles unter fortwährender Überwachung. Die IRA ermordete seinen geliebten Onkel Lord Mountbatten. Die britischen Geheimdienste müssen gewusst haben, dass Charles jedes Jahr eine gewisse Zeit in einem kleinen französischen Dorf verbrachte, in dem eine esoterische Sekte Häuser besaß, bei der einige Mitglieder auf mysteriöse Weise ums Leben gekommen waren. Auch sollte sich der britische Geheimdienst besorgt gezeigt haben, als die Sekte durch bizarre Todesfälle und Selbstmorde auffiel.

Ein Jahr nach den Todesfällen von Vercors begingen fünf weitere Mitglieder der Sonnentempler in einem schönen alten Farmhaus in Quebec Selbstmord, wo di Mambro und Jouret ein Zentrum für alternative Medizin eingerichtet hatten. Im Jahr 1997 waren alles in allem 73 Mitglieder des Sonnentempler-Ordens bei fünf mysteriösen Anlässen an verschiedenen Orten – in Salvan, Chiery, Vercors, Morin Heights und St. Anne de la Perade – ums Leben gekommen. Der Orden war eine zwielichtige Organisation und ist es meines Erachtens heute noch. Auch handelt es sich hier um eine Vereinigung, die jede Menge Erfahrung mit allen möglichen »Operationen« hat.

Die Verschwörung, von der mir Roland erzählte und in deren Verlauf Guy die halbe Million Dollar wusch, wurde mehr oder weniger freihändig von engagierten Amateuren durchgeführt. Die Belege dafür haben viel mit der Geschichte des britischen Geheimdiensts zu tun.

13
Politischer Druck und die Sicherheitsdienste

Bei dem Versuch, die Frage nach einer möglichen Verwicklung britischer, französischer, amerikanischer und anderer Sicherheitsdienste zu klären, habe ich mich bemüht, kritische Distanz zu wahren und zugleich die historischen und politischen Gegebenheiten nie aus den Augen zu verlieren.

Niemand hat über die Sicherheitsvorkehrungen geschrieben, die ergriffen wurden, als sich Diana zusammen mit ihren Kindern auf dem Familiensitz der Al Fayeds in St. Tropez aufhielt. Trevor Rees-Jones lässt in seinem Buch nichts darüber verlauten, aber er ist auch, wie sein Anwalt Christian Curtil versicherte, »sehr diskret«. Es ist kaum anzunehmen, dass die Special Branch, eine Sondereinheit der britischen Polizei für Angelegenheiten der nationalen Sicherheit, oder der britische Geheimdienst die Beine hochlegten, als Diana mit Prinz William und Prinz Harry die Familie Al Fayed besuchte, und dass sie die Sicherheit des Thronfolgers erleichtert dem Vater des »schmierigen Schürzenjägers« überließen. Einer der wenig beachteten Gründe für die Fortführung der Überwachung war die Gefahr einer Entführung. Die Prinzen reisten an die Côte d'Azur, und seit dem Niedergang des Kommunismus hatte sich die russische Mafia in Nizza eingenistet. Was würden Al Fayeds Männer wohl tun, wenn ihnen Ex-KGB-Mitarbeiter entgegenträten, die wussten, dass William und Harry ein im wahrsten Sinne des Wortes »königliches Lösegeld« einbringen würden?

Um ihre Sicherheit zu gewährleisten, mussten die Personenschützer der Royals mit der französischen Polizei und den französischen Nachrichtendiensten zusammenarbeiten. Harold von den Renseignements-Généraux sagte mir, sie hätten eine diskrete Überwachung organisiert. Präsident Chirac habe keinen Zwischenfall gewünscht. Eine Tatsache belegt meines Erachtens zweifelsfrei, dass die Franzosen Diana auch dann noch überwachten, als sie ohne ihre Kinder zu Dodi zurückkehrte: Erst als sich Al Fayeds Jacht Jonikal am 27. August in Sardinien außerhalb des französischen Luftraums befand, blieb ihr ein Hubschrauber dicht auf den Fersen. James Andanson hatte gar nicht erst versucht, vorher einen Hubschrauber anzumieten, weil er wusste, dass die Franzosen ihm niemals erlaubt hätten, nahe an die Jacht Al Fayeds heranzufliegen, solange Diana an Bord war.

Diana war es gewohnt, überwacht zu werden. Schon lange bevor ihre Ehe in die Brüche ging, wurde ihr Handy erwiesenermaßen abgehört. Die Geheimdienste waren auch über ihre Kontakte zu gewissen Journalisten im Bilde. Es ist unwahrscheinlich, dass der MI 5 und »Freunde« des Palastes nicht versuchten, einige Journalisten dazu zu bewegen, sie über das auf dem Laufenden zu halten, was Diana sagte und dachte.

Ich wies am Ende von Kapitel 1 darauf hin, dass der MI 6 im Sommer 1997 ein Dossier über die Al Fayeds zusammenstellte, das am 3. September der königlichen Familie übergeben werden sollte. Es ist kaum anzunehmen, dass die Sicherheitsdienste plötzlich, von moralischen Skrupeln übermannt, Dianas Recht auf eine ungestörte Privatsphäre respektierten. Der MI 6 dürfte großen Wert darauf gelegt haben, den Buckinghampalast und seine Berater mit brandaktuellen Erkenntnissen zu beeindrucken. Dazu aber musste die Überwachung aufrechterhalten werden. Auch kann man nicht einfach ignorieren, dass zwei der vier Insassen des Mercedes Erfahrungen mit Sicherheitsdiensten hatten, nämlich Henri Paul und Trevor Rees-Jones. Die Anwesenheit von Polizisten in Le Bourget beweist ebenfalls, dass die französischen Behörden wussten, wer in dem Flugzeug saß. Vergaßen die Polizisten, die sie begleiteten, vielleicht, dies ihren Vorgesetzten zu melden?

Aber nicht nur der britische Geheimdienst interessierte sich für das, was Dodi und Diana an diesem Tag taten. Gerald Posner ist ein erfahrener Journalist, der unter anderem für das *Wall Street Journal* geschrieben hat. Posner versichert, dass er nichts von den Verschwörungstheorien Mohamed Al Fayeds halte, auch wenn er der Ansicht ist, dass Al Fayed aufrichtig davon überzeugt sei. Im Jahr 1998 berichtete Posner, er habe »einen harmlosen Ausschnitt aus einem undatierten Gespräch zwischen Diana und Lucia Flecha de Lima« angehört. De Lima, die Ehefrau des brasilianischen Botschafters in London, war eine der engsten Freundinnen Dianas. Posner sagt, er habe die Aufnahme »von einer aktiven Quelle im US-Geheimdienst [erhalten], die behauptet, es handele sich um eines von mehreren Gesprächen, das die National Security Agency abgehört habe«. Die National Security Agency (NSA, zentrale US-Abhör- und Entschlüsselungsbehörde) bestritt die Existenz des Tonbandes und beteuerte, sie habe Diana niemals gezielt belauscht. Vielmehr habe sie diese Gespräche im Rahmen einer Lauschoperation gegen ein anderes Ziel zufällig aufgenommen. Posner rang der NSA immerhin das Eingeständnis ab, dass sie im Besitz von 39 geheimen Dokumenten (im Gesamtumfang von 124 Seiten) über Diana war. Es ist möglich, dass zu diesen 39 Dokumenten auch jenes gehört, das sich mit Landminen befasst und das ich in Kapitel 1 zitiere.

Im Zentrum der Verschwörungstheorien steht die Annahme, Diana sei deshalb ins Fadenkreuz der Geheimdienste geraten, weil sie eine Bedrohung für die Monarchie und insbesondere für Prinz Charles' Thronambitionen gewesen sei. In ihrem »Panorama«-Interview hatte sie Zweifel geäußert, ob er den »Spitzenjob« überhaupt anstrebe bzw. das Zeug dazu habe.

Britische Geheimdienstler sind gewiss keine Unschuldslämmer, aber man muss sich doch den politischen Kontext vergegenwärtigen. Der damalige Außenminister Robin Cook nahm Diana im Namen der Regierung von Tony Blair entschieden gegen die Kritik in Schutz, die sie wegen ihrer kritischen Äußerungen über die Torys in einem Interview am 27. August in *Le Monde* auf sich gezogen hatte. Der Außenminister kontrolliert gemeinsam mit dem Premierminister und dem Innenminister die britischen Geheimdienste. Die Geheimdienste dürften wohl kaum die Ermordung einer Prinzessin gutgeheißen haben, die von ihren politischen Vorgesetzten gerade verteidigt worden war. Dies bedeutet nicht, dass so etwas grundsätzlich ausgeschlossen ist, aber die Umstände müssten doch ganz besondere sein.

Agenten mit einer »Lizenz zum Töten«

Im Jahr 1956 sprach sich George Young, der stellvertretende Direktor des MI 6, dafür aus, den ägyptischen Staatschef, Gamal Abdel-Nasser, zu beseitigen, weil Nassers Verstaatlichung des Suezkanals eine Bedrohung der britischen Interessen darstelle. Doch letztlich entschied man sich für eine Luftoffensive gegen Ägypten. Im September 1960 sprach sich ein hochrangiger Beamter im britischen Außenministerium, Howard Smith, in einem amtlichen Schriftstück für die Ermordung des jungen kongolesischen Politikers Patrice Lumumba aus. »Ich sehe nur zwei Lösungen für das Problem [Lumumba]. Am einfachsten wäre es, ihn einfach von der Bildfläche verschwinden zu lassen, indem man ihn umbringt.« Smith wurde später Chef des MI 5.

Bis 1994 waren die gesetzlichen Grundlagen für die Arbeit der britischen Geheimdienste äußerst vage, und dies führte zu mehreren Skandalen, wie etwa der Verschwörung einiger MI-5-Beamter gegen Harold Wilson. Im Jahr 1992 ernannte die konservative Regierung Stella Rimington zur Generaldirektorin des MI 5; sie war die erste Frau, die ein so hochrangiges Amt im britischen Sicherheitsapparat bekleidete. Auch verabschiedete das Parlament den Intelligence Services Act, der die Sicherheitsdienste etwas transparenter machte und sie zur Rechenschaft gegenüber dem Parlament verpflichtete. Das Gesetz legalisierte zugleich die Arbeit von Agenten à la »James Bond« – mit einer »Lizenz zum Töten« –, indem es MI-6-Mitarbeitern für Verbrechen, die sie außerhalb Großbritanniens begehen, Straffreiheit zusicherte.

Die Sicherheitsdienste waren offenbar auch bereit, innerhalb Großbritanniens gezielt Personen zu beseitigen, was jedoch illegal ist. Die Stevens-Untersuchung über das Verhalten von Armee und Polizei in Nordirland förderte Indizien zutage, die auf eine Strategie »des gezielten Todesschusses« hindeuteten. Nach Ausbruch der Unruhen in Nordirland waren mehrere britische Agenten in die Ermordung von Katholiken verwickelt.

Ein vor kurzem in *Asia Today* erschienener Artikel lässt jedoch darauf schließen, dass der britische Spion auch nicht mehr das ist, was er einmal war, und dass das sinkende Niveau Whitehall und den Secret Intelligence Service dazu nötigt, hin und wieder ausländische Nachrichtendienste um Hilfe bei der Ausschaltung bestimmter Personen zu bitten. Man hat sogar behauptet, der MI 6 habe entsprechende »Unteraufträge an den Mossad erteilt«. Ein britischer Ex-Agent, der von Peter Hillmore und Ed Vulliamy in »Spione: die Schönen und die Verdammten« *(Observer*, 12. Oktober 1997) zitiert wird, behauptete, in Geheimdienstkreisen sei man allgemein der Ansicht, der Mordanschlag auf den britischen Erfinder der irakischen »Superkanone«, Gerald Bull, in Belgien sei in dieser Weise »untervergeben« worden. *Asia Today* schreibt auch, MI 5 habe von jeher die Dienste von SAS-(Special-Air-Service-)Kommandos und des »Increment«, einer kleinen Spezialeinheit für streng geheime nachrichtendienstliche Operationen, in Anspruch nehmen können. Die Personen, die diese Operationen ausführen, sind keine aktiven Mitglieder von MI 5 oder MI 6; manchmal sind es pensionierte Agenten, zuweilen Ex-MI-Agenten mit Verbindungen zu Söldnerorganisationen, und manchmal unterhalten die Betreffenden Kontakte zum organisierten Verbrechen. Sie sind Freunde von Freunden, die entsprechend ausgebildet wurden. Erinnern wir uns daran, dass Richard Tomlinson gesagt hat, es gebe viele Menschen, die in normalen Jobs arbeiteten und auf die der MI 6 für Sondereinsätze zurückgreifen könne. Oberst Bob Denard, der französische Söldner, der mir ziemlich freimütig von seinen Beziehungen zu den französischen Diensten berichtete, erzählte mir auch, der britische Geheimdienst habe ihn in den sechziger und siebziger Jahren mit einer Reihe von Operationen beauftragt. Sie ließen sich seine Fähigkeiten und seine Verschwiegenheit einiges kosten.

Aber es geht nicht nur um die praktische Frage, ob und wie französische und britische Geheimdienste zusammenarbeiten konnten. Jene Personen, die von Geheimdiensten umgebracht wurden, waren fast immer offenkundig Staatsfeinde, und sie fielen nicht persönlichen Rachefeldzügen zum Opfer. Die meisten waren Ausländer, und fast alle waren Männer. Die einzigen Frauen, die bekanntermaßen von Sicherheitsdiensten umgebracht wurden, waren eine in Gibraltar ermordete IRA-Angehörige und, vermutlich, die Friedensaktivistin Hilda Murrell in den achtziger Jahren. Diana war vielleicht ein Dorn im königlichen Fleisch, aber sie war auch die Mutter des künftigen Königs, und ihre Familie war eine der vornehmsten Großbritanniens. Dagegen wussten die vier Ritter, die Thomas Becket erschlugen, dass er ein Emporkömmling war, der es nur deshalb so weit gebracht hatte, weil er die Feder so gut zu führen verstand.

Zudem hätte jeder, der das Verhältnis zwischen den französischen und den britischen Sicherheitsdiensten kannte, davor zurückgeschreckt, die Franzosen um Hilfe zu bitten. Richard Tomlinson sagte, es sei äußerst schwierig, französische und britische Sicherheitsbehörden zur Zusammenarbeit zu bewegen. Er habe eine oder zwei gemeinsame Operationen geleitet und auch eine oder zwei Operationen in Frankreich durchgeführt, die man vor den Franzosen verheimlicht habe. Und dabei habe er immer Angst gehabt, die Franzosen könnten dahinterkommen, weil dann die Hölle los gewesen wäre. Die Vorstellung, sie hätten sich gemeinsam verschworen, die Prinzessin aus dem Weg zu räumen, erscheint daher ziemlich abenteuerlich.

Der Buckinghampalast und schmutzige Tricks

Mohamed Al Fayed hat selbst eine Reihe von Umfragen in Auftrag gegeben und behauptet, 62 Prozent der Briten seien überzeugt davon, dass Dodi und Diana einer Verschwörung zum Opfer gefallen sind. Er übertreibt, wenn auch nicht sehr. Bei einer im *Sunday Express* anlässlich des sechsten Jahrestags des Unfalls veröffentlichten Umfrage erklärten 49 Prozent der Befragten, es sei etwas vertuscht worden, und 25 Prozent meinten, Diana sei einem Mordanschlag zum Opfer gefallen. Über 50 Prozent der Frauen im Alter zwischen 25 und 45 Jahren glaubten, dass Diana ermordet wurde.

Meines Erachtens rührt der weit verbreitete Glaube an solche Verschwörungstheorien daher, dass wir der königlichen Familie, die Queen vielleicht ausgenommen, nicht mehr vertrauen. Unser Bild vom königlichen Hof wandelte sich in den neunziger Jahren und veränderte sich weiter durch den Burrell-Prozess und die Peat-Untersuchung, die Beschuldigungen über Fehlverhalten im St. James's Palace nachgehen sollte. Offenbar bestand die Queen auf dieser Untersuchung, weil sie entsetzt war über den verschwenderischen Lebensstil ihres Sohnes. Wir haben bereits gehört, dass Höflinge des St. James's Palace ihr Bestes taten, um die Öffentlichkeit davon zu überzeugen, dass Diana geistesgestört sei. Der Burrell-Prozess wirkte sich ebenfalls nachhaltig auf die Einstellung der Öffentlichkeit aus; man traute dem Hofstaat – und sogar dem Prinzen von Wales persönlich – nunmehr allerhand zu. Die *Daily Mail* behauptete im August 2003, einige Bedienstete hätten Schweigegeld bekommen und Prinz Charles sei bei seinem Kammerdiener Michael Fawcett ebenso verfahren. Fawcett hatte sich dem Gedächtnis der Öffentlichkeit zunächst als der Mann eingeprägt, dessen Amt es war, Zahnpasta auf die Zahnbürste des Prinzen aufzutragen. Womöglich wurde ihm auch das hohe Amt des »Halters der königlichen Harnprobeflasche« angetragen. Als Sir Michael Peat darauf bestand, dass Fawcett seinen Abschied nehmen müsse, wurde ihm die Trennung mit einem goldenen Handschlag von 500 000 Pfund (etwa 742 700 Euro) erleichtert. Schweigegeld, meinte die *Daily Mail* bündig.

Im November 2003 verschlechterte sich die Atmosphäre aus Sicht der Royals noch einmal. Einige Wochen lang kolportierten Zeitungen Gerüchte, wonach auf einer Tonbandaufnahme, die Diana gemacht habe, eine schwer wiegende Beschuldigung erhoben worden sei. Auf dieser Aufnahme behauptete der Falkland-Veteran William Smith, der im St. James's Palace arbeitete, er habe einen sexuellen Vorfall beobachtet, an dem ein »hohes Mitglied der Königsfamilie« beteiligt gewesen sei. Paul Burrell sagte, Diana habe das Band »die Kronjuwelen« genannt, beteuert aber, es sei nicht in seinem Besitz. Das Band ist offenbar, angeblich, ver-

schwunden. Man kann nur hoffen, dass es wieder auftauchen wird – so wie Dodis Handy. Vielleicht wird das Gericht, das jetzt die Ursache von Dianas Tod untersucht, alles daransetzen, das Band ausfindig zu machen.
Am Samstag, dem 2. November 2003, beantragte Michael Fawcett eine ungewöhnliche gerichtliche Verfügung gegen den *Guardian*. Die Zeitung solle es fortan unterlassen, ihn als die Person zu benennen, welche die Zeitung *Mail on Sunday* in Zusammenhang mit diesem Vorfall wegen Verleumdung verklagt habe. Fawcett bekam seine Verfügung, was bedeutete, dass man uns Lesern nicht mehr mitteilen durfte, dass er die *Mail on Sunday* verklagt hatte, geschweige denn, warum er sie verklagt hatte. Der Richter, der an diesem Samstag Dienst hatte, gewährte die Verfügung über sein Handy, bevor der *Guardian* ihm seine Sicht der Dinge unterbreiten konnte. Eine Woche lang brachten die Blätter nun die kuriose Meldung, eine Zeitung prozessiere, um den Namen eines Mannes nennen zu dürfen, der eine andere Zeitung verklagt hatte; dann wurde die Verfügung aufgehoben. Der *Guardian* erklärte, man werde die Behauptungen von Michael Fawcett nicht publik machen, aber man könne immerhin so viel sagen, dass sie etwas mit dem St. James's Palace zu tun hätten. Am selben Tag ging die königliche Pressestelle zum Angriff über. Die Behauptungen waren ganz offensichtlich rufschädigend, denn Sir Michael Peat trat im Namen von Prinz Charles vor die Fernsehkameras, um sie entschieden zurückzuweisen, obgleich sie so ungeheuerlich waren, dass er sie nicht in den Mund zu nehmen wagte. Dennoch versicherte Sir Michael Peat der britischen Öffentlichkeit, sie seien »unwahr« und »lächerlich«, auch wüssten Prinz William und Prinz Harry, welche Verleum-

dungen gegen ihren Vater vorgebracht würden, und sie stünden fest zu ihm. Am nächsten Tag erfuhren wir, dass die Anschuldigungen sexueller Natur waren und Prinz Charles betrafen. Wir erfuhren auch, dass Sir Michael Peat, bevor er den Ermittlungsauftrag annahm, einen ehemaligen engen Mitarbeiter von Prinz Charles gefragt hatte, ob der Prinz bi- oder homosexuell sei. Einige Kommentatoren sind der Meinung, Peats Fragen zeigten, man habe tatsächlich befürchtet, dass William Smith auf der Tonbandaufnahme von Diana behauptete, er habe den Prinzen von Wales in einer kompromittierenden Situation mit einem seiner männlichen Bediensteten angetroffen.

Nur drei Wochen zuvor hatte Dianas Butler Paul Burrell die Briefe veröffentlicht, in denen Diana ihre Befürchtung zum Ausdruck gebracht hatte, sie könnte bei einem Unfall ums Leben kommen.

Todesdrohungen von sonoren Stimmen

Anthony Holden, der Biograph von Prinz Charles, hat ein gutes Gespür für die Stimmung in der Öffentlichkeit, und als ich ihn im Frühjahr 2003 für meine Dokumentation »Diana – The Night She Died« interviewte, sagte er mir, Lady Di habe ihn einmal zu einem persönlichen Gespräch eingeladen und von da an habe er gelegentlich mit Diana im Kensington Palace zu Mittag gespeist. Holden versteht sich auf seine Rolle als Experte in Fragen des Königshauses.

Holden und ich sind nicht eng miteinander befreundet, aber wir kennen uns schon seit langem. Ich erzählte ihm von Guys Beschuldigungen. Daraufhin sagte er, er werde mir etwas verraten, was er noch niemandem anvertraut habe. »Ich werde manchmal gefragt, ob sich ominöse Dinge ereigneten, während ich an der Biographie von Charles schrieb. Ich habe noch nie darüber gesprochen, aber mein Auto wurde sechsmal aufgebrochen, und die Scheiben wurden eingeworfen.« Und er fügte hinzu, er lebe nicht in einer besonders unsicheren Gegend von London.

Aber es war nicht nur das Auto. »In unser Haus war eingebrochen worden ... die Polizei war schon da, bevor ich es überhaupt bemerkte. Die Einbrecher hatten den Fernseher mitgenommen, aber die Wertsachen ließen sie größtenteils zurück.« Als er sich genauer umsah, fiel ihm auf, dass die Einbrecher eine Menge Schallplatten, Videos und Unterlagen entwendet hatten. Sie hatten nicht die gewöhnlichen Kinofilmvideos gestohlen, »sondern sämtliche Videos mit der Kennzeichnung ›Charles und Diana‹. Es handelte sich dabei nur um das ›Panorama‹-Interview und andere Fernsehaufzeichnungen, aber sie haben vielleicht geglaubt, es wären die Interviews, die ich im Rahmen der Recherchen zu meinem Film durchgeführt hatte.«

Der zuständige Polizist fragte Holden, ob er der Autor der Charles-Biographien sei. Als Holden dies bejahte, sagte ihm der Polizist mit bemerkenswerter Offenheit: »Also für mich sieht das aus wie eine Operation der Special Branch. Da kann ich nichts für Sie tun, Sir.«

Aber das war nicht der einzige merkwürdige Vorfall. »Während dieser Zeit ging immer meine Frau ans Telefon, und zweimal wurden ihr gegenüber Todesdrohungen ausgesprochen. Sehr sonore Stimmen am anderen Ende der Leitung. Und ich bin nicht der Einzige. Andere Personen aus dem Umfeld des Königshauses ... andere Menschen, denen

Unrecht geschehen ist und die sich vom Prinzen losgesagt hatten, mussten Ähnliches erleben«, sagte Holden.
Er fügte hinzu, dass ein Architekturkritiker in ähnlicher Weise bedroht worden sei, nachdem er sich kritisch zu Charles' Ansichten geäußert hatte. Charles Knevitt teilte die architektonischen Ansichten des Prinzen von Wales, aber zwischen den verschiedenen Organisationen, die vom Prinzen und von Knevitt unterstützt wurden, gab es geschäftliche Friktionen. Knevitt lächelte bitter, als ich ihm eröffnete, was mir Holden gesagt hatte. In Knevitts Wohnung war gleich fünfmal eingebrochen worden.
William Smith, der ausgesagt hatte, im St. James's Palace Zeuge einer Vergewaltigung geworden zu sein, behauptet ebenfalls, er sei bedroht worden. In einigen Zeitungen hieß es, Smith habe es als Veteran des Falklandkriegs nicht verdient, dass sein Charakter angezweifelt werde, wie es der St. James's Palace getan hatte, als er ihn als Lügner hinstellte.
Es fällt schwer, diesen Schlagabtausch mit gezielt gestreuten Indiskretionen, diese Angriffe und Gegenangriffe nicht als Teil einer andauernden Fehde zwischen dem Prinzen und der Prinzessin von Wales zu betrachten. Die Fehde der beiden ging mit zahlreichen rätselhaften Vorfällen einher, die nur einen Sinn ergeben, wenn man annimmt, dass Diana und Charles permanent überwacht wurden, sagte mir Holden. »Wer hörte die Telefonate ab? Wer spielte die Abhörprotokolle der Presse zu? … Ich behaupte nicht, dass die Queen und Prinz Philip davon wussten. Meiner Meinung nach halten sie es für selbstverständlich, dass man ein wachsames Auge auf ihre Familie hat, zu deren eigenem Schutz.«
Holden fügte hinzu, er wolle auch Prinz Charles nicht die Schuld geben. »Aber ich glaube, dass es Leute gibt, die

meinen, dies sei in seinem Interesse bzw. in dem des Staates.« Wer Kritik am Thronfolger übe, begehe in ihren Augen »eine Art Hochverrat«.

Holden erinnerte daran, dass Dianas Butler Paul Burrell behauptete, die Queen habe ihm gegenüber von geheimnisvollen Kräften im Land gesprochen. »Aber die sind größtenteils auf ihrer Seite«, sagte er lächelnd.

Holden beschuldigt niemanden aus der königlichen Familie. Vielmehr sei es wohl so, dass Leute Dinge täten, mit denen sie ihrer Herrschaft einen Dienst erweisen wollten, Handlungen, die ihre Arbeitgeber nicht in Auftrag geben oder auch nur andeuten könnten. Bei unserem ersten Gespräch sagte mir Holden, er glaube nicht, dass Diana um ihr Leben gefürchtet habe, aber er halte es durchaus für möglich, dass sie angesichts des Todes von Barry Mannakee und der ständigen Überwachung um das Leben ihr nahe stehender Personen fürchtete.

Paul Burrell behauptete unlängst, Diana habe Todesangst gehabt, weil sie in ihrem Brief vom Dezember 1996 geschrieben hat, irgendjemand plane, sie bei einem als Verkehrsunfall getarnten Anschlag aus dem Weg zu räumen, wie der *Daily Mirror* berichtete. Holden sagte mir, dieser Brief passe nicht zu der Stimmung der Prinzessin im Jahr 1996, als er sich oft mit ihr unterhalten habe. Sie sei damals viel unbeschwerter gewesen. Die in dem Brief an Burrell ausgedrückten Ängste spiegelten jedoch ihre Stimmung im Jahr 1995 wider, als über die Scheidung verhandelt wurde.

Holdens Enthüllungen erinnerten mich an Tomlinsons Äußerung, dass sämtliche Angelegenheiten, die das Staatsoberhaupt betreffen, als Staatsangelegenheiten angesehen würden; und die Frage, wer mit der vom Sohn der Queen getrennt lebenden Frau ins Bett ging, fiel in diese Rubrik. Dies war ebenso Teil des Puzzles wie die Beschuldigungen, die Guy erhob. Meines Erachtens zeigen all diese Indizien, dass es Gerüchte über Verschwörungen und Pläne für Verschwörungen gab, die jedoch höchstwahrscheinlich von Personen ausgingen, die eigenmächtig die Interessen des Königshauses schützen wollten, und nicht von den britischen Sicherheitsbehörden selbst. Hier muss ich spekulieren. Vielleicht sprechen wir über extremistische Gruppierungen, die aufgrund ihres mystischen oder okkulten Monarchiebegriffs bereit sind, Verbrechen zu begehen. Aber wie nimmt man Kontakt zu einem Profikiller auf? Der Sonnentempler-Orden wusste zweifellos, wie man das tut. Bei meinen Recherchen zu diesem Buch bin ich immer wieder auf die Sonnentempler gestoßen. Es gibt eine Person in dieser Geschichte, die die Sonnentempler kannte, einige ihrer Mitglieder fotografierte und Kontakte zu Politikern, zur Unterwelt und zu Geheimdiensten pflegte. Diese Person unterhielt auch enge Beziehungen zu Höflingen und zu den entfernteren Mitgliedern des Königshauses: James Andanson, der Paparazzo, der einige Mitglieder des Ordens wie etwa Grace Kelly fotografiert hatte – und jetzt tot ist.

Ich behaupte in der Tat, dass jemand beschloss, etwas müsse geschehen, aber dies geschah ohne Billigung eines Geheimdienstes oder des Königshauses. Es sollte eine Gefälligkeit für eine schwer bedrängte Monarchie sein. Dies würde auch die Geschichte, die mir Guy erzählte – und insbesondere die Frage, warum die zweiten 500 000 Dollar nicht bezahlt wurden –, verständlich machen.

Ein Gedankenexperiment

Es hat mich immer gewundert, wieso die Personen, die angeblich Roland den Auftrag gaben, Diana umzubringen, die zweiten 500 000 Dollar nicht bezahlten. Guys Antwort darauf ist einfach. »Nun, Roland konnte nicht zu einem Anwalt gehen und Klage einreichen.«

Ich möchte jetzt erkunden, ob uns die Psychologie vielleicht weiterhilft, und zur Theorie von der kognitiven Dissonanz zurückkehren. Ich betone, dass ich jetzt spekuliere und über die Fakten hinausgehe, die ich herausgefunden habe. Psychologen führen manchmal so genannte Gedankenexperimente durch, bei denen sie sich eine Situation ausmalen. Dieses Gedankenexperiment ist einfach: Sie sind jemand, der sich vorstellt, was der Krone nützen könnte. Niemand hat Sie gebeten, eine Verschwörung anzuzetteln, Sie haben aus eigenem Antrieb beschlossen, dass der Zeitpunkt gekommen ist, sich der Person zu entledigen, die so viel Ärger macht und die seit ihrer Heirat die Royals dem allgemeinen Gespött preisgibt. Und die jetzt in öffentlichen Interviews sogar bezweifelt, ob Prinz Charles überhaupt das Zeug zum König hat. Früher wäre dies Hochverrat gewesen.

Sie sind Soldat gewesen, und Sie haben einige Kontakte. Sie wissen, dass es in Frankreich viele ungeklärte Todesfälle gegeben hat und dass es möglich ist, Menschen zu finden, die Erfahrung darin haben, hoch gestellte Persönlichkeiten umzubringen, ohne Spuren zu hinterlassen. Sie treiben das nötige Geld auf – eine erkleckliche Summe, aber weniger als das, was eine Doppelhaushälfte in einem bescheidenen Londoner Vorort kostet. Sie werden mit einem Mann in Verbindung gebracht, der einen Mann kennt, der so etwas schon einmal getan hat – einem Mann, der für eine Sekte gearbeitet hat, die Sie kennen, weil Sie von den Sonnentemplern und deren Zentrum in Le Barroux gehört haben. Vielleicht waren Sie sogar schon einmal dort. (Wie bereits erwähnt wurde, hatte Roland laut Auskunft von Guy für den Orden gearbeitet, und zwar als »Sonderbeauftragter« für Mitglieder, die keine Beiträge mehr entrichteten, *pour encourager les autres* – »um die anderen [zum Zahlen] zu ermuntern«). Schließlich treffen Sie diesen Mann in Miami. Sie können seine »Referenzen« nicht überprüfen, aber man hat Ihnen versichert, dass er so etwas nicht zum ersten Mal macht. Er überzeugt sie. Sie beauftragen ihn mit der Tat und übergeben ihm 40 000 Dollar als Anzahlung.

Sie bekommen Gewissensbisse. Schließlich haben Sie jemandem Geld dafür gegeben, dass er die Ermordung einer Frau arrangiert, die, wie Sie wissen, vielen Menschen ans Herz gewachsen ist. Sie fragen nicht, wie er vorgehen wird, aber Sie machen deutlich, dass es wie ein Unfall aussehen muss.

Man sagt Ihnen, das sei kein Problem, und Sie veranlassen alles Nötige für die Übergabe der restlichen 500 000 Dollar. Sie überreden einen Freund eines Freundes dazu, Ihnen den Gefallen zu tun. Sie nennen keine Gründe. Vielleicht Spielschulden.

Sie freuen sich, als Sie die Nachricht von Dianas Tod hören, aber Sie sind nicht auf die Reaktion der britischen Bevölkerung vorbereitet. Sie ist so emotional, so überwältigend, dass Sie erschrecken. Ihr Gewissen quält sie. Da machen die französischen Behörden zuerst die Paparazzi und dann den Fahrer verantwortlich, der »sternhagelvoll« war, wie die Schlagzeilen melden. Sie fragen sich, ob der Mann, den Sie in Miami trafen, der Mann, der 540 000 Dollar bekommen soll, sein Geld überhaupt wert ist. Vielleicht hatte er gar nichts damit zu tun. Vielleicht war es tatsächlich nur ein Unfall.

Sie sind vorsichtig gewesen. Die Killer wissen weder, wer Sie sind, noch, wo sie Sie finden können. Die Killer können nur per Handy in Kontakt mit Ihnen treten. Und hier könnte uns die kognitive Dissonanz abermals helfen, einen hypothetischen Geschehensablauf zu rekonstruieren. Sie haben Angst, aber wenn Sie die zweite Rate nicht bezahlen, dann werden Sie sich etwas weniger schuldig fühlen. Es wird irgendwie beweisen – zumindest Ihnen selbst –, dass Sie im Grunde keine Schuld trifft. Es passte zu Diana und dem grässlichen Gelichter, mit dem sie sich einließ, dass sie einen Fahrer beschäftigten, der sich betrank. Also beschließen Sie, nicht zum zweiten Treffen zu erscheinen. Die zweite Zahlung könnte es überdies leichter machen, Ihnen auf die Spur zu kommen. Sie schalten Ihr Handy ab. Sie verhalten sich ruhig. Genau wie die Killer.

Dies ist wie gesagt ein Gedankenexperiment, und Gedankenexperimente sollen uns die Psychologie und Logik einer Situation verdeutlichen. Ich möchte mit einer Tragödie nicht leichtfertig umgehen, aber um den Tod von Diana ranken sich so viele abenteuerliche Spekulationen, dass es sich meines Erachtens lohnt, zwei Syllogismen zu betrachten. Der erste ist ein Lehrbuchbeispiel:

A Alle Katzen sind sterblich.
B Sam ist eine Katze.
C Also ist Sam sterblich.

Darüber lässt sich nicht streiten. Katzen sterben; Sam ist eine Katze; eines Tages segnet die Katze das Zeitliche. Aber der Syllogismus, auf dem Verschwörungstheorien basieren, ist von anderer Art, weil er eine implizite Annahme macht. Er lautet folgendermaßen:

A Es gab eine Verschwörung zur Ermordung Dianas.
B Diana ist tot.
C Also war die Verschwörung zur Ermordung Dianas erfolgreich.

Für diesen logischen Schluss braucht man eine besondere – implizite – Annahme, die etwa so lautet: »Alle Verschwörungen zur Ermordung von Prinzessinnen sind erfolgreich.« Nun scheitern jedoch viele Konspirationen; allerdings habe ich in diesem Buch immer wieder betont, dass Frankreich ein gutes Land für eine Verschwörung ist. Es gab eine Reihe ungeklärter, mysteriöser Todesfälle – von Menschen, die mit geheimnisvollen Organisationen wie dem Templerorden oder der Société d'Action Civile in Verbindung standen. Jetzt ist es an der Zeit, die Fakten zu einem sinnvollen Mosaik zusammenzusetzen.

14
Komplott, Pfusch oder Verschleierung

Von E. M. Forster stammt das berühmte Diktum »Woher weiß ich, was ich denke, ehe ich sehe, was ich gesagt habe?« In diesem Kapitel versuche ich, die Schlussfolgerungen zu ziehen, wobei mir sehr wohl bewusst ist, dass ich in Bezug auf bestimmte Punkte spekulieren muss. Ich möchte jedoch mit einem Umstand beginnen, bei dem es keinerlei Spekulation bedarf. Alles deutet darauf hin, dass die französischen Behörden keine vollständige Ermittlung durchführten und absichtlich einige Bereiche aussparten. So lautete auch die These der Sendung »Diana – The Night She Died«. Nach deren Ausstrahlung gingen bei Channel 5 weder Beschwerden noch empörte Briefe noch Beschuldigungen von irgendeiner Seite ein. Verschwörungstheorien stützen sich immer auf irgendeine Ermittlungspanne, in der sie einen Beleg für das Wirken finsterer Mächte sehen.

Als ich mich bemühte, herauszufinden, was ich wirklich denke, indem ich mir ansah, was ich gesagt hatte, erinnerte ich mich an etwas, was uns unser Geschichtslehrer beigebracht hatte. Dr. Peter Brooks, der spätere Dekan von Peterhouse in Cambridge, war ein Mensch, über den wir uns lustig machten, als wir in der sechsten Oberschulklasse waren. Aber Brooks verkündete ein interessantes Axiom: »Die Wahrheit liegt nicht in der Mitte, sondern an den beiden äußersten Enden«, pflegte er zu sagen. Bei dem vorliegenden

Rätsel bestanden die beiden extremen Positionen darin, dass der Unfall entweder auf eine Verschwörung zurückzuführen oder tatsächlich ein »Unglücksfall« war. Meines Erachtens vermag keiner der beiden Standpunkte, isoliert betrachtet, logisch bzw. psychologisch zu überzeugen. Da es sich um eine komplizierte Untersuchung handelt, möchte ich noch einmal einige aus meiner Sicht wohl begründete Schlussfolgerungen darlegen.

Die französische Polizei bekleckerte sich von Anfang an nicht gerade mit Ruhm. Sie ist den Aussagen einer Reihe wichtiger Augenzeugen wie Erik Petel, der direkt hinter dem Mercedes fuhr und die Paparazzi sofort entlastet hätte, nicht nachgegangen. Petel wurde aufgefordert, »sich bedeckt zu halten«.

Da der Tunnel schon 90 Minuten nach der Bergung des Unfallwagens wieder geöffnet wurde, können unmöglich sämtliche forensisch relevanten Spuren gesichert worden sein; die amtliche Untersuchung basierte daher notgedrungen auf unvollständigen Informationen.

Es ist merkwürdig, dass es Al Fayeds Detektive waren, die Andansons weißen Fiat Uno fanden, und nicht die französische Polizei, wo die Fahndung nach diesem Wagen doch angeblich eine ihrer obersten Prioritäten war. Die Behauptung der französischen Polizei, Andansons weißer Fiat Uno habe sich nicht im Tunnel aufgehalten, wäre überzeugender, wenn sie das Fahrzeug gefunden hätten. Der französische Kfz-Sachverständige Nibodeau ist der Ansicht, dass der weiße Fiat sehr wohl dort war. Jedenfalls sprechen die Indizien dafür, dass der weiße Fiat James Andanson gehörte und dass er sich im Tunnel aufhielt.

Andansons ungewöhnlicher Selbstmord macht ihn zum

ersten Europäer seit vielen Jahren, der sich selbst verbrannt hat, sieht man einmal von einer Hand voll Selbstverbrennungen als politischen Protestaktionen ab. Andanson war kein politischer Extremist. Die Aussage des Mitarbeiters der Renseignements-Généraux, Harold, sowie das forensische und psychologische Beweismaterial lassen es höchst unwahrscheinlich erscheinen, dass Andanson Suizid beging. Und dies führt uns zu der Frage, was Andanson über die Geschehnisse im Alma-Tunnel wusste oder gewusst haben könnte.

Auf politischen Druck aus dem Élyséepalast hin ließ man das Foto aus der Radarfalle verschwinden, und die Tatsache, dass im Wagen Kokain gefunden worden war, wurde unter den Teppich gekehrt.

Dass Diana erst nach einer Stunde und vierzig Minuten ins Krankenhaus La Salpêtrière eingeliefert wurde, wo Röntgenaufnahmen das tatsächliche Ausmaß ihrer Verletzungen zeigten, ist zutiefst bestürzend. Es gibt keinen Beweis für die abenteuerliche Behauptung, die Sanitäter seien in Wahrheit Geheimagenten gewesen. Wertvolle Zeit ging verloren, weil die Ambulanzteams die ihrer Ansicht nach angemessenen Maßnahmen zur »Wiederbelebung« durchführten, die Situation aber falsch einschätzten. Juge Stephan gab sich allerdings große Mühe, sie zu entlasten.

Es lässt sich nicht klären, ob die zahlreichen Fehler, die bei der Autopsie Henri Pauls unterliefen, in gutem Glauben oder in Vertuschungsabsicht erfolgten. Die von Pauls Angehörigen und Al Fayed beauftragten Sachverständigen kamen jedenfalls zu dem Schluss, der hohe Kohlenmonoxidgehalt in seinem Blut lasse sich am ehesten damit erklären, dass mindestens eine der Proben von einer anderen Leiche stammte – und keiner dieses Missgeschick zugeben durfte. Der Pathologe und der Toxikologe, die offiziell mit der Leichenbeschau beauftragt wurden, stritten derartige Vorwürfe stets ab, doch der einfachste Weg, solche Zweifel zu zerstreuen – nämlich durch eine unabhängige Analyse –, wurde nie beschritten, weil die französischen Gerichte sämtliche Versuche von Pauls Familie abblockten, in den Besitz der Blut- und Gewebeproben ihres Sohns zu gelangen. Wieso die französischen Gerichte die Anträge von Pauls Familie so schroff abwiesen, ist unverständlich.

Juge Stephan war offenbar auch nicht gewillt, der Frage auf den Grund zu gehen, ob es für Al Fayeds Limousinenfirma Étoile Gründe gegeben haben könnte, den Unfall herbeizuführen. Der Richter begründete seinen Verzicht auf entsprechende Ermittlungen in wenig überzeugender Weise.

Wir sollten uns in Großbritannien allerdings nicht »in Selbstgefälligkeit ergehen«, wie William Whitelaw, Margaret Thatchers Vize, ganz richtig sagte, oder uns hämisch über die Versäumnisse der Franzosen freuen. Britische Gerichte haben in den letzten fünfzig Jahren viele Fehlentscheidungen getroffen; man denke nur an den Fall Bentley [er wurde 1953 irrtümlich wegen Mordes gehängt], die so genannten »Vier von Guildford« [sie wurden 1975 wegen Brandanschlägen auf Pubs in Guildford, bei denen fünf Menschen getötet wurden, zu lebenslangen Freiheitsstrafen verurteilt und kamen 1989 frei, nachdem neue Beweise ihre Unschuld ergaben], die »Sechs aus Birmingham« [sie wurden 1975 wegen IRA-Anschlägen auf zwei Pubs in Birmingham, bei denen 21 Menschen starben, zu lebenslanger Haft verurteilt, sie kamen später frei] und viele weitere Justizirrtümer.

Tatsächlich deutet das Beweismaterial darauf hin, dass nicht nur einmal, sondern gleich reihenweise gepfuscht wurde. Und es deutet auch darauf hin, dass eine Reihe von Fakten vertuscht wurde bzw., wie Patrick Chauvel es ausdrückte, dass es Dinge gab, die die Behörden »bedeckt halten wollten«. Doch möchte ich hier ausdrücklich betonen: Die Tatsache, dass Fehler gemacht und vertuscht wurden, beweist als solche noch keineswegs die Existenz einer Verschwörung. Behörden vertuschen Fehler aus allen möglichen Gründen, die von bürokratischem Dünkel bis zum Schutz der nationalen Sicherheit reichen.

Die britischen Behörden hätten alldem dadurch begegnen können, dass sie unter Hinweis auf das öffentliche Interesse umgehend gerichtliche Untersuchungen über die Todesursache von Diana und Dodi einleiteten. Es scheint mir kein Zufall zu sein, dass die britischen Behörden dies unterließen, ja dass sie zu jeder nur erdenklichen Verzögerungstaktik griffen, in der Hoffnung, die Sache so durchzustehen.

Diana war nicht zuletzt deshalb die Prinzessin der Herzen, weil sich die Menschen mit ihr identifizierten. Sie liebten sie sowohl wegen ihrer guten Eigenschaften und Taten – wie ihrem Engagement gegen Aids, ihrem tätigen Mitgefühl mit Menschen in Not, ihrer Kampagne gegen Landminen, der Liebe zu ihren Kindern – als auch wegen ihrer Schwächen. Sie litt an Essstörungen, sie war eitel, manchmal war sie ein echtes Biest, vor allem als sie Charles die Schau stahl, nachdem ihre Ehe zerbrochen war, und sie hatte ein leicht ausschweifendes Sexleben. Hätte sie Drogen ausprobiert, so hätte sie dies schwerlich zu einem lasterhaften Ungeheuer gemacht, wenn man bedenkt, wie verbreitet der Konsum etwa von Haschisch und Kokain in Großbritannien ist. So waren ihre Fehler Fehler, mit denen sich viele von uns identifizieren konnten, und Diana hatte gelernt, offen dazu zu stehen. Doch die offizielle Haltung in Frankreich und England war die, dass nichts herauskommen durfte. Dies beeinträchtigte die französischen Ermittlungen von Anfang an.

Die meisten Psychologen, die sich mit Traumata und deren Auswirkungen auf Familien beschäftigen, würden auch zu bedenken geben, dass diese Einstellung Dianas Kindern schadet. Die Hinterbliebenenforschung zeigt, dass die meisten Angehörigen mit dem Verlust »abschließen« möchten und dass sie dies erst können, wenn sie die Wahrheit wissen. Einiges an dem Verhalten, das an Prinz Harry kritisiert wurde, ist typisch für einen Teenager, der einen Elternteil verliert und spürt, ohne es richtig in Worte fassen zu können, dass etwas nicht stimmt. Die Wahrheit hilft Familien über den Verlust hinweg. Sie bedeutet, dass man sich mit Gefühlen, bitteren und beunruhigenden Gefühlen, auseinander setzen und sie verarbeiten kann. Doch Prinz William und Prinz Harry gehören zu einer Familie, die offenbar glaubt, dass es von Schwäche zeugt, Gefühle zu zeigen. So etwas *ziemt sich nicht.*

Aber die Schlüsselfrage ist natürlich, ob, abgesehen von all diesen Versäumnissen, eine Verschwörung organisiert wurde mit dem Ziel, die Prinzessin von Wales zu ermorden. Ich halte es für erwiesen, dass ein Komplott im Gange war, und ich denke, man kann davon ausgehen, dass die britischen Geheimdienste darüber beunruhigt waren.

All diejenigen, die die Verschwörungsthese vorbrachten, gingen stets davon aus, dass die unterstellte Verschwörung Erfolg hatte, da Diana starb. Niemand scheint die Möglichkeit in Betracht gezogen zu haben, dass die Geheimdienste

Wind von dem Komplott bekamen und es zu vereiteln suchten, sodass es vielleicht nicht wie geplant verlief. Wie Bürokratien funktionieren auch Verschwörungen oft nicht reibungslos.

Ich möchte nun analysieren, wie die Verschwörer vorgegangen sein könnten. Natürlich hatte der Diebstahl des Mercedes S 280 vor dem Restaurant Taillevent im April nichts mit irgendeinem Komplott zu tun. Im April bestand kein Grund zu der Annahme, dass Diana je in diesem Mercedes sitzen würde. Der Wagen war bis Mai in Reparatur, und auch wenn es stimmt, dass seine Elektronik in der Werkstatt hätte manipuliert werden können, war Diana damals noch mit Hasnat Khan liiert. Eine versteckte Sprengladung in Ronnie Scott's Jazz Club wäre ein erfolgversprechenderes Mittel gewesen, Diana aus dem Weg zu räumen, als einen Mercedes in Paris zu präparieren.

Der Entschluss, einen zweiten Mercedes als Köder zu benutzen, wurde am 30. August nach 23.00 Uhr gefasst. Bis dahin mussten die Attentäter, sofern sie nicht über hellseherische Fähigkeiten verfügten, davon ausgehen, dass Diana in dem ersten Mercedes fahren würde, der vor dem Ritz parkte. Wenn Nicholas Davies in *Secrets & Lies* richtig liegt, hätten die Sitzgurte im ersten Mercedes ebenfalls manipuliert worden sein müssen, da die Entscheidung, den zweiten Wagen zu benutzen, erst eine Stunde vor dem Unfall getroffen wurde. Doch das hat niemand je behauptet. Weder Kez Wingfield noch seinem Chauffeur fiel während der Fahrt zu Dodis Wohnung die geringste Fehlfunktion an dem ersten Mercedes auf.

Der Benz, der vor dem Ritz gestanden hatte, fuhr um 3.30 Uhr morgens los, um Mohamed Al Fayed vom Flughafen Le

Bourget abzuholen, als dieser eintraf, um den Leichnam seines Sohns zu sehen. Al Fayed war immer um seine persönliche Sicherheit besorgt, und es ist unwahrscheinlich, dass er seinen Sicherheitsgurt nicht anlegte, nachdem sein Sohn gerade tödlich verunglückt war.

Und doch bin ich nach dem, was ich herausgefunden habe, davon überzeugt, dass es eine Art Komplott gab. Die Annahme, ein Kommandotrupp habe immens starke Scheinwerfer aufgestellt, die Henri Paul blendeten, sodass er die Kontrolle über das Fahrzeug verlor, ist zu phantastisch und wirft zudem die Frage auf, weshalb niemand diesen Kommandotrupp sah. Der leiseste Hinweis hätte einen Skandal unvorstellbaren Ausmaßes ausgelöst.

Die Methode, die Guy mir beschrieb, ist in Bezug auf Timing und Gelegenheit weit plausibler. Nachdem das Sonnentemplermitglied Roland den Transvestiten Belinda mit Henri Paul bekannt gemacht hatte, hatten die Verschwörer Zugang zu jemandem, der nahe an Dodi und sehr nahe an Diana war. Als die Verschwörer dann wussten, dass Henri Paul am Steuer sitzen würde, nutzten sie ihre Chance. Sie hatten fast zwei Stunden Zeit, um ein Treffen Belindas mit Henri Paul zu arrangieren, bei dem der Transvestit dem Fahrer unauffällig eine speziell präparierte, sich selbst auflösende Kapsel mit dem Nervengas VX zusteckte. Dieser Teil der Geschichte mag arg nach James Bond klingen, doch vielleicht sollte man ihn nicht gänzlich abtun, bis eine Untersuchung den gesamten Sachverhalt minuziös aufgeklärt hat.

Die Nervengas-Hypothese wäre viel eher zu bestätigen bzw. zu widerlegen, wenn man den Autopsiebefunden trauen könnte; allerdings wird in der Literatur über VX behauptet, dass kleine Dosen zwar Auswirkungen auf die Muskulatur haben, aber keine leicht nachweisbaren Spuren im Gehirn hinterlassen. 1995 berichteten japanische Forscher in einem Artikel in der medizinischen Fachzeitschrift *Lancet*, dass sie auf der computertomographischen Aufnahme des Gehirns eines Patienten, der mit VX vergiftet worden war, nichts Ungewöhnliches entdecken konnten. Bei der Autopsie der Leiche von Henri Paul wurde jedoch nicht einmal sein Gehirn gewogen. Sofern überhaupt Gehirngewebe untersucht worden ist, verlautete jedenfalls nichts über die Ergebnisse. Einige Studien deuten zudem darauf hin, dass VX nach dem Tod ähnliche Spuren hinterlässt wie eine Rauchvergiftung. Dies könnte die unbegreiflich hohen Kohlenmonoxidwerte erklären. Bis das französische Justizministerium die Akten zu den 22 anderen Leichen freigibt, die sich in Dianas Todesnacht im Leichenschauhaus befanden, werden wir nicht wissen, ob die Proben tatsächlich von Henri Paul stammten, doch die VX-Hypothese könnte zumindest das Kohlenmonoxid erklären.

Auch zwei weitere Tatsachen ergäben nur dann einen Sinn, wenn es sich um eine Verschwörung handelte. Zum einen die Frage, weshalb der Mercedes überhaupt die besagte Strecke nahm, eine Strecke, die David Crawford »unerklärlich« nannte. Zum anderen die Frage, weshalb Andanson sich im Alma-Tunnel aufhielt, was von mehreren Quellen bestätigt wird. Harolds Aussage legt die Vermutung nahe, dass Andanson dabei nichts Gutes im Schilde führte.

Ich deutete an, dass Henri Paul möglicherweise die Strecke durch den Alma-Tunnel nahm, weil Dodi zu einer Verabredung unterwegs war, die er nicht an die große Glocke hängen wollte. Der kürzeste Weg um Passy-Kennedy-Gebäude, wo, wie man mir sagte, das Treffen stattfinden sollte, führte durch den Alma-Tunnel. Interessant ist auch, dass der Mercedes keinen Versuch unternahm, mit Kez Wingfield in Kontakt zu bleiben, als dieser zu Dodis Wohnung in der Rue Arsène-Houssaye fuhr. Das ist bemerkenswert, falls Dodi nervös war, und es ist auch merkwürdig, weil Trevor Rees-Jones und Wingfield wussten, dass sie damit gegen die im Reich Al Fayeds geltenden strengen Sicherheitsregeln verstießen. Es ist plausibel, dass vor dem Unfall kein Kontakt zwischen den Wagen bestand, weil Dodi nicht groß bekannt machen wollte, wohin er fuhr, und er war schließlich der Boss. Wenn er die Benutzung von Handys untersagte, dann wurden eben keine benutzt. Sollte Trevor Rees-Jones sich je daran erinnern, was geschah, nachdem sie das Ritz verließen, könnte er zu diesem Punkt womöglich eine Aussage machen.

Mir als Psychologen erscheint es denkbar, dass Dodi vielleicht etwas vorhatte, was sowohl seinen Vater als auch Diana beeindrucken sollte – etwas ganz Tolles, was nichts mit Drogen zu tun hatte. Jean Durieux von *Paris Match* erzählte uns, sein Zeuge sei ein junger Mann, der ihm glaubwürdig erscheine. Dieser Mann behauptete, Dodi habe sich mit drei Männern verabredet, um über den Kauf eines Nachtclubs an den Champs-Élysées zu sprechen. Es war ein verlockendes Angebot, da die Polizei das Lokal geschlossen hatte und die Besitzer rasch Bargeld brauchten. Durieux' Zeuge war mit einem der Männer befreundet. Das Treffen sollte im Passy-Kennedy-Gebäude stattfinden, nachdem Dodi und Diana das Ritz verlassen hatten. Durieux traf seine Quelle nach dem Unfall mehrere Male, doch es gelang ihm nie, sich mit einem der Männer zu treffen, mit denen sich Dodi verabredet hatte.

James Andanson hielt sich im Alma-Tunnel auf; das habe ich, wie ich glaube, bewiesen. Sein Fiat hätte den Mercedes nicht überholen können, doch falls diese Verabredung getroffen wurde, hätte Andanson gewusst, welchen Weg Diana und Dodi nehmen würden, sodass er sie dort abpassen konnte.

Doch auch wenn man von einem Komplott ausgeht bzw. davon, dass der Mercedes durch eine List dazu gebracht wurde, besagte Strecke zu fahren, heißt das noch lange nicht, dass diese Verschwörung auch aufging.

Ich möchte nunmehr den Geschehensablauf in den Sekunden vor dem Unfall rekonstruieren. Dazu müssen wir die Welt der Spione und geheimen Treffen verlassen und uns dem kleinen Einmaleins der Technik zuwenden. Wir müssen uns auf die Funktionsweise von Antiblockiersystemen und auf die Geräusche konzentrieren, die Petel und andere Zeugen vor dem Aufprall des Mercedes hörten. In Kapitel 8 habe ich erläutert, wie ABS funktionieren, und alles deutet darauf hin, dass Henri Paul vor der Einfahrt in den Tunnel plötzlich bremste, was das Geräusch verursachte, das Petel als »Implosion« beschrieb. Wir halten es auch für erwiesen, dass außerhalb des Tunnels ein Geschwindigkeitskontrollgerät, also eine Radarfalle, angebracht war und dass sich im Tunnel ein weißer Fiat Uno befand. Ich habe behauptet, dass es sich um Andansons weißen Fiat Uno handelte, doch das ist keine notwendige Voraussetzung, um den Unfallhergang zu verstehen.

Henri Paul bremste außerhalb des Tunnels, als er merkte, dass etwas Unvorhergesehenes geschah; zu diesem Zeitpunkt hatte er sein Fahrzeug noch voll unter Kontrolle. Man wird nie wissen, ob das unvorhergesehene Ereignis darin bestand, dass er einen weißen Fiat Uno langsam im Tunnel zickzack fahren sah oder dass ihm plötzlich schlecht wurde, als er das inzwischen freigesetzte VX einzuatmen begann, oder vielleicht beides. Sollte Trevor Rees-Jones je sein Gedächtnis zurückerlangen, würde er sich möglicherweise daran erinnern. Freunde von Rees-Jones berichteten dem Sender ABC inzwischen, er wage nicht, sich an irgendetwas zu erinnern.

Der französische Kfz-Sachverständige gelangte zu der Überzeugung, dass sich ein weißer Fiat im Tunnel befunden habe, und schrieb in seinem Bericht, Henri Paul habe die Fülle der auf ihn einstürzenden Informationen nicht mehr verarbeiten können. Er nannte Trunkenheit als Grund dafür, doch solche »Informationsüberlastungen« betreffen auch nüchterne Fahrer und Piloten. Informationsüberlastung ist auf die Tatsache zurückzuführen, dass das menschliche Gehirn nur eine bestimmte Menge an Information gleichzeitig verarbeiten kann. Dieses Phänomen wird seit fast hundert Jahren in allen Einzelheiten von Psychologen untersucht. Es gab drei Sinnesinformationen, die auf Henri Paul einstürzten, als er ziemlich schnell auf den Tunnel zufuhr. Da war, erstens, der Blitz der Radarfalle, zweitens befand sich vor ihm im Tunnel ein Auto, das in unberechenbarer Weise schlenkerte. Doch es gab noch einen dritten Faktor, der es Henri Paul erschwert haben dürfte, sich zu konzentrieren. Der Fotograf Patrick Chauvel sagte aus, Diana und Dodi hätten auf dem Rücksitz des Autos wie verrückt gelacht.

Die Informationsüberlastung wird durch die damit einher-

gehenden Wechsel der Blickrichtung noch verschärft. Henri Pauls Aufmerksamkeit wurde nicht nur von drei verschiedenen Sinnesreizen abgelenkt, sondern diese Stimuli befanden sich auch noch in unterschiedlichen Wahrnehmungszonen. Der Fiat war schräg unten vor ihm, die Radarfalle schräg oben über ihm, und Dodi und Diana lachten hinter ihm. Es war also eine stressreiche Situation. Selbst wenn Henri Paul nicht von VX oder einem anderen Wirkstoff »außer Gefecht gesetzt wurde« und auch wenn er den ganzen Tag über gar nichts getrunken hatte, hätte ihm bei diesem gleichzeitigen Einwirken verschiedener Stimuli leicht ein Fehler unterlaufen können. Wäre der Fiat nicht da gewesen, wäre Henri Paul nur durch den Radarfallenblitz und das Gelächter von Diana und Dodi hinter sich abgelenkt worden. Natürlich ging der Ermittlungsrichter in seiner Einstellungsverfügung nicht auf diese Fragen ein, denn dann hätte er zugeben müssen, dass die Radarfalle in Betrieb war, und damit die Aufmerksamkeit darauf gelenkt, dass die Fahndung nach dem Fiat erfolglos geblieben war. Da war es einfacher, alles auf die Trunkenheit Henri Pauls zu schieben, auch wenn der hohe Alkoholspiegel und die unerklärlich hohen Kohlenmonoxidwerte in seinem Blut das »große Rätsel an der Sache« waren, wie Juge Stephan dies unter vier Augen Francis Gillery anvertraute.
Während ich diese Zeilen schreibe, wird mir bewusst, was ich denke. Es gab eine Verschwörung, aber diese Verschwörung war womöglich nicht allein für Dianas Tod verantwortlich. Vielmehr spielten eine Reihe von Faktoren zusammen. Zumindest einer davon, der Fiat Uno, steht im Zusammenhang mit Andanson, der, wie Harold sich ausdrückte, »ein unheimliches Gespür« dafür hatte, wann und

wo berühmte Menschen das Zeitliche segneten (sodass er immer zur Stelle war). Harold glaubt, dass Andanson zwar nicht der Kopf der Verschwörung war, aber von deren Hintermännern angeheuert wurde, die ihm auch bei der Ausführung halfen. Andanson fotografierte nachweislich eine Reihe von Personen, die dem Sonnentempler-Orden angehörten.

Zudem liefert diese Kombination von Faktoren eine psychologisch schlüssige Erklärung dafür, dass die Verschwörer, von denen mir Guy erzählte, die zweite Rate nicht erhielten. Diejenigen, die den Mord in Auftrag gaben, wollten zwar, dass es wie ein Unfall aussah, doch als dann alle sagten, der Unfall sei ausschließlich auf die Trunkenheit des Fahrers zurückzuführen, begannen sie sich Fragen zu stellen. Hatte der Mann, dem sie 540 000 Dollar versprochen hatten, tatsächlich getan, wofür er gedungen worden war? Oder war Dianas Tod einfach »Glück«? Da die Verschwörer wegen ihres Mordauftrags von Gewissensbissen gequält wurden, glaubten sie selbst nur zu gern, dass es in Wirklichkeit ein Unfall war – so lastete keine Schuld auf ihnen, und so hatten die Attentäter auch ihre zweite Rate nicht verdient.

Aufgrund dieser Analyse komme ich zu dem Schluss, dass die Wahrheit in diesem Fall nicht in der Mitte, sondern an den beiden extremen Positionen zu liegen scheint. Es gab eine Verschwörung, doch der Unfall war zumindest teilweise auch auf »natürliche« Gründe zurückzuführen.

Infolge der Ermittlungsfehler in Frankreich ist es viel schwerer geworden, den genauen Geschehensablauf im Alma-Tunnel zu rekonstruieren. Die eingeleitete gerichtliche Untersuchung muss hier schonungslos aufklären, und die

Behörden beiderseits des Ärmelkanals müssen zugeben, was sie verschleierten. Wir schulden den Toten die Wahrheit. Prinz Charles mag es besonders schwer fallen, dies gutzuheißen.

Sein Biograph Anthony Holden hat keine Zweifel, dass »unmittelbar nach ihrem Tod ... eine enorme Last von seinen Schultern fiel. Sie [Diana] lag nicht mehr ständig in Lauerstellung, um aus dem Hinterhalt auf ihn zu feuern und ihm ganz allgemein das Leben schwer zu machen.« Er schilderte mir an einem konkreten Beispiel, wie »William und Harry windsorisiert wurden«. Prinz Charles hatte seinen Sohn auf die Jagd mitgenommen. Und dies, wie Holden ausführte, »wo die Leute gegen die Jagd sind, was die Eigenart seines Vaters zeigt, sich keinen Deut darum zu scheren, was die Leute denken. Sie [Diana] würde gewusst haben, wenn etwas für negative Schlagzeilen sorgt.« Die neuesten Umfragen zeigen, dass fast 45 Prozent der Briten glauben, die Monarchie werde nach dem Tod von Königin Elizabeth nicht in ihrer gegenwärtigen Form weiterbestehen.

Es überrascht nicht, dass Charles aufrichtig glaubt, das Beste für seine Kinder und ihn selbst sei es, die Toten in Frieden ruhen zu lassen. Doch die Toten sind nun einmal nicht ganz so willfährig. Diana war eine Frau mit vielen guten Eigenschaften und vielen Fehlern. Wie die meisten von uns war sie nicht immer ganz ehrlich zu sich selbst, doch ihr Leben zeigt, dass sie sich mit zunehmendem Alter immer stärker darum bemühte, ehrlich zu sein. Jedes Mal, wenn einer ihrer Nachlassverwalter oder ein Treuhänder des Diana Memorial Fund die Presse drängt, die Sache auf sich beruhen zu lassen und keine quälenden Erinnerungen mehr aufzuwühlen, bin ich erstaunt über so viel psychologische Naivität. Abgesehen von der Tatsache, dass Diana eine Bürgerliche war, die zu einem permanenten Ärgernis für das Königshaus wurde, geht es hier um etwas Größeres. Es hat sich nämlich gezeigt, dass, wie die Queen sagte, tatsächlich mysteriöse Kräfte in ihrem Königreich am Werke sind, und deutlicher noch, dass viele möchten, dass die Wahrheit nicht ans Licht kommt. Wir, und damit meine ich auch die britischen Medien, für die ich gearbeitet habe, schulden den Toten, und damit meine ich auch Dodi und Henri Paul, die Wahrheit. Ich behaupte nicht, das Puzzle gänzlich zusammengesetzt zu haben; ich weiß, dass viele Leute Einwände gegen meine Schlussfolgerungen erheben werden; doch ich glaube, meine Nachforschungen haben uns der verwickelten Wahrheit zumindest ein Stück näher gebracht.

Bibliographie

Beriff, P., »Cutting Edge, Baltimore's Paramedics«, 1997, dreiteilige Serie auf Channel 4

Campbell, B., *Diana, Princess of Wales. How Sexual Politics Shook the Monarchy,* The Women's Press 1994

Cohen, D., *The Development of Laughter*, unveröffentlichte Dissertation, University of London 1985

Cooke, A., »Questionnaires in A & E Practice«, *Journal of Accident and Emergency Medicine* 2000

Craig, P. und Clayton, T., *Diana. Story of a Princess*, Simon and Schuster 2002

Gregory, M., *Diana. The Last Days*, Virgin Books 2000

Facon, R., *Les Mystères de l'Occulte*, Veyrier 1997

Holden, A., *The Tarnished Crown*, Random House 1993

Holden, A., *Prince Charles at Fifty*, Random House 1997

Huguenin, T., *Le 54ième*, Grassett 1995, dt.: *Der 54.*, Lübbe 1995

Junor, P., *Charles: Victim or Villain?*, Harper Collins

Marhic, R., *L'ordre du Temple Solaire*, Horizon Chimérique 1997

Morton, A., *Diana – Her True Story,* Michael O'Mara Books 1992

Murphy, E., »No Role for Prison Officers in Special Hospitals«, *British Medical Journal* 1995

Nozaki, H. und Aikawa, N., »A Case of VX Poisoning and the Difference from Sarin«, *The Lancet*, 9. Sept. 1995, S. 346 ff.

Winek, C. und Colom, W. D., »Accidental Methylene Chloride Fatality«, *Forensic Science International*, 18 (1981), S. 165–168